山村茂雄

晴れた日に…
雨の日に…

広島・長崎・
第五福竜丸とともに

現代企画室

晴れた日に　雨の日に

――広島・長崎・第五福竜丸とともに

山村茂雄

目次

［凡例］

・第一部「晴れた日に　雨の日に」は、『福竜丸だより』（第五福竜丸平和協会発行）に連載したエッセイをまとめたものである。第一部［追記］ならびに第二部、補遺は本書のために書き下ろした。

・「晴れた日に　雨の日に」各節の番号は、連載の回数である。本書中において「晴れた日に　雨の日に」の各節を参照する際は、「連載第○回」と示している。

・「晴れた日に　雨の日に」は、『福竜丸だより』第３５５－３９７号（２０１０年1月－２０１７年1月）まで全40回連載した。このうち連載第35回は、第８回、第9回と内容が重なっていたため、第８回、第９回に適宜加筆して第35回の内容を吸収し、本書には収録しなかった。したがって連載第35回は欠番になっている。

・第一部下段には、本文中で引用している文献の書誌、原水爆禁止や第五福竜丸保存運動に関連する事項の解説を註として補った。第一部下段に掲載した図版のうち、図版提供者の記載がないものは、すべて第五福竜丸平和協会の提供による。

第一部　第五福竜丸保存運動の歩みのなかで

晴れた日に　雨の日に

1

『福竜丸だより』No. 355（2010年1月）

青い空に凧よあがれ

正月は、東京の空にも青空が戻ります。東京江東・夢の島。近くの海の青さを映したような空に、いくつもの凧が揚がりました。

第五福竜丸保存委員会が主催する「新春凧上げ大会」（第1回）の催しです。１９７３年1月14日の日曜日でした。「凧上げ大会」は第五福竜丸保存を広く知らせるということと同時に、地元江東の人びととの交流をいっそう深めたいとの思いが込められていました。

「凧」は古く中国からの伝来といわれます。江戸時代以後、凧を揚げる風習は、江戸（東京）では正月の藪入り（1月15、16日）のころ、大阪は2月の初午のころ、長崎は4月、浜松は5月、白根（新潟県）は6月、沖縄は10月など、各地にその地の風情が加わり伝統がのこります。夢の島の「凧上げ大会」も、地元の保存運動の人たちとの相談で、古くからの風習にならい、1月15日（藪入りならぬ成人の日）前後の日曜日に行うことにしたのでした。

夢の島海域に放置されていた第五福竜丸（当時の船名は「はやぶさ丸」）の保存が取り組まれるようになってから5年、夢の島の埋め立て工事が進むなか第五福竜丸の船体を支える杭が船のまわりに打ち込まれ、固定される状態にまでなっていました。

福竜丸みんなの船

「凧上げ大会」は、その陸揚げされた第五福竜丸近くの広場で行われたのでした。当日は快晴。親子連れの参加が目立ちました。親睦を十分に果たす催しとなりました。ドラ

平和をねがう手作りの凧。

ム缶で焚き火がたかれ、あたたかい甘酒が地元の保存運動の人たちによってふるまわれました。参加者には、もれなく参加賞が、凧のデザインと揚がり方の優れた凧には保存委員会から賞状と賞品が用意されました。賞品は、児童書、絵本、玩具、江戸凧など、これらの品々は、出版社や地元の商工会、労働組合の協力で寄せられたものです。

「第五福竜丸」「平和」「ベトナム支援」などと描かれた凧を背に、子どもたちが風に向かって走りました。「第五福竜丸みんなの船」の思いが、寒風をつきぬけました。

夢の島　東京都江東区の海浜部、1950年代から60年代の高度成長期に東京都のごみ処分場として埋め立てられた。その後造成により整備されて1978年10月「夢の島公園」として開園、約44万平方メートル。第五福竜丸展示館はそれに先立つ76年6月開館。現在公園には熱帯植物館、東京スポーツ文化館、アーチェリー場、陸上競技場などが併設されている。

広田さんの靴の跡

当時、夢の島は整備工事がすすんでいたとはいえ、まだ埋め立てのぬかるみが随所に残っていました。ぬかるみといえば、広田重道さんの靴のことをひとしおに思い出します。第五福竜丸が見捨てられていた1968年ころの埋め立て地は、まさにゴミの山。海の水と溜まり水と泥、歩けば足が容赦なくぬかるみにめりこむのでした。広田さんはそのぬかるみのなか第五福竜丸を見回ったのでした。

「靴が月に一足駄目になる」――ながく横須賀に住み、横須賀と神奈川県の平和委員会、日本平和委員会、原水爆禁止日本協議会（日本原水協）などの役員として、また、戦前の反帝同盟初代書記長としての経歴と人となりを知るものには、細身の背広で茶系統の手入れのいい靴を履いていた広田さんの変身を畏敬の念をもって見ていたものでした。

広田さんは住まいを横須賀から、第五福竜丸永住の地となる同じ江東区の富岡町に移します。富岡八幡宮や深川不動の街です。第五福竜丸とともに歩いた広田さんの靴の跡を歩いてみることにします。

広田重道（1907―1982）　第五福竜丸保存運動の先頭にたって尽力し、第五福竜丸平和協会発足（1973年）より亡くなるまで専務理事を勤める。

2

『福竜丸だより』No.356（2010年3月）

広田さんのシュークリーム

広田重道さんは、事務所を訪れるときには何かと手土産を持参されるのが常でした。いつのころからかその手土産が「ヒロタ」のシュークリームとなりました。そのネーミングを洒落と感じさせないほどに、広田さんの態度はいつもと同じさりげないものでした。

東友会に事務所をおいて

第五福竜丸保存委員会が発足したのは1969年の7月でした。保存委員会は個人による組織とすること、よびかけ人八氏を代表委員として、世話人に岩垂寿喜男（総評事務局、のちに衆議院議員、環境大臣）、吉田嘉清（日本原水協事務局長）両氏を選出、日常業務の執行に若干の常任委員をおくこととしたのでした。事務所をとりあえず東友会（東京都原爆被害者団体協議会）気付けとし、一般募金は中央郵便局の私書箱を使うことにしました。

東友会の事務所は新橋の「平和と労働会館」の3階でした。同じ階に隣り合って日本原水協の事務所がありました。東友会の机は満杯です。保存委員会世話人吉田さんの了解をえて、原水協の資料室に机を一つ置くことにしたのです。保存委員会の連絡や、印刷物の発送などに、半ばボランティアの女性が常勤しました。広田さんは保存委員会の日常業務執行の常任委員として、この「事務所」に通うことになるのです。

当時私は日本原水協の事務局で、情報・宣伝の仕事をしていました。広田さんの要請を受け、この「事務所」で保存委員会の宣伝物の作成などにあたりました。最初のポスター

よびかけ人八氏：中野好夫、三宅泰雄、檜山義夫、美濃部亮吉、鈴木正久、壬生照順、森瀧市郎、畑中政春

は森下一徹君の写真を使いました。デザインの了解を得るために岩垂寿喜男さんの自宅（川崎市）に伺ったこともありました。のちにこの「事務所」の机は『ビキニ水爆被災資料集』（連載第11回で紹介）作成のために半常勤した林茂夫さんの机として、資料集の編集に使われました。

都庁内に事務所が移る

保存委員会は１９７１年６月の常任委員会で、世話人制から専務理事制をとることになり、常任委員の神崎清、広田重道両氏を専務理事に互選します。そして７月には都労連の一郭に保存委員会の事務所を置くことになり、広田専務理事が常勤し、都側の担当部局との連絡も容易になり保存運動は一挙に加速していくのです。この事務所開設には美濃部都知事の特別秘書であった都労連出身の石坂新吾さんの尽力がありました。また、知事部局の対応には美濃部知事のブレーンとして、革新都政を支えた都政調査会の小森武さんの助力があったといわれます。

都労連事務所はＪＲ有楽町駅の旧都庁舎寄りの高架下にありました。都労連事務所は東京都の施設。いわば東京都の身内に保存委員会の事務所を置いて保存の具体化を図るという広田さんの目論見でした。

現場大切の視点

私は時折、広田さんに同道して、都庁を訪ねることがありました。担当部局の回り方に広田さんの方策がありました。その順番は、担当課の係に話を通し、そして係長、課長、

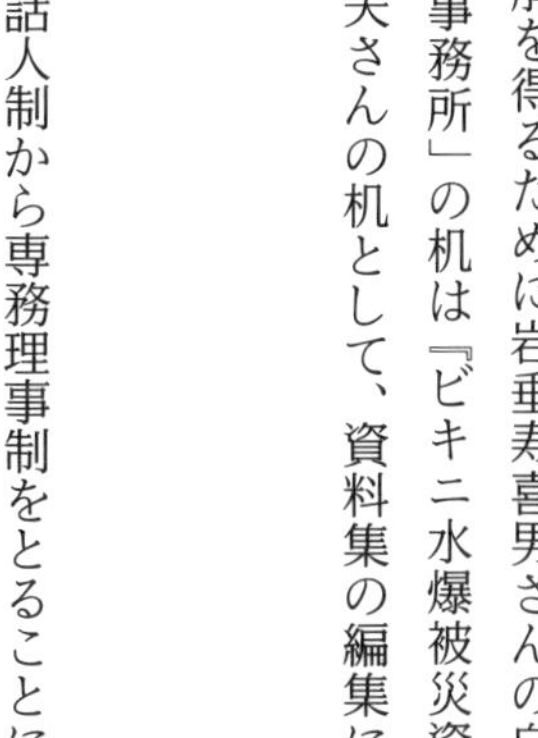

保存運動の最初のポスター。リーフレットやチラシも作られた。

小森武（１９１２―１９９９）戦前１９３８年の第二次人民戦線事件で大内兵衛氏などとともに逮捕される。美濃部都政・革新自治体のシンクタンク都政調査会は美濃部都知事ブレーンの大内兵衛氏が会長だった。

部長というように、順を追っているのでした。もとより話は丁寧語です。知事部局の声のかかる第五福竜丸保存の案件、にもかかわらず広田さんの姿勢は、現場大切の態度で一貫するのでした。

私が福竜丸のある夢の島に来る交通路は、渋谷を経由してメトロ半蔵門線から有楽町線に乗り換えるという道筋です。永田町駅のコンコースを通ります。このコンコースに「ヒロタ」のシュークリームを売る店があるのです。看板を目に入れながら広田さんにうながされるように夢の島へと向かいます。

『福竜丸だより』No.358（2010年7月）

3

広田さんの熱意

人はなにかの機会を捉え、その生き方を定めていくものなのでしょうか。

先に、広田重道さんは住居を横須賀から夢の島近くに移したと、さりげなく記しましたが、住み慣れた生活環境を変え、私財をかけての第五福竜丸保存への「肩入れ」は、並大抵のことではありません。

その経歴は前にふれた通りですが、そう言ってよければ、広田さん「晩年」の見定めた生き方には、特別の思いがあったように思えます。夢の島の泥の底に沈む第五福竜丸、その叫びを聞き取るなかで、かつて推理小説誌『新青年』に一位入選した文学青年のたぎる熱気があふれでたようにも思えます。

広田さんが亡くなったのは、１９８２年4月27日、心筋梗塞による急性心不全、享年74歳でした。広田さんが最初に狭心症で倒れたのは80年の3月9日。4月28日には退院、5月からはバスで展示館に通い、徐々に活動を戻し、82年の4月12日から14日には福岡に講演にでかけてもいたのでした。

平和葬から浮かぶ広田さん

広田さんの告別式は5月14日、東京千日谷会堂で「故広田重道平和葬」として執り行われました。葬儀委員長は三宅泰雄第五福竜丸平和協会会長、委員には井尻重午（反帝同窓会）、小笠原英三郎（日本平和委員会）、金子満広（日本共産党）、草野信男（日本原水協）、羽仁説子（日本子どもを守る会）の各氏があたりました。

吉田嘉清日本原水協副理事長による経歴紹介に次いで関係団体の弔辞が述べられました。弔辞のそれぞれは、故人の人柄、業績を端的に語りました。

「学生寮に私と生活をともにしながら反戦ニュース、反帝ニュースの原紙を切り印刷しました。ある日の早朝、警察に襲われ、私がまごまごしているあいだにあなたは窓から飛び降り難を逃れました。それにしても今度のあなたの最後は少しすばしこすぎた」と井尻重午さん。

「ヒロシマ・ナガサキ・ビキニの本質を統一的に捉えよ、というあなたの至言は、いまでも耳に響いています」小笠原英三郎さん。「あなたは丸ごとの実践家として、生きものである運動の中に立ち続けました。歴史に名を残すと言われますが、広田さんは歴史そのものを遺しました」草野信男さん。「平和のモニュメントとして、保存に努力された第五

久保山すずさん（中央）を案内する広田さん（１９７7年9月）。撮影・森下一徹

福竜丸は、この世の移り変わりを静かに眺め、地球上に人類を保存することを世界に訴えるでしょう」檜山義夫さん。

久保山すずさん、見崎吉男さん（第五福竜丸漁労長）、美濃部亮吉前都知事、日本被団協（日本原水爆被害者団体協議会）などから多くの弔電が寄せられました。

核なき世界へのねがい

葬儀委員長の三宅さんは、参列者への謝意を述べたあと、より多くの人の展示館への参観をよびかけました。そして「広田さんはその晩年、第五福竜丸保存に渾身の力をそそがれ、展示館の完成を達成されました。その限りにおいて広田さんは自分の志を遂げられたと思います。残された遺志のひとつはビキニ水爆事件を中心とした原水爆被災資料館の建設でした」とこの事業への協力を要請したのでした。「海を連想させる青い布のなかにマイクを持つ写真を飾りました。広田さんの遺志をついで太平洋が文字通り平和な海になるように、お互いの気持ちを固めたい」、平和葬閉会の辞を田沼肇平和協会理事はこう結びました。参列者は２００人を超えて、広田さんを偲びました。

この年82年は、内外の反核世論が高揚していました。３月には「ヒロシマ行動」が取りくまれ、「平和葬」から９日後の23日の「東京行動」（上野公園）には40万人が参加しました。展示館来館者も、３月は７０００人、開館から６年の来館者は延べ30万人に達しようとしていました。

「平和のためのヒロシマ行動」（1982年3月21日、20万人参加）と「平和のための東京行動」（同年5月23日、40万人参加）は、第2回国連軍縮特別総会（ニューヨーク、同年6月7日－7月10日）にむけて取り組まれた。核兵器廃絶をめざす原水爆禁止運動の統一的な催しとして、6月には国連本部に被爆者など1000人の代表団を派遣、6・12セントラルパーク100万人行動に参加する。また日本のNGOを代表して、山口仙二氏（長崎の被爆者）が国連総会議場で演説した。

4　『福竜丸だより』No.359（2010年9月）

沈めてよいか福竜丸

1968年3・1ビキニデー中央集会演壇近くで、日本原水協代表理事畑中政春さんに、『赤旗』の白井千尋記者が問いかけていました。白井記者が聞きだしたいのは、第五福竜丸保存運動に「原水協が取り組む」ことの「確認」でした。

このとき白井記者は翌2日付『赤旗』に掲載される「第五福竜丸が東京湾のゴミ捨場に沈められる」との記事を準備していたのです。この『赤旗』報道は、第五福竜丸の姿を初めて伝えたスクープでした。白井記者は、この記事の追い駆けとして「日本原水協ビキニデーで保存運動決定」と報道しようとしていたのです。

各新聞もあいついで第五福竜丸の現状を報道し、識者の談話を掲載しました。なかでも3月10日『朝日新聞』「声」欄の「沈めてよいか第五福竜丸」の投書（武藤宏一氏）は、大きな反響を呼び、世論を高めました。

広く国民運動として

畑中さんは、原水爆禁止運動の「分裂」以後、いわば日本原水協の「顔」でしたが、つねに平和運動の論理を説き、運動の統一、革新統一に力を注いでいました。第五福竜丸保存運動についての畑中さんの考えはこうだったのだろうと思います。この運動は統一的な国民運動として取り組む、その手立てをどう組むか。問題は、第五福竜丸船体が保存可能であることの確認、併せて船体確保が必須でした。心配は船が破壊されてしまうことでした。

『朝日新聞』「声」欄に掲載された投書

第五福竜丸。それは私たち日本人にとって、忘れることのできない船。決して忘れてはいけないあかし。平和を願う私たちのあかし。知らない人には、心から告げよう。忘れかけている人には、そっと思い起こさせよう。いまから一四年前の三月一日。太平洋のビキニ環礁。そこで何が起きたかを。そして、沈痛な気持ちで告げよう。いまそのあかしがどこにあるのかを。

東京湾にあるゴミ捨場。人呼んで「夢の島」にこのあかしはある。それは白一色に塗りつぶされ、船名も変えられ、廃船としての運命にたえている。しかも、それは夢の島に隣接した15号埋立地に、やがて沈められようとしている。だれもが、このあかしを忘れかけている間に。

第五福竜丸。もう一度、私たちはこの船の名を告げ合おう。そして、忘れかけている私たちのあかしを取りもどそう。原爆ドームを守った私たちの力で、この船を守ろう。

いま、すぐに私たちは語り合おう。このあかしを保存する方法について。平和を願う私たちの心を一つにするきっかけとして。

武藤宏一　会社員（26歳）

それらを確かめて保存運動の取り組みを決めると畑中さんは考えていたのです。

日本原水協は3月11日都議会議員の同道を得て現地調査、東京都港湾局に対する廃棄処分中止の要請、債務者からの所有権の委譲、美濃部都知事への協力申し入れなどを行いました。そして13日に「保存運動を国民運動として」展開する方針を決めるのです。原水爆禁止日本国民会議（原水禁）、草の実会などの市民団体、宗教団体も保存に動き始めます。

畑中さんはもう一つの立場である日朝協会理事長として、社会党、総評の意向も汲み、人脈をたどり、ソフトな一面を持つ広田重道さんの熱意の介在も受け、吉田嘉清事務局長とともに、統一的運動展開の道を探ることになります。

「私としては全面的に賛成で —— しかしね、都としてどこまでできるかという問題になりますとね、これは決してそう簡単ではないんで、皆さん方もですね、できるだけぼくが協力できるようなね、態勢をつくっていただきませんとね」（ＮＨＫドキュメンタリー『廃船』69月3月22日放送の美濃部都知事の談話）。

69年4月10日、美濃部亮吉氏を含む八氏の「第五福竜丸保存」のよびかけが出されます。資格は肩書なしの個人とされましたが、八氏には美濃部都政の後見人の一人中野好夫さん、放射能の環境や海洋への影響に関する気象研究者三宅泰雄さん、水産学の檜山義夫さん、被爆者で原水禁代表の森瀧市郎さん、宗教者の鈴木正久さん、壬生照順さんらとともに日本原水協代表理事畑中政春が名を連ねたのです。

新たな航跡をひいて

7月10日には、よびかけ人を代表委員とし、第五福竜丸保存委員会が発足します。98人の委員が参加しました。委員には各界の著名士に武藤宏一さんも加わり、「禁」「協」関係者も名を連ねました。

70年4月発行の保存委員会発行のパンフレットには代表委員各氏のコメントが掲載されています。畑中さんは次のように記しました。「原水爆禁止、平和運動をあの怒涛のような国民運動に発展させるきっかけとなったこの〈第五福竜丸〉を、国民運動として保存することの意義はきわめて大きいといわなければなりません。同時に、この保存運動によってよみがえる「第五福竜丸」は広範な国民世論を再結集する絶え間ない航跡をひいて、ふたたび広島・長崎・ビキニをくり返させないという国民運動の広がりを、大きく促進するものと確信します」。

畑中さんは第五福竜丸展示館開館を待たず、2回目の脳出血で1973年3月6日死去。65歳でした。

『福竜丸だより』No. 360（2010年11月）

5

保存運動と原水爆禁止運動の統一

前回は畑中政春さんの「国民世論を再結集する」保存運動に期待する言葉を紹介しましたが、同じパンフレットに代表委員の中野好夫さんも文章を寄せています。

「最近は「わだつみ像」すら無意味なものとして、倒し、破壊する若者たちも現れる時代ですから、福竜丸もまたたんなる物として、保存などに値しないと考える人たちもいるか

69年2月16日、夢の島・第五福竜丸前を焼津に向けて出発した平和行進。中央が畑中さん、久保山愛吉氏の遺影を持つのは保存運動に尽力した東京原水協の小沢謙吉さん（2013年1月没）。撮影・森下一徹

もしれません。だが、わたしは決してそうだとは考えません。福竜丸は物であって、しかも物ではありません。問題はあの古ぼけた一隻の船が伝えてくれている大きな歴史的意義、人類の命運にさえかかわる大きな意味なのです」。つづけてこう書かれています。

「あの不幸な分裂を重ねてきた原水協系、原水禁系の人びとがたとえまだ十分とはいかないまでも、はじめて一座して平和に同じ問題を話し合えることになりました。小さなことだが、数年来画期的なことです。——保存運動そのものとともに、なんとかこのキッカケを発展させ、せめて緩い連帯なりと、目的を同じくする諸組織の間につくりあげていきたいと、これも忘れていただきたくないわたしの念願です」。

運動の統一に関連して

第五福竜丸保存委員会のなかで、原水爆禁止運動の統一問題が直《じか》に論議されたことはありませんでした。統一問題について、展示館開館1年後に刊行された広田重道著『第五福竜丸』に書かれていることを紹介してみましょう。第五福竜丸の永久保存によって原水爆禁止運動に寄与したいという方向に、二つの流れがあったと、次のように述べています。

「その一つは、第五福竜丸の保存によって原水爆禁止運動に新たな局面を切り開こうという流れ、もう一つは長年の懸案である原水爆禁止運動の分裂の克服と統一を達成しようとする流れであった」、かぶせるように、「前者の新たな局面を開くということのなかには、統一問題も考慮されてはいるが、それ自体を目的とせず、むしろ運動の高揚の帰結として考えられていた」と書いています。広田さんの視点が推し量られる記述です。

保存委員会は代表委員がそうであるように、役員・常任委員・世話人も個人としての選

広田重道『第五福竜丸——その真相と現在』白石書店、1977年（表紙絵・広田重道）

任でしたが、選任にあたっては団体（「禁」「協」「市民団体」など）のバランスも配慮されていました。

「媒体」という表現が招いた運動の停滞

保存委員会は結成後、東京都との連絡を強め、船体名を「第五福竜丸」に戻し（刻銘）、世論への働きかけをすすめました。しかし、夢の島の埋め立て、護岸工事が遅延し、それに伴い市民募金も勢いをそがれ、当初目標を大幅に下回り、気遣われていた委員相互の足並みにも不揃いが見られるようになりました。

委員会は意見の違いの調整に努め、運動状況の転換を図りました。運動の進展を願い、70年9月18日、代表委員連名の「広島・長崎被爆25周年、ビキニ被災16周年にあたり、第五福竜丸永久保存につき、国民のみなさまに訴えます」というアピールを発表します。

アピールの前段は保存委員会の活動の経過と今後の具体的保存計画の概要を述べ、支援をよびかけたものでした。

アピールはその後段で、原水爆禁止運動の「残念な分裂状態」にふれ、「できるならばこれが統一ということは、おそらく心ある国民のすべての願いだと確信します」「性急に統一が実現するなどという甘い幻想は抱いてはいません」「しかしもしかりに、わたしたち保存委員会が、福竜丸保存というこの超党派的国民課題を媒体にして、本来あるべき原水爆禁止運動の姿へと、ほんのささやかなきっかけ、小さな積み石の一つにでもなることができれば、これほど望外な幸せはありません」と述べたのでした。

文中の「媒体」という表現が問題となりました。議論は保存委員会の「配慮あるバラン

第五福竜丸の刻銘式。左から壬生照順さん、中野好夫さん、大沢三郎都議会議員、1970年2月。

ス」をも崩しかねないほどに激しく、委員会「開店休業」（広田）の状況を招くのです。

このことを『ビキニ水爆被災資料集』付録「第五福竜丸保存運動」は、次のように記載しています。

「その結果、同年九月二三日の故久保山愛吉氏追悼会などの諸行事が終わるとともに、保存運動は一種の無風状態に入るにいたった」のでした。

先に引用した70年4月発行のパンフレットに掲載されたコメントに「せめて緩い連帯」と記されていたことと合わせれば、問題となったアピールの「媒体」という文言がある文章を起草したのが、中野好夫さんであることは明らかでした。

63年の「分裂」から引きずってきた「禁」「協」問題を第五福竜丸保存運動に持ち込まないことは、いわばともに認識していることでした。先に紹介した広田さんの文章でもそうなっています。その背景には、分裂に至る過程のなかで「運動の統一」問題は三者（社会党・共産党・総評）を抜きに話し合ってはいけないという「不文律」が存在したままになっていたのです。そこに保存運動が、「媒体」の文言でふれたのでした。「出しゃばってはいけない」、余計なことをしてはいけないのです。折悪しくその会議には原水禁系の役員代理として「禁の論客」が出席していたのです。起草者を想定しながら文言の変更を求めたのは原水協系の役員でした。問題になれば「禁の論客」が引きさがるわけはありません。議論は激しさを増し、まさに「禁」「協」同席せずの様相を現出し、収拾がつかないまま会議は休会となるのです。激しくやり取りをする双方とも運動・活動をともにした、またはしている人たちでした。憮然としている中野さんのことを覚えています。この会議から「保存運動は一種の無風状態」に入り、広田さんが書いているように1年余の「開店休業」状

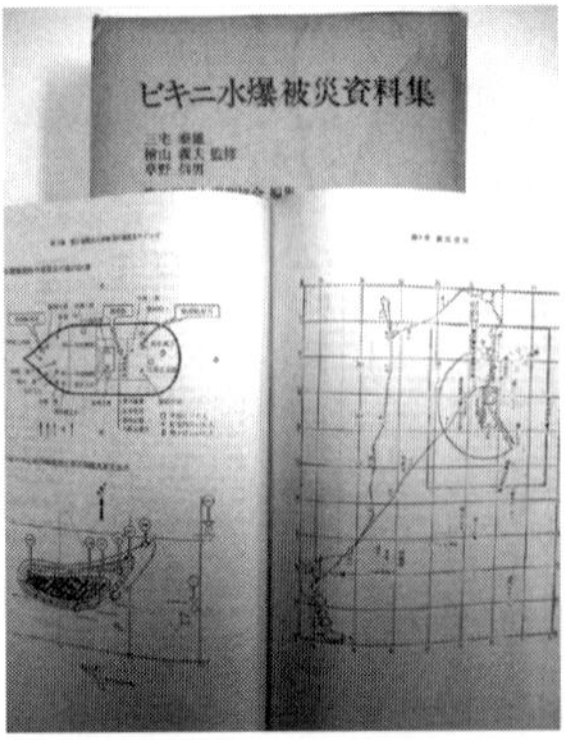

第五福竜丸平和協会編『ビキニ水爆被災資料集』東京大学出版会、1976年（新装版、2014年）

態になるのです。
その後中野さんは、保存委員会の諸行事に顔を出さなくなりました。中野さんが平和運動に加わるのは、1977年の2月に発表された原水爆禁止運動の統一をよびかけた「五氏アピール」でした。

6

『福竜丸だより』No.361（2011年1月）

水没した第五福竜丸

下段に「幾度も水没しかけた」第五福竜丸の写真を掲載しました。水没の都度、地元江東区で働く労働者のみなさんが、懸命に浮上に取り組んだのです。報道機関も水没の状況を報道しました。「福竜丸水没の危機」の見出しを掲げた記事は、保存運動の足踏み状態にたいしときに苦言をふくみながらも、保存運動を後押しするものでした。

前回でふれたように、70年末から71年にかけ保存委員会の運営に困難な状況が生まれました。その困難打開を促した一つが「船の水没」でした。梅雨期7月の集中豪雨による水没は深刻なものでした。水位が上がればまさに「沈没」でした。緊急の対応が必要でした。東京都港湾局の協力も受け浮上工事が行われました。船体の陸上への固定が急がれました。「水没」の事態は、「媒体」文言をめぐる四角四面の口角の泡を洗うに十分でした。こんな話があります。「水没した福竜丸、保存運動を走らす」というのです。第五福竜丸はまさに「不死鳥」のように保存の道筋を先導したのでした。

船は幾度も水没しかけた。

もう一つ、運動の沈滞を決定的に変えたのは、71年4月11日、東京都知事に美濃部亮吉さんが再選を果したことです。美濃部さんは選挙公約に第五福竜丸の保存推進を掲げていました。得票数は361万5299票、都知事選史上最高です。「ストップ・ザ・サトウ」の合言葉でたたかわれた選挙、ときの佐藤首相が進める対米依存、「沖縄返還協定」交渉などに対し、「核も基地もない沖縄」を掲げる運動と世論の高まりのなかで「全国的革新」の要求を結んだものでした。大阪では黒田了一氏が知事に当選、京都は蜷川虎三府政が継続していました。

美濃部さんは、第五福竜丸保存運動のよびかけ人参加にあたっては個人の資格を強調されていました。しかし、第五福竜丸保存推進の公約を掲げ再選した美濃部さんは、都知事として公約を実行する位置に置かれたのです。多くの市民は保存実現を確信し、運動は明るさをとりもどします。

美濃部再選によって都の体制が整う

前回も引用した『ビキニ水爆被災資料集』掲載の「第五福竜丸保存運動」の項目には、「美濃部氏は再選されても、保存運動がそのまま放置されたのでは知事の公約に反するだけではなく、江東区などの選挙民に申し訳ないのではないかという指摘が起こり、保存運動の再開を求める声がつよくなった」と書かれています。

6月11日の保存委員会第5回常任委員会は、「運動の推進について、昨年秋いらい運動に停滞のあったことを反省し、あくまで当初のよびかけの趣旨に立脚して、当面の運動を推進することを確認」し、委員会の日常執行体制の強化をはかるために、神崎清、広田重

第五福竜丸平和協会の会合に出席、あいさつする美濃部都知事、1975年5月。

道両氏を専務理事に選出します。神崎さんは大逆事件を究明した大作『革命伝説』の著作を持ち、戦後、売春問題に取り組んだリベラルな評論で知られています。米軍基地周辺の女性、子どもたちを守る活動などで広田さんとのつながりがありました。7月末には保存委員会事務所が都労連のなかに置かれ、保存運動の転機となることは前にふれました。

美濃部都知事は再選後、都政執行の重要部局、企画調整局局長に都立大学教授の柴田徳衛さん（財政学・都市政策）を招聘します。企画調整局は各部局に担当業務を振り分ける役どころでした。「第五福竜丸」事案は、企画調整局調整部が関連局担当部との連絡を行うことになります。

保存委員会は、都の体制も整い、保存場所の位置確定もすすむなかで、美濃部公約実現を後押しする世論喚起と保存募金運動の取り組みをつよめていくことになります。

柴田徳衛さんのこと

「安江さんが岩波に帰ることになるので、大内さんのお声もあり」――柴田さんは71年に企画調整局長を引き受けた折のことを第五福竜丸平和協会役員懇談会で話されたことがありました。名前の出る安江さんは、美濃部都政を支えるために、岩波書店編集部から請われて知事特別秘書に就かれた安江良介さん。大内さんとは、ご承知の大内兵衛さん、都政調査会の代表です。

その後柴田さんは、74年から東京都公害研究所（現環境科学研究所）初代所長を務め、79年退任。80年東京経済大学教授。89年から第五福竜丸平和協会評議員、現在は顧問に迎えられています。（追記：柴田徳衛さんは二〇一八年五月一四日に亡くなりました。）

7

『福竜丸だより』No.362（2011年3月）

中野好夫さんのこと

「53年東大教授の職を捨て、その後は『平和』編集長（53-55年）また憲法問題研究会に参加（58-76年）、憲法擁護の論陣を張るなど、在野の立場から鋭い発言を持続する。その剛直な反骨精神は、人間という複雑にして曖昧な存在とそれを織りなす歴史とへの、深い洞察と寛容を伴っていた。原水爆禁止、反安保、都政刷新、沖縄返還、反核そのほか、中野は戦後民主主義運動のほとんどすべてに関与し〔……〕沖縄への関与、都政刷新などと、労作『蘆花徳冨健次郎』３巻（72〜74年、大佛次郎賞）の執筆が時期を同じくするなど、生涯を通じてその関心の振幅は大きく、それが中野の真面目だったと言えるだろう」（木下順二執筆、『「現代日本」朝日人物事典』より）。中野好夫さんの高弟のひとり木下順二さんがこのように記すその時期に、中野さんにとっては加えて「第五福竜丸保存運動」があったのでした。

保存委員会代表委員として

第五福竜丸保存委員会発足後、保存委員会が主催した行事の最初は、70年９月23日久保山さんの墓所、焼津弘徳院でもたれた「久保山愛吉氏十七回忌追悼会」と、つづいて焼津市民会館で開かれた「第五福竜丸保存・講演と映画のつどい」でした。静岡県保存運動よびかけ人会の協力もあり、「追悼会」に３００人、「つどい」には５００人ほどの参加者がありました。映画は新藤兼人監督の『第五福竜丸』、中野好夫さんが「日米共同声明と被爆国民」と題して講演しました。日米共同声明とは、沖縄返還を合意した前年11月の「佐藤・ニクソン共同声明」です。翌71年の「追悼会」（弘徳院）と「講演と映画のつどい」（焼津市民会館）では、中野好夫さんが「沖縄返還協定と被爆国民」の演題で講演しています。

73年は、静岡県保存運動よびかけ人会との共催行事として焼津産業会館で開かれ、小川岩雄立教大学教授が「核兵器の現体系とその完全禁止への道」と題して講演しました。このの「つどい」での三宅泰雄代表委員の主催者あいさつは、のちに『第五福竜丸は人類の未来を啓示する』と題したパンフレットになりました。

保存委員会はこの間、73年には財団法人第五福竜丸保存平和協会の設立となり、会長に三宅泰雄、副会長檜山義夫、専務理事に広田重道の各氏があたり、中野好夫さんは顧問となります。顧問には吉野源三郎さん（『世界』元編集長）、朝永振一郎さんも名を連ねます。

「広島・長崎アピール」のこと

75年8月「被爆30年広島国際フォーラム」が開かれ、「一切の核兵器の使用は、いかなる情勢の下でも、国際法上の犯罪であり、人道に対する犯罪であると規定する」という決議を採択します。「フォーラム」の決議は、ショーン・マクブライド国際平和ビューロー（IPB）会長（74年ノーベル平和賞受賞者）などが提唱する、「核兵器の使用は人類に対する犯罪である」とする「議定書」をつくろうという国際キャンペーンと連動します。「フォーラム」の事務局長は吉野源三郎さんでした。

「フォーラム」を契機に、核兵器の使用は人類に対する犯罪であることを人間的、科学的に実証するために、広島・長崎の被爆の実相、核兵器が人類に与える脅威を明らかにする国連NGOの「被爆問題国際シンポジウム」開催へとつながります。76年2月特別軍縮

ＮＧＯ委員会（ジュネーブ）がシンポジウムに関する決議を採択、12月には日本準備委員会が発足します。

77年２月21日、「被爆の実相究明のための国際シンポジウムを前にして」の副題をもつ「広島・長崎アピール」が発表されます。上代たの（日本女子大学元学長）、中野好夫、藤井日達（日本山妙法寺山主）、三宅泰雄、吉野源三郎の各氏による「五氏アピール」です。アピールは、求められている原水爆禁止運動統一実現の切実さを指摘し、統一の筋道を示したものでした。誠意に満ちた相互の連帯と団結こそ、被爆問題シンポジウムを前にした市民の望む運動統一の方向でした。

３月17日、運動統一の方途の交渉で曲折を重ねていた共産党、総評が追いかけるように合意事項を確認します。４月９日には地婦連と日青協も「アピール」を歓迎する会長連名の声明をだします。森瀧市郎原水禁代表委員と草野信男原水協理事長の「５・19合意」、統一世界大会の開催まではすぐそこです。かつて「媒体」の文言に固執した経過をも「深い洞察と寛容」（木下）につつんで道を拓く――東大助教授時代、木下順二さんたちから「叡山の僧兵の大将」の異名をたてられた中野好夫さんのもう一つの真面目です。

『福竜丸だより』No.363（２０１１年５月）

8

五氏アピールのこと――一九七七年二月

◇社会的に、いちばん大きいのは「五氏アピール」ですね。

◇その五氏アピールで、私はまたこうしてこの運動のなかに加わったわけですが――。五氏アピールというのはもう当然のことですから、そんなにみんなで集まって案文つくるのに苦心したとか……。◇大いに苦心したじゃないですか（笑）◇いや五氏アピールはそんなことはないはずですよ。岩波書店の地下室で……。◇それは覚えていますがそう何度も集まってやらなかった。当然のことだから。

◇集まったのは一度です。◇古在さんは五氏には入っていないんですか。◇会議には全部出ておられましたよ。

◇それが77年2月21日に発表される。◇そのときに新村猛さんをお呼びになって、いっしょに記者会見をやられるのです。いらい新村さんが統一問題に大きく尽力されるのですが。そのときは統一というよりも、連帯してみんなで成功させなきゃならない、ということで背景説明が出されたのです。これはわりあい長文のものです。

◇「五氏アピール」の文章は短いものです。◇ぼくがわりと長いのを起草して、それが説明になっていて、吉野君が短いものを書いた。

◇五氏アピールが出て、被爆問題シンポジウムに広範に集まろうということになるわけですね。――しかし、なにせ、統一した運動、世界大会が開かれることはない（のだろうか）という状況のなかで、森瀧さん、草野さんの合意（5・19合意文書）が出る。◇最後の調印は岩波で……。

原水禁運動統一のために

紹介したのは、吉田嘉清著『わが戦後行動』に収録されている、中野好夫、古在由重、草

吉田嘉清『わが戦後行動――いま原水爆禁止は』新興出版社、1980年（表紙絵・岩野勇三、「あとがき」は山村茂雄が執筆）

野信男三氏に著者も加わっての座談会の発言です（一部要約）。

発言者の名があげられていないのは発言者に校正刷りを見てもらう余裕がなかったことによると編者が記しています。発言を読んでいくと、五氏アピール「広島・長崎アピール――被ばくの実相究明ののための国際シンポジウムを前にして」の起草者が吉野源三郎さんであること、背景説明と言われる、別紙「核廃絶をめざす運動とその展望」は中野さんか古在さんが起草したことがわかります。座談会では、5・19合意を受けての統一実行委員会結成に至る経過や、エピソードも語られています。引用の最初のほうの「私はまたこうしてこの運動のなかに加わった」は中野さんの発言とわかります。「媒体」さわぎ（連載第5回）から7年後でした。

統一実行委員会の世話人会が日青協（日本青年団協議会）、地婦連（全国地域婦人団体連絡協議会）からの申入れを受けたとき、地婦連の田中里子さん（当時事務局長）が「私たちも以前の分裂では退いたけれど、今度加わる以上はちょっとやそっとでは退かぬ」と言ったこと、6月13日の統一実行委員会結成会議に出席した地婦連会長山高しげりさんの発言にふれ、委員会の状況を次のように紹介しています。

◇山高さんは、かつて運動が分裂したときに私たちは出ていったが、今考えると間違いだった、との反省を込めて今度は絶対出ていかないという決意を述べられました。それがいまでも統一の一つの大きな支えになっています。

山高さんはこの年の11月に亡くなり、大友よふさん（埼玉県地婦連会長）が二代会長を継がれます。

一九七七年世界大会ポスター、統一の方向がシンプルに表現されている。デザイン・杉浦康平

統一へのすじみちをつくる

77年6月7日に第五福竜丸展示館開館1周年の集会が開かれました。集会へ寄せた美濃部都知事のメッセージは、次のように述べたのでした。

「思うに、私たち日本人民ほど原水爆を心から憎み、怒り、その廃棄を声高く訴える資格のある民族は、他のいかなる国にもないのであります。〔……〕そういう私たちが、今年は一つだけ、久保山さんに報告できることを持てそうです。それは、かねてから私たちの強い願望であった原水爆禁止運動の統一が実現されるということです」。

＊

吉野さん（1899年生）、古在さん（1901年生）、中野さん（1903年生）三氏の問題把握の連携とつながりと、トライアングルのように響きあう信頼と友情の深さを思います。吉野さんが亡くなられるのは1981年5月、その年から中野好夫さんの静岡の平和行進や焼津での久保山さん追悼の墓参行動などへの参加が見られるようになるのです。

『福竜丸だより』No. 364（2011年7月）

9

中野好夫さんの「平和行進」

ビキニ被災30周年の84年3月1日午前、焼津駅前から久保山愛吉さんの墓所・弘徳院に向かう「誓いの行進」の献花の列に中野好夫さんの姿がありました。平和行進の参加などでは、列の「うしろを歩く」のが中野スタイルですが、この日は、たまたま目の前を歩いている列に入りました。私が焼津駅に中野さんを迎え、案内をするのは、そのことをあらかじめお伝えしてそうしたことではなく、ふつうにごいっしょに歩いたのです。これもまた中野スタイルにそってのことです。

私が中野さんの面識を得たのは、81年6月からはじめられた「忘れまいぞ〝核〟問題討論会」の連絡を担当するなかでのつながりからでした。「忘れまいぞ〝核〟問題討論会」は、中野好夫、大友よふ（地婦連会長）、中林貞男（日本生協連会長）、小野周（物理学者）、関屋綾子（元日本ＹＷＣＡ会長）の五氏をよびかけ人として、核問題を継続的に勉強していく市民の討論の場として生まれたものです。会は8月を除いて月1回、84年7月まで35回開かれました（連載第36回で討論会が始まった経緯や内容、運営などについてとりあげています）。

一人の参加者として

「タバコを吸ってはけないのだろうがね」そう言いつつもタバコを口にされながら、80歳とは思えないしっかりした足取りで歩かれました。集会は午後1時からです。弘徳院から市民体育館に移り、会場前の寿司屋でにぎりをご馳走になりました。どんなお話をしていただいたか記憶にありませんが、中野さんは、まだ二つ三つ並んでいるすし桶を回してくれるのでした。

この年の3・1ビキニデー中央集会は、東京でつくられた中央実行委員会と地元の静岡県実行委員会の主催です。前年は、主催が静岡県実行委員会、83年世界大会準備委員会の協賛。「統一大会」の日程が、年々すんなり決まらないように、ビキニデー集会も、主催、共催、協賛と態様が変わりました。焼津市民体育館の床にはシートが敷かれ、パイプの簡易いすが並べられていました。中野さんは、集会役員の勧めを断り、「私はここで」と後方の席で、この年初参加の焼津市長のあいさつや主催者あいさつを聞いていました。

この日の、主催者代表・大友よふさんのあいさつの結びは「反核・軍縮・平和というおおいなる仕事をするためには、五本の指ががっちりと力をためて、同時に組まれなければなりません。核廃絶と平和のために、私たちの息子よ、娘よ、孫よ、団結いたしましょう」、地元側の主催者代表・鈴木正次さん（元国鉄労働組合役員）のあいさつの結びは、「この集会を契機にお互いがもっともっと信頼し合い連帯し合い、再び不幸な分裂をひきおこさないために心しあうことが何より大切であると思います。原爆ゆるすまじ！　分裂ゆるすまじ！　これが静岡の心です」というものでした。

集会半ば過ぎ「そろそろ失礼する」と、中野さんは一人で駅に向かわれました。

「行くべきだから行く」――中野さんのこの日を伝えた『毎日新聞』夕刊の見出しです。

雨のなかを歩く――在りし日の中野さんを偲ぶ

6月3日、静岡県富士宮と由比間の平和行進に、中野さんの姿がありました。行進途中、集中豪雨に見舞われます。随伴車に乗られるようにとの勧めを受けながら歩く、びしょ濡れの中野さんの姿が彷彿します。行進の東京‐広島‐長崎コースは、前年から世界大会準備委員会が主催していました。この年は行進での団体旗の自粛を準備委がよびかけたことが問題となり、大会運営にまで波紋を広げました。通し行進者としては、ゼッケンの金子徳好さん（「アメリカはベトナムから手を引け」のゼッケンを着け三鷹市の自宅から勤務先の港区まで通勤した）、被爆者の行宗一さん（日本被団協代表委員）が歩きました。

「原水禁運動調整役失う」――中野好夫さん享年81歳の死去を伝える、『朝日新聞』夕刊（85年2月20日付）が掲げた見出しです。記事中、敗戦直後、ある新聞社から「だれが戦争犯罪人と思うか」とのアンケートを求められたとき、中野さんは自分の名前を書いて送り返したというエピソードが紹介されていました。「氏をこうした実践に駆り立てたのは、国民の一人として太平洋戦争を防げなかったことへの深い反省だった」、岩垂弘編集委員が記す「評伝」の一節です。

同紙面には「平和行進の最後尾を歩く、在りし日の中野好夫さん＝81年6月29日滋賀県大津市内で」と説明された写真が掲載されています。写真説明にはありませんが、並んで歩くのは新村猛さん（フランス文学・名古屋大学名誉教授）と見うけられます。ともに雨傘をもたれています。この日も雨が降ったのでしょうか。

『朝日新聞』夕刊１９８５年2月20日

『福竜丸だより』No.365（２０１１年9月）

10

三つの祝賀行事

１９７６年6月10日の第五福竜丸展示館の開館を前に、記念すべき三つの祝賀行事が行われています。5月29日「久保山愛吉記念碑」除幕式、5月31日『ビキニ水爆被災資料集』出版記念会、6月5日「第五福竜丸展示館」完成祝賀会の三つです。ともに、第五福竜丸保存委員会、平和協会の重点事業でした。

まずはビキニ水爆被災事件の基本文献として評価の高い『ビキニ水爆被災資料集』（東京

大学出版会）刊行に至る経過と、それにまつわる話を2回にわけて綴ります。

「被災資料集」作成のきっかけ

連載第6回で、第五福竜丸保存運動が沈滞した状況を乗り超えたその契機に、71年4月の美濃部都知事再選があったことをあげました。第五福竜丸保存は、都知事の公約実現の行政課題となったのです。この状況を保存運動推進につなげようと江東区民運動は取り組みを強めます。街頭募金も8月14日、国電（JR）亀戸駅前、12月1日、15日、深川不動尊境内で行われました。深川不動尊界隈は、富岡八幡宮に隣接する下町の盛り場です。行動には、区職労はじめ周辺労組の組合員や教員有志、木場の建設労働者、職人さんなど、区民の参加も今まで以上でした。

夢の島に第五福竜丸が放置されていることを区民に知らせ、区民の参加を考慮して、運動を先導するのは、江東の「三羽烏と一姫」と言われた三井周二（建設従業員組合）、深井平八郎（石川島播磨労組）、若島幸作（区職労）、青木（旧姓古泉）佳子（教員）さんたちでした。

これらの人たちが先導する江東の運動参加者は、台風被害での第五福竜丸の水没の危機にはいち早く駆けつけ、「身内の船」を守る活動に取り組む下町の気概と勇気をもつ人たちです。新春凧揚げ大会で甘酒をふるまうなどの下準備をするのもこの人たちでした。

彼らは区民中心の活動の経験から、ビキニ事件当時のことや第五福竜丸乗組員のことなどを知らせるわかりやすい出版物の必要を痛感していました。そのために、ビキニ事件に関連する誌紙の収集や新聞の切り抜きを続けていたのです。

この「三羽烏と一姫」の作業に押されるようにして第五福竜丸保存委員会が、資料収集

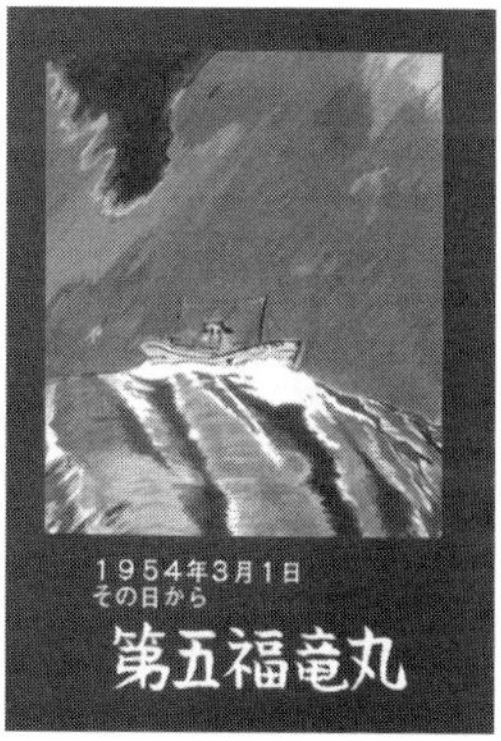

『ビキニ水爆被災資料集』に先だって75年8月1日付で出された協会初出版パンフの表紙（表紙絵・広田重道）。編集には三井周二、深井平八郎、若島幸作、小沢謙吉が当たったことを編集後記に広田重道専務理事が記している。発行・平和協会、取り扱いは保存委員会、価２００円。

のための懇談会を開いたのは72年4月25日でした。メンバーは、前記の4人に加えて小沢謙吉さん（東京原水協事務局）、保存委員会からは神崎、広田の両専務理事、常任委員の田沼肇さんが参加しました。しかし、都労連に置かれている保存委員会は、机が一つ置かれているだけです。仕事の半ばは、三羽烏と一姫、小沢さんに負う形がつづいたのでした。

「資料集」への期待と資料の収集
――東大病院資料の引き取り
――久保山すずさんからも

資料収集の転機になったのは7月に、東大病院から関係資料・資材引き取りの打診を受けたことでした。8月、保存委員会は受け入れを決めます。この5月には、地上に固定された第五福竜丸周辺に仮柵が打ち込まれ、見張り小屋も建てられていました。9月4日に東大病院からトラックで運ばれた資材・資料は、見張り小屋に隣接して建てられた小屋に一時的に保管されることになります。この二つの小屋に毎日、東陽町の自宅から自転車で通い、船の清掃、監視、管理をつづけてくれたのは元筏師の嶋田轍之助さんです（嶋田さんの活動は、連載のむすびでふれています）。

73年9月23日には、久保山愛吉さんの船員手帳、無線従事者免許証などの遺品や、家族への慰問・弔問の手紙などが、この日、焼津・弘徳院で開かれた「久保山愛吉氏追悼会」の席上久保山すずさんから寄贈されます。

保存委員会は73年年初から、都認可の公益法人設立の準備をすすめていました。申請は順調にすすみ11月28日「財団法人第五福竜丸保存平和協会」設立が許可され、12月12日の

「江東三羽烏」、右から三井周二さん、若島幸作さん、深井平八郎さん。

第1回理事会で協会寄付行為を確認、会長に三宅泰雄氏を選び役員が互選され平和協会が発足します。平和協会の寄付行為は、その目的を「ビキニ水爆被災船・第五福竜丸を永久に保存し、併せて原水爆被害の諸資料を収集、保管、展示する」としていました。明けて74年はビキニ被災20周年。平和協会は寄付行為の目的に沿って記念事業に「ビキニ関係資料の収集」と「出版」を掲げます。

「三羽烏と一姫」が積み上げてきた「資料集」出版の要望は、市民の発意を生かしつつ、平和協会のメイン事業となったのです。ビキニ事件の全体像を解明する資料の収集と「資料集」刊行の「事業」は、編集実務要員の確保、資金調達などの問題を抱え進行することになります。

保存委員会と平和協会　1969年4月に美濃部都知事ら八氏による「第五福竜丸保存」のよびかけが発表され、7月に「第五福竜丸保存委員会」が発足、全国的に運動を進めた。保存委員会は任意団体であったので、東京都と協議して第五福竜丸展示施設の整備を進めるために法人格をもつ公的組織が必要とされ、「財団法人第五福竜丸保存平和協会」が都の許可を受けて73年11月に設立された。翌74年に「第五福竜丸平和協会」に改称、法改正にともない2009年より公益財団法人。

11　『ビキニ水爆被災資料集』と林茂夫さん

『福竜丸だより』No. 366（2011年11月）

『ビキニ水爆被災資料集』の編集には、江東の「三羽烏と一姫」の4人と林茂夫さん以外に、森下一徹、桂川秀嗣、香取良平、對馬学、川上とし子の各氏が参加しましたが、中心は林茂夫さんでした。

当時、林さんは日本平和委員会の専従を離れて、軍事・社会評論の専門家としての仕事に就かれていました。私は林さんとは、日本平和委員会や日本原水協の仕事をいっしょにした経験から林さんの綿密な仕事ぶりは先刻承知していました。

林茂夫（1927—2004）　平和運動体験を土台にした軍事評論、自衛隊問題の第一人者。「無防備地域」運動の提唱実践者としても知られる。2004年7月18日死去。

まず調査からはじまる

「最初に直面した問題は、そもそもビキニ事件関係資料にはどういうものがあるのか、どの範囲までが関係資料といいうるのかという、いわば資料収集以前の問題」でした。『資料集』巻末に載る「資料収集にあたって」にこう記しているように、林さん中心の作業は、まずビキニ事件の推移を丹念に追跡し直し、調査することから始まりました。

林さんは、1年有余をかけ事件の関係者、当時公刊された書誌、各紙縮刷版に当たる一方、新聞社調査室、国会図書館などに通いました。戦後の雑誌などを収蔵する「大宅文庫」も訪ねています。

編集協力メンバーは、林さんのメモと分類にもとづいて資料目録ノートづくりを分担します。ワープロ、パソコンはまだありませんから手書きです。林さんは半ば専任ですが、協力メンバーの川上さんは保存委員会のアルバイト、他は団体職員、教師、研究者などすべてボランティアです。

平和協会事務所は都労連にありましたが編集作業の机はありません。連載第2回でもふれましたが、保存委員会が都労連に移るまで寄寓していた東友会の事務所と同じフロアにある、日本原水協資料室の机が編集部になりました。資料室には私も机を置いていました。林さんはここに通い、収集した資料もここに保管しました。

焼津市役所の倉庫

関係資料の全容がほぼつかめたところで収集にとりかかりました。収集には、困難や

〝壁〟が待ち構えていました。

「たまたまこのことが新聞で報道されたため、関係当局から〝国のしたことをあばきたてるようなことには協力できない〟と拒否され、まず政府関係の資料収集が〝厚い壁〟にぶつかった」。

「焼津市の倉庫深くうずもれ、市の関係者すら、所在不明と信じていた焼津市関係の資料も、われわれの調査がきっかけで発見されたが、その後市として公表するとのことで、閲覧も許されなかった」。

焼津市資料調査には私も同行しましたが、資料は市従業員組合の協力で倉庫から発見され、その時点では提供を約束されていたのです（この焼津市資料は、１９７６年11月に『第五福竜丸事件』として焼津市から刊行されました）。

内閣官房の書庫の文書

「調査の最終段階で、事件の処理方針大綱を決めた閣議決定が、内閣官房の書庫の奥深く保存されていることをつきとめ、担当者から外務省とも相談してその（公開の）返事も得た。だが国会議員を通じての資料請求にたいする外務省の回答は〝マル秘〟扱いなので見せられないというものだった」。

「資料収集作業は、時間と予算の制約や、われわれの力不足もあって、日米両政府の圧力があったであろうことを随所で感じさせられながら、それを裏づける決定的な公式資料は入手できずにおわった。ここではいちいちあげないが、ビキニ事件には、今なお〝ナゾ〟につつまれている部分が数多く残されている」。前出「資料収集にあたって」はこう指摘し、林さんの無念をにじませています。
『資料集』の原稿が一応まとめられたのは75年12月、作業は林さんや私たちの手を離れ、東大出版会に渡りました。以後、協会の田沼肇理事を専任者として編集が進み、76年3月刊行されるのです。

「資料集」刊行から35年

『ビキニ水爆被災資料集』はビキニ事件を知る基本文献として、その価値は褪せることはありません。
刊行から35年。この間、1991年にはビキニ事件に関する外交文書公開がありました。そこには先に林さんが突き止めていた閣議決定も含まれていました。その後の豊崎博光さんや高橋博子さんの著作や研究、資料入手、大石又七さんの著書も刊行されています。3・11の大震災、原発事故に想いがめぐります。続『ビキニ水爆被災資料集』の編集・刊行のプロジェクトは起ち上げられないでしょうか。

（『福竜丸だより』No.367（2012年1月）

ビキニ事件関係公開文書一覧（第五福竜丸展示館所蔵）
1991年10月　外務省外交文書
2004年10月　外務省文書・追加分
2013年11月　外務省資料
2014年9月　厚労省開示資料
2015年2月　水産庁開示資料

12

久保山愛吉記念碑

第五福竜丸平和協会が取り組んだ事業の第一は第五福竜丸船体保存の実現でしたが、船の保存にあわせて、二つの事業に取り組みました。一つは前回紹介した『ビキニ水爆被災資料集』の作成と刊行でしたが、もう一つは、故久保山愛吉さんの「記念碑」の建立でした。

碑の建立は、独自の募金計画ですすめられ、76年6月10日の第五福竜丸展示館開館に先立つ5月29日に除幕されました。展示館前庭に建立された「久保山愛吉記念碑」は、高さ2メートルの根府川石。「原水爆の被害者はわたしを最後にしてほしい　久保山愛吉」の言葉が刻まれました。揮毫は平和協会初代会長の三宅泰雄さんです。

碑文の言葉と愛吉さんの願い

碑文について、久保山さんが残した言葉には「何通りかの言葉遣いがあり」、碑に刻まれた言葉は、入院中に久保山さんを見舞ったさいに聞いたという壬生照順さんなどの証言を確かめ、この表現に落ち着いた、と平和協会専務理事の広田重道さんが書いています。壬生さんは第五福竜丸保存のよびかけ人、代表委員ですが、第五福竜丸が被災した直後の4月に開かれた「世界平和者日本会議」代表として乗組員を見舞い久保山愛吉さんに会ったのです。

愛吉さんは、きびしい治療に耐えつつこんな言葉を繰り返し語りかけたといいます。

「俺たちのように苦しい思いをする人間を再び出すようなことがあったら絶対許さない」「二人でも犠牲者を出すようなことがあったら、俺はただではおかない」「原水爆の被害者は俺たちだけでたくさんだ。俺たちで終わりにしてもらいたい」――。

「これらの言葉には愛吉の憤りが燃えさかっている」、すずさんから聞き取りをした飯塚利弘さんがその著作で記しています。

久保山愛吉記念碑

飯塚利弘『死の灰を越えて――久保山すずさんの道』かもがわ出版、1993年

大石又七の証言

大石又七さんが記していることも紹介しましょう。大石さんは久保山さんと入院した病院のベッドが隣り合っていました。８月中ごろ、久保山さんの意識が混濁し、日ごろの穏やかさに似合わない激しい声を何度も聞いたと言います。この久保山さんの「怒りの叫びは、少しずつニュアンスを変えて語られ、書かれ、〈原水爆の被害者はわたしを最後にしてほしい〉という、やわらかな表現になっていった」。――やりきれない大石さんの怒りがこもる記述です。

久保山さんの昏睡は、一ときは覚めたものの、９月23日、「みんなで焼津に帰ろう」という乗組員全員のよびかけと願いは無情に打ち切られたのです。「〈愛吉、約束が違う、違うじゃないか〉」母親しゅんさんのかすれた声がいっそうの哀れを誘いました。

大石又七『ビキニ事件の真実――いのちの岐路で』みすず書房、２００３年

世論に見送られて

１９５４年３月14日以降、第五福竜丸をはじめ、漁船が持ち帰る漁獲物から放射能が検出され、やがて放射能雨が日本全土に降りつづき、日本列島は「原爆マグロ」と「死の灰」の恐怖と不安のなかに置かれます。原水爆実験禁止、原爆なくせの声は、堰を切って落とすように流れ始めます。それは、広島、長崎への原爆投下以来、日本国民が原爆の恐るべき惨禍、その苦しみを耐えてきた国民感情の奔流でした。

「連日報道される久保山さんの病状の一進一退、その状況をうつしたように原水爆禁止署名の集約がすすんだ」。８月８日結成された署名運動全国協議会の報告が述べているこ

築地市場での署名活動、１９５４年。

とです。

わたくしごとの死にはあらぬ

「これを見よ全世界のいちにんのわたくしごとの死にはあらぬを」。〝久保山さんに捧ぐ〟と題詠された歌人中原綾子さんの歌です。「いちにんのわたくしごとの死にはあらぬ」久保山愛吉さんの死は、日本国民の心を大きくゆり動かしました。それは容易に、広島・長崎の悲惨、戦争の体験と惨禍に通底するのでした。

翌55年8月、3000万人を超えた原水爆禁止署名、世論を背景に原水爆禁止世界大会が広島で開かれます。この大会や7月の日本母親大会に「水爆犠牲者の未亡人」すずさんは招かれ話しました。控え目なすずさんを後押ししたのは「原水爆を一日も早くなくしてほしい」と言いつづけた愛吉さんの遺志でした。こんなことも話しました。アメリカの女性から、お見舞いに何か贈りたいという申し出がありました。すずさんはお礼の手紙にこう記します。「ほしいものはありません。できるなら、子どもとわたし達の前に愛吉を返してほしい」。

「いちにんのわたくしごとの死にはあらぬ」久保山さんの死が遺した「原水爆の被害者はわたしを最後にしてほしい」のことばは、ヒロシマ・ナガサキの死者の思いを体し、「ふたたび被爆者つくるな　核兵器なくせ」の対語を結び、今日にいたる日本国民への、全世界の人びとへのよびかけでありつづけるのです。

13

『福竜丸だより』No.368（2012年3月）

エンジンと船体の再会

第五福竜丸展示館前庭の海側に船の「エンジン」が展示されています。次のよう案内板が掲げられています。

このエンジンは昭和二九年（一九五四年）三月一日に太平洋のマーシャル諸島にあるビキニ環礁でアメリカが行った水爆実験によって被害を受けた「第五福竜丸」で使用されていたものです。

第五福竜丸は、昭和四二年（一九六七年）に廃船になりましたが、エンジンは、奥地寿太郎氏に買い取られ、同氏所有の「第三千代川丸」に取り付けられました。その後、同船は、昭和四三年（一九六八年）七月に三重県熊野灘沖で座礁・沈没し、エンジンは海中に没しました。

平成八年（一九九六年）二八年ぶりにエンジンが海中から引き揚げられました。東京都は、エンジンの寄贈を受け、第五福竜丸展示館のこの地に展示しました。

平成一二年一月

エンジン保存にご協力いただいた方　・杉末廣氏　・「第五福竜丸エンジンを東京・夢の島へ」和歌山県民運動　・「第五福竜丸エンジンを東京・夢の島へ」東京都民運動

第五福竜丸展示館の前庭に展示されたエンジンと案内板。

ドキュメンタリー『廃船』――エンジン海に沈む

「7月末、われわれは奥地船長から電話を受けた。東京から機械油をドラム缶で千本積んで航行していた千代川丸は、三重県南牟婁郡阿田和沖で濃霧のため座礁、沈没を避けるため砂浜に乗りあげた。――その夜、台風が来た。船体は一晩でバラバラになり、エンジンは水中に没した」。

エンジン沈没を伝えるＮＨＫドキュメンタリー『廃船』のナレーションです。『廃船』は、ＮＨＫ放送記念日特集ドキュメンタリーとして69年3月22日に放送されました。80分の長尺の記録は、廃船処分後の経過を縦糸に、第五福竜丸乗組員のその後、第五福竜丸保存市民運動を追い、運動体の対応のもどかしさをにじませながらも、保存の動きを好意的に伝える出色のドキュメンタリーでした。

杉末廣という人

案内板に記載の「エンジン保存にご協力いただいた方」の、個人名の杉末廣さんは和歌山県海南市に住む一市民。和歌山県古座町の造船所で進水した「第五福竜丸」のエンジンが近くの海に沈んでいることを知った杉さんの、エンジンを船体と再会させたいという強い思いが、96年12月、エンジンの引き揚げを導いたのでした。

「第五福竜丸エンジンを東京・夢の島へ」和歌山県民運動が、97年3月によびかけられ、原水協、原水禁、労組、婦人団体、生協、市民が参加しました。エンジンは和歌山城公園や生協店舗の駐車場などに展示、東京の受け入れを待ったのです。10月には、「第五福竜丸エンジンを東京・夢の島へ」東京都民運動が31の市民団体のよびかけで発足します。都民運動は、エンジンを第五福竜丸展示館敷地に保存・展示する陳情を東京都に提出します。

98年2月13日、青島幸男都知事が受け入れを表明します。待ちかねたように20日、エンジンは日本通運の大型トレーラーに積まれ和歌山市を出発、3月19日都庁前で「和歌山県民運動」から、青島都知事に贈呈目録が渡されます。

東京都に引き渡されたエンジンは、腐食の洗浄・錆止めなどの処置が施され、99年12月展示建物が第五福竜丸展示館前庭に完成、２０００年1月公開されたのです。

エンジンお帰りなさいのつどい

大型トレーラーに積まれたエンジンを前に、第五福竜丸展示館の前庭近くで1月22日、「第五福竜丸エンジンお帰りなさい集会」が開かれました。「お帰りなさーい」。寒風を衝き参加者に幾度もの唱和をうながす田中里子さんの声が耳に残ります。4日前の18日には、東京地婦連、緑の銀行による「八重紅大島桜」の記念植樹も行われました。

大型トレーラーの運搬が実現するには田中里子さんの尽力がありました。田中さんは地婦連役員として日本通運につながりがあったのです。運送費用の肩代わりを受けた都民運動は、日本通運に感謝状を送りました。

「海に沈む前のエンジンの解体シーンを私の夫は記録し、田中さんは海底から引き揚げられたエンジンを東京に運び、私はその『都民運動の記録』を水越雅子さんとまとめた」。07年5月31日に亡くなった田中里子さんを追悼する文集「田中里子さんへの手紙」に載る、工藤爽子さんの文の一節です。文中の「夫」は『廃船』を企画・構成・編集したＮＨＫ

第五福竜丸展示館前で開催された「第五福竜丸エンジンお帰りなさい集会」。

のディレクター工藤敏樹さん。水越さんは東京生協連常任委員でした。

14

『福竜丸だより』No.369（2012年5月）

お花見平和のつどい

第五福竜丸展示館前庭にある八重紅大島桜、まだ若木ですが見事に花を付けるようになりました。八重紅大島桜は「第五福竜丸エンジン」の保存展示を機に、東京地婦連と緑の銀行によって記念植樹されたものです。

この八重紅大島桜のもとで２００１年から「お花見平和のつどい」が開かれています。主催は、展示されたエンジンと桜とを結び、エンジンを東京に運び夢の島に迎えた都民運動を引き継ぐようにして生まれた「第五福竜丸から平和を発信する連絡会」です。

２０１２年の「お花見平和のつどい」は4月7日にもたれました。この日東京周辺の染井吉野は満開でしたが八重紅大島桜は三分咲き、大島桜は開花が少し遅いのです。海からの風が冷たく感じられましたが晴天にめぐまれ、東京の被爆者団体のみなさんをはじめ、主催団体関係の方々が集いました。

咲く花は八重紅大島桜

第五福竜丸展示館のある夢の島は東京湾の内海ですが潮風が上がります。染井吉野は潮風を嫌います。展示館前に植樹する樹種は潮風に強い大島桜としたこと、若木の選定や

「お花見平和のつどい」連絡会（第五福竜丸から平和を発信する連絡会）構成団体＝東京都原爆被害者団体協議会（東友会）、東京都地域婦人団体連盟、東京都生活協同組合連合、主婦連合会、東京都地域消費者団体連絡会、日本青年団協議会、原水爆禁止東京協議会、第五福竜丸平和協会

「つどい」は２０１６年4月をもって終了した。

移植の根回しなど、植樹に至る経過について田中里子さんからお聞きしたことがありました。「八重紅って名前もすてき」とも話されていました。

展示館前庭への植樹のあと、展示館北側マリーナの海域に沿って都公園課が植えた桜も八重紅大島桜でした。桜の樹が盛りを迎えるのは樹齢30年、40年過ぎごろといいます。いずれは、八重紅大島桜の紅が第五福竜丸の航路を華々しく飾るものとなるでしょう。

第五福竜丸展示館前庭に植樹された「八重紅大島桜」。

3・11のこと、人知れず咲くフクシマの桜

２０１１年の「お花見平和のつどい」は、３・11大震災もあり開かれませんでした。4月から5月、日本列島を北上する桜の開花は、それぞれの地域に春のにぎわいをとどけるとともに、花の咲き始めの知らせが、田作り、農作業の、その年の頃合いの目安になるなど、暮らしのしるべともなるのです。

本稿の準備を始めていたときの新聞に「満開ひっそりと —— 警戒区域の福島・富岡」との見出しの記事が掲載されました。原発事故の放射能で立ち入り禁止になっている富岡町夜の森地区のいまを伝えました。満開の桜並木の写真に合わせて「名所の桜が花を咲かせた。例年より一週間ほど遅く開いた無数の花が、人気のない街で揺れている」と書かれていました（『朝日新聞』夕刊２０１２年4月19日）。

詩人石垣りんのさくら

さくら　さくら

散るのが美しいと讃えた国に
おちるがいい
花びら
涙
いのち
死の灰

石垣りんさんの「落花」と題する七連の詩の三連目、54年7月の作品です。「さくら」と「死の灰」をならべ「おちるがいい」と書く、諧謔のなかに万人の「いのち」の意味が浮かびます。

石垣りんさんは1920年生まれ、終戦時は25歳。戦中、桜は軍国日本のシンボルでした。さくらのように散る、それが軍国の教えでした。筆者の世代も多くの少年が「七つボタンは桜に錨」に送られ戦場に赴きました。戦後、私は桜に拒否反応を示していました。「花にとがなき」を、と思えるようになったのはそう遠いことではありません。

石垣りんさんは、原爆を、広島を、ビキニを、また職場の詩、生活の詩、女性の「立場のある詩」を書き残しました。

りんさんと第五福竜丸

石垣さんが第五福竜丸展示館を訪れたのは82年の春、元気だった広田重道さんの案内で館内をめぐりました。訪問記が『婦人之友』5月号に掲載されています。訪問記には、ビ

訪問記「春の日夢の島へ」は石垣りん『夜の太鼓』ちくま文庫、1989年に所収。

キニ被災のこと、福竜丸乗組員のことに多く筆が及び、関連して自己を見つめていく詩人の目が際立ちます。福竜丸の被災についてこうも書いています。「とんでもない災害に巻き込まれることも知らないで、刻々にその場所に近付いてしまう。安全であるという約束を信じて。〔……〕私は自分の日常に当てはめておもわずつぶやいてしまう「こわいなあ」」。

石垣さんとお会いしたのは『現代詩』の詩話会であったかどうか記憶が薄れていますが、声のきれいなりんさんでした。「戦争の記憶が遠ざかるとき／戦争がまた／私たちに近づく」（「弔詞」）とも書いた石垣さんが亡くなったのは２００４年12月でした。

（追記：２０１５年11月『石垣りん詩集』が岩波文庫に入りました。編者は伊藤比呂美、文庫の帯には「雪崩のとき」は、いま必読との惹句があります。）

15

『福竜丸だより』No. 370（２０１２年７月）

りんさんの「こわさ」と「いさぎよさ」

石垣りんさん「さよならの会」は、２００５年２月７日に東京・お茶の水山の上ホテルで開かれました。ＮＨＫアナウンサー山根基世さんの司会で、谷川俊太郎さん、茨木のり子さん、新川和江さんなどの詩友、近しい人たちが、りんさんの思いを語りました。

谷川さんは「あなたは詩では怖いほど正直だった」と述べました。前回で紹介したりんさんの詩「落花」でも、りんさんは「いのち」、「死の灰」のことばを乗せて、迫る「こわさ」をにじませました。茨木さんはりんさんの詩作品とその生き方に強さと「いさぎよさ」を見ていました。

茨木のり子さんのマグロの詩

前回では八重紅大島桜の話題から石垣りんさんの桜への思いに話題をつなげて、りんさんの第五福竜丸展示館「訪問記」を紹介しました。

詩人の話題を引き継ぐようになりますが、今回は谷川俊太郎さんといっしょに日本原水協の仕事に参加した、茨木のり子さんの作品を紹介します。

詩その1

あの時はオドロキだったねぇ
マグロがいやな音たてやがって

先祖がみつけたトロの味
そうやすやすと
ケチつけられてたまるかい！

蒼くなったは　河岸寿司屋
魚屋ばかりじゃございません

にぎりの好きなこのあたし

中トロたべられぬ
世の中なんか
闇！
闇！
闇！
闇ダワヨ

この詩作品は、茨木のり子さんが１９６０年に日本原水協が発行した小型パンフに寄せた3篇の詩の一つです。江戸前のことば、豊かな諧謔のなかに怒りと不安を捉え見事です。詩を掲載した通称『漫画パンフ』は、構成＝関根弘、楠原義一、詩と文＝谷川俊太郎、茨木のり子、絵（イラスト）＝久里洋二、真鍋博。Ａ６判16ページ２色刷の小冊子、売価は10円でした。久里洋二さんのストーリー漫画、谷川＋久里＋真鍋の「原水爆があるかぎりシンパイは消えない」が折り込まれ、茨木さんの詩には真鍋さんのイラストが合わされています。

運動に詩や文学の風を

私が日本原水協の事務局にアルバイトで通うようになるのは58年の春からです。長い結核療養生活で知り合った療友が原水協事務局に専任していました。私が療養所のサークル詩誌に携わっていたことから編集の手伝いにと声をかけてくれたのです。

冊子などの編集に加わりながら、詩や挿絵などを冊子に取り込むことができないものか

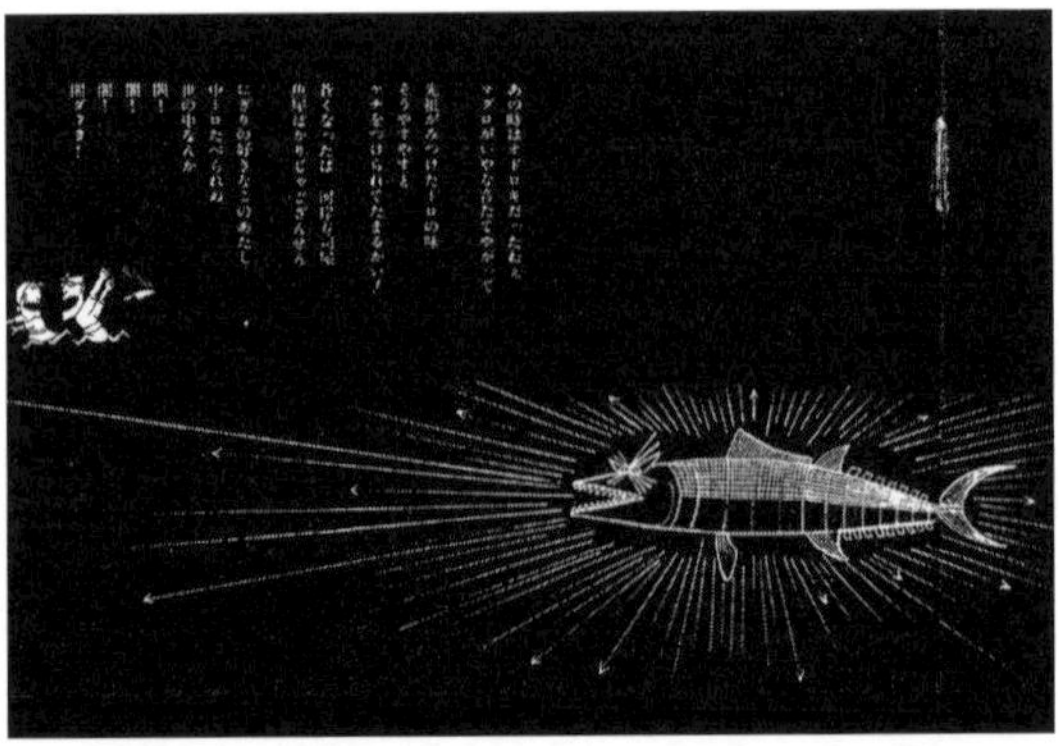

茨木のり子の「詩その１」が掲載された『漫画パンフ』の誌面。イラスト・真鍋博

と思いました。事務局は手薄で、一方また一種の寛大さがありました。私はサークル詩誌の人脈を伝手に詩人の関根弘さんと長谷川龍生さんに会いました。詩作品を提供してほしいと思ったのです。龍生さんは、林幸子さんの詩「ヒロシマの空」を勧めてくれました。関根さんは詩作品「行ってみたことない海に」を寄せてくれたのです。

59年の第5回世界大会の開催地は広島でした。大会にむけての宣伝活動にも期待が寄せられました。そのころポスターなど原水協の宣伝物制作に協力的に参加していたのは粟津潔さんでした。編集に合わせて粟津さんとお会いする機会が増えました。そのなかで、詩人や複数のデザイナーも参加して宣伝物の共同制作ができないか話し合うようになりました。

「宣伝技術グループ」の誕生

59年春、日本原水協情宣部に付属する形で「宣伝技術グループ」が生まれました（「グループ」のことは、第二部「自分史」のなかでややくわしく紹介しました）。

代表に関根弘、コーディネーターに美術評論家瀬木慎一、詩人長谷川龍生、デザイナー粟津潔、杉浦康平の各氏でスタートしました。グループの共同制作には、ポスターなどの媒体、また行事などの企画に合わせて各分野のクリエーターが参加しました。

共同制作した各種の作品はそれぞれ高い評価を受けることになります。グループの仕事のいくつかは、この連載でも取り上げています。

『漫画パンフ』の制作もその一つでした。パンフに掲載したあと2篇の茨木さんの詩を、真鍋博さんのイラストといっしょに紹介します。

新しい原水爆禁止運動のマークを検討している「宣伝技術グループ」、左から関根弘、瀬木慎一、杉浦康平、楠原義一、粟津潔、1959年。

詩・その2

ワレラノ国ハ
物心ツイテヨリ
武器ニバカリ色目ヲツカイ
山ヤ
林ヤ
河ヤ
堤ヲ
ホッタラカシテ
キタノデ
カレラモ怒ル
時ニハ無茶ラン苦茶ランノ
大アバレ
実リノ秋ニ
アア　コンチキショウ！

詩その3

家よ
家よ
家よ

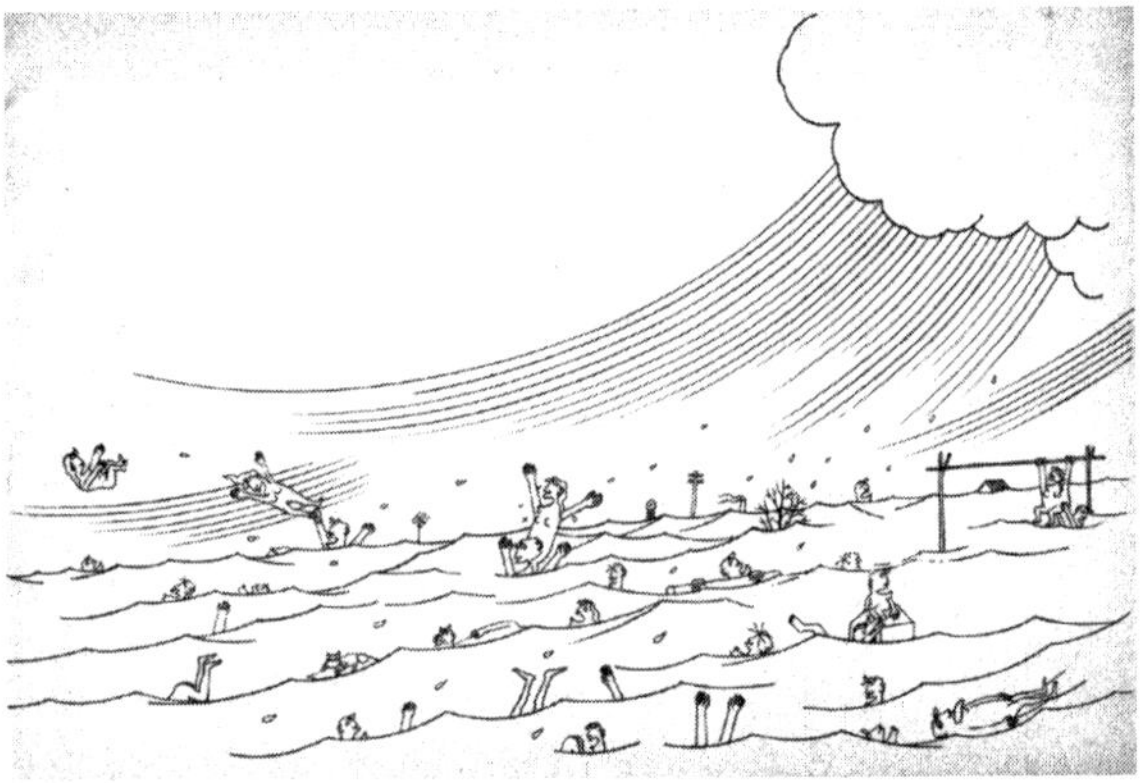

の溜息

一台のロッキード
買うお金で
本当は
とびきり
たのしい
街ができます

一日の汗を
流すシャワー

星を見ながら
眠る部屋

一人の子どもに
一ツの部屋

そろばんを
はじいて下さい
こんな
簡単な
計算はない

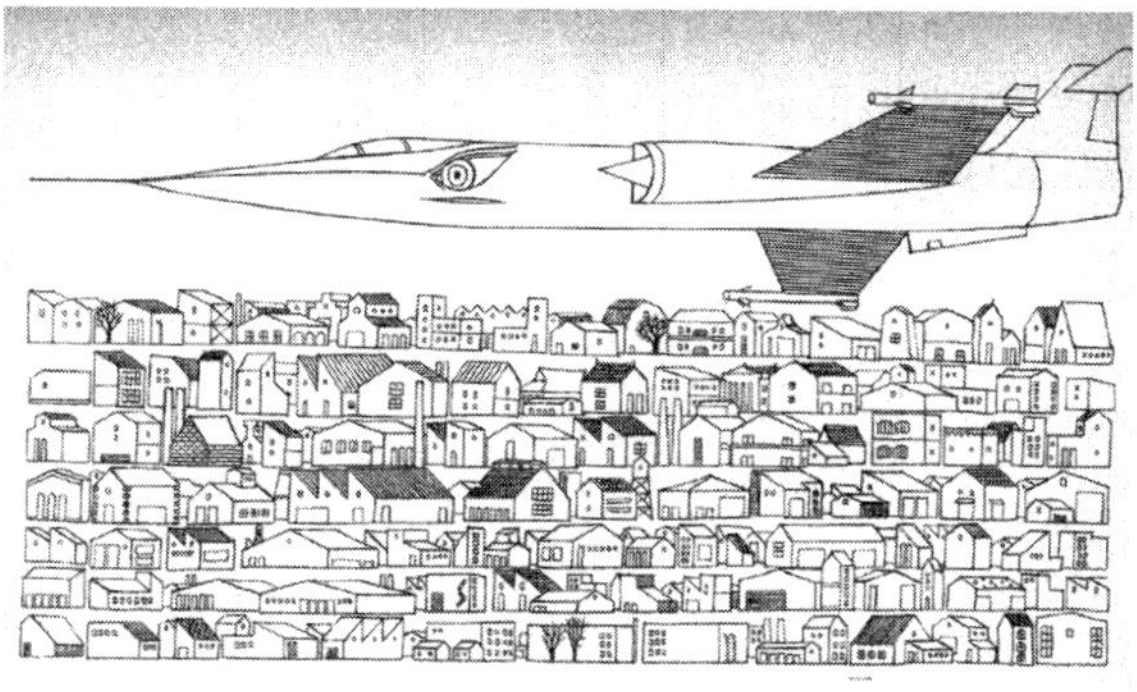

16　谷川俊太郎さんと「国民募金帳」

『福竜丸だより』No.371（2012年9月）

原爆をつくるな

つくるなら
花をつくれ
つくるなら
家をつくれ
つくるなら
未来をつくれ

戦争にちからはかせない
だが
平和のためにならら！

この詩文は、1960年第六回原水爆禁止世界大会の「国民募金帳」に使われたものです。作者は前回で紹介した日本原水協「宣伝技術グループ」に参加した谷川俊太郎さんですが、谷川さんの名前は記載されていません。宣伝技術グループが制作したポスター、ステッカー、プラカードなどの宣伝物にはコピーを含め作者名は明記しませんでした。共同討議による制作ということもありましたが、それぞれが運動「参加者」という位置を当然としていたのでした。

国民募金が大会を支える

世界大会経費は、参加団体の応分の負担はありましたが主体は国民募金でした。大会実行委員会など主催者がつくった募金帳にはナンバーがうたれて取扱者に渡されました。大会参加者の多くは、この募金の寄金によって世界大会に参加したのでした。募金帳は署名簿とは区別されて取り扱われていました。

「今年も8・6、8・9が来る」――駅頭や街角で大会募金がよびかけられました。割烹着姿の女性が参加しました。職場でも募金帳が回ります。農村でも漁村でも国民募金帳が各戸に届きました。夏の行事の一つになりました。大会募金運動はヒロシマ・ナガサキの思いを個々の募金者に結ぶ原水爆禁止運動の要ともいうものでした。それはビキニ被災事件直後に澎湃《ほうはい》とまきおこり、全国的に取り組まれ経験した原水爆禁止署名運動の継続でもありました。一人ひとりの行動が国民世論を広げ、大会を支えたのでした。

その後、代表の選出が組織代表の色合いを強めるにつれこの性格が薄れていくようになりますが、第5回、第6回大会のころはまだ「国民募金帳」が大会寄金の中心に位置していたのでした。

つくるなら花をつくれ

谷川さんの詩文が載る募金帳は1枚で10名の記入欄をもつものでした。この募金帳が何

1960年制作のステッカー。マークもこの年につくられた。ステッカーの言葉「いま平和をにがすな」はもう1枚の「ムダな核武装はやめよう」とともに運動課題を対に並べている。

枚全国に配布されたかは調べれば分かることですが、いずれにしろ何十万枚かの募金帳が使われました。

「原爆をつくるな　つくるなら　花をつくれ」は、募金運動、原水爆禁止運動の合言葉になりました。ことに地域の草の根で活動する人たちのつよい共感を得るものとなりました。この言葉は運動を育てるものにもなりました。一つを紹介しておきましょう。

65年5月、被爆20周年を記念して青森市柳町通りのグリーンベルトに20本の八重桜の苗木が植樹され「原爆をつくるより花をつくれ」の立看板が掲げられました。その後に植樹が増やされ、やがて桜並木に成長した花のもとで花見と平和の集いが開かれていくのです。

原爆をなくすにも金がいる

「いうべき実体というものを出来るだけ効果的にというやり方は、詩のかき方とはぜんぜん別のものではないという気がしたのですね。僕なんかが考える「原水爆をつくるにも金がいる、なくすにも金がいる」というのも僕にとっては詩的な発想ですね。一見、詩じゃないのですがきりはなせないという気がする。だから僕は名前を出しても恥ずかしくないし、誇らしい気がするのですね」。１９６０年7月号の『新日本文学』に掲載された座談会「大衆運動における宣伝と技術 ―― 原水協宣伝技術グループの活動をめぐって」に出席した谷川俊太郎さんの発言です。

谷川さんはこうも話されています。「運動自体を宣伝という一種の技術的なものだけに考えていいのかしら。原水爆反対運動にしても祭りという意味でも考えるべきじゃないかという気がするのです。俺たちは死にたくない、命はよみがえっていくべきだという祭りのもつ根源的な生命力が欲しい」。

座談会出席者は谷川さんのほか、瀬木慎一、関根弘、粟津潔、吉田嘉清（日本原水協事務局次長）、司会武井昭夫の諸氏です。私も出席していました。なお、同誌は座談会に合わせて『漫画パンフ』を巻頭に抜粋して掲載していました。

＊

この募金帳が使われた１９６０年は、日米軍事同盟強化の道、安保条約の改定をどう阻むかの、たたかいの日々でもありました。その状況のなかで「原爆をつくるな　つくるなら　花をつくれ」の国民募金帳が、個々の人の手によって全国の地域で原水爆禁止の声を結んでいたのです。

17

『福竜丸だより』No.372（２０１２年11月）

林光さんの「原爆小景」の作り方

２０１１年の4月21日から5月18日まで、３・11東日本大震災・福島原発事故後の今を照らすために、１９５４年3月1日、アメリカが太平洋ビキニ環礁で行った水爆実験に遭遇した第五福竜丸が持ちかえった「死の灰」を主要展示物とする「ＥＸＰＯＳＥ・死の灰」展が開かれました。会場は、粟津ケンさんが主宰する芸術イベントスペース「ＫＥＮ」（東京・三軒茶屋、２０１１年春オープン）です。

期間中の4月30日、作曲家の林光さんによるコンサートとトーク「水ヲ下サイ――『原爆小景』の作り方」がもたれました。トークセッションでは、原民喜詩「原爆小景」作曲の経過を語りました。58年作曲の「水ヲ下サイ」、71年作曲の「日ノ暮レチカク」と「夜」、そして2001年に「永遠のみどり」に曲を付けて完結するその道すじです。

「原爆小景」の作曲と二つのイベント

会の後半で展示企画に合わせるように林さんのピアノで二つの曲が演奏されました。映画『第五福竜丸』につけられた「出航」と「二十三人の漁夫たちのバラード」です。23人が第五福竜丸乗組員であることはいうまでもありません。

林さんは、この二つの曲が「原爆小景・水ヲ下サイ」の作曲に前後して二つのイベントへの参加のなかでつくられたいきさつも語りました。

映画『第五福竜丸』と野外劇『最後の武器』

林さんが言う「二つのイベント」の一つは、59年に近代映画協会が制作した新藤兼人監督の映画『第五福竜丸』、もう一つは、58年に日本原水協主催の第4回原水爆禁止世界大会最終日に千田是也の演出で上演したシュプレヒコール劇『最後の武器』への参加です。この劇は、ドイツの劇作家ヴァイゼンボルンが「ゲッチンゲン宣言」を受けて書いた「世界に警告する —— ゲッチンゲン・カンタータ」にもとづいて、安部公房が翻案、脚本化したものです。

林さんはこう話します。

2011年4月、トークセッションで話す林光さん（左）。対話者は第五福竜丸展示館学芸員の安田和也さん。この演奏会、トークのDVDが作られている。

ゲッチンゲン宣言　1957年4月、原子核分裂の発見者オットー・ハーンなど複数のノーベル賞受賞者を含む旧西ドイツの原子力研究者18人が発表した、自分たちはいかなる形でも原子力兵器の製造、実験、使用に参加しないという宣言。

映画『第五福竜丸』の冒頭、出航のシーンに陽気で元気な音楽を書きました。あれっと思った人もいたようです。つまり悲劇の始まりなのにということですね。ぼくは悲劇を予告するのではなくて平和な事態があとから悲劇をむかえる船が、海に出ていくシーンに「漁夫たちのうた（出航）」をオーケストラで演奏したのです。

つぎの「二十三人の漁夫たちのバラード」は『最後の武器』のなかの合唱曲です。船乗りたちは／西からあがる／太陽をみた／嘘の太陽は／赤く海を染め／やがてもえつき／間もなく東から／本物の太陽がのぼると／白い灰が降りだした……とつづく。起こったことを述べていく安部公房らしい詩です。

第4回原水爆禁止世界大会の開催地は東京、日程は8月12日から20日でした。『最後の武器』の上演は20日夕刻の市民参加の大会宣言発表大会、会場は日比谷野外音楽堂でした。演出・千田是也、音楽・林光、美術・朝倉摂。出演は語り手に岸輝子（千田夫人、新潮社版『安部公房全集』では岸旗江）、ほか出演は俳優座、民芸、青年座、三期会の各有志と中央合唱団など200名近くでした。

戯曲「最後の武器」は、『安部公房全集9』新潮社、1998年ほかに所収。

新しい出発の歌

台本の構成は、プロローグ／武器の歴史／最後の武器／子供たちの歌／被害状況／ローゼンバーグ／水爆への道／どちらが無知か、と展開し終章で次のような「新しい出発の歌」がうたわれます。

行こうよ／たしかな平和を／この手につかむまで／行こうよ／ヒロシマの火を／最後の

武器の／思い出にするために／行こうよ／ふたたびぼくらが／西からのぼる太陽に／焼かれることのないように／さあ出発しよう

出演者の全員合唱から会場満員の参加者の唱和をよんで野外劇はおわります。閉会後には海外代表をふくめ提灯デモが行われています。私は日本原水協の事務方として参加していました。

林さんのお話しでも引用されていますが「二十三人の漁夫たちのバラード」六連の詩は次のとおりです。

船乗りたちは
西からあがる
太陽をみた

嘘の太陽は
赤く海を染め
やがてもえつき

間もなく東から
本物の太陽がのぼると
白い灰が降りだした

船乗りたちは

食欲を失い
広島のことを思い出す

頭をかくと
指のあいだに
毛の束が残った

久保山愛吉は死に
残りの二二人も
二度と船には戻れなかった

林光さんは２０１２年１月５日に亡くなりました。80歳でした。追悼の集いでは、４月30日に「ＫＥＮ」で演奏した「二十三人の漁夫たちのバラード」の録音テープが流されたと聞きました。（追記：２０１５年10月26日、第五福竜丸展示館で開かれた「新たなる出航のコンサート」で、オペラシアターこんにゃく座のうた役者によって『最後の武器』の二つの曲が歌われました。）

18

『福竜丸だより』No. 373（２０１３年１月）

『最後の武器』から『武器のない世界へ』

前回紹介したシュプレヒコール群集劇『最後の武器』は、１９５９年８月12日、日比谷

２０１５年10月26日、第五福竜丸展示館にて『最後の武器』の一部がこんにゃく座のうた役者により上演された。

野外音楽堂において「平和運動10周年記念演劇人の平和のつどい」で再演されました。59年の第5回原水爆禁止世界大会は8月1日から7日まで広島で開かれたので、原水爆禁止運動との関連はありましたが世界大会行事ではなく、劇団協議会などの主催です。

60年は安保の年。第6回世界大会は東京で開かれました。日本原水協は大会記念行事として最終日のイベントを千田是也さんに依頼します。千田さんは前回の『最後の武器』との関連もあり安部公房も参加する「記録芸術の会」に台本制作を要請します。7月17日と記録されています。「記録芸術の会」はこれを受け会員の長谷川龍生・内田栄一・木島始の三氏が執筆することとなるのです。

二日二晩で第一稿

三氏は「各人がかかっていた仕事をしばらく停止し、二一、二日の二日二晩をついやし原水協あっせんの一橋寮《いっきょうりょう》で第一稿を作製した」――「二三日早朝原稿は即日プリントになり会員の批評にさらされた。批判の問題点は〈自衛隊〉の処理と〈天皇〉を突然想起させる場面であった」――「批判の嵐を浴びながらも内田栄一は批判者側に立っていた論客竹内実を一橋寮へ連行することに成功した。二五日早朝第二稿は完成。リハーサルは三〇日からおこなわれた」――「上演当日は、安保闘争の背景もあり観客の猛烈な拍手をあびて、しばしばソロのせりふが中絶されるぐらいであった」――執筆担当U&Kの「共同制作強行記」が記している回想の抜粋です。

こうして、作・記録芸術の会（執筆・内田栄一、木島始、竹内実、長谷川龍生）、総指揮・千田是也、音楽・林光、装置美術・安部真知、出演・新劇人会議１５０名のシュプレヒコール劇

『武器のない世界へ』は、8月9日東京都体育館（千駄ケ谷）の第6回原水爆禁止世界大会宣言決議発表大会で上演されるのです。

被爆者がうたう「光がおれたちを灰にした」

光が　おれたちを　灰にした
光りが　おれたちを
蟹にした
あさひは　そのとき　輝いていた

――被爆者と民衆、支配者の群舞が折り重なるなかで歌われる合唱曲「死者の歌」（作詞・木島始）を導入部にして劇は進行します。

1秩序はどちらに、2歴史はくりかえさない、3戦争をまねきよせるな、4無関心なひとびと、5新しい出発、の五場の構成によるシュプレヒコールには、問答体の対話劇、群読と合唱が組み込まれています。

自衛隊員の母たちのうた

達者でいるかいねえおまえ／月々仕送りありがとう／おまえの立派な働きを／母はラジオで聞いてます／お国のため家のため／しっかりやって来ておくれ

「作曲者のいういわゆる島倉千代子調のうた」（林さんによる後日談）は、容易に「東京だよおっかさん」、また「九段の母」のメロディーイメージに観衆を〝ノセ〟て、諧謔は転化し「うたと踊りが、予期し指定したのと反して、反軍的積極的な意味に受け取られたことに考え込まざるをえなくなった」（「制作強行記」）こともふくめ、舞台は場面ばめんに強い印象をのこしました。

みんなの指で字を書こう

第四場の歌「みんなの指で字を書こう」は作詞・岩田宏。

みんなの指で字を書こう

ひかりとくもにころされた
あのはちがつのひろしまを
いつまでもおぼえていよう
うみにさかながすむように
うみのさかながおよぐとき
こどもがおかをはしるとき
あめとはいとをふきとろう
しろいじょうぶなはんかちで
しろいじょうぶなはんかちで
みんなのゆびでじをかこう

このしまのそらをこわすな
けものにくさにひとにへいわを

シュプレヒコール劇『武器のない世界へ』のおわりは観客と出演者による合唱「新しい出発の歌」です。58年の『最後の武器』の終章でうたったものがここでもうたわれました。作詞・安部公房、作曲・林光、行進曲風のうた、詩句は前回に掲載しています。

『武器のない世界へ』の脚本は安部公房編集長の『現代芸術』創刊号（1960年10月）にU&K「共同制作強行記」と合わせて収録されている。

＊

台本の検討会は中央公論社の会議室（当時京橋）で持たれました。進行座長役は安部公房、記録芸術の会のメンバー佐々木基一氏も顔を出していました。執筆者はもちろんですが、若手出演者の米倉斉加年、常田富士男などが参加し台本の部分を朗読しました。私は一橋寮にもこの席にも原水協の担当として参加していました。千田さんの演出を助けていた観世栄夫さんと、日本原水協事務所があった御成門からリハーサルが行われている六本木の俳優座近くの小学校体育館まで、お話を伺いながら歩いたこともありました。

脚本を担当した「記録芸術の会」は１９５７年結成の「記録の精神にもとづき、リアリズム芸術の革命と深化のために努力する創造団体」。安部公房、花田清輝、佐々木基一、岡本太郎、関根弘などが参加する芸術集団です。関根弘さんと長谷川龍生さんは59年につくられた日本原水協の「宣伝技術グループ」メンバー、岡本太郎さんも原水協のパンフに挿絵を寄せてくれていました。台本制作に参加した木島始さんとは『現代詩』の合評会でお話ししたことがあります。内田栄一さんには平和行進のルポを日本原水協の機関誌『原水協通信』に寄稿してもらったことがありました。

19
『福竜丸だより』No.374（２０１３年３月）

東松照明さんの訃報

２０１３年の年明け早々訃報が伝えられました。写真家の東松照明さんが昨年12月14日に亡くなったという知らせです。憂鬱なままに迎えていた年の初め、言いようのない哀しみが重なりました。

沖縄に居を移していた東松さんと電話で話したのは２０１１年の2月でした。その年の4月から開かれることになっていた目黒区美術館の企画展「原爆を視る ── 1945-1970」のワークショップ出席の機会にお会いできるのが楽しみですなどと話し、「体を大事にしようね」と言葉を交わしたのでした。ところが目黒区美術館の企画展は、３・11の大震災・原発事故を「理由」に中止になり、あの日電話で話したのが最後になりました。

訃報を伝える各紙のいずれも、代表作の一つとして「ナガサキ」にふれていました。東松さんの写真集『〈11時02分〉ＮＡＧＡＳＡＫＩ』（写真同人社）が発行されるのは１９６６年ですが、その原型となったのは、原水爆禁止日本協議会が１９６１年に海外向けに刊行した英文写真集『hiroshima-nagasaki document 1961』（『ドキュメント１９６１』）です。

写真集『ヒロシマ・ナガサキドキュメント1961』

写真集『ドキュメント１９６１』刊行に至る経過は次のようなものでした。60年の第6回原水爆禁止世界大会は、原爆被害の実相を海外に知らせるための写真集制作を「勧告」する決議を採択します。日本原水協に編集委員会が組織されますが、そのメンバーに特別編集委員として写真評論家の重森弘淹、伊藤知巳両氏が加わり、制作実務は「情報宣伝技術グループ」が担うことになるのです。

当初、編集委員会、主に運動関係者の意向では、被爆写真の集大成のようなものが考えられていました。これに対し制作グループの論議は、それらの意見を勘案しつつも、写真集刊行の時点、つまり被爆16年の被爆者の実情と実態をどう取り込むか、取り込めるかに力点がありました。重森、伊藤両氏が強く主張しました。両氏の視野には、58年に刊行された土門拳氏の写真集『ヒロシマ』（研光社）があったと思います。写真集『ヒロシマ』が写真界だけでなく、広く社会に与えた影響は大きなものがありました。収録された写真は、被爆13年のいまに「生きているヒロシマ」の現実を、衝撃的に人びとの前に引き戻して見せたのです。重森、伊藤両氏には、この『ヒロシマ』につづく「ナガサキ」の記録への願望もかかっていたと思います。「ヒロシマ」は土門が撮った。「ナガサキ」も撮れないか、事実、論議のなかで幾度もこのことへの言及がありました。私もそうしたいと考えをのべています。こうした経過を経て、１９６１年の時点で「長崎を撮り下ろした」写真を軸に編集を進めることになるのです。

東松さん依頼の経過

撮影を誰に依頼するか、複数の写真家が挙げられましたが、結果が示すように、東松照明さんに依頼することになります。東松さんと決めたときの記憶が残っています。「東松が身軽でいい」伊藤さんがこう言ったのです。これで決まりでした。

東松さんがこんな風に語ったことがあります。「私は岩波写真文庫の仕事をすることになりますが、岩波書店は神田神保町、近くに写真誌『ＣＡＭＥＲＡ』の編集室（伊藤さんの職場）があって、伊藤さんとは親しくしていました。彼がＶＩＶＯ（東松照明、川田喜久治、細江英公、奈良原一高、佐藤明、丹野章六人のセルフ・エージェンシー）にきて、私に撮ってほしいと依頼されたのです。原水協の担当者は山村茂雄、会いに行こうということになったのです」。

被爆者を包む白い梅の花

東松さんが、長崎で被爆者を撮影したのは１９６１年3月の上旬です。２０１３年2月16日『朝日新聞』夕刊の「惜別」欄に載った記事中に浦川清美さん母子のことが記されていました。私たちが訪ねたときには、母子を包み込むように白い梅の花が咲いていました。

「原水協の人に案内されて被爆者の家々を訪ねたとき、私が受けたショックをどう言い表したらよいか。──長崎には、１９４５年8月9日午前11時02分で止まった時と、その時を起点とする16年に及ぶ日の移ろいがあった」。長崎取材を語るときに東松さんがくりかえし話し記していることです。「止まった時」と「日の移ろい」、東松キーワードです。

編集部にとどけられた東松さん撮影の「ナガサキ」の写真の数々は、この「二つの時」を鮮烈に結んでいたと言っていいものでした。

東松照明が撮影した浦川さん母子。写真集『ドキュメント１９６１』より。

「被爆者と向き合う私は祈るような気持ちでシャッターを切る」。長崎の被爆者を撮影した東松照明さんの言葉です。

「被爆者は存在をもって原爆の悲惨を明かす。その時、写真は被爆者の存在を証すための視覚伝達の装置となる」。写真家の位置を東松さんはこう表現していました。

「ナガサキ」撮影まで

写真集『ドキュメント１９６１』の制作は日本原水協の「宣伝技術グループ」が担当したと記しましたが、前段の作業もありました。写真集は被爆16年の長崎を軸にすることになる経過、また撮影者を東松さんに依頼したことは前回に書きました。

写真集特別編集委員の伊藤知巳、重森弘淹両氏に東松さんも加わり、長崎にロケハンに出向いたのは61年の2月上旬でした。特急寝台車「かもめ」は昼過ぎに長崎に着きます。長崎では原爆資料が展示されている国際文化会館、長崎大学、浦上を回り、原爆病院では院長との懇談もありました。2日目は伊藤、重森氏は被爆写真を収納している写真店や被爆遺跡の調査に向かい、東松さんと私は長崎被災協（長崎原爆被災者協議会）の小佐々八郎会長の案内ですでに撮影を内諾されている被爆者の家庭を訪問しました。その日は言わば顔つなぎ、撮影はありません。訪問の先々では好意をもって迎えてくれました。小佐々会長の被爆者から慕われている人柄が伝わりました。撮影は大丈夫、私はそう伊藤、重森さんに話しました。ロケハンは、帰路に広島を取材、一泊して帰京しました。

東松さんの長崎の撮影は3月上旬の10日間、国際文化会館の被爆遺物・物証の撮影から被爆者の家庭を回っての撮影でした。東松さんが撮り下ろしたナガサキの写真は4月早々に編集部に届けられたのでした。

「二つの時」を克明にして

提出された写真は、前にもふれたように１９４５年8月9日のその時と、その時を起点とする被爆16年のいま、その「二つの時」を鮮烈に結ぶものでした。時計、瓶、天主堂の天使たち、静謐に時を刻印する物証の数々に併せて、私の感動の焦点は被爆者の生活、生きる姿でした。被写体となった被爆者のそれぞれに想定されるきびしい生活、そのなかでしかもなお醸されている人間の温もり、家族が写し取られていることでした。ともすれば「被爆」と「被爆者」を括弧で括ったような一面的理解、その認識の範疇を越えて、被爆を見る視点を新たに拓いていると思われました。被爆に隣り合い被爆者とともに在る、という問いかけがありました。

土門拳『ヒロシマ』を加える

写真集の構成は、東松撮り下ろしを主体とすることになりましたが、写真集が海外向けという点を考慮し広島・長崎の記録性を整えることになりました。すでに出版されている土門拳氏の『ヒロシマ』を「招待作品」として収録することとしたのです。東松と土門の写真のあいだに丸木位里・丸木俊子氏の『原爆の図』から三葉を挿入しました。

築地明石町の土門さん宅に何回か伺いました。掲載ページ数がまだ定まらないときでし

爆心地に近い浦上天主堂で撮影する東松照明。著者撮影

たが、なんと土門さんは『ヒロシマ』のネガブックをそっくり渡してくれたのです。「土門からネガを取り上げた男」、伊藤知巳さんは事あるごとに私をこう冷やかしました。知巳さんは土門さんの甥、口添えがあったことは明らかです。

写真集の判型とトリミング

判型が正方形に落ち着くまでには曲折がありました。断ち切りではトリミングが必要です。これら作業の中心は杉浦さんと粟津さん。東松さんもこの写真集では写真のトリミングはまかせているようでした。土門さんはネガまで提供していますので一切デザイナーまかせです。〝決定的瞬間〟〝ノートリ〟提唱の大御所の写真です。出来上がった写真集を見た土門さんは「〝図版家〟はいい腕だ」と言ったと伝わってきました。

当時、杉浦さんの仕事場が渋谷の青山学院の近くにあり、ここがおしかけの作業場になりました。ときに東松さんが訪れました。帰りは渋谷の酒場経由です。

写真集は英文と露文、序文は湯川秀樹さん。本体と同じ判型で別冊のテキストを付けました。テキストは広島・長崎の被爆の実態、原水爆禁止運動の歴史を解説したものです。執筆は佐久間澄（物理学・広島大学）、草野信男（病理学・東京大学）、畑敏雄（化学・東京工業大学、元署名運動全国協議会）。被爆写真はここに収録しました。

＊

『hiroshima-nagasaki document 1961』収録の「ナガサキ」により東松さんは第5回日本写真批評家協会作家賞を受賞、粟津、杉浦さんのブックデザインは日宣美会員賞を受賞しました。

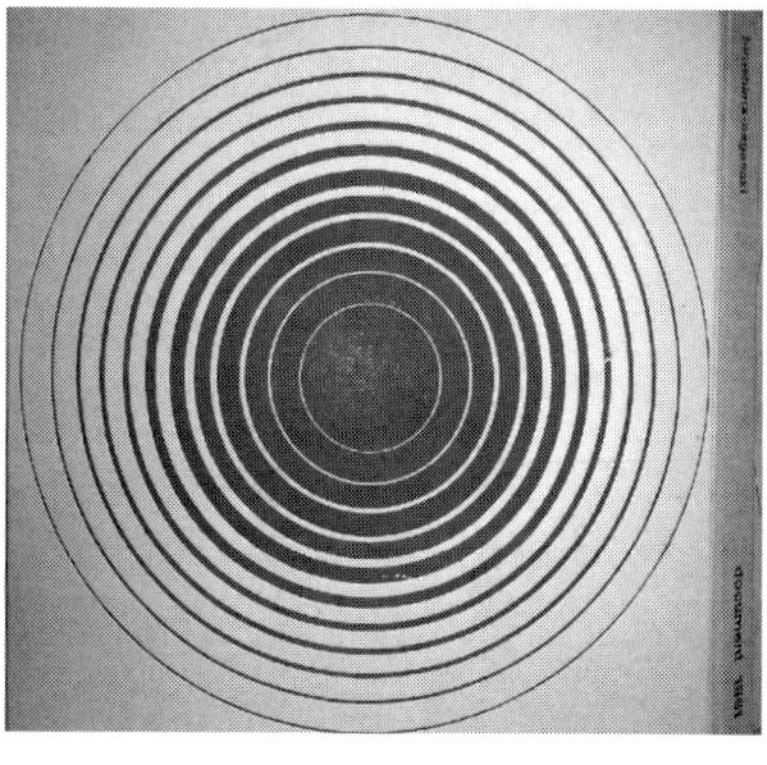

写真集『ドキュメント1961』表紙

東松さんの撮影依頼を推薦した伊藤、重森、本を作り上げた粟津、杉浦、詩文を書いた長谷川龍生、それに土門さんの写真、また丸木夫妻の絵画作品を加えた写真集の刊行は、積み重ねた原水爆禁止運動の一つの結実でした。

「ひばく」した東松さん

東松さんは61年の翌年からその後も、足繁く長崎に通い、居を移すことにもなるのでした。多くの被爆者から慕われました。私と共通の被爆者の友人は、「東松と友だちだ」と誇らしげに言います。私は言いかえすのです。「みんなで東松を〝ひばく〟させたんだ」と。3月26日東京で偲ぶ会がもたれました。沖縄や長崎でも同様の催しがあるときます。あれやこれや、思いを重ねれば、寂しさはますばかりです。

『ドキュメント1961』の判型は28×28センチメートル、144ページ。写真は東松69点88ページ、土門21点25ページ、別冊英文解説54ページ。
本文に記したように『ヒロシマ』を「招待」収録したため、土門、東松の共著の形にはなったが、経過からして「合作」ではない。そのように記す評言・紹介があるので註記しておく。

［追記］『ドキュメント1961』東松照明長崎撮影の一〇日間

一　新井卓『MONUMENTS』の東松照明

「二〇一四年二月一六日、山村さんに無理をお願いして、二人で長崎へ飛んだ。二泊三日の短い滞在の目的は、氏が同行した東松照明の長崎への旅について仔細を聞き簡単な映像を記録することだった」。この文章は、二〇一六年に「写真の芥川賞」といわれる木村伊兵衛写真賞（第四一回）を受賞した新井卓の写真集『MONUMENTS』（フォトギャラリー・インターナショナル、二〇一五年）巻末に載る「解題」の一節である。

新井君は東松さんの写真作品についてこう書いている。

「東松の写真、とりわけ初期の長崎の作品は、遠い昔の匿名の映像のように、謎めいている。それらのイメージは、長い時を経て地層に現れた、風化した景色のようだ。私はずっと、その透明な映像は、写真家のするどい孤独から生み出されたものと信じてきた。／しかし、写真家に寄り添い写されるものや人々と共に撮影に〈参加〉したであろう山村茂雄とは、東松にとってどのような他者であったか。あの写真の匿名性は、むしろ複数の他者の介入によって生み出されたのではないか」。

東松の写真へのオマージュとも取れる新井君の指摘について、「たいへんなところにすすみそうだね」と共感の意を込めて返答をした。写真の匿名性は社会性とともにリアリズム写真運動全盛のころ話題にされたものであった。私は写真の「匿名性」に肯定的だが、新井君が書く東松作品の「謎めいている」匿名性＝「複数の他者の介入によって生み出されたのではないか」とされる写真の「匿名性」を肯定的にとらえるには、東松さんと訪ねた被爆後一六年の長崎での撮影日程とその作業を明らかにしておくことが必要かもしれないと思い、短い文を加えることにした。

ここで言う「介入した（かもしれない）他者」の位置は、そのとき、撮影者側なのか、される側なのか、あるいは往ったり来たりしていたのか。お前はどこにいたかと問われれば、被爆者に話を聞いているのは私だから、撮る側だと言える。しかし、東松に「長崎」の撮影を依頼したときから、私は写される被爆者の側に身を置きたいという思いがあった。広島で聞いた被爆者の話も重なっていた。被爆者の思いと願い、被爆から一六年間の被爆者の生活を伝えたい、それが被爆の記録を残す仕事だととらえていた。

指摘されてみれば、「長崎」の写真群は、被爆一六年の戦後写真として歴史的にも位置付けられる「時代伝達」の記録でもある。写真群は、その「匿名性」をふくみ時代を顕著に表現する。写真集『ドキュメント１９６１』に収録した「長崎」の写真には、被写体となった被爆者の氏名、家族構成などは記載されていない。いわば「匿名」だ。しかし東松さんが言う「被爆者は存在をもって、原爆の悲惨を明かす。そのとき、写真は、被爆者の存在を証すための視覚伝達の装置となる」それら写真の、そこに生まれる「伝達、追及」は「匿名性」で動くものではない。

▽東松が撮った「時計」を新井卓が撮る

新井君の写真には、「死の灰」の写真以来、その写真撮影手法ダゲレオタイプが生み出す質の高さに関心を向けていた。フィルム＝鏡板を磨きだす時間、そのときの精神のありようを思ってもいた。

新井君の運転するレンタカーで東松さんと訪問した関連のある場所を回った。一九六一年に東松さんと訪ねた被爆者はすでに多くが亡くなっているが、関連する人たちには会うことができた。私が同行した三か月あとの二〇一四年五月、新井君はダゲレオタイプの機材一式を携え長崎を再訪、東松さんが撮った「時計」を撮る。

二　東松照明「長崎撮影の一〇日間」

私が東松照明さんの長崎撮影に同行したのは、一九六一年の二月と三月の上旬であった。二月はロケハン。ロケハンに写真評論家の重森弘淹、伊藤知己さんが同行した経過は連載第19回、第20回に記した。

『ドキュメント１９６１』収録の長崎の写真は一九六一年の三月のほぼ一二日間（原爆被災資料関係の撮影がほぼ二日間、被爆者の生活記録が約一〇日間）の撮影であった。私は今回の被写体は、運動関連の被爆者でなく、市井の被爆者にしたいと考えていた。原爆投下から一六年後の被爆者の家庭生活を記録したいと思い、そういう被爆者を紹介してもらっていた。五九年の第五回世界大会の準備で広島で聞いた被爆体験の話が重く絡み合っていた。

＊

六一年三月二日（木）、特急「さくら」で長崎に着く。昼食を済ませた後、国際文化会館を訪ねる。長崎の原爆資料館は国際文化会館の五階に置かれていた。二月のロケハンのときに了解をとりつけた撮影を翌日から行うことのあいさつだ。

長崎原水協事務局で撮影に必要な綿布や銀紙、段ボールなどを揃えてくれるように頼んでから、夕刻、被災協（長崎原爆被災者協議会）にあいさつに行く。被災協事務所は平和公園の原爆記念像に隣接した場所にある。一階は被災協が経営する「被爆者の店」である。店で働くのは被爆者だ。

被災協会長の小佐々八郎さんは二月のロケハンの折、一日を費やして撮影予定の被爆者の家を案内し、同意を取り付けてくれた被爆者の信頼の篤い人だ。小佐々さんは三菱兵器大橋工場で被爆、重傷を負う。家族も被爆、全身火傷の長男を医者にみせることができないままに亡くし、そうめん箱に遺骨を入れて埋めた悔しい体験をもつ。一九五六年の第二回原水爆禁止世界大会の長崎開催が決まると、市議会副議長を務めていた小佐々さんは率先して準備の先頭に立つ。同年六月、長崎被災協を結成、八月の日本被団協発足にも貢献した。五七年五月に完成した記録映画『生きていてよかった』（亀井文夫監督）には家族ぐるみで協力した。映画のラストシーン、夕陽に向かい暮れ方の道を帰る母と子がつなぐ手は、ケロイドで変形している。この母と子は小佐々さんの家族だ。

▽被爆資料・証拠物件を撮る

三月三日（金）、四日（土）、国際文化会館で「被爆資料」の撮影。当時は資料管理もゆるやかで撮影もスムースに進んだ。展示中のものもケースから出し、多くは撮影場所にした資料収蔵室に運び、ライティングをして撮影した。一一時〇二分を指した「時計」も展示ケースから出して資料収蔵室に運び、キャラコの綿布の上に置いて撮影した。資料保管庫にあるもの、重量のあるものは、職員が手伝ってくれた。館長はじめ職員の協力がなければ二日間であれだけの資料の撮影はできなかった。被爆者の組織「被災協」への信頼もあり、また写真集制作への期待もあってのことだったと思う。

▽被爆者を撮る

二月のロケハンで撮影の同意を得るために被爆者の各家庭は訪問していたが、生活に接しての撮影には幾分かの逡巡がある。被爆のことはそれぞれが話してくれたが、私は被爆当時のことだけでなく、現在にいたる生活のことを聞いた。世間話めいたことを話すようにもしたのは、すこしでも気分を和らげたいという思いだった。私が話し、聞く。そして東松さんが撮る。持参した手土産がお茶菓子になったりもした。以下、取材ノートのメモにしたがって写真集『ドキュメント１９６１』に載る被爆者家庭の生活を追ってみる。

＊

――福田須磨子さん――


国際文化会館の撮影が終わった四日の夕刻六時半からは、福田須磨子さん宅で持たれた「西町被爆者の会」で話を聞いた。福田さんが会の役員をしている。

五日（日）は福田さんの撮影だ。被爆者の撮影は福田さんからと思っていた。福田さんなら何でも聞いてくれるし言ってもくれる。後に東松さんが書いている。撮影を逡巡する東松さんに福田さんは声をかける、「何をためらう。あなたは私たちを撮りに来たのでしょ」。福田さんから励まされ「ふっ切れたように」撮影がつづけられることになる。エストマーデ＝紅斑症の腕にご飯釜を抱え、肘で抑えるようにして襖を開けるのは、いまに生きる福田須磨子さんだ。写される福田さん、写す東松さん二人の気迫が伝わった。福田さんの撮影はこの日だけでは済まなくなった。

——つづけて撮ることになったのは福田さんだけでない。『ドキュメント１９６１』収録の被爆者の撮影は六一年の一〇日間だったが、翌年の六二年から年を重ね、六一年に撮影した被爆者をふくめ、「長崎詣で」とも言われた東松さんの長崎通いはつづく。

——原爆病院——

六日（月）、原爆病院（片淵町）の撮影。つめたいコンクリートの洗面所の床に吐きつづける西田孝一さんは被爆したとき二歳、父は戦死、坂本町で被爆した母は五九年に死亡した。深田久市さん、山北喜蔵さん、松永房吉さんにも会った。八〇歳になるという永田チワさんの外科の病室にはペットの猿がいた。ベッドのカーテンに吊られた千羽鶴、その折り鶴に猿がまとわりついて遊んでいた。

——崎田マシさん一家——

白血球減少肝機能障害で入院している崎田昭夫さんは、一六歳のとき銭座町で被爆した。家には寝たきりの父と介護をしている母マシさん、日雇いで働きに出ている嫁さんと三人の子どもがいる。

七日（火）、崎田マシさん夫妻の撮影に銭座町のお宅を訪ねた。マシさんは夫の引く荷車の後押しをしていて大八車もろとも被爆した。マシさんは四〇歳、夫は六五歳だった。東松さんが写した崎田さん夫妻の写真は『ドキュメント１９６１』発行に先立って刊行した『原水爆被害白書——隠された真実』（連載第22回参照）に一二ページにわたって掲載された。装幀は杉浦康平さん、表紙に熱線で変形したマシさんの手が使われた。私が書いたキャプションを引く。

——崎田マシさんは長崎で被爆した。街の中心から浦上に向かって、夫の昌雄さんが引く荷車の後押しをしていたときのことだ。晴れ渡った夏の強い日射しをぬって、白い一つの光が崎田さん夫妻の皮膚を焼いたのだ。その時から崎田さんの皮膚は死んだ。呼吸をしない皮膚がたえた一六年の時間——子どもだった息子は嫁を迎えた。三人の孫が生まれた。しかし、その息子が三年前から原爆症になって入院した。嫁さんのシエさんが、乳呑児を背にして日雇に出るようになった。このころから崎田マシさんは、目がよく見えなくなった。白血球が増えた。息切れがする。入院して治療することをすすめられた。しかし、耳がきこえない夫と託児所に通う孫のことを思うと、家を離れるわけにはいかない。目がよくみえなくとも、働くことができなくとも、崎田さんを必要としているからだ。崎田さんは折れ曲がった指を、手を、皮膚をみてくれという。これが原爆なのだ。これが、一六年前のたった一つの光が冒したものなのだ。日々うとくなる視力がじっとみつめてきた、この白い光――それは一六年のあいだ崎田さんの心に深く沈んで、時をきざみつづけてきた。あるときは憎悪にもえ、あるときは怒りとなり、悲しみとなって。――一九四五年八月六日八時一五分広島・一九四五年八月九日一一時二分長崎。二つの光がおかした人類への劫罰。一六年前のヒロシマ・ナガサキを灰にし、崎田マシさんの皮膚を焼いた光は、いまここに一条の矢となって、冒したものの背を突き刺すのだ――。

夕刻、嫁さんのシエさん（二七歳）が働く現場、諏訪公園の武徳殿工事現場を訪ねた。シエさんは末娘を背負い、工事場のごみを掃いていた。男の子は公園の遊び場にいた。

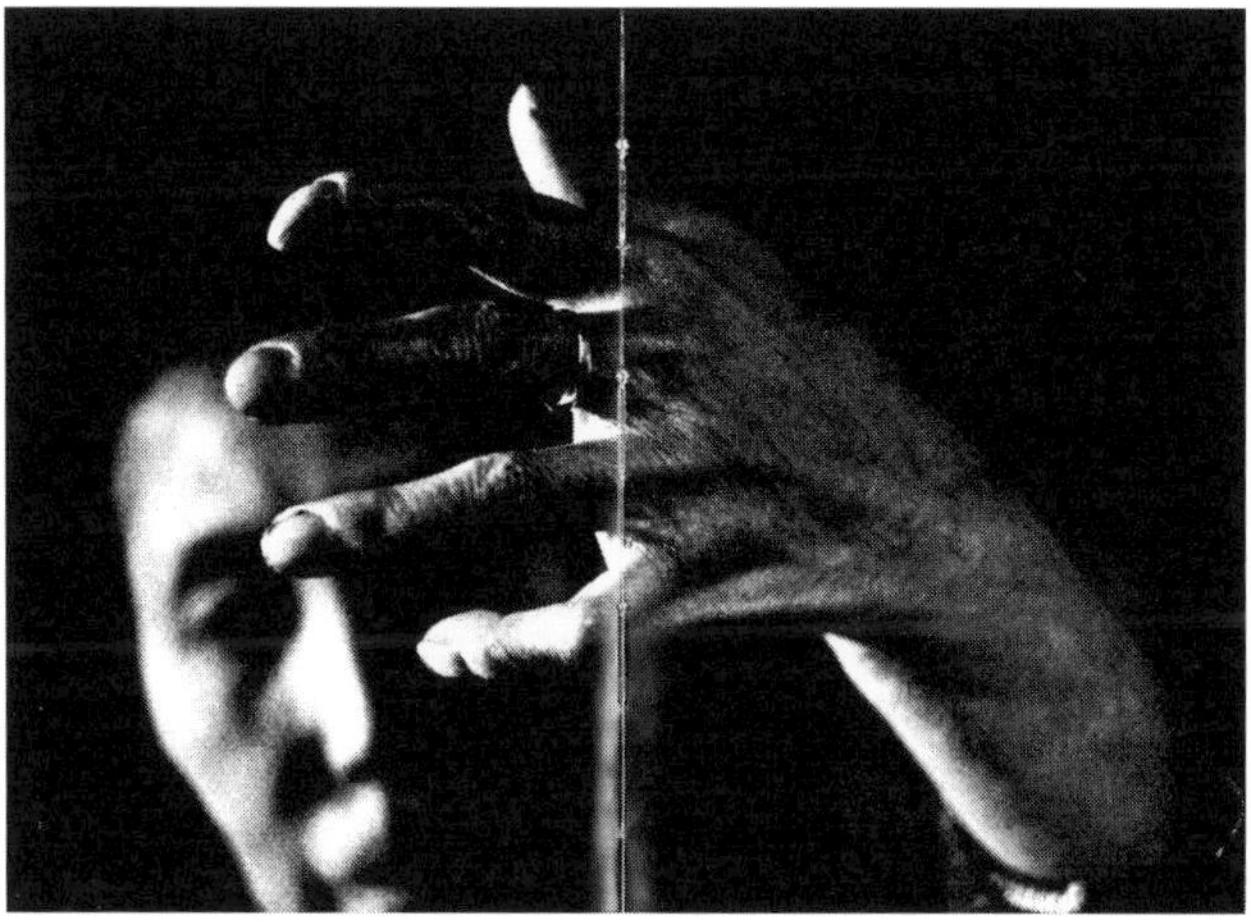

『原水爆被害白書』（1961年）に掲載された崎田マシさんの写真

――落ちた目、浦川清美さん家族と末娘の志津香さん――

八日（水）は坂本町の浦川清美さん宅を訪れた。梅の花の下でたたずむ母と子、子どもは母の被爆の影響と言われて三歳のときに手術をした義眼の治療がままならないまま、眼帯をはずせない小学校一年生の末娘志津香さん。三人の子どもと住んでいる。長崎は坂の町だが平地もある。被爆者の家が中腹に多いのは、中腹は地価が安いからだ。浦川さんの家も丘陵の中腹に建つ簡易住宅だった。スレート葺の屋根と板戸の家、むき出しの荒壁に下げられたマリヤ像。私が持参した駄菓子のあれこれを手にして志津香さんは明るく屈託がない。白い梅の花の下の親子、山椿の赤い花に背を伸ばす縞柄の筒袖が可愛い志津香さんを撮る。浦川さん宅にも東松さんは年を重ねて訪ねている。一八年後、きれいな娘さんに成長した志津香さんの結婚を祝う写真も撮った。

――末次助作さんの「鳩の宿」――

浦川さんにつづいて訪問した末次さんの家も江平町の坂道をのぼった丘の中腹にあった。簡易な小屋を午後の陽が包んでいた。

末次助作さんは三菱兵器で被爆、鉄筋の下敷きになり、腰を痛めた。七年前から寝たきりの生活を強いられている。家族は銭座町で被爆、子ども三人を亡くす。日雇いに出ていた奥さんはこのところ肝臓を悪くして仕事を休んでいる。戦後生まれた息子は、電気工事店に勤務して夜間高校に通っている。中学二年の娘は来年中学を卒業したら働いて稼ぐからそれまで母ちゃんに頑張ってもらうと言っている。助作さんが私に話すのを戸口から横顔をのぞかせて中学生の娘さんが聞いていた。板戸からこぼれ入る西日が寝ている助作さんの上向きの顔に影を落とす。スレート葺の屋根に番いの鳩が止まっていた。私たちは末次さんの家を「鳩の宿」と呼んだ。長谷川龍生がこう書いた。「この家には、もう一羽の可愛い雌鳩がいる。鳩はいくら貧しい境遇におかれても、その気品さと平和への愛を失うことはないのだ。／やがて老人の心には可愛い女の子の成長が　明るい太陽の強烈な匂いのようにしみこんでくるだろう。／そのときこの鳩の宿は、暗い空気をふきとばし　大きくつばさをひろげる音が、はじけるように聞えるだろう」。

――もぎとられた腕――

九日（木）、浦上の長崎新聞販売所に下谷さんを訪ねる。

下谷さんは三菱兵器魚雷工場で作業中、爆風で吹き飛ばされた。コールタールを塗ったようにしびれていた右腕を半年後に切断した。体にはいったガラスの破片が入れ墨をしたように残っている。片腕に新聞を抱えて配達をしている。

中村昌雄さんも三菱兵器に勤務していたが、所用で淵神社前を歩行中被爆した。二人の息子の一人は兵隊、一人は島原に主張中で被爆をまぬがれた。兵隊にとられたことで被爆をまぬがれた「兵士」の戦後もある。被爆者はそれぞれにいくつもの生活体験を持っている。
脇口貞夫さんは中の島で被爆、現在、肝臓、心臓に障害をかかえている。田川長市さんを本原町に訪ねた。石屋さんだった。多くいた弟子もみんな行方不明、七〇歳になったが一人でおでん屋をやっている。

―― 片岡津代さん ――

田川さんと同じ本原町に住む片岡さんを訪ねる。本原地区は先祖代々キリシタンの信仰を持つローマ・カトリック教会の信徒が多い地域という。片岡さんは年老いた母と二人で住んでいた。美しかったであろうことを容易に想像させる女性の顔半面をひきつるようにおおうケロイド。片岡さんがこう記している。

「被爆して三か月後に病院をでて姉の家に落ち着いたのですが、ちょうどそのころのことでございました。ケロイドでひきつった醜い自分の顔をはじめて見たのでございます。顔が変形したことは母に聞いておりましたし、退院したとき近所のオバさんが、そんな顔になったのかといって泣いてくれましたので、自分の顔を想像してはおりましたが……。／道で拾った鏡の破片に、この顔を、最初に映したときの驚きは、一生忘れることができません。ショックで思わず手にした鏡の端くれを地面に投げつけました。／被爆当時、私は三菱兵器製作所に徴用工として出ておりました。国のため、国のためといい、結婚を後回しにして働いたものです」（『〈11時02分〉NAGASAKI』）。

片岡さんは「先生（東松）だけは私の傷のないほうからも撮ってくれた」と話しているが、片岡さんとの付き合いも年余を重ね、ミサに祈る姿などが残る。この日訪ねたのは夕刻、お母さんのカモさんと愛犬のエルといっしょだった。母カモさんはこの年亡くなった。

被爆後、片岡さんは長い闘病生活を経て長崎大学医学部付属病院で掃除婦として働いている。病院での撮影は一〇日の午前、病院の了解を得て行われた。

片岡さんの「ケロイド」の写真は八月六日原爆投下記念日のポスターとして「ＨＩＲＯＳＩＭＡ」と題され、キューバのハバナに本部を置いた平和団体「三大陸人民連帯機構」から配布されたこともある。

―― 原爆青年乙女の会 ――

九日は午後七時から長崎被災協＝被爆者の店で「長崎原爆青年乙女の会」の会合があった。谷口稜曄《すみてる》さん、小幡さん、岩永さん、草野さん、黒川さんなど一〇人ほどが出席していた。それぞれの被爆体験を聞いたが、会員の写真はそのときは撮影することはなかった。

長崎原爆青年乙女の会は一九五一年、「乙女の会」として生まれた。五六年に青年が参加して「青年乙女の会」として発足。当初の会員は六三名、渡辺千恵子さんの家が連絡所だ。会の性格ははじめは会員が相互に慰めあうという形から、長崎被災協や長崎原水協の結成もあり原水爆禁止運動への関心を深め、長崎での原水爆禁止運動の推進体の一つになる。六一年当時の会員は三五人（女性二〇、男性一五）、月一回例会を開く。一七、八人が参加する。会員の何人かは「被爆者の店」で働く。

渡辺さんは、三菱兵器に学徒動員中被爆、屋根の下敷きになり半身不随になった。後年はリハビリを重ね自力で車椅子を運用するようになったが、六一年当時は介添えが必要だった。五八年に東京で開かれた第四回原水爆禁止世界大会にはお母さんに抱かれて参加、「日本が核武装することは、日本が原爆被害国から加害国になることだ」と発言した。私はその発言を早稲田大学の講堂で聞いていた。第二回国連軍縮特別総会（一九八二年）で「ノーモア・ヒロシマ・ナガサキ・ヒバクシャ」と演説した山口仙二さんも会員だ。六一年の撮影では日程が合わずに山口仙二さんは撮れなかったが、六二年に撮影した写真が『〈11時02分〉ＮＡＧＡＳＡＫＩ』には載っている。回を重ねる「東松写真展」には仙二さんのケロイドの横顔がキリストのイコンと並んで展示される。東松さんは書く、「被爆者は現代のキリストかもしれない」。仙二さんは東松さんと同い年。「私は東松の友人だ」といつも自慢げに話していた。東松さんが亡くなったときの落胆は痛々しかった。老人施設から「さびしい」という伝言があった。山口仙二さんはその翌年亡くなった。

＊

一〇日（金）、この日私は帰京することになっていた。私はそれまでの撮影フィルムを預かって帰京した。前日の夕刻長崎発の寝台特急「さくら」の東京駅着は一一日の午前一一時一〇分。到着の足で築地明石町にあったＶＩＶＯ事務所にフィルムを届けた。受け取ってくれたのは同人の細江英公さんだった。

東松さんは私の帰京後も撮影をつづけた。福田さんや片岡さんだけでなく、被爆者の店で働く人も撮った。また長崎の街や浦上付近を撮ったと聞いた。東松さんの帰京は一六日の寝台特急「さくら」だった。

▽長崎での東松さんとのこと

先にも書いたように長崎撮影日程は過密だった。被爆者家庭訪問は日中だが、夕刻から夜には、被爆者との懇談などが組まれている。宿は最初は二食付きにしたが、のちは朝食だけにした。連日食べ歩くことはなかったが、長崎は美味しいものがたくさんある。酒場にも出かけた。

宿のことを書いておく。最初の宿はロケハンのときにも泊まった中級の日本旅館、夕食も十分な旅館だった。四日目から移った宿は東松さんが提案した宿だった。長崎の被爆地は浦上・松山地区を中心にひろがるが、旧市街地の半数は丘陵にさえぎられて直爆から外れた。繁華街の思案橋近辺から寺町、諏訪社、旧遊郭地区の丸山には、坂本龍馬で有名な料亭「花月」もある。東松さんはロケハンのときから、丸山遊郭の妓楼を改装した宿に泊まってみたいと話していた。思いがあってのことだから私が駄目ということはない。それに宿賃が安い。改装の宿は料亭「花月」と並ぶようにして何軒も建っていた。階段を上がると伸びる廊下を挟んで左右に部屋がある。売春防止法施行は一九五七年、まだ四年前だ。部屋の置き床などの配置にかつてのたたずまいを感ずるには十分だった。日を重ねて仕事には不似合いな宿と気づいたが、互いに言わないままだった。撮影をつづけて三日目ごろ、宿に戻っての東松さんの快活さがない。浦川さんと末次さんを撮った日かもしれない。「明日も被爆者を撮る」——何かが変わっていた。見てきた被爆者の生活、被爆者への思いが錯綜する。宿近くの餃子屋に出かけた。口数が少ない。焼きあげる湯気の向こうに被爆者の姿を見ている、私はそんな気がしていた。私たちは翌日宿を移した。ただそうしただけだ。互いに何かを抱えたまま、被爆一六年目の長崎を撮る日がつづいた。

＊

——取材ノートには感想は書いていないが、取材時に家族に出した何通かの手紙のなかに「広島の被爆者とはちがう生活環境があるように思う。広島・長崎のことをもっと勉強したい」と書いたものが残っていた。

▽写真集の構成について

被写体となった被爆者の氏名は特定していないことは前にふれた。掲載した写真の対象にそうように長谷川龍生が詩文を付けた。その見出しとした言葉はつぎのようなものだった。

「皮膚Ⅰ／皮膚Ⅱ／鳩の宿／もぎとられた腕／嘔吐／落ちた目／祈り／神々は死んだ／証拠物件」。「一九四五年八月六日広島・八月九日長崎」をはさんで「原爆病院——広島」の写真が土門拳の『ヒロシマ』からのものである。

「証拠物件」の一つ、東松さんの撮った「時計」に、長谷川龍生はこう詩文を付けた。

時は流れていく。その流れの中で時間停止の時計が存在する。それが証拠物件なのだ。空間がいくら膨張しても時間がどれだけ複雑に重なりあって、遠く遠く飛び立ち離れても、取り返しのつかなかったものは空間と時間の中で一つの点を形成する。

21

『福竜丸だより』No. 376（2013年7月）

科学者の社会的責任 ── 服部学さんが遺した言葉

「彼は常々「科学者の社会的責任」という言葉を口にしておりました。「科学者が核兵器を作ってしまった。科学者がトイレのないマンション（原発）を作ってしまった。だから科学者はそれらを無くす責任を負っている」と。この言葉を夫の形見として、私も残された人生を生きていこうと思っています」。

この文章は、2012年1月10日に亡くなった服部学さんの「お別れの会」の参列者や弔問された方に、服部翠さんからとどいたお礼状に記されていた一文です。

「お別れの会」は、12日夕刻と13日の午前、横須賀の小高い丘の葬苑で行われました。白い花々に囲まれた服部学さんの笑顔に話しかけるように多くの人が追慕の想いを語りました。服部さんの誕生日は1926年の1月29日、この日に先立つ1月12日生まれの吉田嘉清さんのあいさつは心打つものでした。友情を語りつぐなかに深い悲しみを包みこんで迫るものがありました。二人は誰もが知る原水爆禁止運動の同志でした。

原水爆禁止運動のスター講師として

私が服部さんと仕事をするようになったのは、58年の第4回原水爆禁止世界大会討議資料の第4分冊『死の灰の谷間日本』の制作を担当したときのことでした。

このパンフの第1章は放射能害、第2章は原爆被害の実相を内容としましたが、「放射能」や「死の灰」をわかり易く解説したものにするために、子どもを守る会のお母さんた

1979年の平和行進の出発、中央が服部さん

ちの質問を受けて第一稿を作ることにしたのです。福島要一さん（科学史・日本学術会議）が、東京・世田谷のお母さんたちに声をかけてくれました。応答者を誰にするか、すかさず福島さんが言われました。「服部君が来ると伝えてありますよ。服部君と聞いてお母さんたちはそわそわしています」。32歳の立教大学助教授。誰にも好かれるスター講師の一人でした。草野信男さんは、久保山愛吉さんの死因について話し、広島・長崎の原爆被害と被爆者の病気について質問に答えました。この質疑応答を、専門的な用語などの整理に川崎昭一郎さんがあたり、私がリライトして原稿にしました。原爆被害の実相は広島と長崎の被団協から寄せられたデータを整理、全体を草野信男さんが監修しました。

いくつもの業績から

服部学さんとビキニ事件、第五福竜丸保存運動、平和協会役員としての活動について、川崎昭一郎協会代表理事が次のように追悼を記しています。

服部学さんは１９４７年東大物理学科を卒業され、私が物理学科の学生のとき、すでに助手として学生を指導する立場におられました。ビキニ水爆実験・第五福竜丸被災の際、私はこの問題に真正面から取り組みましたが、服部さんはいつも明るい顔で私たちを暖かく見守り、貴重なアドバイスを与えて下さいました。「原水協専門委員会」「原水爆禁止科学者会議」「核兵器禁止を願う科学者フォーラム」「被爆30年国際フォーラム」「ＮＧＯ被爆問題国際シンポジウム」などで服部さんといっしょに仕事をしたことが次から次へと走馬灯のように懐かしく思い出されます。

1968年4月6日、夢の島で行われた「第五福竜丸を見る都民の集い」では科学者代表として颯爽とした姿で、ビキニ事件の発生とほぼ同時に原子力予算可決がなされたことの重要なつながりを鋭く指摘されています。

服部さんは98年から2003年まで第五福竜丸平和協会の理事を務められ、顧問に就任した03年7月24日には第五福竜丸展示館の夏休み子ども教室「第五福竜丸で放射能を知ろう！　はかろう！　感じよう！」で、分かりやすい話をされています。保存運動の初期から最近に至るまで第五福竜丸平和協会の事業に協力された服部学さん、どうぞ安らかにお眠りください。（『福竜丸だより』368号、2012年3月）

この文章でも触れられている活動の一つ、77年「NGO被爆問題国際シンポジウム」では、川﨑さんは日本準備委員会の事務局長、服部さんは会計責任者でした。その他の事務局代表には田沼肇さん（社会学・法政大学）、伊東壮さん（経済学・山梨大学、被爆者）、庄野直美さん（物理学・広島女学院大学）も加わり、それぞれ専門分野の総括報告者として運営と準備、作業文書の作成にも当たりました。服部さんに限って記せば、作業文書Vの補遺文書「ビキニ核兵器実験とその影響」を執筆しています。これらの各氏はともに第五福竜丸保存委員会、平和協会にかかわる方々でした。シンポジウム公式招待状の日本側署名者は三宅泰雄さんでした。

私は、2004年に刊行した『写真でたどる第五福竜丸ビキニ水爆事件被災――50周年記念図録』の解説に、第五福竜丸展示館開館の翌77年にシンポジウムが開かれるその経過

伊東壮（1929―2000）広島で被爆、58年に東京・国立で被爆者会をつくり、東友会の結成にかかわる。第五福竜丸保存委員会では松井康浩氏と監査委員を務め、平和協会では評議員を務めた。

と歩みを、原水爆禁止国民運動の流れのなかでとらえたい、と記したことがありました。

被爆問題国際シンポジウム

　１９７７年の被爆問題国際シンポジウムの開催とその成果は大きなものでした。国際的な運動の流れからすれば、このシンポジウムは78年の第１回国連軍縮特別総会とのかかわりにおいても重要なものでした。国内的にも、国際ＮＧＯ（非政府諸組織）と国内ＮＧＯの運動と世論を結んで、77年原水爆禁止世界大会が14年ぶりに統一して開かれるのです。シンポジウムの成果を報告する大衆集会が、統一世界大会の日程を繋ぐようにして広島と長崎で開かれました。

　シンポジウム宣言「生か忘却か」は、「ヒロシマ・ナガサキのヒバクシャから全世界のヒバクシャにうったえる」――と題されました。宣言は「私たちはみんなヒロシマ・ナガサキの生きのこりです。私たちもまた、ヒバクシャです」、こう指摘し「全世界のヒバクシャよ、団結せよ」とよびかけたのでした。宣言を読み上げたのはノエル・ベーカー卿、白髪が取材テレビのライトに輝やいていました。

　ヒロシマ・ナガサキ・ビキニ。そしていまフクシマ。「全世界のヒバクシャよ、団結せよ」。「77シンポ」の問いかけが迫ります。

＊

　服部学さんの言葉を「形見」として残された人生を生きていく、翠さんはお礼状にこう書かれています。服部学さんとの長いお付き合いに、語りつくせない思いがのこっています。時にごいっしょした活動、横須賀の米原子力空母母港化反対デモに、街頭行動に、

被爆問題国際シンポジウムの大衆ラリー（集会）、広島、１９７７年。

バザー売店に、学さんが寄り添うのか、翠さんが寄り添うのでしょうか、お二人の姿を見かけないことはありませんでした。

22

『福竜丸だより』No.377（2013年9月）

パンフ『死の灰の谷間日本』に関連して

原水爆止世界大会は、広島での第1回大会、長崎での第2回大会を経て、第3回、第4回は東京で開かれました。3回大会を経て4回大会ころから大会の準備が国際的に進められるようになります。国際会議が大会日程に組み込まれ、提起された大会議題に沿っての討議が全国的によびかけられました。そのために大会議題の解説・学習資材として「討議資料」が発行されることになります。第3回世界大会のときに発行された「討議資料」は、専門性・資料内容は高いものでしたが、新書判2冊、大衆的に運用するには至りませんでした。

第4回世界大会で用意された「討議資料」は、A5判48ページ前後のパンフレットとして編集、大会議題に対応した分冊で発行されました。写真・漫画なども挿入し、頒価は40円でした。

第4回大会議題にそって

第4回世界大会は、そのテーマに「原水爆実験即時全面停止と核武装禁止・民主主義擁

第4回世界大会討議資料『死の灰の谷間日本』。表紙デザイン・粟津潔

護のために」を掲げていましたが、日本大会の議題は次の6つでした。

・第1議題――原水爆実験の即時全面停止、原水爆禁止と軍備縮小
・第2議題――日本の核武装禁止について
・第3議題――原子戦争準備と国民生活（経済・文化・教育）
・第4議題――放射能害とその対策
・第5議題――原水爆被害の実相と被害者救援について
・第6議題――原水爆禁止と平和運動

それぞれに議案の骨子が付されていました。例えば第4議題には科学者の役割、原子力平和利用などの項目、第6議題には過去の運動の成果と欠陥の項目があげられています。

大会初日、議題に沿って基調報告があり2日目に分科会で討議が行われました。第4議題の基調報告者は坂田昌一さん（素粒子物理・名古屋大学教授）がつとめています。「討議資料」第1分冊の表題は「原水爆死か、平和か」、第2分冊「核武装と軍縮」、第3分冊「原子戦争準備と国民生活」、第4分冊は「死の灰の谷間日本」、議題の第4と第5に対応していました。第5分冊は「原水爆禁止運動の問題点と将来の方向」でした。

田沼肇さんのこと

第4分冊『死の灰の谷間日本』の制作過程は、服部さんの思い出とともに前回に書きました。併せてNGO被爆問題国際シンポジウムの仕事も記していますが、同じくシンポジウムの日本準備委員会事務局代表の田沼肇さんは、この第4回世界大会「討議資料」の第3分冊『原子戦争準備と国民生活』の執筆に参加することから原水爆禁止運動との関係

を深めていくのです。第3分冊の編集委員会で、木村禧八郎さん、小椋広勝さんが〝若手〟の執筆者として田沼さんと北田芳治さんを推薦されたのです。当時、田沼さんは大原社会問題研究所所員、32歳でした。

「1954年、第五福竜丸の水爆被災事件が起こったなかで、私も原水爆禁止の課題へ大きく目を開かれた。――科学者としての私がどんな活動をしたかというと、広島・長崎の被爆者の実態調査、社会科学的な原因の究明、被爆の実相を社会的にアピールすることなどだった」。これは1992年法政大学での田沼肇最終講義メモの一節です。

61年、原水爆禁止日本協議会専門委員会編『原水爆被害白書――かくされた真実』（日本評論新社）が湯川秀樹さんの序文を付けて刊行されますが、この作業は第4回世界大会第4分科会（第4議題）での提案を出発点に、約3年間にわたる作業が結実したものでした。広島の佐久間澄、庄野直美、石井金一郎（法学・広島女子短期大学）、杉原芳夫（医学・広島大学）の各氏や、大江志乃夫（歴史学・東京教育大学）、山手茂（社会学・広島女子短期大学）、伊東壮（当時、東京都立第五商業高校教諭）氏などが作業と執筆に参加し、田沼さんは執筆に合わせて、吉田嘉清さんと編集共同責任者でした。本の装幀は杉浦康平さん、グラビアページには東松照明さんが『ドキュメント1961』のために撮影した写真から崎田さんと家族の写真12ページを収録しました（74ページ参照）。

田沼さんと第五福竜丸

2011年刊行の『田沼肇全活動』（日本評論社）には、「被爆問題」「第五福竜丸保存運動」関係の諸文章・実践活動が収録されています。

被爆問題国際シンポジウムで報告する田沼肇さん、1977年。

第五福竜丸が東京夢の島で発見された１９６８年から保存運動に参加、船の所有権者からの譲渡交渉にもあたり、協会設立後は理事に就任、76年の展示館開館に先立って刊行された平和協会編『ビキニ水爆被災資料集』（東大出版会）の約4年に及んだ編纂に中心的にかかわりました。

もう一つの窓を開けて

87年、田沼さんは「進行性核上性まひ」を発症、治療法が未発見の神経難病です。身体機能が徐々に冒される日常を、田沼さんは「自身、障害者となって、社会の矛盾がもう一つ明らかになる窓が開かれた」と語りました。被爆の後遺とたたかう被爆者への、もう一つの連帯、そのように聞きとれる言葉でもありました。２０００年8月9日死去。奇しくも長崎原爆の日の9日、74歳の早い別れでした。

『福竜丸だより』No.379（２０１４年1月）

23

原爆裁判と二人の松井さん

旧臘の8日（２０１３年12月）、原爆裁判・下田判決50周年記念シンポジウム「原爆投下は、国際法に違反する」が開かれました。主催は日本反核法律家協会。基調講演、パネルディスカッション、映画上映の3部構成でした。

基調講演は名古屋大学名誉教授の松井芳郎さんが「原爆裁判判決の歴史的意義――国

１９６６年の３・１平和行進には田沼さん、服部さんも参加。久保山さんの遺影をもつのは小笠原英三郎静岡平和委員会長、佐久間澄、畑中政春、熊倉啓安、小林徹など各氏の顔も見える。

際人道法の発展をふまえて」と題して行いました。「この問題に最もふさわしい国際法の第一人者」（主催者あいさつ）の松井さんの講演は、下田判決の先見性を明確に指摘しました。先行する人道法、国際司法裁判所の勧告的意見を経ての核兵器使用の非人道性、国際人道法の到達点、現時点での核兵器廃絶の筋道を示唆するものでした。国際・国内世論の役割にも論は及びました。広島・長崎の被爆者のよびかけと運動、第五福竜丸被災・ビキニ事件を契機とする原水爆禁止運動にも言及しました。

12月8日は、広島・長崎へのアメリカの原爆投下を招くに至る日米開戦の日（1941年）。2日前の12月6日、自民党・安倍政権は世論の反対を無視し、特定秘密保護法を強行成立させていました。

原爆裁判の経緯

原爆訴訟は1955年4月、広島の被爆者下田隆一さんらを原告に、岡本尚一弁護士、松井康浩弁護士を代理人として提訴され、1963年12月7日、「アメリカの原爆投下は国際法に違反する」との判決を導きました。賠償請求は棄却されましたが判決は国の被爆者対策、補償責任に言及しました。

原爆訴訟の法理や意義については、松井康浩弁護士の著作『原爆裁判』に詳しく述べられています。次の文章は、松井康浩喜寿記念論集『非核平和の追求』に小田成光弁護士が書かれていることです。

「敗戦後七年におよぶ米軍の占領下においてタブーとされてきたアメリカの原爆投下の国際法的な違法性と責任とを、裁判の場において厳しく追及し、人道と正義を宣明する一

松井康浩『原爆裁判 ―― 核兵器廃絶と被爆者援護の法理』新日本出版社、1986年

浦田賢治編『非核平和の追求 ―― 松井康浩弁護士喜寿記念論集』日本評論社、1999年

助としたいとする老弁護士岡本の孤独な、しかし決して褪めやらぬ情熱は、自らも肉親をヒロシマの劫火の中においた青年松井を心底からゆさぶり、岡本と一体となってこの困難な訴訟（被爆者を原告とし、国を被告とする国家賠償訴訟）の提起、遂行に当たらしめるにいたるのであった。訴訟提起後程なく岡本が病に倒れた後はその遺志をついで奮闘し、やがて一九六三年（昭和三八年）一二月七日「原爆投下は、無防備都市に対する無差別爆撃であり、且つまた毒ガス以上の残虐な害敵手段でもあるから、国際法の基本原則に違反する」と宣言した歴史的な「古関判決」を獲得するの勝利に導いたのであった」。

岡本尚一弁護士は１９５８年67歳で病没。遺した歌のひとつ「夜中起きて被害者からの文読めば涙ながれて声立てにけり」。被爆者を励まし原爆訴訟にいたる岡本さんの気骨と優しさが推し量られます。

松井康浩さんのこと

松井康浩さんは１９４３年「学徒出陣」で応召、中国山東省で敗戦、復員。郷里三原市で弟さんから広島の惨状を聞いたのでした。後年「ビキニ事件が訴訟提起のふんぎりをつけてくれた」と京橋の事務所でうかがったことがありました。原爆裁判を引き受けたのは、松井さんが弁護士登録から4年、33歳のときでした。

松井さんは、１９５４年から13年間の日本弁護士連合会調査室嘱託、73年から2年間の事務総長をはじめ、青年法律家協会、日本国際法律家協会、日本民主法律家協会、日本反核法律家協会の創立、運営に携わりました。

１９９６年7月の国際司法裁判所の「核兵器の使用並びに威嚇は一般的に国際法に違反

する」との勧告的意見を導く国際的な運動をふくめ非核の諸運動、民主的諸運動に中心的にかかわりました。日本原水協の代表理事、原水爆禁止世界大会の議長団の一人でもありました。

１９７３年第五福竜丸平和協会が財団法人として設立時、監事に就任。以後、理事（91年～03年3月）、顧問を務めました。２００８年6月5日死去。享年85歳でした。

松井芳郎さんのこと

先に記した「原爆裁判判決50周年記念シンポ」で基調講演をした松井芳郎さんとは、76年の第2次「核兵器全面禁止国際条約締結・核兵器使用禁止の諸措置の実現を国連に要請する代表団」でごいっしょしました。代表団は10月13日に国連本部を訪れ、総会議長、事務次長と面会し要請を行いました。松井さんは日本の国際法学者共同提案の「核兵器使用禁止条約案」を提案、説明しました。また代表団は第１次代表団（75年12月）がワルトハイム事務総長との会見に基づいて作成した「広島・長崎の原爆被害とその後遺――国連事務総長への報告」を提出しました。代表団39名には藤井日達日本山妙法寺山主はじめ、伊東壮氏など10名の被爆者、現在の被団協事務局長田中熙巳さんも参加していました。当時松井さんは35歳、名古屋大学教授でした。

＊２０１８年8月、松井さんは『武力行使禁止原則の歴史と現状』と題した浩瀚な書を上梓されました。「旧作を一書にまとめようと思い立ったのは、国連憲章と日本国憲法に具現される不戦の理念がかつてない危機に遭遇している現在、歴史を逆転させようとするこのよう

松井芳郎『武力行使禁止原則の歴史と現状』日本評論社、２０１８年

な企てに抵抗するために、自分のこれまでの学問的な営みの成果をささやかであっても手がかりとして提供したいと思うからに他ならない」、喜寿を迎えた初夏に ── と、はしがきは記しています。

24

『福竜丸だより』No. 381（2014年5月）

岡本太郎《燃える人》から《明日の神話》へ

5月の晴れた日には、第五福竜丸展示館の入口を「太郎の鯉のぼり」が泳ぎます。第五福竜丸展示館で岡本太郎《明日の神話》原画展が行われたのは2004年の4月でした。出品の依頼に東京・青山の岡本太郎記念館に岡本敏子館長を安田和也平和協会事務局長と訪ねたのは、前年4月、記念館玄関には「太郎の鯉のぼり」が揚がっていました。

この日の敏子さんの話は、岡本太郎の代表作《燃える人》（1955年）制作のいきさつから始まりました。1959年に日本原水協が作成したパンフレットに太郎さんが提供した挿絵《新しい怪物の世紀》に描かれた船の絵から、第五福竜丸へと話はつづきました。

《燃える人》と福竜丸

油彩の大作《燃える人》には、画面左下に小さな船が描き込まれています。パンフ挿絵を見て敏子さんは「この絵は《燃える人》の下絵のようね」と言われ、太郎さんにとっては「この船（第五福竜丸）のことがとても印象的だったのね」と話されました。

第五福竜丸展示館入口に揚げられた「太郎の鯉のぼり」。

――「太郎さんは〝人として燃える〟〝人間としての怒り〟を感じ、それをつきつけた。この絵のキノコ雲にしても舌をだしたり、ユーモラスで面白い。それはきわめて〝まがまがしい〟ものだけれど、それを被害者意識だけで直接的には描かない。一つ越えて表現する。それが岡本太郎なのよ」。

敏子さんは《燃える人》制作のいきさつを、「日本国際美術展」（1955年）に出品依頼を受けたとき、この展覧会にピカソが《ゲルニカ》並の作品を出すという話が伝わって、それならと描いたのが《燃える人》だと語り、それは「いうなれば太郎のゲルニカですよ」とも言われたのでした。

《明日の神話》と《ゲルニカ》と

2005年初頭、中国新聞は特集企画「明日の神話――岡本太郎のヒロシマ」を連載しました（道面雅量記者）。その特集第1部「壁画の誕生5」は、敏子さんが言われた「太郎のゲルニカ」の話を、次のように結んで見せたのでした。

「67年、メキシコの実業家の依頼を受けて《明日の神話》の制作が始まる。この時、岡本の念頭に《燃える人》から引き続いて《ゲルニカ》への意識があったかどうかは分からない。しかし《明日の神話》が「岡本のゲルニカ」と呼ぶにふさわしい作品であるとはいえるだろう」（『中国新聞』2005年1月8日）。

《明日の神話》日本に帰る

《明日の神話》は、1967年から約2年をかけ、メキシコで制作されました。展示予

岡本太郎の挿絵《新しい怪物の世紀》

定が崩れ壁画は行方不明になります。発見されたのは2003年の9月、日本への移送と修復、公開・展示場所の選定などのプロジェクトが起ち上がります。2004年4月3日、第五福竜丸展示館の《明日の神話》原画展オープニングでの敏子さんの話。

「原爆の炸裂はすごいけれども、太郎のがい骨はばらばらになりながらも、美しく燃え上がっている。原爆は凶悪だけれど、人間はもっと大きな力で原爆に立ち向かうんだよ。その瞬間に《明日の神話》が生まれるのよ」――。

日本移送を間近に、「太郎を語る」敏子さんの笑顔が印象的でした。しかし、敏子さんはその1年後、『中国新聞』特集に「この絵のメッセージをヒロシマから世界に発信できたら素晴らしい」との言葉を残したままに4月20日急逝されたのです。79歳でした。

《明日の神話》渋谷駅に ―― 市民と対話をかさねて

巨大壁画《明日の神話》（縦5・5メートル、幅30メートル）は2008年11月、展示場所に選ばれた東京・JR渋谷駅と京王井の頭線渋谷駅の連絡通路に公開展示されました。連絡通路はほぼビルの3階、壁画正面の窓からは駅前のスクランブル交差点を見渡す位置に展示されています。かつて太郎さんも立ち寄られたであろう道玄坂「恋文横丁」、ガード沿いの「のんべい横丁」「とん平」、それらの記憶を望見できる位置でもあります。

《燃える人》のテーマを拡大し、原水爆と人間を描いた壁画《明日の神話》は、日々30万人以上の市民が往来する都心の街で、ヒロシマ・ナガサキ、ビキニ、福竜丸を語り、核時代の「明日の神話」を人それぞれに問いかけています。

《燃える人》の画面左下に描かれていた船（第五福竜丸）は、《明日の神話》では画面右下で

東京・渋谷駅のコンコースに展示された《明日の神話》

大きなマグロを引っ張っていわば「操業中」です。

＊

文中紹介した《新しい怪物の世紀》の原稿をいただきに青山のアトリエ（今の岡本太郎記念館）に伺ったのは59年の４月半ばでした。当時都内を走っていた都電で行ったのを覚えています。パンフをつくった１９５９年の第５回原水爆禁止世界大会は広島で開かれました。岡本太郎さんとは、この第５回大会記念企画の美術展で再びごいっしょすることになります。

25

『福竜丸だより』No. 382（２０１４年７月）

広島で開いた「日本人の記録」展

１９５９年の第５回原水爆禁止世界大会は広島で開かれました。この大会討議資料のパンフに、岡本太郎さんが挿絵を提供したこと、その挿絵は代表作《燃える人》の下絵のようだと岡本敏子さん（岡本太郎記念館館長）が話されたことは前回に紹介しました。

第1回世界大会から4年ぶりに広島で開かれる世界大会、開催地広島に合わせて、いくつもの行事が組まれました。大会記念美術展「日本人の記録」もその一つでした。岡本太郎さんはここに《燃える人》を出品します。《燃える人》は１９５５年「日本国際美術展」の出品作品ですが、その制作には、ピカソが《ゲルニカ》に比す作品を出すという話を伝え聞いて描いたという話も前回紹介しました。

六九人の作家が参加

「日本人の記録」展（企画・原水爆禁止日本協議会、主催・朝日新聞社）は、世界大会日程（5〜7日）をはさんで8月1日から7日まで広島市の朝日会館で開かれました。絵画24、版画3、彫刻6、写真23、グラフイックデザイン13の69人の作家が出品しました。展覧会の題名「日本人の記録」が示すように戦後社会、原水爆、平和を主題にした作品、代表作、話題作が出品されたのでした。

展覧会の企画にあたった美術評論家瀬木慎一さんは、出品作は「作家の立場によって表現の仕方も多様だが、共通して、戦後日本の社会と人間の姿を鮮明にとらえたものであり、表現された「芸術家たちの感動は、とりも直さず、ひとびとの共感であるでしょう」と述べています。同じく企画者の写真評論家重森弘淹さんは、原爆は「われわれの内部の深いところに、消えることのない翳りを刻みこんできた。その翳りに多角的に光を当て、翳りの深さと強さをくりかえし」記録する必要性があると書きました。

土門拳と岡本太郎が揃って広島に

1枚の写真があります。「日本人の記録」展会場のスナップです。写真左でカメラを肩に作品を観るのは岡本太郎、縞模様のシャツ姿は土門拳。土門さんは美術展に《ヒロシマ》と《埴輪》を出品していました。親友の二人が連れだって「日本人の記録」展オープニングにあわせて広島を訪れたのです。土門さんに隠れているのが重森弘淹さん、右端の腕組みは瀬木慎一さんです。

「日本人の記録」展会場にて。撮影・粟津潔

もう1枚、宮島を〝観光〟する岡本さん（左端カメラを構えている）と土門さん（右端ステッキをさげて）の写真も添えておきます。土門さんの左に重森さん、その左は山村です。写真で見られるように岡本さんは若々しく、土門さんは「紅葉饅頭」を頬ばりながらの宮島散策でした。

土門さんはこの年の1月から『カメラ毎日』誌に、代表作となる「古寺巡礼」の連載を始めていました。岡本さんが沖縄を訪ねるのは、この年11月から12月、翌年『中央公論』誌に「沖縄文化論 ―― 忘れられた日本」を連載、話題を集めました。掲載した2枚の写真は、ともに粟津潔さんの撮影。粟津さんは展覧会の展示構成を担当していたのです。

8月2日には、「日本人の記録」展関連行事として「美術映画と講演の夕」が開かれています。主催は中国新聞社、会場は当時繁華街にあった中国新聞社ホール。岡本太郎さんの演題は「絵画とドラマ」、土門拳さんの演題は「写真家の社会的責任」。映画は『ゲルニカ』（監督アラン・レネ）。瀬木さんが作品紹介をしました。

広島市民への贈り物「嵐の中の母子」像

「日本人の記録」展の出品作家名をすべては紹介できませんが、絵画は内田巌、鶴岡政男、森芳雄、吉井忠、丸木位里・俊、横山操、版画は棟方志功、彫刻は本郷新、佐藤忠良、建畠覚造、写真は木村伊兵衛、田村茂、浜谷浩、林忠彦、東松照明、グラフイックデザインは亀倉雄策、伊藤憲治、山城隆一、杉浦康平、粟津潔の各氏など錚々たる顔触れです。

ビキニ水爆被災関連の作品には、絵画に阿部展也《雨が降る》、高柳博也《黒い雨》、竹谷富士雄《暗い海》、土屋幸夫《灰鬼》、中谷泰《焼津の家族》、版画に新海覚雄《ストロン

宮島散策。撮影・粟津潔

チュームの恐怖》、写真では川田喜久治《焼津》などが出品されています。

また展示には、この年から平和美術展が企画した「被爆者肖像画運動」の作品4点も展示されました。これは死没した被爆者遺族から提供された遺影を参考に肖像画を制作し、展示した後に遺族に贈る美術家の運動で、今日までつづいています。

「日本人の記録」展は広島市民に大きな贈物を残します。広島平和公園の正面に設置されている《嵐の中の母子》像は、この美術展への出品を機に本郷新さんの意向を受けて、日本原水協を通じ広島市に寄贈されたのです。台座にその経緯が記されています。

26

『福竜丸だより』No.383（2014年9月）

三宅泰雄さんと「第五福竜丸のおしえ」

2014年7月『ビキニ水爆被災資料集』（東京大学出版会）が新装版として刊行されました。初版が刊行されたのは1976年の3月でした。ビキニ被災事件を総合的に編纂した「資料集」として高い評価を受けた出版でした。出版から30余年、入手が難しいなかで、ビキニ被災60年を期にしての再版はうれしいことでした。この機会に本の内容をふりかえってみたいと思います。

『資料集』巻頭には初版当時東京都知事であった美濃部亮吉氏の「序にかえて」が掲載され、つづけて編者である第五福竜丸平和協会の会長三宅泰雄さんの「第五福竜丸のおしえ」と題された「序文」が載っています。

「欧米人は船を「彼女」とよぶ。たしかに船の運命は人間のそれに似ている」「人間に履歴があるように、船にも船歴がある。人間がそうであるように、船もまた、その一生のあいだに、悲喜こもごもの体験をしなければならない。——しかし、第五福竜丸ほど数奇な運命をたどった船はまれである」。三宅さんは序文をこのように書きだします。

ついで「序文」は、船の被災から廃船、保存運動に至る道筋をたどりつつ、第五福竜丸がその数奇な運命を通じて私たちに語りつづけてきた最も大切な「おしえ」は、「核兵器のない、平和と幸福の世界への待望ではあるまいか」と結ばれています。

「おしえ」のなかの三つの指摘

三宅泰雄さんは第五福竜丸保存の意義については『第五福竜丸は人類の未来を啓示する』のなかにのべているのでくりかえすことはしないとしたうえで、この小冊子ではのべなかったいくつかを追加しておきたいと、次のように指摘されています。

それは、「第一に、第五福竜丸はわが国の放射線影響研究の原点であった」こと、「第二に、わが国の科学者にその社会的責任の重大性を自覚させる要因でもあった」こと、「第三に、わが国科学界の潜在的な力をひろく世界にしめす動機になった」ことをあげています。

『第五福竜丸は人類の未来を啓示する』

三宅さんが第五福竜丸保存の意義をのべた『第五福竜丸は人類の未来を啓示する』は1973年9月23日、第五福竜丸保存委員会と地元静岡の保存運動よびかけ人会議の主催によって開かれた「核兵器禁止と第五福竜丸保存のつどい」（焼津産業会館）主催者あいさつで述べたものでした（連載第7回で紹介。その年12月にB５判の小冊子として保存委員会から発行）。

そこでは、世界で保存されているいろいろな船は、その国だけでなく人類全体の過去の歴史と今後の教訓をのこしている例が話されています。一つを引けば、１８９３年に北極探検に向かったナンセンなど12名の隊員を乗せたノルウェーのフラム号は、いまオスロ市の「三角屋根の大きい建物の中に保存されている」ことを紹介し、「第五福竜丸も、できれば同じような形式の建物の中に保存したい」、三宅さんはそう話しています。

つづけて三宅さんは第五福竜丸の保存の意義といえば、いうまでもなくそれが「水素爆弾による人類史上はじめての被災者であり世界でただ一つしかない人類の貴重な財産であるということです」と述べたうえで、こうつづけます。

「記念としてのこされている船のもつ意味は、それぞれに貴重なものです。しかし、私は第五福竜丸のもつ意義は、これらの船にもましてさらに重要であると考えます。なぜなら、第五福竜丸は過去の歴史というより、むしろ、未来の人類の命運を啓示している」と述べたのでした。

第五福竜丸も三角屋根の展示館に

第五福竜丸平和協会の財団法人設立は73年11月でした。三宅泰雄さんは会長に就任します。

三宅さんが、オスロ市のフラム号のように「三角屋根の建物の中の保存」をとの思いを話されてから3年、１９７６年6月10日に都立第五福竜丸展示館が開館します。三宅さん

フラム号記念館、オスロ市。

建設中の第五福竜丸展示館。

は幾度となく展示館を訪れました。館内に置かれた来館者用のソファーに深く腰を落とし、猿橋勝子さんとともに、三角屋根の下の木造の船体をいつくしむように見上げる三宅さんの姿が彷彿します。

三宅さんは17年間にわたり第五福竜丸平和協会会長を務め、展示館開館から14年後の１９９０年10月16日死去。享年82歳でした。

27

『福竜丸だより』No.384（２０１４年11月）

放射能研究の原点に立って ―― 猿橋勝子さんのこと

「第五福竜丸は人類の未来を啓示する」は第五福竜丸平和協会初代会長三宅泰雄さんの言葉ですが、あわせて三宅さんは第五福竜丸事件が「わが国の放射能研究の原点であったこと」「わが国科学界の潜在的な力をひろく世界に示す動機になったこと」を指摘されています。その「潜在的な力」の一翼に、三宅さん所属の気象研究所があり、そこには猿橋勝子さんが勤務していました。

「死の灰」と気象研究所

「１９５４年３月、ビキニ環礁で行われた米国の水爆実験によって日本のマグロ漁船第五福竜丸の船員が「死の灰」と呼ばれる放射性物質を浴びる事件がおこりました。この死の灰についての解明が気象研究所に持ち込まれたとき、三宅先生は「これこそ私たちが取

建物正面からみた第五福竜丸展示館。

三宅さんを語る評伝として、岩垂弘「死の灰と闘った科学者 ―― 三宅泰雄」（『「核」に立ち向かった人びと』日本図書センター、２００５年に所収）がある。また岩垂さんは、つづいての著書『核なき世界へ』（同時代社、２０１０年）所収の「反核・反戦・平和に生きた人びと」、近著の『戦争・核に抗った忘れえぬ人たち』（同時代社、２０１８年）でも、三宅さんをはじめ、本連載に登場する人たちを親しく紹介している。

り組まなければならない問題だ」とただちに研究を始められました。ビキニの灰が黒潮に乗って日本近海にたどり着くという三宅先生の発表を米国の研究者は信じようとはしませんでした。私は１９６２年に渡米しカリフォルニア大学スクリップス海洋研究所で日米共同研究に約1年間従事しました。その結果、日本の測定法はすぐれて高い精度の研究結果として確認されたのです」。２００１年7月20日と日付のある「科学する心」と題する猿橋さんの文章の抜粋です。

ビキニ水爆実験による放射能害は、気象研究所三宅研究室をはじめ各大学研究室など、日本科学界あげての研究結果によって核実験がもたらす地球環境汚染を国際的な認識に広めることになります。当時の研究報告の一つ、三宅泰雄「日本に降った人工放射能雨（54・5〜7）」（『日本学術会議放射線影響調査特別委員会報告』第1号、１９５４年8月）が『ビキニ水爆被災資料集』に収録されています。

猿橋勝子「科学する心」は「猿橋勝子先生を偲ぶ会」（２００７年10月21日、学士会館）で配布されたパンフレットに掲載。

恩師三宅泰雄さんとの邂逅

猿橋勝子さんは１９４１年に創立された帝国女子理学専門学校（現東邦大学理学部）の1期生。先に引用した「科学する心」には、猿橋さんがその生涯を通じ学問、研究の師と仰ぐ三宅泰雄さんとの邂逅をこう記されています。

「戦争中に創設された学校で設備が不十分だったため、夏休みなどに学生は他の大学や研究室等に実習生として送り込まれました。私は三宅泰雄先生の研究室に派遣されました。実習生はビーカーを洗うなど雑用をさせられるのが常でしたが、三宅先生は「ポロニウムの物理化学的研究」というテーマをくださいました。ポロニウムといえば科学の勉強を始めた女子学生にとってあこがれの人であるポーランド出身の化学者マリー・キュリーが発見した放射性元素です（失われた祖国ポーランドにちなんで名付けた）。当時私は放射性物質についての知識はほとんどありませんでしたが、うれしくてたまらず帰りに神田の書店に寄り放射能に関する本を買ったのを覚えています」。

猿橋賞を創る

猿橋さんの経歴には初の日本学術会議会員（81年）など「女性として初」の仕事が多くあります。女性の名を冠した会の創立、その一つが「猿橋賞」の創設です。

気象研究所退官の１９８０年、先輩・同僚からの祝い金を基金に「女性科学者に明るい未来をの会」創立。翌81年から毎年、50歳未満のすぐれた女性科学者1名に「猿橋賞」を贈呈することとしたのです。50歳未満としたのは「定年までを考慮したこと」とされています。この猿橋賞も「実は恩師である三宅泰雄先生の発案によるもの」だと猿橋さんは語っています。

フォール・アウト時代のジャンヌダルク科（化）学者

「三宅先生と何度もゴミの山を分け入るように夢の島へ通ったことを思い出します」。第五福竜丸展示館に出かけてくる三宅泰雄さんの側には、いつもそれが当然であるかのように猿橋さんが寄り添っていました。各種行事に闘病をおして参加する三宅さんに、猿橋さんがその身を支えるように同行していました。敬愛する師とともに歩みつづけた姿として、私の記憶にきわだっています。猿橋さんは、第五福竜丸保存委員会の委員、平和協会発

猿橋勝子さんと三宅泰雄さん、１９７５年秋。

足当初の評議員、後に理事を務められました。亡くなられたのは２００７年９月29日、87歳でした。

　各メディアが訃報を伝え追悼記事をのせました。「核実験を止めさせた女性科学者」「フォール・アウト時代のジャンヌダルク化学者」など、ＮＨＫクローズアップ現代は「女性科学者の闘い ―― 猿橋勝子の遺したもの」を放送しました。２００７年10月21日、神田一ツ橋の学士会館で「女性科学者に明るい未来をの会」による「猿橋勝子先生を偲ぶ会」がもたれました。猿橋賞受賞者など多くの参加者があり、皇后の供花もありました。

28

『福竜丸だより』No.385（２０１５年１月）

斎藤鶴子さんの行動の原点はビキニ被災事件

「戦後私は平和を求めてなにをしてきたか。一九五四年に「杉の子会」に入り、翌年朝日新聞の「ひととき」欄の投稿者を母胎にして生まれた「草の実会」の会員となった。振返ってみれば、私の行動の原点はビキニ被災である」―― 斎藤鶴子さんが『福竜丸だより』１５８号（１９９１年６月）に載せた文章の一節です。以下ここで述べられている二つの会の活動を紹介しながら斎藤さんの「原点」をたどってみることにします。

「杉の子会」と原水爆禁止署名運動

「杉の子会」は東京杉並における原水爆禁止署名運動を担った主婦グループとして知ら

原水爆禁止署名運動にかんする近年の研究の成果として、丸浜里子『原水禁署名運動の誕生 ―― 東京・杉並の住民パワーと水脈』凱風社、２０１１年がある。

れています。会の発足は１９５３年11月、杉並公民館館長であった安井郁氏を囲んで40代の主婦を中心に社会科学を学ぶグループが中心でした。会の名称は童謡「お山の杉の子」からとられたといいます。斎藤さんが入会した54年8月の学習会の日は「水爆禁止署名運動がはじまって間もないとき、公民館の学習室は参加者であふれ、立つ人もいたほど」でした。杉並区の水爆禁止署名運動は54年5月から取り組まれ、すでに6月末には署名数は26万に達していました（当時の杉並区の人口は29万余）。

8月6日、署名集約センターとして原水爆禁止署名運動全国協議会が結成され事務局長に安井郁氏を選任、杉並公民館館長室に署名数集計の事務局が置かれます。翌１９５５年広島で第1回原水爆禁止世界大会が開かれるに至ることはご承知のとおりです。

斎藤さんが原水爆禁止世界大会に参加するのは、１９６０年の第6回世界大会が最初だといいます。

前年の第5回世界大会前、１９５９年3月に結成された安保改定阻止国民会議に日本原水協は幹事団体として参加、日本の核武装と自衛隊海外派兵をもたらす安保条約改定に反対を明らかにしていました。広島県議会が第5回世界大会への補助金支出を削除、自民党が原水爆禁止運動・組織＝原水協への自治体助成金の支出中止を各県連に指示したのもこの年でした。

安保反対と「杉の子会」

安保の問題は「杉の子会」にも動揺が及び会を去る人も出ました。「私はとどまるほうを選んだが、大会が大成功と語られる中で、私は孤独であった」「第7回世界大会、第8回世

杉並公民館館長室で行われた原水爆禁止署名の集計、１９５５年。

界大会はソ連の核実験評価をめぐって混乱し、杉の子会のなかでも意見はまちまちであった」。「納得がゆかない」状況のなかで、斎藤さんは、かねて共感を寄せていたイギリスの哲学者バートランド・ラッセル卿に62年10月30日付で手紙を送ります。

ラッセル卿との交流

斎藤さんの手紙には二つの質問が含まれていました。一つは「日本人のある人々はアメリカの核実験とソ連の核実験を区別すべきだといっています。――私はやはり区別すべきでないと思います」。もう一つは「ある人びとは基地反対運動は平和運動の立場から正しくないと言っています。どのような行動をとるべきでしょうか」というものでした。

12月7日付のラッセル卿の返書は「すべての核実験は即時やめるべきこと。ソ連とアメリカの死の灰を区別することは間違いであること、核基地に反対することは第三次世界大戦を避ける運動として欠くべからずこと」という明快なものでした。斎藤さんのラッセル平和財団への協力は生涯を通じてつづきました。

「草の実会」の反戦・平和へ「15日デモ」１０４回

１９６３年第9回世界大会は分裂します。「運動は当初のヒューマニズムの精神から離れたものになってしまった」と斎藤さんは書いています。１９６４年、杉の子会は原水協加盟を中止、10年余つづいた読書会も開かれなくなり、安井郁氏も日本原水協理事長を退くことになります。安井さんから「斎藤さんは草の実会のなかで原水禁運動をつづけるように」と言われたと聞いたことがありました。

「草の実会」は朝日新聞家庭欄「ひととき」への投稿者から生まれた女性グループ。ビキニ事件後の55年に発足しました。「杉の子会」を引き継ぐように草の実会に平和研究グループも生まれます。70年2月、8月15日を記憶する反戦・平和の「15日デモ」がはじまります。毎月行われたデモはその後年2回（5月・8月）となりますが、斎藤さんは休みなく参加、２０００年8月の第１００回デモには入院先からメッセージを託します。斎藤さんはこの年9月30日に亡くなります。92歳でした。その後、「15日デモ」は１０４回で終了。草の実会が会を閉じたのは２００４年でした。

＊

斎藤さんは、第五福竜丸保存運動に当初の１９６８年から参加され、平和協会設立以後は評議員、理事を務められました。チェルノブイリ原発事故以後は反原発の立場を明確にされ、放射能被害を伝える第五福竜丸展示館の役割を強調されていました。

29

『福竜丸だより』No.386（２０１５年３月）

「3・1ビキニデー」

ビキニ環礁での水爆実験被災の3月1日を「3・1ビキニデー」とよぶようになったのは、この日を記念して諸行動が行われるようになってからのことです。

今では毎年、静岡市や焼津で開かれる全国集会や、64年からは故久保山愛吉氏の墓所がある焼津市弘徳院での墓前祭（62年に結成された日本宗教者平和協議会主催）が開かれるなど、全国各地でも「ビキニデー」に関係する催しがもたれています。

ビキニデーと第五福竜丸保存運動

夢の島に廃船として放置されていた第五福竜丸の保存が最初に提起されたのも、68年に焼津市で開かれた「ビキニデー中央集会」でした。東京港湾で働く江東区の代表が船の保存を訴えた経過は、その後の運動の進展からも印象的なことでした。

第五福竜丸保存委員会が発足した69年からは、保存委員会（73年からは平和協会）によってビキニ被災関連の催しがもたれてきました。第五福竜丸展示館が開館した76年以後は「３・１ビキニ記念のつどい」が第五福竜丸平和協会の主催で毎年開かれています。

ビキニデー記念集会を振り返る

ビキニ被災の翌年、１９５５年には名称を「ビキニ被災1周年記念原子戦争準備に反対する集い」として、３月17日に原水爆禁止署名運動全国協議会の主催で開かれています。「原子戦争準備反対」としたのは55年1月19日、世界平和評議会がよびかけたウイーン・アピール署名運動にリンクしてのことです。

56年は「ビキニ被災2周年記念原水爆実験禁止のつどい」として、前年9月に結成された日本原水協と東京原水協の共催で東京・豊島公会堂で開かれています。「つどい」には１４００人が参加、元第五福竜丸乗組員鈴木鎮三さんがビキニ被災の体験を話しています。広島市や、長野市などでも、「３・１」を記念する催しがもたれています。

57年は、前年明らかにされたイギリスの水爆実験に抗議する「ビキニ被災3周年記念ク

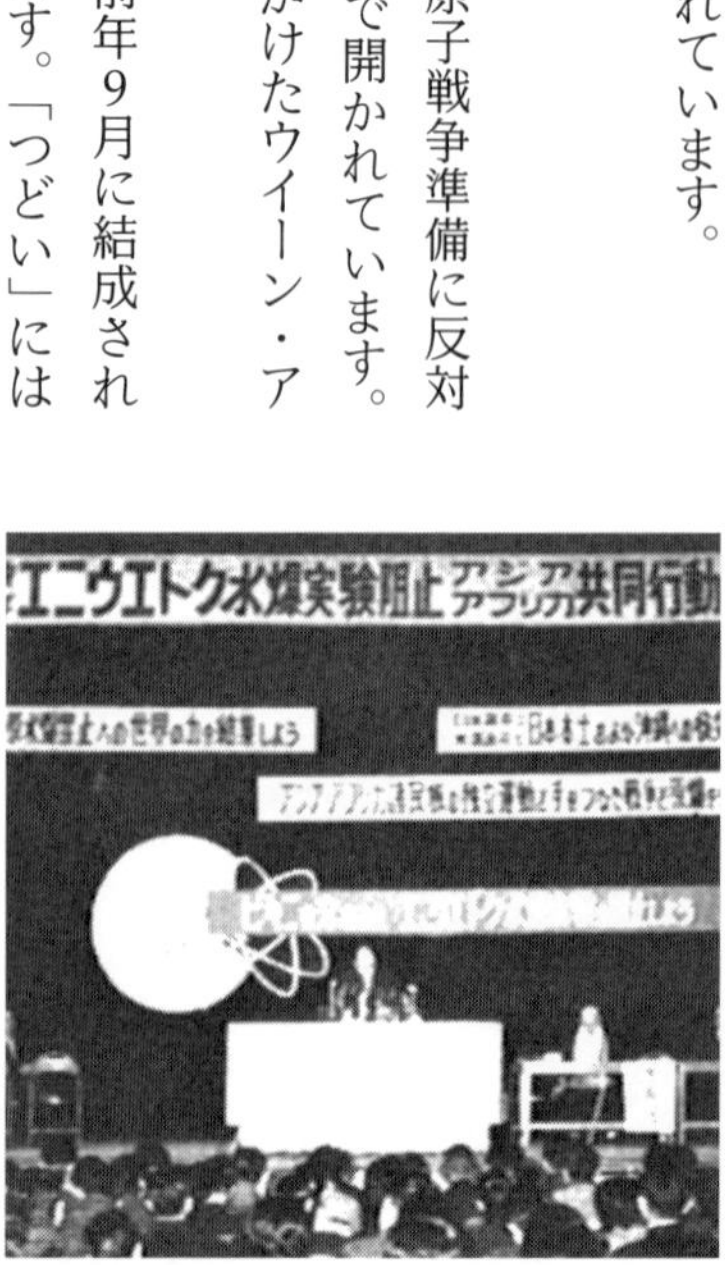

右・57年のクリスマス島水爆実験阻止行動。左・58年「エニウェトク水爆実験阻止、アジア・アフリカ共同行動日本大会」で講演する湯川秀樹さん（神田・共立講堂）。

リスマス島水爆実験阻止中央集会」が、日本原水協主催で前年と同じ豊島公会堂で開かれ、２５００人が参加しました。岸信介首相がメッセージを寄せ、自民、社会、共産の各党代表、インド、エジプト大使も出席しています。

58年は「ビキニ被災4周年エニウェトク水爆実験阻止、アジア・アフリカ共同行動日本大会」として東京神田・共立講堂で開かれ、久保山すずさんがあいさつ、記念講演は湯川秀樹さんが「人類の問題としての核爆発」と題して行っています。名称が「共同行動日本大会」となっているのは、前年12月28日から1月1日にかけ44か国、１０００人余が参加した「アジア・アフリカ諸国人民連帯会議」（カイロ会議）の決議「核兵器反対の共同行動に関する勧告」、「１９５８年3月1日をエニウェトク環礁におけるアメリカの核実験阻止のアジア・アフリカ諸国共同行動日とする」に基づいて準備されたのです。この日、日本全国26都道府県で集会などの共同行動が行われています。

カイロ会議と久保山すずさん

先に記した「カイロ会議」には日本から超党派の58人の代表団を送り、久保山すずさんは原水協代表の一人に加わりました。すずさんは本会議での発言が予定されていましたが日本代表団の内部事情（反対）で発言できないということがおこります。インドのネール夫人などの提案推薦もあってすずさんは本会議2日目に発言することになっていたのです。しかし、「明らかに政府与党（自民党サイド）の政治的考えが圧力として加わり」（「日本原水協第4回全国総会」議事録、１９５８年2月11日）発言ができなかったのです。

カイロ会議　1957年12月26日－58年1月1日にエジプト・カイロで開かれたアジア・アフリカ諸国人民連帯会議。帝国主義、植民地主義、人種差別反対、核実験禁止などを掲げ、基本的人権、領土・主権、国連憲章など平和五原則、一〇原則の遵守を確認。その後の非同盟運動の基盤となる。

アメリカよなぜ拒む――すずさんの手記

ふりかえれば、56年10月、日本母親大会連絡会はアメリカの水爆実験反対を国連に訴える取り組みをすすめ、代表の一人にすずさんが選ばれます。旅券手続などが済みビザをまちましたが、アメリカ大使館はすずさんのビザを発給しませんでした。「アメリカよなぜ拒む」。すずさんは『文藝春秋』に「夫の死から三年」と書き出す手記をよせ経過を記しています。先の日本原水協総会の議事録にもアメリカ大使館、外務省はすずさんの渡航に否定的だったことが議論のなかの発言に記録されています。アメリカの影が、すずさんを（福竜丸と乗組員を）追いかけるのです。

カイロ会議では、会期中にネール夫人がよびかけた「すずさんを囲む会」に２００人を超す各国代表が参加してすずさんを励ましました。集会後、すずさんはネール夫人の招待でインドを訪問、ニューデリー市長はじめ各界代表や婦人団体などとの懇談を重ね、水爆実験の残酷さを訴えたのでした。

58年の「共同行動日本大会」の神田・共立講堂は３７００人の参加者で超満員。私も参加していました。湯川さんは「科学のもたらした危機を取り除くためにいまこそ人間の英知を結集しよう」と語りました。「おじの話」を立ったままに聴く立教大学教授小川岩雄さんの姿もあったのです。私はこの年から日本原水協の事務局でアルバイトとして働いていました。

久保山すず「アメリカよなぜ拒む?」『文藝春秋』第35巻4号（１９５７年4月）。第五福竜丸平和協会編『ビキニ水爆被災資料集』東京大学出版会、新装版、２０１４年に所収。

30

『福竜丸だより』No.387（2015年5月）

「中止」されたビキニ記念集会

前回では、ビキニ水爆被災を記念する集会が、被災の翌年から毎年名称に周年を冠して開かれたことを振り返りました。この「記念集会」を、1回だけ中止したことがあるのです。中止されたのは63年の9周年集会、中止にいたる経過を記しておくことにします。

前回は58年の4周年までは記しましたが、59年の5周年集会は焼津・漁港ホールで開かれます。作家の火野葦平さんが記念講演、集会名称に「核武装反対」が入り安保条約反対が打ち出されています。6周年集会は東京で開催され、名称に「軍備全廃要求・新安保条約批准阻止」が入ります。7周年集会も東京開催、名称に「軍備全廃促進・新安保廃棄・日本の核武装をやめさせる」が名称に入っています。8周年集会の名称は、いままでの集会と同じようにビキニ被災8周年の冠につづいて「原水爆禁止焼津全国集会」とシンプルになっています。

意見対立、運動分裂をはらみながら

そこで9周年集会です。

63年2月28日、静岡で開かれた日本原水協第58回常任理事会は、声明「原水爆禁止運動の統一と強化について」の承認、焼津全国集会のスローガン、宣言案で対立、集会当日の3月1日未明、会議出席の担当常任理事会を構成する、理事長、常務理事、担当常任理事全員が辞職する事態に至ります。予定されていた「ビキニ被災9周年原水爆禁止焼津全国

焼津・弘徳院にある久保山愛吉さんの墓。

集会」は開催不能、中止されるのです。

辞職した担当常任理事会は日本原水協の常時執行機関です。その後、地方原水協の働きかけを軸に事態収拾がはかられ、いくつもの曲折を経て、6月、全国常任理事会を開き、担当常任理事会の機能を回復し、第9回世界大会の広島開催が決定されるのです。しかし、大会運営、運動目標の意見で対立、平和公園で開会総会が開かれた8月5日、社会党・総評系代表は大会からの脱退を通告、世界大会は分裂します。大会そのものは海外代表をふくめ決議を採択し、8月7日に閉会しますが、社会党・総評系代表は独自集会（6日）を開き、8月9日の長崎大会は中止されるのです。

分裂の状況下での保存運動

この小文では「分裂問題」の所在、そのありように触れることはしませんが、原水爆禁止運動の分裂の状況がつづくなか、5年後に取り組まれることになる第五福竜丸保存運動の立ち上げで、よびかけ人八氏が「それぞれ個人の資格で」とのことわりを語る背景には運動「分裂の状況」があったのでした。保存委員会の構成、その後の運営で慎重な対応を迫られた問題のいくつかはこの小文のいくつかでもふれてきました。

第五福竜丸保存運動とビキニ記念のつどい

第五福竜丸保存委員会は69年発足以後、久保山愛吉さんの命日9月23日には、追悼行事、記念の「つどい」などを開いてきました。「つどい」での記念講演は毎回期待されるものの一つでした。

略年表 ―― 第五福竜丸保存のとりくみ

67・6・23	NHK「死の灰浴びた第五福竜丸解体」ニュース報道
68・3・1	ビキニデー全国集会、アジアの平和のための日本大会分科会で参加者から第五福竜丸保存の声
3・2	「夢の島のゴミの中に第五福竜丸」赤旗報道
3・10	朝日新聞投書欄〝声〟に武藤宏一氏の「沈めてよいか第五福竜丸」の投稿
3・12	美濃部都知事、保存協力を表明
3・19	日本原水協田沼肇副理事長ら、船体を業者から買い取る
9・23	夢の島で「故久保山愛吉氏没後14周年追悼・第五福竜丸保存運動推進の集い」
69・4・10	第五福竜丸保存のよびかけ発表
7・10	第五福竜丸保存委員会発足
70・2・21	船名を「はやぶさ丸」から「第五福竜丸」にもどす「刻銘式」

70年の「つどい」は中野好夫さんの「日米共同声明と被爆国民」、71年も中野さんが「沖縄返還と被爆国民」題して講演。72年の千葉工大近藤弘さんをはさんで、73年は小川岩雄立教大学教授が「核兵器の現状と完全禁止への道」、74年も小川さんの「核問題の現状」でした。

74年集会は、前年設立の第五福竜丸平和協会と例年共催の静岡県保存運動よびかけ人会議に、静岡県労評と静岡県平和委員会が加わり四者共催でした。やや荷重の感じがありましたが、原水爆禁止運動の統一を視野におく静岡の平和・原水禁運動の取り組みを反映していました。統一世界大会は3年後のことです。

湯川さんと小川岩雄さんのこと

74年の集会のあともたれた「焼津のマグロを食べる会」には、講師の小川岩雄さんも参加されていました。帰りがごいっしょでした。新幹線で東京まで、ワンカップを傾けながらお話をうかがいました。それまでも原水爆禁止運動への協力、原稿の依頼などでお話を交わしたことはありましたが隣り合ってお話を聞けるのは得難いことでした。

先にビキニ4周年の集会で小川さんが湯川秀樹さんの記念講演を満員の会場で聴かれていたこともその折に伺ったことでした。小川さんは「おじ」と言い、「湯川さん」と言い方を変え、熱を入れて話す「おじ」の姿に感動されたと話されたのでした。講演の複文は私がしたことをお伝えしワンカップが重なりました。後に、私が平和協会理事の末席に連なることになり、理事会などで親しく意見を拝聴できるようになります。

＊

9・23　保存委員会「故久保山愛吉氏17回忌追悼会」を焼津市で開催

72・1・25　船体の陸上固定

73・11・28　財団法人第五福竜丸平和協会発足

75・2　船体を都に寄付、9月展示館建設始まる

76・6・10　第五福竜丸展示館開館

9・23　第五福竜丸記念集会、展示館前ひろば

77・2・27　ビキニ記念集会

以後、記念の夕べ、記念のつどいなどとして毎年開催。

9・23＝久保山忌にかかわる諸行事

1981より、新俳句人連盟など「久保山忌句会」

1987より、「東京原水協のつどい」

1992より、民話の会有志など「平和を語るつどい」

2000より、「マグロ塚のつどい」

第五福竜丸保存委員会・平和協会によって焼津で開かれてきた「追悼会」や「記念のつどい」は、76年6月、第五福竜丸展示館が開館してからは主として福竜丸展示館に近い集会場で開かれるようになりました。

現在の「9・23」の行事は、「平和を語るつどい」、「久保山忌句会」、「マグロ塚のつどい」、「勉強会」などの催しが平和協会の協賛や共催で開かれています。催しは展示館前庭の「久保山愛吉記念碑」への献花を組み合わせるなど多彩です。

31

パグウォッシュ会議と小川岩雄さん

『福竜丸だより』No.388（2015年7月）

被爆70年の2015年11月、第61回パグウォッシュ会議が長崎で開かれることになっています。パグウォッシュ会議と言えば、小川岩雄さんの名前がすぐに浮かびます。

小川岩雄　原子物理学者。1943（昭18）年東大理学部卒。終戦まで江田島の海軍兵学校教官。47年より東大第二工学部（51年より生産技術研究所）の講師、助教授。55年より立教大理学部助教授、教授。江田島で広島原爆の閃光とキノコ雲を見た衝撃から核廃絶運動に向かい。科学者としての運動を貫いた。とくに57年に開かれたパグウォッシュ科学者会議に叔父の湯川秀樹、朝永振一郎と共に出席、以来この運動に熱心にかかわってきた。

第五福竜丸展示館で開催された9・23「平和を語るつどい」、2013年。

『[現代日本]朝日人物事典』(朝日新聞社、1990年)に載る小川さんの履歴です。執筆は服部学さん。服部さんが立教大助教授となるのは57年、ともに立教に在って核廃絶運動に取り組まれました。

パグウォッシュ会議は、1955年のラッセル=アインシュタイン宣言のよびかけに基づき、57年7月7日からカナダ東岸の漁村パグウォッシュで開かれました。冷戦下、東西10か国の科学者22人がそれぞれ個人の立場で参加、4日間合宿し話し合い、核時代の科学者の社会的責任を確認したのでした。継続委員会が設置され、以後開催された会議は、初回開催地名を冠し「パグウォッシュ会議」とよばれるようになったのです。小川さんは初回の会議参加以後、世界各地での会議に、多くは湯川さんとともに出席されてきました。

「3・1のつどい」(焼津)で講演する小川岩雄さん、1995年。

「核兵器と科学者」

小川さんが、『福竜丸だより』に「核兵器と科学者」の連載を始めるのは1995年1月でした。12回を予定しましたが、連載は97年3月まで27回に及びました。

連載は「科学者の反省と責任」から書き起こされ、前半の「原爆開発の興奮と痛恨」の記述では、原爆投下がもたらした結果に痛恨の思いを刻む科学者の姿がリアルに描き出されています。「水爆の開発と軍備競争の開幕」「ビキニへの道 ―― 核兵器大型化の終着駅」に至る状況へと続き、後半では「ラッセル=アインシュタイン宣言の背景と意義」が詳述され、「パグウォッシュ会議の発足と発展」「成果と課題」へと書き進められています。

この小文のため「連載」を通覧しました。いまさらに小川さんの、核兵器を「絶対悪」として核廃絶・全面完全軍縮に立ち向かう湯川秀樹博士の「熱意」に対する敬愛の深さを知る思いがしました。

「核抑止」と「核均衡」

「核大国が核兵器をうずたかく積み上げることによってしか核戦争は防げないという奇妙な論理に、各国の指導者ばかりでなくパグウォッシュに連なる科学者の一部までもが捉えられ、核軍縮を議論する際でも核抑止や核均衡を前提とする現実的・技術的議論におぼれかけていく傾向が現に見受けられた」（小川さんによるパグウォッシュ会議の報告、『朝日ジャーナル』１９７５年9月12日号）状況のなかで、パグウォッシュ会議がラッセル＝アインシュタイン宣言の初心に立つことの重要性、同時に、湯川秀樹・朝永振一郎両博士が核抑止論の克服に向けさまざまに働きかけられた努力が、連載「核兵器と科学者」には克明に書き込まれています。

パグウォッシュ京都会議と「湯川・朝永宣言」

１９７５年9月、日本で初めてのパグウォッシュ・シンポジウムが京都で開かれます。「完全核軍縮への新しい構想 ── 科学者・技術者の社会的機能」を主題に15か国と1国際組織（ＷＨＯ）から32人が参加、シンポは「国際的レベルで初めて核抑止論の詳しい分析と批判を試み」「車椅子で出席した湯川博士ら日本のグループはもちろん海外からの参加者も挙って核抑止政策の不条理と危険性を鋭く指摘しその克服を訴え」るものになったのでした。被爆30年、全参加者は会期中の第2夜「広島・長崎の原爆被害調査映画」を見ます。

１９５７年の第1回パグウォッシュ会議に参加した小川さん（左端）、左4人目は朝永振一郎さん。

「見終わった参加者の間に声ひとつなかった」と小川さんが書き残しています。

シンポジウム最終日の9月1日には、湯川・朝永両博士によって「私たちは、何よりも第一に核抑止という考え方を捨て、私たちの発想を根本的に転換することが必要である」と指摘した「「核抑止を超えて」――湯川・朝永宣言」が発表されています。強い共感をもって読んだことをおぼえています。

核抑止論の克服と課題

１９９５年7月、第45回パグウォッシュ会議は広島で開かれます。45か国から１５２人の科学者が参加しました。この会議では「核兵器のない世界をめざして」を主題としました。「湯川博士らが早くから主張してきた核抑止論の克服の課題がついに会議の総意となったことは誠に感慨深い」と小川さんは記しています。

連載最終回は、しかし、とつづけるようにして「パグウォッシュ会議が検討し促進した核兵器不拡散条約、部分的核実験禁止条約、戦略兵器削減条約などは軍備競争の削減や緊張の緩和に少なからず貢献した。しかし、それらは冷戦下で生まれた核抑止論に基づき、米ソなどの核保有を前提としており核廃絶の目標とは相容れない」と含蓄のある指摘をした後、次のように記しています。

「核兵器を必要と考える人びとは核兵器国ばかりか私たちの周りにも少なくない。核抑止力に国の安全を委ねる政権の持続がそれを物語る」。

小川さんの連載から20年「アメリカの抑止力に国の安全を委ねる政権」は持続し、強化の度合いを深めています。

湯川・朝永宣言は豊田利幸ほか編『核廃絶は可能か』岩波書店、１９８４年に収録。インターネットでも閲覧可能。

＊

小川岩雄さんは87年から２００５年3月まで第五福竜丸平和協会理事、以後顧問。06年6月13日死去、享年84歳。

32

『福竜丸だより』No.389（２０１５年9月）

被爆70年の夏

被爆70年の夏、本連載の筆を広島・長崎にのばすことにしました。

10年ぶりに訪ねた広島。２０１５年8月6日朝、栗原淑江さん（ノーモア・ヒバクシャ記憶遺産を継承する会）、工藤雅子さん（日本被団協事務局）と連れ立ち、元安川の涼風が残る7時過ぎ、市民の列に並んで一輪の花を慰霊碑に手向けました。

空は広く晴れ、式典会場に張られたテント内にはすでに招待された被爆者の方々が着席、主催者席には松井一實市長の姿も見られました。会場周辺の青葉繁る木陰に配置されたモニターテレビ前のベンチから「原爆死没者慰霊式・平和祈念式」に「参加」しました。市民ボランティアが出向いてのおしぼり接待も受けることができました。座っていたベンチが公園内の連絡路にあたっていたのでしょうか、岩垂弘さん、豊﨑博光さんから声をかけられました。

スベテアツタコトカ

8時15分全員黙とう。鳴らされ響く平和の鐘、つつまれる静寂。被爆70年、年年に積まれる死者の数、およぶ死者への思いがめぐります。

「スベテアツタコトカ　アリエタコトナノカ／パツト剥ギトツテシマツタ　アトノセカイ」原民喜の連詩「原爆小景」の一節。民喜はその終章を「永遠のみどり」と題し「ヒロシマのデルタに／若葉うづまけ　死と焔の記憶に／よき祈よ　こもれ」「ヒロシマのデルタに／若葉したたれ」と記し、悲しみの連鎖をぬぐうように望みを託します。いま私が座る平和公園のデルタの樹木は豊かにみどりをしたたらせています。

「まどうてくれ」の言葉をつなぐ

この日の「平和宣言」で松井市長は、原爆で奪われた命や人びとの営み、差別、偏見の苦しみに触れ「まどうてくれ」の言葉を引き「これは故郷や家族、そして身も心も元通りにしてほしいという被爆者の悲痛な叫びです」と述べました。日本被団協の代表委員、初代事務局長藤居平一さん（広島県原爆被害者団体協議会初代事務局長）が事あるごとに口にしていた言葉でした。親しく藤居さんが話していたこの言葉には市長が述べた意味に加え「つぐない」の含意があります。「過ちをつぐなう」のが誰かは明らかです。

「嵐の中の母子」との再会

木陰をたどるようにして公園内60余の記念像や慰霊碑のいくつかを廻りました。

公園の正面は《嵐の中の母子》像。説明文が建立当初の趣旨に沿っていないようで気に

広島平和公園の本郷新《嵐の中の母子》像。

なりました《嵐の中の母子》像が本郷新さんの意向を受け広島市民に贈られる経緯は連載第25回で紹介しました）。原爆の子の像、原爆犠牲国民学校教師と子どもの碑、マルセル・ジュノウ博士記念碑、峠三吉詩碑などをめぐり、イサム・ノグチの平和大橋を渡ります。橋のたもとで「被爆70年行動の時」「平和宣言・核廃絶の実現訴え」を大見出しに掲げた『中国新聞』の「特報」が配られていました。

「焦土から立ち上がったいま117万人のにぎわい」との特集も組まれていました。市民117万人の「にぎわい」にあわせ記憶されるべきは、広島市の被爆者（被爆者健康手帳所持者）5万8933名（3月末）の数でもあると思います。解説欄では、平均年齢80歳を超える被爆者の「体験継承」が課題となっていることが取り上げられていました。

被爆体験の継承を

「被爆体験の継承」の問題は、前日の5日、日本被団協主催の「核兵器のない世界のため被爆者と市民のつどい」でも中心的なテーマでした。日本被団協の田中熙巳事務局長の「70年の時を刻んで被爆者の死と生のたたかい」の報告と提案を受け、新しい担い手として若い世代が決意を述べ、会場から被爆体験を語り継ぐ若者の取り組みの発言に拍手が送られていました。

比治山の丘から

昼日中は暑さを避け、広島市現代美術館に「ライフ＝ワーク ―― 「原爆の絵」からたどる生きることと、作ること」の展覧に出かけました。比治山の丘にあがるのは、ここに

2019年3月末の被爆者数は、広島市4万7632人、全国で14万5844人。

あったＡＢＣＣ（原爆傷害調査委員会）に調査資料公開を申し入れに行って以来です。再会した被爆者の描いた絵、香月泰男、宮崎進、大道あや、四國五郎など体験が色濃く反映する作品が並び若い作家への目配りに好感しました。併催のコレクション展は「われらの狂気を生き延びる道を教えよ」とされ「ヒロシマ」をキーワードに所蔵作品が選ばれていました。

灯籠流しと一輪の花の幻

比治山を下り原爆ドームに向かい鶴見橋を渡ります。あの日、焼かれる母を残したままに避難した16歳の岩佐幹三さん（日本被団協代表委員）が野宿したのはこの橋と比治山橋の間でした。街、街に、その地その川辺に、被爆の記憶が刻まれています。

陽が傾き、ドーム沿いの川辺に「慰霊灯籠流し」の人びとが集まり始めていました。

原爆ドームに隣り合うように立つ原民喜詩碑。刻む詩「碑銘」、「崩れ墜つ　天地のまなか　一輪の花の幻」、寄りそって迫るものがあります。民喜が「幻」とみた「一輪の花」に結ぶ民喜の「望み」へと思いがめぐるのです。

8月5日、「被爆者と市民のつどい」（広島）で発言する大学生。写真提供・日本原水爆被害者団体協議会

『福竜丸だより』No. 390（２０１５年11月）

33

被爆70年の夏・長崎

特急「かもめ」は終着長崎の手前で浦上駅に停車します。戦後、爆心地（松山町）を含む

この地域は平和公園として整備され、平和祈念像をはじめ、被爆資料館や、詩碑・歌碑などが建てられています。

列車は浦上川の支流を越えて速度をゆるめます。あの日、被爆者が水を求め、屍体が重なり流れた浦上川。山口仙二さんもその支流をつたって逃れたと聞きました。停車のきしみに引き出されるように亡き人への思いが重なります。広島を訪ねた前回にも記しましたが年々に積まれてくる被爆死者、殊に親しかった亡き人への想いは、己の齢を意識するこのごろその寂寥感はひとしおです。

広島につづいて訪ねた被爆70年の長崎。２０１５年8月9日の長崎は夏の陽が高い空から降りそそいでいました。

「平和祈念式にはタクシーでなく市電で」の助言で松山町まで市電に乗りました。「福田須磨子詩碑」に立ち寄ったこともあって平和公園に上るエスカレーター前に着いたのは10時少し前、すでに式典の会場への入場が制限されていました。市職員のエスカレーター中継点にモニターテレビが設置されているとの説明を受け、テレビ前の木陰に腰をおろしテレビの音声を聞くことにしました。

長崎平和記念式典

「被爆70周年長崎原爆犠牲者慰霊70周年長崎平和祈念式典」は、10時35分被爆者合唱団の演奏で始まりました。7月末までの1年間に確認された３３７３人の死没者名簿の奉安。名簿の登録者数は累計で16万８７６７人となりました。

11時02分黙とう。街のすべての音が消えたかのような静寂のなかで祈りと誓いを刻む

山口仙二さん（左）ら最初の被爆者の国会請願行動、１９５７年3月。

ときがながれます。田上富久市長の「平和宣言」は「憲法における平和の理念——長崎にとっても、日本にとっても戦争をしないという平和の理念は永久に変えてはならない原点」を強調し、「核兵器のない世界と平和の実現に向けて全力を尽くし続ける」決意を述べ、安保法案にたいして「平和の理念が揺らいでいる」懸念を表明しました。

被爆者代表・谷口稜曄

被爆者代表の「平和の誓い」は谷口稜曄《すみてる》さんです。谷口さんは自己の被爆体験にふれた後「死体の山に入らなかった私は、被爆者運動の中で生きてくることができた」と話し、次のように述べたのでした。「いま政府が進めようとしている戦争につながる安保法案は、被爆者を始め、平和を願う多くの人々が積み上げてきた核兵器廃絶の運動、思いを根底から覆そうとするもので、許すことはできません」。大きな拍手が湧きました。モニターテレビ前の人もみんな拍手をしました。出席していた安倍首相にどう届いたでしょうか。

翌日の地元紙『長崎新聞』はこう伝えました。「途切れがちな声に、死のふちからはい上がり70年間闘い続けてきた男の執念がにじんだ。〈多くの人たちがつないできたナガサキの声。語り続けるのは生き残った被爆者の使命だ〉〈まだ終わりじゃない〉核兵器のない世界を見届けるまで声をからす」——記事はそう結ばれていました。

式典参加の被爆者と話す

11時半過ぎに閉式。モニターテレビを視聴していた何人かと話しました。京都から来た若者たちは安斎育郎さんの講義を聞いたと言うので立命館の学生とわかりました。

会場の坂を下りてきた70歳代の女性が話してくれました。「こんなに大勢の方が参加されて」「これから原爆病院に入院中の夫に会いにゆくので、お若い方が多かったこと、東京からこられた貴方様と話したことなどを伝えます」と言われました。

報道によれば式典参加者は3万人を超えたといいます。

生かされたいまに生きる谷口稜曄

人の流れがまばらになったのを見計らって、平和祈念像前の献花台をめぐり、長崎被災協事務所に立ち寄りました。事務所には、田中熙巳日本被団協事務局長が先着していました。事務局の横山照子さん、柿田富美枝さんも交えて谷口稜曄さんの発言と参列者の拍手に話題が及んだところに、首相懇談会を終えて稜曄さんが戻ってきました。襟もとを緩める稜曄さんに「昼食は」と柿田さんが問いかけました。稜曄さんの注文は「カレーライス」。届いた出前、「多かったら手助けしますよ」とのいたわりを受けながらも完食。掛ける声をためらわせるものがありました。

ここに生きる。ここで生きる。「生かされた今に生きる」86歳の長崎原爆被災者協議会会長谷口稜曄。被爆70年8月9日の長崎です。

＊

これからＮＨＫ番組に出演するという田中熙巳さんと駅ビルの食堂で皿うどんをいっしょに食べました（田中熙巳さんとは同年齢、１９７６年の国連要請代表団の一員としてともに参加して以来、親交をふかめている友人です）。食後、私は長崎県立美術館で開催中の広島・長崎美術館共同平和発信事業のひとつ「竹田信平アンチモニュメント」展に向かいました。

ニューヨーク、ＮＰＴ再検討会議で訴える谷口稜曄さん、２０１５年５月。２０１７年８月死去。

34

『福竜丸だより』No.391（2016年1月）

被爆の記憶を進化させる ―― 竹田信平と新井卓

長崎県立美術館に「竹田信平アンチモニュメント展」を訪ねることにしたのは、第五福竜丸展示館で開催中だった新井卓〈銀板写真〉の「竜の鱗」展の関連企画として竹田さんと新井さんとの対談が設定（8月15日）されていたこともあったのでした。

竹田信平さんは、メキシコ、ドイツを拠点に、映像、写真、造形など、多岐な領域での活動を続ける1978年生まれのアーチスト。竹田信平展の第1室には大きな輪の縁から引き出された無数の細い糸＝メキシコ先住民が紡いだ糸を束ねた「風洞」とも見まがう《β崩壊》と名付けたインスタレーション。第2室は《α崩壊》、被爆者が話した声を変換した「声紋」を書き写したパネルが並び、スクリーンには「声紋」を刻みつづける放射能防護服をまとったかのような人物が映されています。室内には被爆者の語る声なのか、観察者・観客の会話が混合したようなノイズが響いていました。映像を見ながら、さながら「糸電話」のように双方向からつながる被爆者の声を聞く思いがしました。

図録解説によれば、竹田さんの表現の核にある「原爆体験」は、アメリカや南米各地に居住する被爆者から聞き取った「原爆の記憶を、彼自身をかたちづくるものとして、彼自身の記憶として捉えなければならないという認識」なのだと記されていました。そしてこの「原爆の記憶」は、時の経緯のなか「記憶のエボリューション（進化）と捉えられ」る、と竹田さんは述べています。

図録に文章を寄せた文化人類学者今福龍太さんは、この「記憶の進化」のプロセス、そ

竹田信平《β崩壊》　写真提供・原爆の図丸木美術館

の経過する作業営為が「原爆という災厄を次世代へと手わたす、第二の真正な目撃者となろう」と記しています。

体験の継承と合わせて

被爆70年、高齢化する被爆者、被爆体験継承の問題が多様に語られています。被爆（原爆）体験をどう伝えていくか、どう伝わるのか、どこまで伝えられるのか、継承する側からの問いかけもなされています。今回の展示は、そのような問いかけに示唆と励ましを与えるものに思えたのでした。

新井卓さん（1978年生まれ）の「竜の鱗」展は第五福竜丸の船体を数十枚の銀板写真に表現した「鱗」を竜のひとみととらえるもの。これも「記憶の進化」の一つでした。

「われなお生きてあり」――福田須磨子さんふたたび

前回、福田須磨子詩碑に立ち寄って祈念式典に遅れたと記しました。福田さんは、私が「被爆」に近づく道を教えてくれただけでなく写真集『ドキュメント1961』に熱いエールを送ってくれた被爆者でした。東松照明の長崎での撮影は福田さんが最初でした。撮影を同意してくれた被爆者の多くは初対面でしたが私は福田さんとは付き合いがあり、長崎の撮影は福田さんからはじめたい、そういう思いがあったのです。

60年6月10日、アイゼンハワー米大統領訪日打ち合わせで来日の大統領秘書官ハガチー氏の車をデモ隊が包囲、米軍ヘリで脱出するハガチー氏を、福田さんは私といっしょに羽田で目撃したのです。

当時、福田さんはエリテマトーデス（紅班性蹠跟）を発症していました。ヘリコプターの風圧にあおられ、つば広の帽子を押さえる福田さんの腕と顔のまだらにはがれた紅班が痛々しく目に入ります。重なるように想いは、乾漆剥落の興福寺の阿修羅像、ときに憤怒、ときに民衆擁護に働く阿修羅の姿につながりました。タクシーに乗り言葉少なに都心へ戻り、夕食をともにしました。被爆のことに加え、多情な青春、多恨な家庭生活の変転も話してくれたのでした。須磨子さんの話しはその夜とどめようもありませんでした。

田村俊子賞を受賞した福田さんの自伝『われなお生きてあり』に記述があります「ついに五月一九日、新安保条約を自民党は単独で採決してしまった。わたしは街頭に立って「これでいいのですかみなさん！」とよびかけたい気持ちを抑えかねていた」。——6月15日樺美智子死亡、6月19日安保条約改定自然承認。

福田須磨子『われなお生きてあり』筑摩書房、1968年（文庫版、ちくま文庫、1987年）

東松さんと福田さんのこと

東松さんはライフワークと呼べるモチーフをどう選ぶかと聞かれ「カルチャーショックが引き金になる」と述べたことがあります。痛々しい紅班の痕、少し不自由な立ち居、撮影をためらう東松さんに福田さんが声をかけます。「写真を撮りに来たんでしょ、何を遠慮する」。「長崎には、1945年8月9日午前11時02分で止まった時と、その時を起点とする日の移ろいがある」。前にも記したように東松さんがとらえた「二つの時」、その原点に福田さん撮影があったと思えるのです。

現在進行形の時を追うように長崎に足を運んだ東松さん、福田さんは母に似ていると言ったことがあります。撮影時、福田さんは39歳。東松さんの最初の撮影から13年後の74

年4月2日死亡。75年8月2日須磨子詩碑建立。東松さんも建立の実行委員に加わっていました。東松さんが写した序幕前の白い布に覆われた碑の写真は、私にはもう一つの福田須磨子の立ち姿にも見えるものでした。

＊

夕刻、東松照明さんと登った風頭山に足を運びました。『ドキュメント１９６１』にはここから俯瞰した長崎の夜景が収録されています。長崎の街から西の海を見る、東松さんの美意識です。２０１５年８月９日、長崎の街に明かりが灯りはじめていました。

36

『福竜丸だより』No.393（２０１６年５月）

第1回「忘れまいぞ〝核〟問題討論会」

１９８１年６月13日「忘れまいぞ〝核〟問題討論会」の第１回が開かれました。テーマは「みんなで考えよう核兵器持ち込み」でした。通称「忘れまいぞ討論会」が生まれる経緯は連載第９回でよびかけ人氏名をふくめて紹介しています。

この年の５月18日、ライシャワー元米国大使は、日本への核兵器の持ち込み問題について、核兵器を搭載した米艦船・航空機が日本の領海、領空を寄港・通過することは核兵器の持ち込みに当たらないという、日米の「口頭了解」が存在していることを明らかにしたのです。岸元首相もこの発言を肯定し、核持ち込み問題に世論が沸とうしていました。

福田須磨子詩碑。長崎市松山町、爆心地公園に１９７５年８月建立、詩集『原子野』の一節を刻む。

非核三原則の法制化を

討論会は、よびかけ人の中林貞男さんがあいさつを述べて始まりました。

問題提起者は、福島新吾さん（政治学・専修大学）と服部学さんでした。ともにライシャワー発言にふれ、「非核三原則」を崩して核兵器持ち込み公然化にすすむ危険を指摘しました。進行にあたっていた陸井三郎さん（評論家）が、アメリカの「核の傘」という言葉が使われるようになった経過を説明しました。つづけて「唯一の被爆国」がある以上、原爆を投下・使用した「唯一の加爆国」がある。日本政府が非核三原則を言うのであるなら、「加爆国」アメリカに対して「日本への核持ち込みを遠慮すべきだと言うべきだ」と発言しました。

この日、原水爆禁止世界大会準備委員会は、非核三原則の法制化を訴え東京・渋谷駅頭での街頭宣伝に取り組みました。行動に参加した人から、ビラを配っても取ってくれる人も少なく、関心も薄いという感想が出されました。

関心をどう深めるか

よびかけ人の中野好夫さんがこう発言します。「反応が心もとないというお話しでしたが、これはいつでもそうで、それはやむをえないことです。いろいろの団体の方もお集まりですが、一方で運動はすすめながら、やはり知識というものを知ることは力なんですから、根気よくこういう場をつづけることが必要です」と参加者を励まし、勉強会を開催した意義を語りました。

よびかけ人の大友よふさんは、遠慮なく意見を交わし合うことの大切さを話し、かつて原水爆禁止運動をやったということで〝アカ〟だといわれて「自民党の国会議員や県会議員が集まって」埼玉県婦連会長追放運動が行われた経験をふりかえり、次のように結んで笑いを誘いました。「しかし、婦人は利口ですよ。完全に向こうが敗けました。それからは、私を〝アカ〟と言わない、むしろ〝シロ〟です」（大友さんは立派な白髪です）。

同じよびかけ人の関屋綾子さんが「流れのなかに立っているときは、じっとして流れのなかにふみとどまっているだけでも力がいります。まして流れにさからってすすもうとするときには、強い力を出さなければなりません。今の世の中の流れにひるまずすすんでまいりましょう」と述べ討論会は終わりました。参加者は約70名でした。

2回以後のテーマと問題提起者

何が問題か、われわれに何ができるか――この問いかけを掲げて「討論会」第2回は7月16日、「核戦争の危機を考える」をテーマに問題提起者は関寛治（政治学・東京大学）、小野周（物理学・群馬大学）。第3回は9月24日「中性子爆弾――その危険を考える」陸井三郎（評論家）、安斎育郎（放射線防護学・東京大学）。第4回は10月29日「「核のカサ」と核戦争危機を考える」中野好夫（評論家）、古在由重（哲学者）、小出昭一郎（物理学・東京大学）。第5回は11月25日「被爆問題と世界の非核化運動」肥田舜太郎（医師、被爆者）、伊藤成彦（政治学・中央大学）。第6回は12月22日「参加者による討論」でした。

月1回、第3土曜を定例に

「忘れまいぞ」討論会は8月をのぞいて月1回、１９８４年7月まで35回開かれました。

第14回討論会の様子、参加者席には古在由重さん、中林貞男さんらの顔が見える、１９８２年4月。

問題提起者は前出をのぞき、加藤周一、鴨武彦、宮崎繁樹、中野孝次、藤田省三、清水和久、前田寿夫、松岡英夫、青木日出雄、田中克彦、古在由秀の各氏や来日中のウィルフレッド・バーチェット氏も迎えています。82年2月の第8回の加藤周一さんの会には入りきれない200人が来場しました。

会は午後6時から9時、高齢者から中高生までの参加者が、同じ聴衆側の席に座って討論する光景は得難いものでした。中学生から「いまのおじさん」と質問をうけて、古在さんが相好をくずす、そんな場面もありました。会費は500円。会場は主に渋谷の「全国婦人会館」。案内は前回までの参加者名簿での通知と新聞紙上の「催し」「短信」欄のみでしたが、参加者は平均50名、延べ2000人をこえたのでした。1982年には、表題を『核で核は防げるか』とする討論会の第1回から第7回までの記録を収録した本が出版されています。

陸井三郎、服部学編『核で核は防げるか』三省堂、1982年

会の運営、連絡先とボランティア

「討論会」の連絡先の原水爆禁止資料センター（準備会）は、ストックホルム国際平和研究所が毎年発行する『世界の軍備と軍縮』を要約した小冊子の邦訳発行など、各種の運動資料の提供を図るために統一世界大会開催を機に1977年に発足していました。陸井三郎、服部学両氏が共同代表でした。事務方は名前は出しませんでしたが、私と進藤狂介君、日本原水協の国際部と情宣部のスタッフがあたりました。

「討論会」問題提起者の人選、推薦は、よびかけ人に古在由重氏が加わり、陸井、服部両氏が当たりました。当日の運営・司会には、木下英夫（哲学・横浜国立大学）、安斎育郎両氏

に、田中里子さんも随時加わりました。問題提起者の出迎えも必要によっては事務方スタッフが出かけました。古在さんが主宰していた読書会「版の会」のメンバーもふくめ多くのボランティアが会を支えました。私の役割は会の始まりに司会者を紹介し、終わりに事務連絡をすることでした。

討論会は84年7月の問題提起者・古在由秀東京天文台長の会で終わりますが、会「終了」のいきさつは、次回の「原水爆禁止資料センター（準備会）」と合わせて書くことにします。

37

『福竜丸だより』No.394（2016年7月）

「原水爆禁止資料センター（準備会）」について

1977年に発足した「原水爆禁止資料センター（準備会）」のスタートの経過には、SIPRI＝ストックホルム国際平和研究所の出版物の提供が好意的に約束されたことがあったのでした。

1977年当時の所長（理事）フランク・バーナビー博士（イギリス・物理学）は、77年のNGO被爆問題シンポジウムには国際専門委員として76年の準備段階から参加していました。76年10月にストックホルムで開かれたSIPRI主催の「戦術核兵器に関する国際シンポジウム」に服部学さんを招待するなど、日本の研究者・平和運動との関係が深まっているという事情もありました。

SIPRIについて

ＳＩＰＲＩは、スウェーデンに平和が１５０年続いたことを記念し１９６６年に創設されました。資金はスウェーデン議会が提供し、研究員、理事会、科学評議会は国際的に構成される研究機関です。

ＳＩＰＲＩの活動のひとつは「毎年の世界の武器庫におこった主要な量的および質的変化を記述し」軍備と軍縮の進展を示した『ＳＩＰＲＩ年鑑』の刊行でした。『年鑑』は年度を重ねて国際的に高い評価を得ていました。ＳＩＰＲＩは同時に年鑑各項の要約と結論を収録した小冊子を発行しています。ＳＩＰＲＩは、この小冊子の日本語版の翻訳出版権を原水爆禁止資料センター（準備会）に提供してくれたのでした。

小冊子『世界の軍備 ―― 核兵器の脅威』の出版

ストックホルム国際平和研究所編、原水爆禁止資料センター（準備会）訳、服部学、陸井三郎監修による77年『年鑑』要約の小冊子『世界の軍備 ―― 核兵器の脅威』は11月15日に発行されました。

日本語版の体裁は原本のＢ５判をＡ５判としたほかは原本通り、本文40ページ、頒価は３６０円でした。この冊子の編集・制作は先にあげた事務方が担当しました。陸井さんも服部さんも、それなりに私とスタッフの亀山秀幸君、松風いさ子さんの編集・校正の水準はわかってくれていました。かつての「宣伝技術」が役に立ちました。紙質を類書に負けないものにし、店頭に並んでも見劣りのしないものになりました。発売も原水爆禁止資

ＳＩＰＲＩ編『世界の軍備 ―― 核兵器の脅威』

料センター（準備会）です。もちろん私たちの名が出ることはありません。

参考に77年の冊子の序論と結論の一部を紹介しておきます。

「世界核戦争の可能性は、着実に増大しつつある。この結論は、軍事技術の発展とその全世界的な拡散の結果を考えれば、ほとんど不可避的に出てくる」（序論）。「――こうした疑いをもつ人びとは、自明の選択を下す。すなわち核兵器廃絶のために活動することである」（結論）。冊子は旬日を経ず増刷となりました。

資料センターの仕事

この『ＳＩＰＲＩ年鑑』要約の冊子は77年以後、年度毎にゲラの段階でＳＩＰＲＩから原稿の送付を受け翻訳、原本到着後に照合を加え、陸井三郎、服部学監修として刊行しました。冊子は「核問題題シリーズ」と名付けましたが、各年度とも増刷が出るものになりました。別に「核問題レポート」と題し、ジョセフ・ロートブラット著『原子力と核兵器の拡散』（服部学訳、１９８０年）など数種のパンフも作成しました。ロートブラットのものは、扉に森下一徹君撮影のポートレートを載せています。来日中のサイン本は服部さんに渡りました。

大型の「原爆写真展パネル」（英・仏・スペイン語解説付き）も資料センター制作として普及に取り組みました。編集と写真撮影者、著作権者との交渉など制作の中心になったのは梅崎政治君でした。

世界大会討議資料を作る

81年には、原水爆禁止1981年世界大会にむけて『核戦争が寸前――わたしたちはくいとめられるか』を編集しました。このパンフレットは大会参加者の討議資料として世界大会準備委員会の意向を受け専門家の討論を経てとりまとめたものでした。執筆は討論参加者が分担、川﨑昭一郎さんも執筆に参加しています。パンフはB5判本文40ページ、発行は5月25日、頒価250円でした。

パンフの編集名は資料センター（準備会）としましたが、活用に応じ、それぞれ取扱いの組織・団体名を印刷できる体裁にしました。地婦連、日本生協連、日本青年団などがこのパンフレットを活用しました。原水協は、発行を原水爆禁止日本協議会としてこの討議資料を使いました。

統一世界大会と「資料センター」

資料センター（準備会）の代表は陸井三郎、服部学の二氏ですが、統一後の世界大会との関係では両氏とも個人の資格で大会運営委員や代表委員を務めています。81年の「大会パンフ」発行と「忘れまいぞ〝核〟問題討論会」（第1回6月13日）は、5月、6月と連動しています。資料センター（準備会）が、「忘れまいぞ討論会」の連絡先として実務を担当することになるのは、その経過から必然でした。

この統一世界大会開催後の二つの取組み、「忘れまいぞ討論会」は1984年7月まで。資料センター（準備会）の作業はＳＩＰＲＩ小冊子『軍備か軍縮か1983』の発行まで。いずれも終了の告知をしないまま終わることになります。

「わすれまいぞ」の終わり方

前回終わりにも記した「終了」のことに簡単にふれておくことにします。悩ましいことではあっても、私にしか書けないことです。

77年の統一世界大会を主催する大会実行委員会の組織運営は、ときに大会準備委員会と名称を変えるなどして、大同団結の旗印をまといつつも幾つもの困難、組織的対応の難しさをはらみながら推移していました。84年の平和行進参加にあたっての団体旗、具体的には労働組合団体旗を掲げる自由とその自粛をめぐっての対立が大会開催不能の危機を招くことになります。日本原水協選出の大会実行委員会役員の交代で危機は回避されますが、深い傷跡を残しました。

「忘れまいぞ討論会」が一方の側のシンパシーを持つ人の集まりになっているという話が、私のところに届くようになりました。3月ごろから、私は会の事務連絡で、「この会はよびかけられた時から勉強会で、ここが行動の起点になるわけではない、テーマも参加者みなさんの意見をふまえてきめるようにしています」と殊更に話しました。日ごろ討論会に縁遠い組織の人が特定できるほどに討論会への「監視」が強められていることを感じとっていました。6月の会と7月の回(最終)に私は出席せずに近くの喫茶店で過ごしていました。7月の会が終わって問題提起者の古在由秀さんと服部学さん、安斎育郎さんなどが連れだって喫茶店に現れました。「今回は火星だけでなく天空のさまざまをきくことができてよかった」とだれかが言って笑わせました。「ｋａｓｅｉ」と音でつながる天空なるものがどんなものか、みんなわかっての笑いでした。私は陸井三郎さんと話し、会の案内を出すことを止めることにしたのです。案内がなければ、討論会は「終了」です。「資料センター」も、販売の経路がなければ仕事は成り立ちません。統一的な要求と必要がなければ仕事はないのです。ともに「終了」することになりました。

＊

多くのボランティアの人たちの協力を前回に書きましたが、私を経由する形で日本原水協の事務局員が実務を担ってくれていたことを記しておきます。ちなみに私は当時、日本原水協事務局次長の一人でした。個人名を挙げたい思いが残ります。「忘れまいぞ討論会」に一度も参加しなかった事務局役員のいたことも記しておきましょう。運動統一の仕事のあり方をその人に理解させるのは困難でした。

38

『福竜丸だより』No.395（2016年9月）

第五福竜丸保存運動を記録する ── 森下一徹君のこと

第五福竜丸平和協会の専務理事を長く務めた広田重道さんの著書『第五福竜丸保存運動史』に、展示館開館を控えての準備状況を記述した部分があります。一部を引用します。

「仕事のほとんどは広田専務理事、鹿田敏彦事務局長、嶋田轍之助老人など数名の者の肩にかかっていたのだから、「無我夢中」の言葉がぴったりだった。それを何とか切り抜けられたのは、地元の東京建設従業員組合の三井周二、田中浩、その他の方の協力と、山村茂雄、森下一徹などの方々の援助のおかげだった」。

広田重道『第五福竜丸保存運動史』白石書店、1981年

唐突に名が揚げられている私と森下一徹。今回は広田さんの記述に沿い、森下一徹君の第五福竜丸保存運動とのかかわりを記しておくことにします。

写真学校の助手から報道写真へ

森下一徹君が、私と仕事をするようになるのは１９６４年、森下君25歳のときでした。当時、森下君は横浜・日吉にある東京綜合写真専門学校の助手、紹介してくれたのは、学校創立者で校長をしていた写真評論家の重森弘淹さんでした。

私が重森さんと知り合うのは、１９５９年広島で開かれた第5回原水禁世界大会記念の「日本人の記録」展の企画を通してのことでした。美術展につづくようにして日本原水協が出版した写真集『ドキュメント１９６１』の企画・編集への参加で交流を深めていました。交流のなかで、原水爆禁止運動や世界大会などの写真記録を保存することの大切なこと、その仕事に取り掛かるようになどの助言を受けたりもしていました。

原水禁運動から被爆者記録者に

原水協は毎年、世界大会の「記録集」を作成していました。その編集スタッフに森下君が参加することになります。１９６４年の第10回世界大会は東京・京都・大阪・広島・長崎と移動して開かれました。この広島取材のなかで森下君は、はじめて「被爆者」に出会うことになります。以後、毎年の大会期間だけでなく広島・長崎を訪ね被爆者を撮りつづけることになります。その仕事は１９７８年写真集『被爆者』として結実、森下君の代表作になりました。写真集は版元を変えるなどして、版を重ねました。81年には、ソ連60

周年記念の国際記録芸術写真コンテストの「人間と平和」の部門でグランプリを受賞したことも加えておきましょう。

1964年以降、森下君は原水爆禁止運動、ベトナム人民支援運動、また関連する平和・市民運動の取材活動をつづけることになります。被爆者運動の写真記録を多く残しています。

第五福竜丸保存運動の記録者

1968年、第五福竜丸放置が知らされた時、森下君はいち早く「夢の島」に向かいます。その年撮影した写真が、展示館入口に展示されている写真です。写真には「沈めてよいか第五福竜丸」とよびかけた武藤宏一さんの投書（『朝日新聞』「声」1968年3月10日）全文があわせて提示されています。

写真は、傾く船（第五福竜丸）の前に散乱するゴミ、〝オリンピック〟の文字が撮り込まれています。「表現とは作者の批評行為でありそれなくして表現は存在しない」、重森弘淹さんは、報道・記録写真のリアリズムに関連し、こう語りましたが、この一枚の写真には、ビキニ事件への回帰を促すと同時に、写真を読むうえで必要な時の経過・時代批評が込められているとよみとることができます。

私は森下君に「写真表現」の背景をよく学ぶようにと話したことがありました。私の話がどこまで届いたかは計りようがありませんが、森下君の第五福竜丸保存運動の写真取材は運動の進展にあわせてつづけられ、保存運動の写真記録の多くは森下君の撮影と言っていいと思います。

夢の島の第五福竜丸、1968年。
撮影・森下一徹

助っ人二人、夢の島に通う

冒頭引用の中で、広田さんが「無我夢中」と記したことには実務上の理由もありました。1976年6月10日の展示館開館に先だつ5月29日「久保山愛吉記念碑」除幕式、5月31日『ビキニ水爆被災資料集』出版記念会、そして6月5日「都立第五福竜丸展示館完成祝賀会」、この三つの行事が連続したのです。

5日の「完成祝賀会」は6月10日の展示館開館日に合わせる同日開催の案もあったと記憶していますが「祝賀会」は予定通り江東区公会堂で開かれました。「祝賀会」は地元江東区で開く、広田さん特別の思い、船を台風や水没から守ってくれた江東の労働者や地元市民へ感謝の意味があったのだと思います。

行事準備に大童な広田さんと鹿田君、私も森下君も引き込まれるように夢の島に通いました。森下君は展示パネルの作成にも携わりました。

当時、第五福竜丸のある夢の島の最寄り駅は地下鉄東西線の東陽町でした。往きは東陽町からタクシーに乗るにしても、帰りは歩きで40分はかかります。森下君と二人、「夢の島大橋」を渡り、東陽町経由、門前仲町に足をのばすのは1時間後のこと、下町が香る酒店に立ち寄りました。深川不動参道で「其角せんべい」、大通りに面した店頭で大鍋で煮る海苔の佃煮を買って帰る、それが1日の日程でした。

＊

2016年5月27日に開かれた展示館開館40周年記念レセプションに森下君は車椅子で出席しました。2002年に森下君が提唱し、6人の写真家＝森下一徹・伊藤孝司・桐生広人・豊﨑博光・本橋成一・森住卓各氏の作品によって構成された写真展「世界ヒバクシャ展」を引き継ぎ、国内だけでなく、海外の展開にも力を注ぐ息女の森下美歩さん、また森下君の長い闘病を支える家族が同行していました。

39

『福竜丸だより』No.396（2016年11月）

第五福竜丸展示館「ボランティアの会」のこと

第五福竜丸展示館の日常の運営は「ボランティアの会」の活動によって支えられています。「ボランティアの会」では、来館者のすべてに展示の説明（第五福竜丸の被ばくと水爆被害）を行うことをモットーに活動をつづけています。

第五福竜丸展示館では、予約申し込みを受けている小・中学生や高校生など修学旅行・社会科見学の団体はもちろんですが、一般来館者や市民グループにも説明をしています。当初、説明は展示館職員・学芸員が行っていましたが申し込みに応じられないこともありました。いまではその説明を「ボランティアの会」の活動の支えによって、要望があればそのすべてに対応できるようになりました。

紅色のユニホームを羽織ったボランティアさんの活動は、説明ばかりでなく受付カウンターや来館者の応対にも当たります。

ボランティアによる展示の説明。

対話と交流 —— 親しめる展示館をめざして

２００１年、新しい百年紀を迎えるに前後して、第五福竜丸平和協会では、展示館からの発信をいっそう広げるための諸企画の検討をすすめていました。

なかでも課題となったことの一つは、若い人たちとの対話と交流、来館者数の３分の１を占める小・中学生や高校生にとって、展示館がより「親しめる学習の場」となるためにどんな手立てが必要かという問題でした。来館した生徒たちの滞在時間に見合って「お話し」「説明」などの対応がどうしたらできるか。この４月には平和協会の事務局体制が刷新され、役職員の日常業務の在り方にも来館者との対話を重視する方途をどう作り出せるかに関心がおかれていました。しかし平和協会の職員は（学芸員をふくめ）３人です。

この難問を見事に切り開いたのが「ボランティアの会」の発足であり、新事務局と「ボランティアの会」は相まっていくつもの懸案を解決、活動の輪を広げていくのです。

「ボランティアの会」発足は2001年

「第五福竜丸展示館ボランティアの会」が発足したのは２００１年４月。「会」の発起人は青木佳子さん、岡本英明さん、遠藤昌樹さんの３人。

青木佳子さんは旧姓古泉さん。すでに何度か紹介した第五福竜丸保存運動初期の「江東三羽烏と一姫」の「一姫」、夢の島に近い枝川小学校の教員でした。

岡本英明さんも江東区の小学校の教員。岡本さんには個人的に忘れられない思いがあります。先に述べたように２００１年事務局が刷新されたころ、退職者と新メンバーの勤務日時のずれが生まれその穴を埋める必要が生じました。比較的若手の理事（といっても六九歳）だった私が日常業務に当たることになります。約1か月の間、ときには朝早くに来館し、助けてくれたのが岡本英明さんでした。岡本さんとは、岡本さんが静岡大学学生自治会委員長のころ、ビキニデーで活動をいっしょにした交流経験もあってのことでした。

遠藤昌樹さんは隅田区の夜間中学の教員でした。

「ボランティアの会に関わるようになったのは、青木佳子さんのお誘いによるものです。青木さんは江東の退職教員の会でも第五福竜丸展示館のことをいつも話していました。2001年3月末で教員生活を終えるというときに声を掛けられたのです。ガイドをどのようにするか、最初は試行錯誤でした。メンバーで学習したり話しあったりしながらガイドの話を組み立てていった」と遠藤さんは話しています。

ボランティアのみなさんは、3人の発起人がそうであるように、多くは展示館所在地の江東区や隣接する墨田区などの小・中学校を退職した元教師の方々です。

年間600回以上の説明と「お話し」

展示館40年記念誌（2016年）が記述しています。

「ボランティアの中心は、40有余年前に船（第五福竜丸）の保存運動に携わり夢の島に通い船体を守った当時の若い教員が定年を迎えてふたたび福竜丸との関わりが開かれたのである。ガイドとしての研修を重ね来館学校の生徒に20分の説明をおこなう。すべての見学校への「お話し」から、市民グループへの対応も広がって、今では年間600回以上の説明をおこなっている」。

夏休みには、小学生対象の「牛乳パックで作る第五福竜丸」の工作教室を開き、子ども

小学生に説明するボランティアの会創設者の一人、青木佳子さん。

たちはボランティアメンバーの手助けで船を完成させ、ビニールプールで走らせる――「子どもたちの願いをのせる」第五福竜丸の船出です。

＊

前に記したように日常業務に当たったころ、私も何回か説明したことがありました。「ボランティアの会」発足後、ボランティアの説明お話しを小・中学生といっしょに聞く機会がありました。小・中学生などに話すときには、目線の位置を大切にと言われることですが、元教師の方々の子どもたちに接するたしかな年季と話す「業《わざ》」に感動しました。話の終わったあとの対応もまた、なごやかさをのこし見事です。

夏休みの工作教室

40

『福竜丸だより』No. 397（2017年1月）

第五福竜丸建造70年の冬

第五福竜丸は建造70年を迎え、展示館で昨年（2016年）11月から「この船を知ろう、第五福竜丸建造70年の航跡」特別展が開かれています。

第五福竜丸がアメリカの水爆実験被災の「証人」として保存された大切な役割は言うまでもありませんが、木造船としての「漁船第五福竜丸」の保存は貴重なものです。日本の漁業を知るうえで、また木造船の技術、船大工の仕事を語り継ぐことにとっても、多くの「財産」を残しています。

木場の筏師嶋田轍之助 ―― 夢の島に通う

「晴れた日に　雨の日に」の連載を始めたとき、始まりは広田重道さんの「短靴と夢の島」だが、結びは嶋田轍之助さんの「自転車と竹箒《ぼうき》」と思っていました。連載が思いのほかつづくことになり嶋田さんの紹介が遅れました。しかし今回、船の建造の航跡をたどる特別展の紹介を前段に置いて、嶋田さんが果たされた仕事を伝えることができるのは嬉しいことです。

深川木場の筏師だった嶋田さんが、保存運動初期の「江東三羽烏」の三井周二さんの紹介で夢の島に通うようになるのは、第五福竜丸の保存位置が確定し、見張りの番小屋もできた１９７１年から72年にかけてのころでした。それから展示館開館まで、５年を超えて嶋田さんは「自宅の東陽三丁目から自転車で毎日やってきて船の監視をつづけ」たのです（広田重道『第五福竜丸保存運動史』）。

嶋田さんの竹箒

通う嶋田さんの自転車の荷台には、雑巾・ブラシ、台所箒などがくくり付けられていました。埋め立て工事現場から水を運んで清掃、船体の見回り、甲板や周囲を掃くのは竹箒です。写真の「船を美しくするつどい」で竹箒を肩にしているのが嶋田さんです。

私が朝早く夢の島に行ったことはありませんでしたが、展示館の鉄骨組立てが始まったころ、差す陽に映える鉄骨の前で竹箒を肩に立つ嶋田さんの立ち姿は、蓑笠をかぶらせれば広重描く「深川木場」の筏師と見まがうほど「様《さま》に」なっていました。

謡曲「高砂」に「立ち寄る影の朝夕に掻けども落葉の尽きせぬは」と尉《じょう》（翁）が竹杷《さらへ》を使

「船を美しくするつどい」にて、竹箒をかつぐ嶋田轍之助さん、１９７１年。

う場面があります。やがて姥とともに「相生」の長寿を謡う尉（翁）の竹杷に、嶋田さんの竹箒が重なりました。

こんなジョークがありました。「竹箒が高速道路を造る」と言うものです。高速道路の工事現場、残土や盛り土を運ぶダンプカーが路上に落とす土塊を、いち早く処理するため待ち構える清掃員が持つ竹箒へのジョークです。

引きつけて語れば、嶋田さんの「竹箒」は、荒涼たる夢の島を、ともにこれからを活きる第五福竜丸の安住の地に転化させる、先導の穂先と見えたのでした。

嶋田さんと江東の職人群に見守られて

第五福竜丸が夢の島で「発見」された直後から三井さんはじめ船の監視、応急処置のために、地元江東の大工さんや建具職のみなさんや区内で働く労働者、平和活動家などが作業に当たったのでした。

船名を「はやぶさ丸」から「第五福竜丸」に刻銘するのは１９７０年2月、刻銘式前に船体を塗りかえたペンキ職は嶋田さんの義理の息子の嶋田和彦さん、刻銘の文字も和彦さんでした。壊れた個所の応急処理補修には木場の大工職・山口秀夫さん、息子山口秀和さんや加藤正太郎さんが中心でした。展示館完成時の展示や装飾は建具職の若宮賢さん、石原由雄さん、インテリアの田中浩さんでした。多くの人が故人となりました。

現在の企画展などの高所展示や収納庫つくりを担ってくれるのは山口秀夫さんの孫の山口雄三さん、岡山勝大さん大工職人の兄弟です。

第五福竜丸みんなの船 ―― 祝い歌は木遣節

先の嶋田さんが写る写真横に見える割烹着姿は、三井さんが書記長だった東京建設従業員組合の「主婦の会」のお母さんでしょうか。主婦の会のみなさんは、各種の集いや凧揚げ大会などで甘酒を準備してくれるなど参加者をもてなしてくれたのでした。

夢の島の番小屋を訪ねるといつも嶋田さんがお茶を淹れてくれました。仕事にかまけて話を聞く機会を持ちませんでした。沢山のことを聞いておくべきでした。筏師のこと、木場の移転のこと、そして3月10日のことも。

嶋田轍之助さんは展示館が開館した後は用務員として館の清掃を担われました。

＊

「第五福竜丸みんなの船」。こう書いた凧を長女にもたせて凧上げ大会に参加したのは43年前でした。私は小学校入学前、日暮里の伯母の家で育ったこともあり、下町に郷愁があるのです。下谷の鬼灯市や朝顔市、富岡八幡の深川祭に連れて行かれました。夢の島は東京江東の辰巳の海。嶋田さんの郷愁のある木場の「木遣」は聴けませんでしたが、展示館の祝い歌は木遣節が似つかわしいと思っていました。嶋田さんの音頭で江東の職人連が和しての締めは一本締めでしょうか。

そんな思いを背に「晴れた日に　雨に日に」の連載を終わることにします。

第二部　自分史

戦時下、戦後に生きて

第一章　一九三二年―一九四六年

生い立ち――父の戦病死、母の死、家族の分散、戦時下・戦後の生活、叔母の死と山村家の崩壊

私の家族構成

山村茂雄一九三二（昭和七）年三月一日、埼玉県北足立郡安行村（現・川口市）に生まれる。父・徳太郎二三歳（一九〇八（明治四一）年四月二一日生）、母・フサは二一歳（一九一〇（明治四三）年七月三一日生）だった。一九三四年に妹（長女）トシ子出生。一九三五年二女ふみ子出生。一九三七（昭和一二）年に父が出征したとき母は妊娠していた。九月、弟芳雄が生まれた。

父の戦争

一九三七（昭和一二）年七月七日の盧溝橋事件を契機に日本は全面的な中国侵略戦争に突入した。八月一三日から始まる上海事変・上海上陸作戦は日中戦争の全面化に連なると言われている（『広辞苑』）。その上海上陸作戦に父は参加していた。その戦闘で父たちはクリークに浸かったまま数日を過ごした、と父から聞いたことがある。戦闘中に父は盲腸炎になったが、激戦のため処置が遅れ腹膜炎になる。一九三九（昭和一四）年内地に送還。新宿・大久保の陸軍病院に収容された。軽快の兆候を得て、同年夏ごろ自宅に帰り療養した。

この間、一九三九年九月一七日、祖母つぎが脳梗塞で死亡。五八歳だった。父が風呂場から祖母を抱きかかえ座敷に運んだことを記憶している。私は、祖母に可愛がられていた。農繁期が過ぎるころから春先まで、私は父の姉ハナが住む東京・日暮里によく連れて行かれた。このことは後に書く。祖父の久次郎は一九一二（大正元）年、三三歳で死亡している。

父の死

一九四〇（昭和一五）年二月六日、父は結核性腹膜炎で死亡した。自宅での死亡だったが、戦病死扱いとなった。三二歳だった。私は七歳。早生まれの私は父が死亡したときはまだ小学一年生だった。私の小学入学は前年四月、級長に選ばれ徒歩行軍でクラスの旗を持って先頭を歩き、へたっていた私を父がいたわってくれたことを覚えている。父の自宅での療養は、家が心配で帰ってきたのだろうが、思いが感染症に及ぶことはなかった。結果として結核を持ち込むことになる。

山村の家は、職業で分類すれば植木・苗木業。父亡き後も母は「植木業」を継続した。

東京の造園・庭園業の下請けとして、造園・庭園に必要な樹木を品ぞろえして送り出す仕事を請け負った。トラックの荷台からはみ出すほどの根回し台を付けた庭木なども取り扱った。母は腹掛け半纏姿で出入りの職人を仕切っていた。

苗木を育てる畑もあったが、同業者の多くがそうであったように農産物の生産農家でもあった。小作農耕地として何反歩かの稲作の田圃、麦やサツマイモやジャガイモなどを耕作する畑を持っていた。胡瓜、茄子、トマト、各種の青菜類の野菜も栽培していた。家の土間には米俵が四つ五つと積まれ、秋から冬の軒下には沢庵漬け用の大根が干されていた。稲扱き、脱穀などの収穫農機具もあった。

父が応召したころから、親戚筋の青年、寺山末吉さんが家業を手伝いに来ていた。寺山青年は、祖父の出身の家で大きな里山を持つ家の二男、気さくな三〇歳前の独身の青年だった。父が亡くなった年の暮れごろから、その寺山青年が時折泊まっていくようになった。しばらくして妹たちが青年を「とうちゃん」と呼んで甘えるようになった。末吉さんは私には気まずいそぶりを見せていたが、母は黙っていた。母との関係が、妹たちにそう言わせるものになっていたのかもしれない。一家を支える気丈な母の一面であった。

母は、家の敷地と、庭木・苗木などが植わり、野菜も栽培していた約三〇〇坪の土地を、父の弔慰一時金で買い取り、私の名義に登記した。国債の遺族年金は年賦で受け取ることにもした。私の名義になった土地は、後日、大きな役割を果たすことになるのだが、母の判断は、自らの死を予期していたような対応だった。

母の死

植木業の継続、農作業と四人の子ども、母の過労は度を超えたものになっていた。私が小学校三年生になったある日、私は風邪気味で学校を休んでいた。野良仕事の手を休め、母は私の様子を見に戻ってきた。私の額をさわる母の手が熱く感じられた。「母ちゃんの手が熱いよ」。母は「お腹はもっと熱い」と言ってお腹をさわらせた。あったかいお腹だった。すでに母は、結核の熱発の症状を自覚しながら畑に出掛けていたのかと思う。当時、結核療養所入院患者の死亡病名のほとんどが「喉頭結核」か「腸結核」、あるいは「脳膜炎」であったという記録があるから（日本患者同盟四〇年史編集委員会編『日本患者同盟四〇年の軌跡』法律文化社、一九九一年）、母は「腸結核」になっていたのかもしれない。

夏近く、母は発熱の症状がつづき近くの病院（病室が二つの医院）に入院した。入院は家族・子どもたちへの感染を危惧してのことだったと思う。弟はまだ四歳になったばかりだ。植木業は休業になった。

当時、結核は死亡病名の一位、結核に効果のある薬はなかった。安静第一、栄養の付く物を食べ、余計なことは心配しないで寝ているだけだった。医師から出される薬は栄養補助剤、消化剤に類するものだったろう。患者はそれを服用し効果を期待した。そのころ結核患者の終末期は「第五期」と言っていた。母は、そして後年発病したさく叔母も、発病を自覚したときには、すでに症状は進行しており戻ることはなかった。

母が「朝日屋」のうどんが食べたいと言った。母の食べたいと言う「朝日屋」がある隣町の鳩ヶ谷まで「うどん玉」を買いに行った。ようやく乗れるようになった大人用の自転車で二〇分ほど、「うどん玉」を買って帰った。母と二人、病室でうどんを食べた。母は嬉しそうだった。長男に話したいことがあったのだろう。何を聞いたかは記憶にない。母が留守の家は、さく叔母と寺山さんが農作業に当たった。母の郷里栃木県日光の在から手伝いに来ていたおばさんが家事をしていた。

妹たちは、夕暮れになると病院の軒下から母を呼んだ。窓から顔を出した母は手を振って、早く帰りなさいと促した。夏を乗り越え快方に向かうかに見えた母は、自宅に戻れないまま、一九四一（昭和一六）年九月二七日に死亡した。三一歳だった。

家族の分散 ── 助っ人の寺山さんも戦死

山村の家をどのように継続させるかが親戚で話し合われた。未成年だが、総領・長男として徳太郎亡き後、戸主となっていた私に後見人を立て、山村の家を維持していくことが相談の中心だった。後見人になったのは父の妹、二二歳のさく叔母だった。四人の子どもの内、茂雄（九歳）と長女トシ子（七歳）が、さく叔母と山村の家で暮らす。次女のふみ子（六歳）と二男芳雄（四歳）は、母の兄（伯父）の家に引き取られた。伯父は、川口市の鋳物工場で鋳型の職工長をしていた。

山村家の家業、植木・苗木業は廃業した。

山村家の庭木や植木、果樹、盆栽などのすべてが「競り売り」で処分された。「競り売り」には祝儀相場があり、懇意先の客が「競り」落とした。競り客に酒肴がふるまわれ、手締めもあった。植木屋・山村はこの日で消えた。「競り」の日から旬日にして庭は空地になった。向かいの家の森が近くに見えた。空になった温室の窓ガラスは、はずされたまま陽の光を反射していた。藁小屋や屎尿溜桶の覆いが目立っていた。物干し竿を吊るした青桐の葉が風に鳴る。がらんとした庭、家の温かさが失われ、淋しさがつのった。栃木から来ていたおばさんは日光に帰った。

寺山末吉さんは、母亡きあとも、山村の家の田畑の耕作をし、援助を維持してくれていた。周囲は、末吉さんとさく叔母を結びつけて山村家の後見役にどうかという話もあったが、その望みは一九四二年夏、寺山末吉さんに召集令状が来て消えた。私は、末吉さんの出征を寺山の家で見送った。末吉さんには年老いた母がいた。寺山末吉さんは一九四三年に戦死した。

父、靖国へ合祀

一九四二（昭和一七）年春、父が靖国神社に合祀されることになった。靖国神社は招魂社の一つである。招魂社は明治維新前後から、国家のために殉難した人の霊を祀った神社。全国の招魂社は一九三九年護国神社と改称されたが、靖国神社は護国神社と改称しなかった（『広辞苑』）。

靖国神社春の招魂祭に私はさく叔母に連れられて参列した。行事は三日間、招かれた遺族には宿舎が用意されたが、私とさく叔母は東京・日暮里に住むハナ伯母（父の姉）のところに泊まり、三ノ輪駅から上野を経由して九段下まで都電に乗り、集合場所の軍人会館（九段会館）や近衛連隊に通い行事に参加した。

▽日暮里の伯母の家

伯母ハナは、父の四歳上のしっかり者と評判の山村家の長女。陸軍被服廠に勤める橋本重雄氏と結婚。日暮里の金美舘通りに煎餅や駄菓子を商う店を出していた。私の一つ年下の従妹の雅子と節子の姉妹がいた。

私は小学校入学前、祖母つぎに連れられて、この日暮里の伯母の家、二階建て長屋に長く滞在した。祖母が長女のところに好んで出かけたのは、私の家では、二歳下の妹と次女が年子で生まれて落ち着かなかったのと、気の強い嫁（母）よりも実の娘のところが居心地がよかったのだろう。私は祖母が帰ってからも日暮里の家に残り、従妹たちと兄妹のような日々を過ごした。店の前の映画館「金美舘」が私たちの遊び場の一つだった。表通りの北方に省線（ＪＲ）の高架が見えた。店の隣は和装着物の仕立てと裁縫教室、お針子のお姉さんたちの立ち居とおしゃべりで賑やかだった。道をへだてた角の総菜屋の煮物の匂い、豆腐屋のラッパ、シジミ売りの声、荷馬車の音、下町風情のあれこれが記憶に残る。ハナ伯母が連れて行ってくれた下谷の酉の市や深川の夏祭りも懐かしい。後に、繁く通うようになる都立第五福竜丸展示館からの帰路を、木場から門前仲町にたどれば下町への郷愁が立ちあがる。

▽招魂祭

戦死者の霊を靖国神社に合祀する「招魂」の儀式は深夜に行われる。遺族は神社内殿の砂利の上に敷かれた筵《むしろ》＝蓙《ござ》に置かれた小さな座布団に座り「英霊招魂」を待った。白装束の神官十数人が担ぐ「棺」様のものが風に乗るように足早に通り過ぎた。見ようでは荘厳に映る儀式なのだろうが、一〇歳の私は眠気をこらえるのに懸命だった。薄い座布団を通しての砂利の硬さをこらえた。遺族の案内・護衛は近衛連隊の憲兵が当たった。遺族が渡る道は交通が遮断された。偉くなった気がした。有楽座の芝居（ロッパ劇団の喜劇）にも招待された。「宮城」にも招かれ二重橋を渡った。私が宮城（皇居）に入れるということを聞きつけた村人から「宮城の石を拾ってきてくれ」と頼まれた。宮城内を歩きながら、なるべくきれいな石を探そうとして気がそぞろだった。沢山は拾わなかった。二つか三つの玉石を頼まれた人に渡した。あの「石」は敗戦後どうなっただろう。

土産は、白木で造った靖国神社のミニチュアと一連の行事の写真数枚、「菊の紋」が印された「恩賜の煙草」だった。煙草の数本は石をとどけた人にも渡した。

※靖国神社への合祀は、明治維新以来、アジア太平洋戦争の終わりまでで、二四六万六五三二人が祀られている。アジア太平洋戦争で亡くなった日本人は少なくとも三一〇万人。靖国神社に「大東亜戦争」の戦没者として合祀されているのは約二一〇万人とされている（山田朗『日本の戦争 ― 歴史認識と戦争責任』新日本出版社、二〇一七年）。

東條英機内閣が成立したのは前年の一九四一年一〇月。一一月には国民勤労報国協力令が公布（男子一四〜四〇歳、未婚女子一四〜二五歳に勤労奉仕義務）された。一二月八日には太平洋戦争がはじまる。

一九四二年二月一日、味噌・醤油・衣料の切符配給制実施、二月二一日には食糧管理法が公布されている。三月五日東京に初の空襲警報が発令し、四月には本土の初空襲が行われているが、もちろん私がそれらを、事細かく知ることはなかった。

※戦後、私は靖国神社に行ったことはなかった。神社の境内に置かれている「北關大捷碑」の朝鮮への返還運動にかかわるなかで、数回、境内を歩いたが、やはりあの杜は私には反発の度合いが強く縁遠い。靖国と言えば戦中の対語は「桜」だが、例年、東京の桜開花宣言が靖国神社境内の桜で行われていることに違和感を持つ。「北關大捷碑」返還運動では東洋史家の後藤均平さん、弁護士の渡辺卓郎さんといっしょだった。九段には渡辺さんの弁護士事務所があった。渡辺事務所は徐勝、徐俊植兄弟釈放運動の連絡事務所にもなっていた。私はその運動にも松風いさ子さんといっしょに参加した。小田成光弁護士も陸井三郎さんもメンバーだった。小田さんのこと、陸井さんの活動は第一部「晴れた日の　雨の日に」で書いている。後藤さんとは住居が同じ目黒区であることから、地域の活動にともに参加した。後藤、渡辺、陸井三氏との交流は長くつづいた。

英霊の家

「英霊の家」という木札が門柱に下げられた。

さく叔母と私は、英霊の家の庭木・植木が抜かれた更地に野菜をつくった。家から離れて耕作していた田や畑の小作農地のほとんどは地主に戻した。庭の畑のネギや大根、ジャガイモはよくできた。戦時がつづき、砂糖はもちろんだが、醤油や味噌、塩までも手に入らなくなるのが迫っていたが、私は蒸かしたジャガイモに塩を少しふって食べた。これがいちばんおいしかった。物価統制令、農業生産統制令は前年に公布されていた。

▽ジャガイモの栽培、戦中の食生活

さく叔母はのんびりした性格の人だった。苦労をどこかに置いてきたように、私たちの面倒を見てくれていた。二〇代に入ってすぐの、安行小町とも言われていた二二歳の女性に、突然降りかかった小学生二人の子どもの世話とその生活、さく叔母はそれをどう受け取り、私たちの面倒を見ていたのだろう。

――「死んでも死にきれない」私の父が残した言葉だと、さく叔母は折があると話した。兄の「遺言」を引き継ぐようにしてさく叔母は、青春のすべてを、山村家維持のために「一蓮托生」の位置に置かれたのだ。以下に綴ることになる過酷な生活を背負いつつ、短い生を終えなければならなかったさく叔母。叔母への思いは、悲しい記憶をともなって離れない。

家の植木類を処理した「競り売り」で得た現金も徐々に消えた。家に入る現金収入は月ごとの還付に切り替えた国債の遺族年金だけであった。稲田を手放していたため米の自家生産はない。精米を購入しなければならない。私のところだけではなく、働き手が戦争に狩りだされた農事生産、稲作、穀物の生産は激減していた。耕作者不在が打開できる見通しは何もなかった。戦争は終わりようもなかった。「欲しがりません。勝つまでは」のスローガンは私たちの周囲では薄れていた。一一歳の少年にもその思いはあった。英霊の家の「靖国の子」は戦争が好きではなかった。

戦意高揚の標語が「足らぬ足らぬは工夫が足らぬ」と言われても、工夫すべき何もかもが足らなかった。「銃後」の女は切り返した、足らないのは「工夫」ではない、「足らぬ」のは「夫」(男)だと、「工夫」の「工」の字を塗り潰した。

加藤周一が書いている。

「殊に農村共同体は外部に対して閉鎖的であり、戦時中といえども、政府の「スローガン」の大部分は農家に浸透しなかった。若い労働力が徴兵で失われ、農産物の徴発(「供出」)が強行されたので、生活は苦しかった。たとえば中年を越えたある自作農一家は、息子を兵隊にとられ、赤子を背負った嫁と、夫婦で畑を耕していた。早く息子に帰ってもらわなくてはどうにもならない、と彼はいい、それ以外の何もいわなかった。その時、彼と話しながら私は、「聖戦」や「鬼畜米英」や「大東亜共栄圏」のような「その頃都で流行るもの」が彼の心には何らの影響も与えていないということを、あきらかに感じた。その感じはほとんど爽やかというのに近かったろう。そこには、種まきや雑草の種類や収穫のような彼自身が詳しく知っていることと、ラジオや新聞が繰返してはいるが彼自身が知らぬことを、鋭く区別して生きる一人の人物がいたのである。おそらくそういう人物は、戦時中の農村で、彼一人ではなかったろう」（加藤周一「『過去の克服』覚書」『言葉と戦車を見すえて ― 加藤周一が考え続けてきたこと』筑摩書房、二〇〇九年）。

私は、そのころこんなことも経験した。庭に筵を敷いて並べて乾かしていたジャガイモを持ち去る人がいた。遊びにきていた友だちのふだんは気難しいじいちゃんだった。私を見て愛想笑いをしたが、手にしているジャガイモはそのまま持ち去った。私は黙っていた。この人が、「宮城の石」を持ち帰るようにと頼んだ人だと言えば、あの時代の「落とし噺」として、「歴史認識」のテーマになりそうだが、同じ人ではない。みんなが困っている、そう思ったから私は黙っていたのだ。

※一九四二年六月、ミッドウェー海戦、戦局転換。一二月、ガダルカナル撤退。四三年五月、アッツ島守備軍全滅。一〇月二一日、神宮外苑学徒出陣壮行会。一二月、学童の縁故疎開促進。四四年六月、国民学校初等科学童の集団疎開が開始される。

ねえちゃんのこと ― 弁当のない小学生

「ねえちゃん」、さく叔母を私たち兄妹はそう呼んでいた。私とさく叔母の年齢差は一三、姉と言っていい年の差だ。ここからは、さく叔母を「ねえちゃん」と呼んで文を綴る。その方が私たちの当時の生活に「うんと」近づく。

ねえちゃんは農家の日雇いに出た。しかし、日雇いが常時あるわけではない。現金収入の手立てを持たない生活の不安は、私にも強く感じられるものだった。新聞を取るのをやめた。ラジオは壊れたままだった。電気も定時配電になった。

ねえちゃんの懸命の働きにもかかわらず、学校に弁当を持っていくことが難しくなった。ジャガイモはあったが、米が買えなかった。すでに米の不足は激しく、普通の家でもイモや大根などをご飯に混ぜた。みんなの弁当も満足なものではなかったが、私は弁当を持たずに学校に行った。昼食の時間はいち早く校庭に走り出て、遊ぶ時間の位置取りでふざけて見せたりしていた。妹はそうはいかなかった。ジャガイモを持っていくのは恥ずかしかったのだろう。ジャガイモを主食にしている国があることを知っていれば、ちがった慰め方ができたかもしれない。

妹は学校に行かなくなった。私が学校から帰ると妹が一人で家に居る。私は妹に教科書（小学校は一九四一年に国民学校と改称）の文字や算数を教えた。妹は文句を言わず、むしろせがむようにして勉強した。妹が小学二年から三年、私は二歳上の四、五年生だった。そんな事態をどう解決したのか定かでないが、妹は学校に行くようになっても、学力で落ちこぼれることはなかった。そろばんなどはよくできた。成人後、妹は小企業の経理担当として働き、二級建築士の資格を持つ大工棟梁と結婚した。いまも夫婦で元気だ。

▽ねえちゃんの「男」

ねえちゃんのもとに通ってくる男ができた。男は、二台の荷馬車を所有し農生産物や植木などを運ぶ運送業の家業を手伝っている青年だった。青年は農耕作馬に荷馬車をつないで荷を運ぶ仕事をする「馬方」の仕事をしていた。馬方と言えばいくぶん気の荒い男を想像しがちだが、この青年は、どこかうつむき加減の青年だった。当時、成年男子は病弱者を除き誰彼問わず兵役にとられていた。残っている青年にはそれなりの理由があると考えられていた。青年は、どこから探してきたのかよれた学生帽をかぶって偽学生を気取ってみたりするが、本など開いたことのない軽い青年だった。

男手不足は農村の生産活動を激減させていた。青年の実家の運送業が扱う農産物を運ぶ仕事量は減っていた。実家は農産物の運送に使っていた荷馬車の一台を屎尿運搬車として使うことにした。東京の各家庭から汲み取った屎尿桶を荷馬車に積み農村に運ぶ仕事であった。仕事の名目は運送業だが、実態は肥桶を天秤棒で担ぎ、各家の便所を回り肥柄杓《こえびしゃく》で屎尿を肥桶に汲み取る「くみとりや＝汚穢屋《おわいや》」の仕事だった。

実家の運送業のなかでも、割の合わない仕事が青年にふり当てられ、それに従事していたのだ。しかし、この運ばれた屎尿は、化学肥料の生産が滞っていたこの時期、貴重な肥料供給として農業生産者に必要なものであった。屎尿は引く手あまたで買われた。荷馬車一台が運ぶ屎尿が精米に換算されて引きとられた。人の仕事はなにかのきっかけで立ち位置、立場が逆転することがある。屎尿運搬車が増えた。

ねえちゃんは「器量よし」と言われていた。そのねえちゃんがどうしてあの青年とそういうことになってしまったのか。私には、ねえちゃんにふさわしい相手とは思えなかった。少年の嫉妬なのか、少年にはわかりようのない男と女の出会いがあったのか、不思議だったのだ。周囲から山村さん家《ち》の「入り婿」と祝われる「幸せな結びつき」の相手ではなかった。私は不満だったが、日々逼迫する生活に追い込まれるようにして、ねえちゃんはこの青年を受け入れざるをえなかったのだろう。ねえちゃんが置かれていたどうしようもない状況のなかの選択だとするなら、それは「強いられた不幸な選択」だったのだ。戦争がもたらした「不幸の連鎖」は、いくつもの類似を持って語り継がれるが、ねえちゃんの「選択」も、まさに「不幸の連鎖」と言うことができる。

しかし、「男」がくると台所に米袋が置かれていた。

▽ねえちゃんの「もう一人のお兄ちゃん」

ねえちゃんには、ねえちゃんを支えていた「隠された事実」があった。ねえちゃんが生まれたのは、大正八（一九一九）年七月、祖母が三八歳のときだった。祖父が亡くなったのは大正元（一九一二）年九月だった。祖母は三一歳、父の姉（ハナ七歳）と、父（三歳）の二人の子どもを持つ後家になった。追いかけるように家が焼けるという災いが加わった。家を建ててくれた隣村の旧家、村の名主（地主）との間にねえちゃんが生まれた。数年後、認知を約束していた名主が突然亡くなった。約束の書き付けをのこしていたわけではなかった。弱いものはいつも弱い。しかし、この「約束」を果たそうとしていた人がいた。

名主の父から「妹」の存在を聞き、ねえちゃんに会いに来ていた名主の長男だった。長男は、中学から航空士官学校を出て所沢の陸軍航空隊に所属していた。飛行訓練の途中、私たちの村に飛んでくることがあった。空を見上げて「あの飛行機はお兄ちゃんだ」と、ねえちゃんが教えてくれた。その「お兄ちゃん」は、「妹」との約束を果たすことができないままに戦死した。戦死した年月は、私に知りようはない。特攻隊であるなら、特攻攻撃は一九四四年一〇月からだからそれ以後ということになる。ねえちゃんの「認知」は幻となったが、飛行機乗りの妹という思いは大切なものに見えた。そのことでねえちゃんがどこまで自恃の思いをもっていたかはわからないが、戦中を耐え抜けた一つの矜持だったのだと思う。このこと知っているのは、いまは私の外には誰もいない。

ねえちゃんへの弔いの思いをふくませながら、時間的には一致していないと分かりながら——先に記した荷馬車曳きの青年と結婚に至るねえちゃんの「選択」には、この「もう一人のお兄ちゃん」の死が影になっていたのではないかと思う。「もう一人のお兄ちゃん」の戦死によって消えてしまったねえちゃんの「認知」、その思いから逃れるようにして馬車曳きの青年との結婚を「決断」した。ここでも「不幸の連鎖」は重なるが、そう思ってみたいというのが、私の願望、ねえちゃんへの敬意でもある。

ねえちゃんは、四人の子を残して死んだ兄（私の父）と、飛行機乗りのお兄ちゃんの「二人の兄」とともに、あの戦争をたたかったのだと思う。ねえちゃん＝さく叔母のたたかいは、後に記す「ねえちゃんの闘病」の記録とともに、戦争が、一人の若い女性にもたらした実録として、私が語り伝えていく。

▽ねえちゃんの「カンタベリー物語」

ねえちゃんが、私に、鳩ヶ谷の歳《とし》の市《いち》（鳩ヶ谷は永井荷風の

『濹東綺譚』にも出てくる東京近郊の市）、お酉さまの夜店で本を買ってきてくれたことがある。「本が好きだから」と、買ってきてくれた本の一冊は地図帳のようなものだったが、もう一冊はチョーサー『カンタベリー物語』だった。一冊本だったから要約ものか、あるいは『物語』の「粉屋の物語」などの艶笑的な部分を拾い出したものだったかもしれない。当時、私もねえちゃんも教会と聖職者の話など、『カンタベリー物語』を読みこなせる知識はなかった。ねえちゃんは夜店の店員の勧めで買ったのだろう。紙質の悪い『カンタベリー物語』は、永く私の本棚に残っていた。

▽「男」の出征、ハナ伯母の死

やがて、ねえちゃんは妊娠、馬車曳きの青年の妻になった。男の子が生まれた。一九四四年春、青年にも召集令状が届いた。内地勤務の輜重兵だった。ねえちゃんとその子ども、そして私たち兄妹四人の生活が始まる。

日暮里で暮らすハナ伯母は、妹が背負う苦労を見兼ねていた。陸軍被服廠の勤務員は軍属待遇を受け兵役が猶予されていたが、その橋本重雄氏にも召集が来た。東京への空襲も激しさを増していた。ハナ伯母は、さく叔母の手助けを兼ね、実家の山村家への縁故疎開の準備を始めていた。さく叔母＝ねえちゃんはこのうえない援軍を得る思いだった。しかし、ここでも「不幸が連鎖」する。ハナ伯母は一九四四（昭和一九）年一二月五日、脳梗塞で急死する。さく叔母の衝撃は大きかったにちがいない。ハナ伯母は、時折山村の家（実家）を訪ねさく叔母を励ましていた。東京から食糧を運んできたこともあったが、さく叔母にとって姉・ハナ伯母の存在は、生活援助以上に精神的な支えであった。兄（私の父）につづく姉の死、三人姉兄妹の末のさく叔母が残された。ハナ伯母は金剛寺の住職・山喜紹三さんと小学校の同級生、墓所は金剛寺に執った。ハナ伯母が亡くなった後、二人の従姉妹は橋本氏の郷里、福島県浪江に縁故疎開のようにして移り住むことになった。

一九四五年三月一〇日早暁にかけての東京大空襲、東京の下町は日暮里の街区を含めて灰塵に帰した。戦後、浪江に移っていた従姉妹は、復員した重雄氏の再婚を期に上京した。姉の雅子は私と仲良しだった。私が金剛寺に行くようになってからも、結核で療養しているときも、何回も会いに来た。姉妹は苦労を重ねながらもそれぞれに自立し結婚した。二〇一一年の東北大震災のときは、東京と埼玉で暮らしていた。雅子は二〇一八年九月一五日、膵臓がんで死んだ。八五歳だった。

東京大空襲のこと

三月一〇日の東京大空襲は、私の村、安行からも東南の空が赤く映えて見えた。集団疎開先から同じ空を見ていた永六輔は数日前、小学校卒業式のために東京に戻った六年生のことを思った。戻った六年生の多くが死んだ。六輔は五年生だった。私が、後に詩を書く仲間として親しくなる谷敬がこの日のことを書いている。谷敬は、浅草三筋町生まれの小学校六年生だった。「小学校六年生の二クラスが、卒業式と中学校受験のために東京へ戻って来たのは三月七日の朝である」。三月一〇日のことを次のように書く。「どこへも逃げられないとわかった時、「とにかく隅田川へ行こう」と誰かが言うと、燃え落ちた方の大通りを、いきなり駆け出していった。たちまち数十人がそのあとを追った。／熱い追い風に乗って、私も駆けに駆けた。息切れがした時、目の前に厩橋角の町田糸店のビルがあった。靴が脱げていたのに気がついたのもその時である。／五十人ほどが、そのビルの蔭でうずくまりながら夜を明かした。火炎につつまれた板切れや柱が、烈風に乗って隅田川を飛んで越え対岸の火の中へ突きささるように消えていくのが印象的だった」（『谷敬詩集』土曜美術出版販売、二〇〇三年）。

私は、東南の空を見ながら、なにかたいへんなことが起こっているのだと思った。やがて東南の空は赤黒い雲をひろげた。日の出にはまだ時間があった。翌日の昼過ぎ、家近くの床屋の店先で「おばあちゃんを焼いてしまった」と泣き崩れている女の人を見た。夫の応召後も、本所で理髪店をやっていた嫁さんだった。本所から埼玉の安行まで歩きつづけてたどり着いたのであろう。汚れた顔、焼け焦げのメリンスの着物と羽織、風呂敷包みを背負ったままに立ったまま泣いていた。

靖国の子の「仕事」

ねえちゃんは男の子を背負って日雇いに出た。妹は近所の農家に子守に行く。私も農家に手伝いに行くようになる。男手が少なくなった農家は、どこの家も子どもたちが仕事を手伝っていたが、余所の家に手伝いに行く子どもはいなかった。

私の手伝いは、田植えが上手になったとほめられたことを記憶しているので田植えも数年つづいたのだろう。稲作を主にする農家の田植えの日は順番に手伝いあってそれぞれの田植えを一気に仕上げていく。田植えが終わるとそれぞれの農家で「早《さ》苗饗《なぶり》」の膳が用意される。末席に私のお膳も置かれた。味醂酒が注がれた。

私が手伝ったのは田植えだけでなく、麦踏み、麦刈、草取り、農機具の準備・清掃、縄を綯《な》う藁の茎を柔らかくする藁打ちも手伝った。柔らかくした藁は数本ずつ縄綯機に差し込んで荒縄になる。私は手綯いで細い縄を綯った。藁草履も作った。農家には子どもにできることはいくつもある。夕食までの時間、風呂焚きも上手にこなした。焚口から漏れる焔で本を読んだ。

手伝いの見返りは、給金ではなく、昼と夕のご飯を食べさせてもらうことだった。「食い稼ぎ」と言われた。私の農家への手伝いは、一一歳から敗戦後の一四歳までつづいた。私の一二歳は小学校（国民学校）の六年生。一年生のときは級長。二年、三年生も級長か副級長だった。五年生になるころから手伝いに行く日は学校を休んだ。六年生になるころは学校に行くことが少なくなった。小学校卒業の記念写真に私は写っていない。

私は、農家への手伝いだけでなく、収穫は少なかったが自分の家の畑の耕作もした。野菜作りのコツも覚えた。ねえちゃんは、日々の食べ物の算段に懸命だった。妹はねえちゃんの子どもの世話をした。仲良く暮らした。貧しくとも私たちは卑屈ではなかった。ねえちゃんと言い争って仕事をさぼったりもしたが、家はいつもそれなりに整頓されていた。庭は掃かれ、やかましい大人のいない私の家は、子どもたちの遊び場になった。近所の子どもたちがいつも遊びに来た。後に書く二人の友人、高橋春時《しゅんじ》も大久保篤行《あつゆき》も来た。大久保は女の子の「お医者さんごっこ」に先生役で参加した。

▽「軍国少年」と「働く少年」

戦争はいつ終わるでもなくつづく。戦争は私たちの生活環境を押し潰していた。戦争に勝つ。そう教えられた戦争は、私のなかでは「現実の生活」におおわれて薄れていた。抜け出す道が見えないまま苦しさが増す庶民の暮らしのなかで醸されていく厭戦の気持ち、後に、史家が解く戦時下庶民の戦争理解の変化と分類する歴史認識、当時の私に、そういう自覚はない。

先に加藤周一の記したことを紹介したが、私の「経験」はもっと複雑だった。私は、父の死をはじめ私を取り巻く生活環境を、あの戦争がもたらした不幸だと一括りに「解説」し「同情」する理解には与しない。私は「シャワーのように降りかけられる」（紀田順一郎『横浜少年物語』文藝春秋社、二〇〇九年）軍国教育の教室から離れて生きていた。そう生きざるをえなかったと言ってもいい。私の身辺の変化は、銃後の戦意高揚をうながすものが加わるたびに、そう強調されるたびに、なにか「本当」から遠ざかる気分があった。戦意高揚から遠ざかる思いが強まった。私は軍国の時代には生きていたが、私が「軍国少年」になることはありえないことであった。

一つだけ書いておけば、「私は軍国少年だった」と、なかば誇らしげに聞こえる言い方で話す「少年たち」に問い、訊ねたい。あなた（たち）は、「軍国少年」としてなにをしたのか、できたのか、できなかったのか。ただ、お上から、教師から、「お前は軍国少年だ」と言われ「軍国少年」なのだと思いこみ、思いこまされて、戦後も「軍国少年」を置きっぱなしにして「戻ろう」とはしなかったままなのではないか、そう思う。

▽敗戦の日と私の「仕事」

戦争は負けた。一三歳の靖国の子は八月一五日の天皇発言時間も農作業をしていた。その日私に「戦争が終わった」実感はなかったが、気持ちが明るくなった感じはしていた。戦争は負けても私の「仕事」はつづいた。その年と明けて一四歳のときは小学校高等科、学校に在籍はしていたが学校には通えなかった。自分から学校に行かなかったのだ。それは「仕事」があったからだ。私は子どもだが、子どもも、生活のために「仕事」を休むわけにはいかない。「手伝い」で始まった私の農作業体験は、経験を積んで「私の仕事」になっていた。私は「仕事」が終われば家に帰り本を読んだ。読む本は隣の家にあった。

私の本棚

そのころの私は、戦時下と戦後の栄養不足でくすんだ顔色はしていたかもしれないが陰気な少年ではなかった。私は自分を不幸せとは思わなかったから、みじめな少年ではなかった。

一方で、私は「かわいそう」という思いが強かった。学校にいけなくなった妹は「かわいそう」だった。肺結核を発症したが医療費が払えなかったために医者が来てくれなくなったねえちゃんは「かわいそう」だった。「かわいそう」という思いが、戦争がもたらしたものにつながっていると意識するのは後年のことだ。

意地悪も嫌いだった。意地悪された子をかばった。意地悪された子は「かわいそう」だからだ。だから「強いもの」が好きでなかった。反権力と言えば格好がいいが、それは戦争認識と同じように、後年の認識だと書いておこう。「貧者は、貧者の自己弁護を許さない」ことがあるがそれは「あわれ」ではない。

前に弁当を持たずに学校に行っていたこと、昼食の時間はいち早く校庭に出て遊んだと書いた。当時は弁当を持ってこない子どもは私だけではなかった。弁当を持たないことでいじけていてはいけない。だから私はそれらの子たちといっしょに校庭に出てふざけながら遊んだ。弁当を持たない子ども同士の遊び時間の優位がいじけた気持ちを乗り越える。腹は空かしていたが、そこには子どもの明るさがあった。

一四歳になると小学校同年で中学に進学する者もいたし、働く者もいた。中学進学をうらやましいとは思わなかった。むしろ進学を強制される友だちに同情したりしていた。

私は勉強が嫌いではない。むしろ向学心旺盛だったと思う。何でも知りたかった。しかし、学校に行く時間がなかった。学校に行かなかったこと(行けなかったこと)、この時期の初等教育を順序だてて学ばなかったことが、後にいらぬ苦労をしなければならないことになるとは、そのとき思いが及ぶはずはない。そんな私の勉強、物事を知りたいという願いをかなえてくれるのは「読書」だった。教科書は通読した。通読では「学んだ」ことにならないのだと気づくわけはない。

私の「読書」の本棚は、隣の家の高橋家兄弟の本棚だった。

隣家の高橋家は、鳩ヶ谷から越谷に通ずる県道に面する商店。家庭用品や雑貨を商い、また自転車の販売・修理をしていた。通称、自転車屋の高橋さん。女の子を四人目に挟んで五人が男子の六人兄弟だった。長男は越谷中学の高学年、二男は鉄道学校に通っていた。三男の高橋春時は私の一歳上、この春時が終生私の友人になる。

高橋家は村で有数の教育家庭と言われていた。当主の千代松さんは、農村地主の後継ぎを二男に譲って商店経営に乗り出し、家庭用品だけでなく自転車販売という時代に見合った商いを始めるなど、先を見ることのできる人だった。当時、自転車は各家で二台、三台と持つようになっていた。自転車とともに販売するリヤカーは農産物や日常の荷物を運ぶ主力だった。

高橋氏は、当時の安行村村長山喜紹三さん、安行郵便局長の宇田川好之助さんと小学校同級のつながりがあり村の個々の家の事情に通じていた。村長の山喜紹三さんは山村家の菩提寺金剛寺の住職でもある。高橋千代松さんは、隣家の山村の家のこと、父母亡きあとの子どもたちの生活のあれこれを山喜さんに伝えていたのだと思う。山喜村長は自転車に乗って「英霊の家」に立ち寄ったこともあった。山喜紹三さんとの金剛寺での生活は第二章で詳しく書く。

高橋千代松さんは、胡麻塩頭の眼鏡を掛けた口うるさいおやじさんだったが、村の知的人間の一人だった。高橋宅の長男の勉強部屋には本棚があった。本棚には長男の教科書類もあったが千代松さんが揃えた小説類もあった。芥川、漱石、荷風、鏡花、吉川英治も。総ルビの分厚い講談本も。世界偉人伝、少年少女文庫に並んで、月刊の『少年倶楽部』や白秋の『赤い鳥』、表紙に兵隊の写真を載せる『小学生』などの学年ごとの月刊雑誌もあった。新聞は店に置かれていた。

私は適当な本を抜き出し、長男の勉強部屋の隅で、また廊下で本を読んだ。家に持ちかえっても読んだ。立川文庫などは農家の手伝いに持参し、休憩の時間、風呂の焚口の灯りでも読んだ。新聞は店先で、客のいないときに読んだ。農家の手伝いのない日は本を読んだ。そのころの私は、本に「逃げ込む」卑怯な少年ではなかったと思うが、頑固に本に向き合っていた。読書は、読み方もその方法もまったくアトランダムだが、それが私の失われた学校教育を取りもどす大切な時間になっていた。

どんな本を読んでいたのだろう。もちろん子どもが読む定番の本は通読した。東郷元帥、乃木大将、広瀬中佐、橘少佐、西住戦車隊長などの戦争・軍神もの、山中峯太郎の「敵中横断三百里」や「あゝ無情」「岩窟王」なども。真田十勇士の「猿飛佐助」「霧隠才蔵」、豪傑・剣客もの、「伴団右衛門」「宮本武蔵」などの講談本。宮本武蔵の「麻の苗の成長」の物語、私と春時はこれを実行してみたが麻の木が一本増えただけだった。講談本・勇士の話では、尼子十勇士の山中鹿之介のような敗将が好きだった。鹿之介は敗け戦さのなかで、「われに七難八苦を与えたまえ」と呼ばわって出陣する。「勝った、勝った」と言いつづける大人の言い分に、納得しない何かがあったのだろう。敗者への思いが「三つ子の魂」とすれば、この「三つ子の魂」が私の成長に合わせてどう育っていったのか。

小学校に入ったころの私は、同級生と並ぶと前の方だった。春時は背の高さは私と変わらなかったが、がっしりした体格で掌が大きかった。春時は相撲が好きで強かった。学校対抗相撲大会では安行小学校の代表の一人だった。相撲大会代表の大将格は春時と同級生の鈴木の信《のぶ》さん。遊び仲間のガキ大将でもあった。大相撲の中継放送は自転車屋の店先で聴いた。客がいっしょのときもあった。春時は名寄岩、私は照国が贔屓だった。双葉山が相撲を取っているころだ。六九連勝の双葉山が安芸の海に負けたのは一九三九年の一月場所である。

私が本を読んでいると春時も隣で本を読んだ。春時のお母さんがお菓子を持ってきてくれる。そのお母さんは早くに亡くなったが、何時のことだったろう。仲のいい二人は本を閉じると、二人いっしょに「いち、にい、さん」と飛び出して遊んだ。春時の弟や疎開してきた大久保や、信さんが加わることもあった。ガキ大将の信さんが来ると遊びは信さんが大将役の戦争ごっこだったが、私は戦争ごっこが好きでなかった。

腹を空かしながらも子どもたちは遊びも熱心だった。私は、本を読んでいるとき、遊んでいるときは、家のことを忘れていられた。

二人の友人

▽大久保篤行 ── 釣りと将棋と

大久保篤行君が縁故疎開で安行に移ってきたのは一九四三年ごろだった。弁当を持たず学校にいっていたころの昼休み、弁当を食べ終わって一番先に校庭の遊びに飛び込んでくるのが大久保だった。大久保の話では、級長は弁当を先に食べて校庭に出るのかと思ったという。大久保は弁当を分けてくれるようにもなった。腹を空かした二人が、学校帰りにキュウリやナスを生で食べたりした。はしっこい大久保はどこの畑のイチゴが熟れているかを知っていた。

大久保は二つ年上の姉と縁故疎開をしてきたのだ。私の家から歩いて一〇分ほどの安行の俳句の寺と言われる浄土宗寺院の庫裡。祖父と祖母もいっしょだった。祖父は鉄道員と聞いた。東京っ子の大久保はカッターシャツ、ズボン吊りの半ズボン姿で登校してきた。勉強はあまり好きでないようだったから、遊ぶなら級長か副級長をやっている私のところか、教育家庭と言われている高橋家で遊ぶように仕向けられたのだろう。毎日のように私の家に現れた。春先から私の家の脇を流れる農業用水や、少し歩けば広い溜池などもあり小魚や鮒が釣れた。大久保は祖父の仕込みのいい竿と魚籠を持って釣りに来た。川釣りではむずかしいと言われる鮒も釣ってみせた。夏には少し離れた綾瀬川に泳ぎに行った。大久保の泳ぎは東京の水泳（水練）教室で習ったきれいな平泳ぎだ。大久保を見習って私も平泳ぎが速くなった。大久保は万事遊び事が上手だった。おしゃれで目立っていた。将棋もかなわなかった。

敗戦後も大久保は疎開していた寺院の庫裡に住みつづけた。私は「仕事」があり遊べなくなったが親友だった。やがて大久保が板前の修業を始めたと聞いた。寿司職人としてホテルなどで働いた。金剛寺に寿司種を持参し、にぎってくれたこともあった。一時、肺結核で療養した。その入院・治療したのが、国立療養所清瀬病院だったことから、私に清瀬病院への入院を勧めてくれた。どれほどの療養期間があったか確かでないが、大久保はその後、東急目黒線の武蔵小山駅近くに寿司店を出した。小さな店だったが、「にぎり」をご馳走になった。

大久保の姉の真知子さんは春時と結婚した。そのいきさつは第二章に書く。大久保は、春時から経済的応援を受けて、伊豆・下賀茂に贔屓客相手の割烹旅館を出した。誘われたが行けなかった。割烹旅館は流行ったのかどうか。ひそやかな艶聞なども話し合う気心の知れた遊び友だちでもあった。いまなら酒と将棋は負けないが、早くに死んだ。

▽太田春時 ── 最後の予科練生

春時は私の一歳上だが、就学前から仲が良かった。共にどちらかの家に入りびたりだった。学校にもいっしょに通った。思春期に入るころの隠れた遊びも春時が教えてくれた。

私は「軍国少年」になりようがなかったことは前に書いた。春時は小学高等科一年が終わった一九四五年春入隊の予科練に合格・採用された。予科練は「海軍飛行予科練習生」の略称。このころは、自分から望まなくとも学校が推薦・志願させたのだ。予科練は一四歳から一七歳を対象に全国から選抜された。中学校四年一学期修了程度の者からの採用を甲種、高等小学校卒業程度の者からの採用を乙種、海軍兵からの採用を丙種とした。甲種は一年半、乙種は三年の養成期間を経て飛行練習生になった。春時は乙種で予科練に入隊するのだ。春時が予科練が好きだと聞いたことはない。

春時の入隊を「送る会」がもたれた。一九四五年の春といえば戦況の行方はすでに歴然としていた。神風特攻隊の最初の出撃は一九四四年の一〇月、特攻隊員の主力は予科練からすすんだ飛行隊員だった。その予科練に春時が入隊するのだ。私と鈴木の信さんも招かれ春時と並んで上座に座らせられた。私と信さんの杯にも酒が注がれた。「送る会」では、そのころは容易に飲めない酒に酔った大人たちが「予科練の歌」を歌った。私は、春時の一人が「来年は茂ちゃんの番だ」と言ったが、私は、春時のように予科練に行くことはないと思った。そのときの私は、友だちの春時と別れるのがつらかっただけだ。

「送る会」の日、春時のお母さんはいなかったように思う。すでに亡くなっていたのだろうか。確かめようもないが、優しかったあのお母さんが、春時を予科練に「志願」させることはありえないことだと、いまに思う。私はその日のご馳走を折に包んでもらった。余分に詰めてくれたご馳走を家中で食べた。

春時が霞ヶ浦に入隊後半年で戦争は敗けた。春時はひたすら防空壕掘りをさせられ教官や先輩隊員の「鉄拳」を浴びる、それだけを体験して除隊した。戦後、春時との再会・邂逅は思いがけない形でもたらされる。

※予科練は一九三〇年の創設から一九四五年までの一五年間で二四万人が入隊、海軍飛行隊の中心として存在した。隊員一万九〇〇〇人が戦死したとされる（『朝日キーワード』など）。

戦後を生きる ── 食糧難のなかで

戦前から戦後へ、食糧難と物資の欠乏は庶民の生活を圧迫しつづけた。働くにもみんな仕事がなかった。復員した馬車曳きの青年は、応召前に働いていた実家の運送業、荷馬車を曳く仕事に通った。ねえちゃんは子どもの世話しながら、戦中、部分的に手放して少なくなった家の畑の耕作をつづけていた。

私は菩提寺の金剛寺が施療していたお灸の手伝いに行くようになった。金剛寺は名灸の寺として広く知られていた。一、三、七、八、の付く日が施療の日で、月に一二日。夏の土用期間、正月を挟んで冬の土用期間も休みだったが、朝の九時から夕方四時までが施療時間だった。施療には僧職の鍼灸師が当たっていた。施療の場所は薬師堂、施療を受ける者は堂内の薬師如来に向かって一列に座り、施療僧の短い回向（読経）のあと施療を順に受ける。申し出る症状の「つぼ・灸点」に大豆大ほどの艾《もぐさ》を置いて火を点ける。私が手伝うのは灸点に置かれた艾に線香で火を点けて回ることである。施療には大勢の「患者」が来山した。農繁期に入る前の、春は彼岸から花が終わるころ、秋は彼岸から稲刈りが始まるころ、多いときには一日に三〇〇人も四〇〇人も来る。そんな日は施療の僧も数人、時に住職の山喜紹三さんも施療に当たる。線香を点ける小僧も二人になる。その季節、施療を受ける人は荷馬車の荷台に三〇人ぐらいを乗せて来山する。その牛車が二台三台と参道に連なる。寺の庭に茶店が出る賑わいになる。農繁期を前の春・秋の年に二度、施療と休息、行楽をも兼ねた行事として訪れる農家の人たちもいた。施療は有料だが、現在の初診料程度、灸は何個所据えてもよかった。頭から肩、胃から腰、膝の三里から足先まで据える人もいる。

月に一二日、私は朝早く寺に行き薬師堂を掃除する。受付がすんだ施療者から順番札を受けとり薬師堂の畳に並んで座ってもらう。男女は分けられていない。そのこともあってか、線香を点けるのは少年か少女が向いている。施療者が大勢のときは、間をあけて二列、三列に座ってもらう。施療者の待合の場所は寺の本堂と庫裡。下足のおばさんがいた。お灸は朝のうちが効くと言われ、施療者は午前中が多い。私の昼食は施療師の坊さんといっしょに食べた。家では食べられないお菜が出る。奥さんとお手伝いさんがお代わりを促してくれた。午後は忙しくはない。三時過ぎに薬師堂と本堂を掃除、四時過ぎ下足のおばさんといっしょに帰る。

ねえちゃん＝さく叔母の発病とその死

ねえちゃんが結核を発症した。ねえちゃんは、寝ている部屋から子どもを引き離した。妹が面倒をみたが子どもはよく泣いた。栄養が悪いことは明らかだった。

栄養のことを言えばいちばん必要なのはねえちゃんだった。もとより私たちにできることはたかがしれていた。連れ合いの馬車曳きの病人にたいする気遣いはよそよそしく見えた。手立てが見つけられないでどうしようもなかったのかもしれない。もっと親身にと思った。寂しかった。書けば書くほど悲しいことばかりだ。

馬車曳きの生活が荒れていく。馬車曳きは荷馬車のある実家の馬小屋に朝早く出かけ、空の肥桶を積んだ荷馬車を曳いて東京に向かう。安行村から鳩ヶ谷の岩槻街道、川口の荒川大橋を渡って東京に入る。徒歩でおよそ二時間半の距離。北区や板橋区などの決められた担当地域を回り、各家庭の便所から肥柄杓で汲み取った屎尿の入った肥桶を天秤に担ぎ、荷馬車まで運び積み込む。往きと同じ道を通り、戻るのは夕刻である。

荷馬車が積む肥桶は二斗樽。およそ三〇本以上を積んでいた。屎尿の詰まった二斗樽の重さはおよそ三十数キロ、肥桶を荷台から抱え下ろし肥溜に空けるのはちょっとしたコツが必要だった。運んできたその肥桶の屎尿を、農家の肥溜に空けて納め、肥桶を川の水で洗い荷馬車の荷台に並べて仕事は終わる。私は川の水で肥桶を洗うのを手伝った。

ときに、馬車曳きは私に荷台から肥桶を抱え下ろすのを手伝わせた。荷台の高さは私の膝より高い。抱え下ろすには、三十数キロの肥桶は少年には支えきれない重さがあった。屎尿で汚れた肥桶は滑りやすい。屎尿が流れ出す。よろける私に馬車曳きの罵声が飛ぶ。屈辱の思いがあふれた。

加えて馬車曳きは酒癖が悪い。荒れ方はいつも理不尽だった。私たち兄妹に当たり散らす。馬車曳きの怒声は、ねえちゃんの病床にもとどく。私は、私なりに刷り込まれている「山村の総領」の「自負」がある。許せないことがある。私は自らの「誇り」を失わないためにどうすればいいか、私は馬車曳きを「軽蔑」することで耐えようとした。私は自分自身の「矜恃」

を見つけ出そうとしていた。私はその後一年を超える期間、馬車曳きと生活をともにしたが、彼を許すことはなかった。ねえちゃんは、そんな私の気持ちを知っていた。知ってもどうすることもできない。自分の病気が不治とわかっていたねえちゃんの気持ちを思う。

▽ねえちゃんの死

ねえちゃんの病状がすすんだ。往診などで医療費もかさんだ。ねえちゃんの薬は私が自転車で二〇分ほどの医院に取りに行っていた。薬と言っても母もそうだったが消化を助ける程度の薬だったのだろうが、医者から出された薬を飲むそのことが、病気を治す、病気は治ると、そう思う希望をつなぐ大切なもの、必要なものだった。私はそのつどお金を払って薬をもらってきた。いつか薬がなくなっているのに薬を取りに行くようにと言われないことがあった。お金の都合がつかないのだと私は思った。馬車曳きの酒代もかさんでいたのかもしれない。お金を持たず薬を取りに行った。私の背丈ほどの位置にある薬を受け取る窓口から薬をもらい、「お金はこのつぎ」とことわった。勇気がいった。こんなことが二回、三回とつづくと薬をもらいに行けなくなった。涙がこぼれた。悔しかった。医師の往診も減った。私の悔しさよりもねえちゃんはどんな思いをして、この状況と病気に耐えていたのかを思う。優しいねえちゃんへの思いがつのる。

いまは、少年に対応した窓口の薬剤師は、どんなふうに感じ取っていたのだろうかということにも思いが及ぶ。医師はどう対応しようとしたのか、しなかったのか。すべての医師が「赤ひげ」であろうことはできないし、そのことを期待しているわけではないが、社会保障の充実云々と、問題をひと括りにすることではなく、流した少年の悔し涙とねえちゃんの悲しい思いをつなぐためには、何が必要か、何ができたか。

ねえちゃん＝さく叔母は、一九四六年一一月二七日に亡くなった。二七歳だった。

死亡診断書を書いてくれたのは、戦中に疎開し、村で開業していた井上医師だったと思う。金剛寺の住職山喜紹三さんが頼んでくれたのだろう。井上医師は後に私の結核療養の主治医になる。

寒い庭

ねえちゃんの連れ合いの馬車曳きは、ただ途方にくれていた。傷心とはちがう、周辺の哀しみに同化できないアルコールの臭いがするうろたえる男の姿だった。死亡届は私が書いた。弔いの準備は近所の人たちがしてくれた。棺は坐棺が用意された。安価だったからだ。「坐棺」でも立派な棺はある。身分の高い人、高僧などは坐したままに棺に納められる。ねえちゃんの棺は、いわゆる「棺桶」だった。

当時の女性としては、ねえちゃんは背が高かった。納棺のために遺体が整えられたが、座る形に身体が折り曲げられた。硬直した膝や足の骨を折る音がした。私はその場を逃れるようにして、背戸から通りに出た。風が冷たかった。

黒い乗用車が家の前に止まった。降りてきたのは往診に来てくれなかった医師だった。はっと驚いた様子で会釈した医師はそのまま車で去った。たまたま私の家の前を通りかかったのだろう。このことは、私は誰にも言わなかった。話せば不甲斐なさと哀れさが加わるだけだ。

ねえちゃんは山村家の墓所に埋められた。私は山村家の総領として位牌を持って列の先頭を歩いた。父の死、母の死、そしてさく叔母の死。父の死の前年に亡くなった祖母（つぎ五七歳）を加えれば、私は七歳から一四歳まで四回、位牌を持って葬列を歩いた。ねえちゃんの棺はリヤカーで運ばれた。「寒庭智作禅女」がねえちゃんの戒名。菩提寺の金剛寺まで約四〇分、私は戒名の一字一字の筆順をなぞるようにして「寒庭、寒い庭」と呟きながら歩いた。本当に寒い日だった。埋葬は土葬、盛り上がった土饅頭。翌年私が金剛寺に住み込むようになったときも、土饅頭は型を保ったままだった。

その後のこと

さく叔母が亡くなった山村の家に馬車曳きが私たち兄妹と住みつづけることは周囲の理解がえられないものだった。だからといって私たち兄妹だけで生活ができるわけではない。私たち兄妹の去就を決める必要があった。私は金剛寺に住み込みの小僧として引き取られることになった。妹のトシ子はさく叔母が継ぐことになっていた渡辺家にさく叔母に代わる養女として移った。

私は仏壇にあった木造の菩薩像と先祖の位牌数基を風呂敷に包み、何冊かの本と着替え数枚を持って金剛寺に移った。一五歳の春だった。

山村の家の管理は、庭・畑の使用を含め山村本家が行うことになった。当面は馬車曳きが借家人として山村の家に住んだ。馬車曳き氏は、籍を渡辺（ねえちゃんの姓）から、旧姓の鈴木啓造に戻し二人の子連れと再婚した。ねえちゃんの子どもも同居した。東京の屎尿の処理は下水道の整備が進められることに先行してバキュームカーが投入された。東京都は屎尿汲み取り人をバキュームカーの補助要員として衛生局・清掃部局の雇員として採用した。東京都の一般清掃人雇員として働いた鈴木啓造氏は一九七四年五六歳で亡くなった。墓所は金剛寺に在る。

第二章　一九四七年―一九五三年一一月

金剛寺の伽藍のなかで ―― 中学・高校に学ぶ

冨士山金剛寺

金剛寺は、埼玉県川口市吉岡（旧北足立郡安行村吉岡）にある開創五百年を超える曹洞宗の古刹である。室町時代の明応五（一四九六）年中田安斎入道安行によって開基された。安行《あんぎょう》村の発生の根拠となった中田安斎入道安行は、岩槻城主太田美濃守資頼（道灌の孫）に仕えた家臣であったとされる。開山は、曹洞宗大本山永平寺の貫首に選ばれる関三刹の越生龍穏寺第七世節庵良筠禅師、中田安斎縁戚の僧と言われる。

平成七（一九九五）年五月には、本堂改修の落慶式「開創五百年記念大法要」が挙行されている。大法要は導師として本寺龍穏寺六十四世住職小林卓苗師を迎えて挙行された。現在の金剛寺住職は二十六世山喜光明師である。

境内地約四一〇〇坪（一万四〇〇〇平米）には、私が引き取られた当時は、茅葺きの本堂、薬師堂、庫裡、瓦葺きの開山堂、鐘楼など七つの堂宇を配し、山門は江戸時代初期の茅葺き、安土桃山様式を取り入れた六足門で扁額に中国沙門高泉書「冨士法窟」が架かる。墓地には、埼玉県指定の特別史跡「植木の元祖・吉田権之丞の墓」がある。現在は境内全域が川口市指定の野鳥の森であり、参道は紅葉の名所とされている。

金剛寺が灸点を施療するようになるのは天明年間（一七八一～八八年）、当山十九世海牛禅師によるとされ、海牛禅師には中興開山という称が贈られている。天明年間には浅間山大噴火（天明三年）、諸国各地の水害など「天明の飢饉」といわれる大飢饉があった。徳川幕府は第一〇代家治・一一代家斉の年代、老中田沼意次が失脚（天明六年）、松平定信の寛政の改革が始まる時代であった。

小僧の仕事

私が金剛寺で生活するようになるのは、敗戦二年後の一九四七（昭和二二）年であった。寺の朝は、勤行《ごんぎょう》 ―― お勤めから始まる。当時、金剛寺には三〇歳前と思われる修行の僧がいた。「納所《なっしょ》さん」と呼ばれていた。私は「納所さん」といっしょに納所部屋で寝起きをした。

※「納所」②寺院で施物を納め、また、会計などの事務を

取り扱ぅ所。また、それをつかさどる僧。「納所坊主」①会計・庶務を取り扱ぅ僧（『広辞苑』）。

朝の勤行を始めるのは午前四時半ごろである。私は木魚の音を聞きながら五時前には起床、本堂、客殿、薬師堂などの堂宇の廊下を小走りで雨戸を開ける。勤行を終えた僧・納所さんといっしょに掃除をする。本堂などの畳を掃く。およそ百畳、長箒の柄を立て足元を掃きながら後ろに下がっていくのが、畳を掃く基本だと教わる。

木桶に水を汲む。井戸は庭用のものを使う。庭用とお勝手用（庫裡）の井戸はポンプ式だが、前庭と裏庭には釣瓶井戸もあった。木桶に二杯、井戸水は冬でもそれなりに温みがある。数枚の雑巾を絞る。寺の雑巾は厚手の布に太目の木綿糸を刺したもの、絞るに力が要る。二、三回、水を換え雑巾を濯ぐ。作務衣をはしょって腕まくりの「納所さん」と廊下を拭く。もちろん跣《はだし》、冬でも汗ばんでくる。

庭を掃く。私が寺に奉公に出向いた当時は、本堂、薬師堂、庫裡は、いずれも三〇センチを超える厚い茅葺きであった。庭には落葉とともに雀の巣造りなどによって茅クズが落ちる。二百坪ほどの本堂前の庭掃きが一段落するのがおよそ六時過ぎ。朝の掃除は朝食の声がかかるまでに終わるようにするのだが、落葉のころは朝食後も掃除がつづく。参道は隔日ぐらいに掃く。参道の左右には年輪を重ねた松の大木が並び、榧《かや》、楓、桜、躑躅《つつじ》などが葉を繁らせ、山門前には銀杏の大木が葉をひろげていた。参道の入り口から山門まではおよそ一二〇メートル、掃除には二時間以上かかる。山門から離れたところで焚火をして落葉を燃やすこともあるが、集めた落葉などは本堂後ろの竹林にある堆肥小屋に背負籠で運ぶ。

朝食は、庫裡の板の間を一段上がった座敷で食べる。方丈さん（住職）、奥さん、ご隠居さん、納所さん、お手伝い（女中）の喜久ちゃん、それに私の六人である。食卓は横に長いテーブルに各人の食器が並んだ。以前は、修行僧や女中さん、小僧などは、座敷から一段低い板の間で食事を摂った。それが一般的だったが、みんないっしょに座敷で食事を摂るようにいつからなったかは訊かなかった。「方丈」というのは禅宗などの寺院建築で長老・住持の居所。転じて寺の住持、住職、先師への敬称として用いる。鴨長明の『方丈記』は、この「方一丈」の居所での記述である。

食卓に並んだ六人の一九四七年当時の年齢を記しておこう。方丈さんの山喜紹三さんは四三歳（私の二八歳上）。みんなから、方丈さん、旦那さん、などと呼ばれていたが、近所の人は前歴から「村長さん」とも呼んでいた。私は当初、「旦那さん」と言っていたが、そのうち寺での敬称の意味もある「方丈さん」と呼んだ（後に、第三者に告げるときは「寺のおやじ」になったが、呼び方はずっとしっくりしないままだった）。奥さんの雪江さんは、岩槻市の曹洞宗の名刹龍門寺の長女、いつも着物姿の似合う人。二八歳だった。母を亡くし、叔母を亡くしたばかりの少年にとって、雪江さんは母恋いの思いを託す人でもあった。雪江さんは亡くなったさく叔母と同い年だ。ご隠居さんは紹三さんの母いちさん七二歳。紹三さんとの仲がしっくりしないのは里子に出されたことにもあると聞いた。旧家などの子息が里子に出るのは珍しいことではない。結果、母と子のつながりが薄くなるのは旧家の定めのようなものでもあった。漱石もそうだった。山喜紹三さんは二人の妹を結核で早くに亡くしている。いちさんは結核の後遺症骨髄化膿症によって膝の屈伸が困難の状況を継続させていた。お手伝い・女中見習いの喜久ちゃん（喜久子）は、私と同い年の一五歳、いちさんの遠戚筋の娘さんだ。

朝食がすむ七時半ごろには、寺の外仕事を手掛けている職人がほぼ毎日来る。寺の庭仕事だけでなく雑用を引き受ける人でもある。小僧の私の仕事は、お灸日の線香点けと家の周りの掃除が主だが、「職人さん」に付いて庭仕事や垣根の手入れ、畑仕事もした。

方丈さんの山喜紹三さんが墓掃除などに参加するときには、金剛寺の歴史、所縁ある墓の来歴、檀家の由緒などを聞いた。安行村の土壌の特質や、植木の村の由来なども教わった。

寺での日常

そのころ、私は吃音がひどくなりかけていた。生来のんきな性格だと前に書いたが、私を取り巻く状況、与えられていた精神的負荷、寺に引き取られほっと開けた生活環境のなかで脳の機能をギクシャクさせていたのかもしれなかった。山喜さんがこんなことを仕掛けて気恥ずかしさを取り除こうとしてくれたりもした。仕事が終わった「職人」の〇〇さんが勝手口から帰りかけたのを見越し、山喜さんが、私に〇〇さんを呼べと声を掛ける。私はとっさには「〇〇さん」と声が出ない。駆け出すはずみで〇〇さんと呼ぶ。山喜さんは「きょうは五歩だ」と言って笑う。笑いにのせて気分をかえようとしたのだろう。

作曲家の武満徹が書いている。「どもりはあともどりではない。前進だ。どもりは、医学的には一種の機能障害に属そうが、ぼくの形而上学では、それは革命の歌だ。どもりは行動によって充足する。その表現は、たえず全身的になされる。少しも観念に堕するところがない」。武満はこうも書く。「ベートーヴェンの第五が感動的なのは、運命が扉をたたくあの主題が、素晴らしく吃っているからなのだ。ダ・ダ・ダ・ダーン。……ダ・ダ・ダ・ダーン」（「吃音宣言――どもりのマニフェスト」『武満徹エッセイ選　言葉の海へ』筑摩書房、二〇〇八年）。私は武満さんほどに「確信」してはいなかったが、その後の私のどもりの度合いは「五歩」から「前進」したか、どうか。

雨の日は納屋や木小屋で作業をした。藁を打ち、縄を綯った。大きな臼《うす》で米を搗いた。寺の農地は農地解放でなくなっていたが、檀家からの「付け届」で玄米がとどいていた。玄米を搗く杵《きね》は大小があった。私は小ぶりの杵で米を搗く。——家にいたころ、やっと手に入れた玄米を一升瓶に入れ、さく叔母＝ねえちゃんといっしょに細竹で玄米を搗いたことを思った。細竹でも何回も搗いているうちに摩擦で熱が加わり糠が落ちる。瓶が熱くなる。瓶を支えるねえちゃんの手も温かい——。

夕刻には、ふたたび本堂、薬師堂などの掃除、お灸の日や法事があった日は、厠《かわや》＝便所の掃除に念を入れる。客殿に置かれた大火鉢や、いくつもの手あぶりの掃除も欠かせない。納所さんは夕べの勤行、私は風呂に水を汲む。風呂の火焚きは農家での手伝いの経験が活かされた。夕食もみんなでいっしょに食べたが、方丈さんは外れることが多くあった。方丈さんがいないと、ご隠居さんが食卓にゆっくりと座っていた。

夕食後、納所さんは経典を読んだり、ときに臨書をしたりしていたが、親しくなるにつれて永平寺修行のこと、修行僧の「破戒の行い」なども話してくれるようになった。道元禅師のことも話してくれた。墨染の衣に作務衣の修行僧といえば禅寺の僧の格好がつく。しばらくして住職不在の寺に迎えられたが、居住は永くつづかなかったという話を後に聞いた。不思議な人だった。寺には不思議な人が多く見える。禅寺はそういうものなのか。あるいは金剛寺が修行僧をひきつけるものをもっているのか。寺の法類で俳句を詠む僧とも数か月寝食をともにした。俳号は「月星子」。しかし、月星子詠の句に出会ったことはなかった。

私は、寺では早く寝た。寝ることが楽しみだった。さく叔母の死の前後の、朝、目がさめればいやなことが待っているという不安はなかった。私は背負いこんでいたさまざまなことから解き放たれた思いを感じていた。読書は休眠の状態だった。予科練から帰ってきたはずの春時が現れないことで「私の本箱」は遠くなっていた。本を読まなくても、私はよく眠れた。

寺での私の寝所、納所には本棚があり、経本、道元禅師の著作、『正法眼蔵注釈』などの本が並んでいた。『有島武郎全集』が揃っていた。何冊かの講談本、赤穂義士伝、落語全集などもあった。納所だけでなく本堂脇には硝子戸で仕切られた書庫があり、和綴本、漢籍の古典本、臨書の手本や臨書した合本などが積まれていた。納所の本は、読み易い本を寝る前に読んだりしたが、書庫の所蔵本に目を通すようになるのは後のことである。書庫には大正年間に発行された「日本名著全集」（日本名著全集刊行委員会刊）の『芭蕉全集』、『近松名作集』、『浄瑠璃名作集』、『南総里見八犬傳』などが積まれていた。幸徳秋水『基督抹殺論』（一九一一年）、尾崎秀實『支那社会経済論』（生活社、一九四〇年）、雑誌『国民之友』の創刊号から第一〇号（明治二〇年二月一五日─一〇月二二日）の合本もあった。合本の扉に「嗚呼国民ノ友生レタリ　人之権利　国ヲ建ルノ價ハ幾許ゾ」との書き込みがあった。『国民之友』は、のちに帝国主義の鼓吹者となる徳富蘇峰主宰の平民主義を標語にした社会評論の総合雑誌。中江兆民（篤介）の「三酔人経綸問答」が第三号に、植木枝盛の寄稿文なども掲載されている。

一九四七年春

私が、菩提寺である金剛寺に「引き取られた」のは、さく叔母が亡くなって三か月ほど経った一九四七年の春三月、一五歳だった。

山村少年を「このままほっとくと不良になる」と高橋千代松さんから、山喜さんに伝えられていたことは、後に聞いた。高橋さんの息子・春時は予科練からの復員後、家に寄りつかない状況にあった。春時は「不良になった」と千代松さんは理解していたのだろう。そんなこともあって山喜さんは私を早めに「引き取る」ことにしたのだと思う。

戦後の不安定な社会状況のなか青少年を取り巻く状況はきびしいものだった。目的を持てないままに不良の仲間に加わる少年が多くいた。自分たちで不良グループをつくる者もいた。闇市などへの出入りも日常茶飯のことだった。農村にも浮浪児の仲間がいた。生活に自棄になったのか自殺した者もいた。私の知っている年上の青年が三人青酸カリで死んでいる。

私の生活環境 ── 学校にも行かず屎尿運搬などの手伝いをさせられている状態では、「ぐれる」のは容易い。「肺病の家」と言われ、近所付き合いは敬遠されていたが、近所の人にとっては放って置けない存在であったのだと思う。冷たいそぶりの人も多かったが声を掛けてくれる人もいた。幼くして両親を亡くした私たち兄妹は、村の人からある意味では守られてもいたのだと思う。素直に私は、近所の人たちへの感謝の念をいまに忘れない。くりかえし書いておけば、当時私は「不良」に「栄養」の文字をかぶせた「栄養不良」の少年だった。もう半年、あのままの生活をつづけていたら、のっぴきならない状況になっていたかもしれない。

私は菩提寺に「引き取られた」とはいえ、世間体には、寺の小僧としての「奉公」だった。寺の一日は、寝起きから就寝まで寺の慣行にしたがって運ばれていく。そのなかで私は、寺の慣行と生活に溶け込もうと懸命だった。当時の食糧不足状況のなかで、金剛寺の食事情が良かったわけではない。サツマイモや大根の細切りがご飯に混ざったりしたこともあった。しかし、三度の食事、規則正しい生活によって「栄養不良」の私の健康は目に見えて回復した。正しい食生活は、人のこころと生き方を整えて行くものだと、心から思う。身長が急に伸びた。体力も付いた。周囲の温かさにふれる日常のなかで、私は周りを気にせずに日々を過ごし、「学ぶことが好きな」少年の初心を取り戻して行く。

山喜紹三という人

山喜《やまき》紹三《しょうぞう》さんは一九〇四（明治三七）年二月二八日生まれ。曹洞宗金剛寺二十五世住職。一九二九（昭和四）年慶応義塾大学経済学部卒。一九三九（昭和一四）年四月、三五歳で安行村村長に就任。埼玉でいちばん若い村長であった。日中戦争が開始されて二年、戦時体制強化のなかで村政を担った。食糧生産のため植木畑を農地に変換するなど「挙国一致」の戦争政策に村民を動員する先頭に立たされた。敗戦直後には、軍国日本の軍政にかかわる公文書などを焼却する立場にも置かれた。進駐軍が安行村の役場近くに駐屯した。

一九四六（昭和二一）年一月、ＧＨＱ（連合国軍総司令部）は、戦後の民主化政策の一つとして、軍国主義者、国家主義者の追放を指令した。議員、公務員、政界、財界、言論界の指導的地位にあった約二〇万人が追放された。安行村村長山喜紹三氏も「Ｃ級戦犯」として公民権停止処分を受け、一九四六年三月三一日付で村長を退任する。

村長在任は六年間であった。当時の安行村の人口数は三五〇二人（一九四〇年）。戦時下六年間の山喜村政がどのようであったかは、少年の私には諮りようがないが、挙国一致軍国政策のもと、村民を戦争遂行に動員する役割は果たしていたにちがいない。

兵員招集の赤紙は村の兵事係が届ける。山喜村政の六年間は、戦時下が五年、敗戦後が一年である。戦死は戦後も判明した時点で知らされた。この時期に安行村から応召した兵員の数と戦死した人員数を調べてみたいと思った。川口市中央図書館を訪ね司書の協力で記録をたどったが、中央図書館の蔵書からは私が望む記録は、焼却されてしまったのか見つけられなかった。調べたかったのは、安行村の戦死者数だった。働き手の夫が応召した世帯、夫の戦死、寡婦となった女性、父のいない子どもたち、そんな事例と数を知りたいと思った。安行村の人口と世帯数に対する戦死者の比率が、全国の数値とどんな共通性と異同・変化があるのか、そのことにも関心があった。

私の父は戦病死だが、父の死を引き金に母の死が加わり、残された四人の子どもと、父の妹の叔母との共同生活、私の家、山村家は父の死後七年にして植木職は放棄され、家族は分散、山村家は崩壊した。

父の応召は一九三七（昭和一二）年、日中戦争が始まった年のことだ。身体健康で優秀な兵隊だったのだろう、陸軍上等兵、所属は軽機関銃小隊、戦闘の前線に配備される兵隊だった。

※私は、父の日中戦争への従軍体験を直接聞くことはなかった。私もまた、父の戦時体験にさほどの関心はなかった。後に関係

する平和運動のなかで「なぜ平和運動に参加するようになった」のかとの問い掛けに、私は「父が戦争で亡くなっているので」と答えたりしたこともあったが、広島・長崎の被爆者との交流が深まるなかで「父の戦争責任」を併せて話すようにもなった。戦時下、戦争に参加した兵員の行動は選択不可能のものだったとはいえ、その行為によって対岸に生きる人たちに与えた罪障は消えないし、責任は免れないと私は思うようになった。父から戦時体験を直接聞かなくとも、父が、当時の先端兵器・機銃の兵士だったことは知っていた。父の速射する銃の前にどれほどの人間がいたか想像することは容易なことだ。父が撃ちつづけた銃弾が私に跳ね返ってくるような思いにとらわれることがある。前章で私は「かわいそう」という思いを書いた。何を知ることもなく理不尽に「殺され」、棄てられたままの人たち、そのように死んだ人の、生きる権利は回復されなければならない。思いを重ねれば、広島・長崎の、そして多くの戦争のなかの、語りようもない死、そういう人たちの、語りえなかった「事実」と「真実」に、少しでも近づきたいと思う。

父が出征したのは、山喜村長の先代村長のときだが、出征兵士の慰問のために写された「出征兵士家族の写真」に、私たち家族と、在郷軍人会、国防婦人会の役員に並んで、山喜紹三さんが写っている。父の死は一九四〇（昭和一五）年だが、以後、たびたび山喜村長が私の家を訪ねてくれていた。英霊の家、出征兵士の家などを見回る「軍国」の村長は、どんな思いで家々を回っていたのだろうか。

戦後、山喜紹三さんは金剛寺の檀家で戦死した人たちの戒名に、院号「至誠院」を贈り名に冠したことを話してくれた。私の父の戒名も至誠院徳峰眞成居士となった。「至誠」という言葉は「きわめて誠実なこと。まごころ」（『広辞苑』）とされ、誰に対してという、対象の含意があるが、山喜さんには、役割とは言え自分の手で戦場に赴かせた戦死者への「慰撫」の思いがあったのだろう。山喜さんと生活を送るなかで、山喜さんが戦時の行動について自省の念を持っている、そのように推し量れることがいくつもあった。先取りで書いておけば、そのような思いのなかには、私を引き取ったこともふくまれているのではないかと、ずっと考えてきた。

山喜紹三さんが、誰に言うでもなく重ねている「自省」をまとった行動には、戦後のある種の人たち（政治・平和・宗教・学者など）が、枕詞のようにくりかえし述べ、ときには自己讃辞とも聞こえる「懺悔」「贖罪」の言辞とは、質のちがったものだったことは、その行動からうなずけるものだった。

寺の書庫に『有島武郎全集』が収蔵されていたことは前に書いた。山喜さんはよくこんなことを話してくれた。「世間では「子を持って知る親の恩」と言われるが、有島武郎は「子を持って知る子の恩」もあると言っている。親孝行は大切だが、有島武郎が言っていることも大事なことだ」、という話であった。最初に聞いたのがいつかは記憶にないが、くりかえし聞いた。並んで草取りをするとき、貯蔵の「むろ」に甘藷を積み上げる時など、二人だけで仕事をしているなかでこのことを聞いた。「遠慮することはない、好きなようにしていいのだ」、「子の恩」もあるのだからといいたげな、自分に言い聞かせているようにも聞こえた。

山喜紹三さん四三歳、曹洞宗門の駒澤大学でなく慶応義塾大学に学び、しかも、全国最年少の村長として、小さな村とはいえ行政を取り仕切ってきた人だ。私は小学校修学もままならなかった一五歳の少年に過ぎない。私は、山喜さんがくりかえし話す言葉の、その背をのぞくようにして「子の恩、子の恩」と呟いた。親の恩、子の恩、友人の恩などの「愛と恩」の考察が、『惜みなく愛は奪ふ』などの有島武郎作品のテーマになっていることを知るのは後のことだ。

見返りは求めない、と言わんばかりの対応も、そうできるにはそれだけの条件が必要だ。ことさらに「子を持って知る子の恩」を私に語る山喜紹三さんの、受け身に在る者、弱者への配慮、その配慮を周りにおよぼす行動への敬意の念は今に消えない。他者の生活を容認・尊重し、その生き方に敬意を払う、山喜さんから学んだ教えの一つである。

農作業、ことに畑の草取りなどは単調な仕事のくりかえしだ。梅雨のころなどは数日前むしった畑に、追いかけるように草が芽生えていることもある。草の勢いに追いかけられるようにひたすら草をむしる。グラス・ルーツが追いかける。どちらが先に駆けつくか。山喜さんの背に負われるように、そんな仕事をいっしょにするなかでいろいろのことを教わった。話し方は、少年の理解にとどくようにとの配慮があった。山喜さんは、村人には「村長さん」で寺の「ご住職」だが、経済学士でもある。「グレシャムの法則」も「講義」してくれたが、理解はほとんどとどかなかったと思う。しかし「悪貨は良貨を駆逐する」という言葉は記憶に残った。「お店で安物があるとついつい余分に買ってしまう」。いま「必要でないものまで、格好を付けて買って、安物買いの銭失いだ」などのたとえ話が、どう関係しているのか。経済学士のはにかみを含んだ話は難しかったが、「権威」が座敷から下りてきてくれたような嬉しさがあった。尊敬に親密さが加わった。

「民主化の嵐」のなかで　生活改善の方途

寺の生活に慣れ、書棚や書院の整理も任されるようになった。書棚に「マ司令部から出される民主化の嵐――」と書かれた印刷物が残されていた。この印刷物は追放の時点で書かれた山喜紹三さんの「挨拶状」の類であったのかもしれない。いまでは探しようもないが、どんな思いで書いたのだろう。敗戦と引きつづく占領の意味はどうとらえられていたのだろう。山喜紹三さんが記した「民主化の嵐」は、戦後の国民生活の上に、また山喜さん身辺にどのような方向性を持って具体化されていったのだろうか。

金剛寺の寺格は高く、数か所に末寺を持っていたが、檀家は三十数軒であったと思う。私が引き取られたころの檀家には、戦時供出のままに鐘はない。左手に在る墓地は整理がゆきとどいていたが、寺の建物の保存・修理は、戦時下の不十分なままに過ぎていた。山喜住職は、公職退任を期に寺の修復に取り掛かることにしたようであった。しかし、当時はすべての資材が不足していた。「食うか食わず」の状況では、寺の修理どころではないというのが、檀・信徒の正直な気持ちだったと思う。しかし、庫裡の一部は軒が下がり、木目の通った渡り廊下には割れ目が走っていたりした。部分的にでも手入れは必要なことだった。

農村は疲弊していた。戦時下、食糧の供出を強制した村政の下で、それがもたらした農地の荒廃は山喜さんにはよくわかっていることだった。折しも一九四七年の九月、関東地方を襲ったカスリーン台風は山地の荒廃を助長した。利根川、荒川が決壊、濁流は埼玉東部から東京東部地域に浸水した。死者・行方不明者一九三〇人、罹災者は四〇万人を超えた。埼玉県東部には金剛寺の法類・末寺が散在していた。私は山喜さんと自転車の荷台に食糧品を積んでとどけた。食糧増産、農地改良が必須だった。農地改革を足がかりにして、農村の自立、生産回復の取り組みを推進して行く。山喜紹三さんは、手立ての一つとして取り組んだのは、引き抜かれたままに荒廃した植木畑を効果的に活用したサツマイモの増産だった。当時サツマイモの増産に業績を挙げている篤農家を招き、金剛寺の竹林にサツマイモの苗床を造成、優良種苗の頒布に取り組んだ。当時「不味い代用食」の代名詞は「農林一号」。増産には向いていたが「不味いイモ」だった。金剛寺が提供した苗のサツマイモは甘くおいしいと好評だった。私は日夜苗床温度の点検をした。

農村の家庭生活の改善にも山喜紹三さんは大きな関心を持っていた。各家庭における生活改良運動を唱え、具体的な活動にも取り組んだ。その一つは台所を中心とする、食生活、日常生活の改良だった。主婦の生活を竈《かまど》と薪《まき》から解放するコンロの活用、食卓の改善、テーブルと椅子の採用など、それらがいちがいに実行できないにしても、農民の健康を維持・確立するためには、その基礎に日常生活の改善が必要だというものであった。

『暮しの手帖』が創刊されたのは一九四八年の九月である。雪江奥さんが定期購読した。生活改善の特集などは山喜紹三さんもいっしょに話題にした。私も好んで読んだ。雪江奥さんは『婦人之友』なども読んでいた。吹き抜け天井の古風な寺の台所にも新しい時代の風が吹きこんでいた。そのころから、私は小僧、使用人から生活改良に取り組むメンバーに加えてもらえた気分になっていた。家のなかの格差が取り払われていく。ご隠居さんも私の側に座って話を聞くようになっていた。

所詮は、追放を受けた身の元村長さんの、「有産の閑人」の思いつきだと言ってしまうにしては、慶応義塾生の福澤イズム、有島武郎の人道主義などの残照が、大正リベラルの陰りを印しながらも、時代の息吹につながる形を作り出していた。大正時代に青春を過ごした人には、何か不思議な「人間主義」を醸し出し、その所作が輝きを増すことがある。

本堂の改築へ

さて、本堂の修理の方途である。金剛寺の本堂、庫裡、薬師堂などは、古民家造りの茅葺きであり、葺き替えのためには茅の備蓄量が、年余を超えて必要であった。そのための納屋もあった。一九四七年の庫裡の一部修理でもかなりの茅が必要だった。職人も少なくなっていた。本堂改築の方向を目途に庫裡の解体からはじめた。庫裡解体の跡には頑丈な梁《はり》や見事な煤《すす》竹《たけ》が並んだ。薬師堂の一部を拡げて住居区域を移し、台所・食堂、風呂場などが造られた。庫裡あとには、住居になった薬師堂に代わる灸点施療の平屋を建てた。客殿を兼ねていた。関連して本堂改築の準備にも取り組んでいくことになる。一九四七年ごろから一九五〇年ごろ、本堂裏山の杉林、参道の松の古木が伐採され、本堂改築建材の一部に使われ、多くは売られた。裏山には杉と檜の若木が植えられた。木株を掘り返す整地を手伝った。

山喜紹三さんは、安行村の代名詞でもある植木産業の復活、育成にも取り組んでいた。埼玉県立植物見本園の招致にも積極的だった。私も見本園の造園の仕事などを手伝った。「皆川椿園」の「日本の椿」展は好評だった。安行の「皆川椿園」は日本国産の椿を継承する名園だった。そのころは金剛寺にも五〇種程度の椿が揃っていた。いまもかなりの椿が残っている。埼玉県立植物見本園（現在は植物振興センター）は、一九五三年に開園。初代園長の名はいまも覚えている。

春時が寺に来る

庫裡の取り壊しが行われ居住域が本堂脇に移っていた一九四七年の秋が深まったころかと思う。突如、春時が私の前に現れたのだ。春時は予科練から帰ってこのかた、行方を知らせることなく家を出ていた。

「今日から春時君を預かることにした。寝間はいっしょだ」。東京・浅草の「香具師・てきや」の子分として傷害事件を起こした春時の身元を、山喜紹三さんが引き受けることにしたのだった。春時の父親、高橋千代松さんは山喜さんの小学校の同級生だったことは前にも書いた。台所で「しゅんじ」がしゅんとしていた。「タバコは止めたか」山喜さんの問いに「止めました」と答えたのだが、「今朝からです」と付け足すのを聞いて「これは大物だ」と山喜さんは声を立てて笑った。

それから約一年を超えて春時は、私と寝起きをともにした。春時は朝早いのが苦手だったが、私といっしょに寺の掃除、畑仕事などを手伝った。夕食後、私は本を読んだりしているのだが、浅草で体のはしっこさを身に付けた春時は、なにかそわそわしている。遊びにでかけたいのだ。落ち着きがなくなる。様子を察し山喜さんが「遊びに行ってこい」と春時に声を掛け、私に「付いていって、いっしょに帰るように」と言い渡す。春時は私と連れ立って夜遊びに行く。夜遊びといっても、自転車で村の通りを一回りしてくるほどの他愛のないものだったが、「浅草の少年」には「縄張り」を見回る習慣が身についていたのかもしれない。仲良しが、付き合いの形を元に戻すに時間はいらない。やがて中学に通うようになった私が中学から帰るといっしょに仕事をした。浅草を案内してもらったこともあった。浅草六区の映画館の一つ、大勝館のホールは焼けたままで椅子がなかった。みんな立ったままシミキン＝清水金太郎の喜劇を観ていた。帰りに「銀シャリ」の握り飯を食べた。

春時は、監察の時期を終えても寺にいた。一年ほど後には自宅の自転車屋を手伝っていたが、伝手があって東京麻布のクリーニング店に住み込みで働くようになる。数年後には東銀座の洋装デザイナー中村乃武夫のマネージャーのようなことをしていた。そんな折、安行の植木の老舗「太田樹苗園」の養女となった私の友人大久保の姉真知子さんとの結婚の話が持ち上がる。真知子さんは、山喜さんが安行村村長だったときに村の吏員として働いたことのある村長さん「子飼い」の娘だ。山喜紹三さんの媒酌で結婚、春時は太田の姓を名乗り「太田樹苗園」の当主となった。植木職の才よりも商才に長け、営業成績を抜群に上げた。関連するスーパーも食事提供業の店舗も増やした。

春時の家は、かつては「私の本棚」だったことは前に書いた。私の闘病を支えてくれたのも春時だった。金銭に無頓着な私の経済的な後見をずっと買って出て、懐番を自任してもいた。後に私が、居住を東京の目黒に移すとき、私の実家の土地整理から、居住を兼ねたアパートを目黒に建てるまでの工程を先導し、実行してくれたのが春時だった。病気上がりで東京に住む私と家族の生活を維持できる「固定資産」を、居住地に作ろうとしてくれたのだった。後ろに山喜紹三さんの意向があったことはわかっていた。

春時は、私を立てることにも気を使ってくれた。金剛寺や山喜紹三さんに関することでは、年齢は私が一つ下だが、私が上席にあるように仕向けた。個人的な信条は脇にはずして、春時は私が歩く道筋とずっとつながってくれていた。いい友だちは、友人の生き方に敬意を払う。春時は一九九五年の春に膵臓がんで死んだ。六四歳の若さだった。

山喜さんの宗派人としての活動

戦後、宗教界もまたさまざまな動きが重ねられたことは当然であった。戦時下における宗教界の戦争責任 ── それらの解明や、そこを立脚点とする宗教界、各門派の動向についてはいくつもの論考がある。ここは、そのことに関して感想を語る場ではない。

しかし、山喜紹三さんは、一六歳の少年に、当時の宗教界の動きなどを、それなりに教えてくれた。仏教系列のなかでの無宗派の寺院として「神田寺」の活動があることを話してくれた。「神田寺」は宗派に関係なく在家の信者を集め教化にあたったとされる。友松圓諦師は浄土宗の僧だが、一九二〇年代後半、独・仏に留学、一九三一年慶応義塾大学の講師となっている。山喜さんの慶応卒業は一九二九（昭和四）年だから講義を聴いたことはなかっただろう。友松師は西洋哲学と仏典の研究、戦後仏教復興運動、真理運動などを提唱・主幹した。全日本仏教会の設立にもかかわった宗教者だ。

来馬琢道師のこともよく聞いた。来馬師は金剛寺二十三世住職・高島養麟師が務めた曹洞宗宗務院（現曹洞宗宗務庁）内局の部長職を継ぎ、戦前・戦後を通じて曹洞宗内局、宗務庁の役員を歴任した。戦後は全国区選出の参議院議員（緑風会）にもなった。後のことになるが、一九五六年に私が寄稿した『平和新聞』の新年号の名刺広告に来馬琢道師の名が日朝親善協会会長名で掲載されていた。

曹洞宗には、宗務を執行する宗務庁があり、宗派の議決機関の宗議会、また監正機関の審事院がある。宗議会議員は公選で選ばれる。かつては特選議員制もあったが、現在は公選された議員で宗議会が構成されている。議員は各県の定員に沿って選出される。一九四九（昭和二四）年の改選に山喜紹三さんは立候補し当選する。埼玉県の定員は二である。選挙は厳しいもののようだった。その間、山喜さんは埼玉県下の曹洞門の各寺院を東奔西走していた。埼玉区からの選出は、川越の喜多院住持の金剛秀一師と山喜紹三さんである。記録によれば、前期の一九四六（昭和二一）年の埼玉選出の宗議会議員は金剛秀一師と岡田宜法師。岡田宜法師は一九四七年から一九五三年まで駒澤大学学長を務め、宗門関係のいくつもの著作がある。岡田師の名は、山喜さんの話のなかで聞いた。岡田さんは、山喜さんが宗議会議員、宗務庁社会部長のころ、学長職に在ったことになる。宗議会議員の任期は四年。宗議会議員となった山喜さんが宗派内でどのような立場に在ったのかは知りうることはないが、新しい「宗派の在り方」の方途、「民主化」と「革新」の方向を取り入れようとしていたのではないかと思う。少年の私の理解だけでも「新しい」ことに取り組んでいるという認識はあった。一九五一年二月、山喜さんは宗務庁内局の社会部長に就任する。同時期の庶務部長は来馬道断師である。道断師のことも何回となく聞いた。来馬道断師は東京・巣鴨地蔵高岩寺の住持。高岩寺と金剛寺は関係が深く、巣鴨地蔵の縁日には金剛寺法類の僧が手伝いに出ていた。

山喜さんが社会部長として宗務庁に務めるのは一九五一年からである。五一年三月に刊行された『山びこ学校』の著者・無着成恭氏を宗門で表彰することにもかかわっている。山形県山元中学校教師として指導した子どもたちの作文を編集したのが『山びこ学校』である。同書は、生活綴り方運動の再興と高く評価されベストセラーになった。その朴訥な口調で放送やマスコミの世界でも人気者になる。無着氏は駒澤大学仏教学部卒業後、六二年には千葉県の曹洞宗福泉寺を再建して住職になった。後年だが、私は無着成恭氏に話を聞いたことがある。

曹洞宗宗務庁は、国電（JR）浜松町駅から歩いて一〇分ほどの金杉橋に在る。使いの帰りに連れて行かれた、芝・増上寺大門の蕎麦屋「更科布屋」はいまもある。

詠讃歌・梅花流の創設と山喜さん

曹洞宗派の詠讃歌「梅花流」の創立は、一九五二（昭和二七）年の道元禅師七百回大遠忌を契機に行われたとされている。山喜紹三さんが社会部長になるのは先に記したように一九五一年二月から一年ほどの期間だが、前年一九五〇年には宗教法人法が制定施行されている。一九五二年四月、対日講和条約発効を機に山喜紹三さんの「追放」は解除された。宗派内には山喜さんと同じように「追放」された人もいた。それらの人たちをふくめ追放解除が宗派内にどんな影響をもたらしたか、また山喜さんの宗派活動にどう関連したかについては、私に語りようはないが、講和条約の発効、GHQ（連合国軍総司令部）の廃止、占領終結という戦後の状況変化を背景に、曹洞宗は新しい布教活動「正法日本建設運動」――明るい日本、正しい信仰、仲良い生活の確立の方向――を掲げた活動に取り組むことになる。この布教活動と関連して高祖承陽大師七百回大遠忌奉讃事業の一つとして「梅花流」が創立される。数年前から、梅花流創設の源流、経過をたどる作業が「曹洞宗総合研究センター梅花流詠讃歌研究プロジェクト」で取り組まれ、その研究報告の『曹洞宗報』への掲載がつづいている。研究プロジェクトの作業に関連して記されている梅花流と山喜さんのかかわりをくわえておきたい。

『曹洞宗報』平成二九（二〇一七）年一月号に載る研究報告は「昭和二七（一九五二）年の時期に注目して」次のように述べている。「この年は日本社会にとって重要な年でした。昭和二六年に締結されたサンフランシスコ講和条約がこの年発効され、終戦以来日本に置かれていた連合国軍最高司令官総司令部（GHQ）が廃止となり、事実上の日本の独立が果たされたのがこの年でした」「このように日本国の独立と同時期に到来した七百回大遠忌は曹洞宗教団にとって敗戦以来の閉塞感を打開する好機として意識されていた様子がうかがえます。敗戦国日本の復興と、遠忌を契機とした曹洞宗教団の布教強化活動が、重ね合わせてイメージされていく様子を見ることができます」。

曹洞宗教団の教化活動の一つとして梅花流の創設が準備されてゆくその過程で、佐々木泰翁師を宗務総長とする内局の社会部長に就いたのが山喜紹三さんであった。道元禅師の「傘松道詠」を中心に、宗派の教義を和讃する「梅花流」創設に至る諸準備、関係諸宗派と折衝や作曲の依頼など、山喜紹三さんのかかわりを「研究報告」は次のようにも書いている。「佐々木内局における社会部長が山喜紹三師でした。山喜氏の自坊が埼玉県であり、その地縁から親交があったという密厳流遍照講本部長（当時）・石川隆淳師が、最初の梅花流詠讃歌に密厳流の曲を応用して作曲するということになりました」（『曹洞宗報』平成三〇年九月号）。また、「研究報告」の第三回第一章には、先にあげた「正法日本建設運動」の三つの標語が、「梅花流創立一五周年記念全国奉讃大会」（一九六五（昭和四〇）年四月）を契機に「梅花流教典」に「お誓い」として載せられたことも紹介されている（『曹洞宗報』平成二九年五月号）。

「梅花流」創立からすでに六十数余年。「梅花流」の講数、講員数を『曹洞宗報』平成二九年一月号に載るデータから紹介すれば次のようになっている。

全曹洞宗寺院（一万四五七七か寺　＊海外五二か寺ふくむ）における曹洞宗寺院梅花講数、講員数は以下の通り（曹洞宗宗務庁伝道部詠道課調べ）。

講数　　六三四五講（寺院数に対する設置率四四％）

講員数　一三万四七六四人（僧侶：師範、寺族：詠範、檀信徒講員：教範の合計）

『宗報』掲載の文章には、「講員数については、近年その減少が梅花流関係者の間で懸念されています」と記載されているが、二〇一八（平成三〇）年一〇月の宗務庁調査によれば、講数は六二九六講、講員数は一二万四四三八人とされている。金剛寺にも「梅花流」の講が置かれている。現在（二〇一八年）金剛寺の講員数は八人である。

梅の花と謡曲と

『正法眼蔵』「梅花の巻」には、「花裡に百億国をなす、国土に開花せる、みなこの梅花の恩分なり」「命脈みな梅花よりなれるなり」などの梅花への賛辞が載る。私は梅の花が好きだ。子規も良寛もそうだった。

こんな体験がある。一九五一（昭和二六）年秋ごろ、金剛寺の客殿に数人の尼僧方が宿泊し「梅花流」の準備をされていたことがあった。私は作業のために書写の半紙の紙型を整えることなどを手伝った。のちのことだが、書庫から観世流の「羽衣」「東北」「田村」「竹生島」など数冊の謡本が見つかった。謡本のそれぞれに山喜紹三の所蔵署名がある。謡本の発行年は昭和二八（一九五三）年。当時、山喜紹三さんは「梅花流」の創設・普及にかかわるなかで謡曲に近づいていたのだろうか。宗派詠讃歌の節付けと謡曲の物語性とでは比較のしようはないが、山喜紹三という人の「仕事師」の面影がちらつく。謡の稽古は聴いたことはない。

後年、私は呼吸器のリハビリにもという勧めで謡の稽古をした。観世宗家の職分木原康夫師系門下から口承を受けた。「羽衣」「高砂」「井筒」から「藤戸」「隅田川」などと稽古をつづけるなかで私は謡曲の奥深さに魅かれ、能楽の鑑賞にすすむようになる。六〇年代に銕仙会の観世栄夫師と群衆劇の世界で往き会うことになるのも、また八〇年代に「反核能」（反核・平和のための能と狂言の会。第一回は一九八五年八月八日と九日、国立能楽堂で開かれた。演目は能「藤戸」、シテは観世栄夫、銕之丞、ワキは両日とも宝生閑。狂言「蝸牛」は野村万之丞（萬）、万作がつとめた）の上演・演目に接するようになるのも繋がる縁の一つである。

当時の出来事

これまでの記述に関係する、当時の出来事のいくつかを記しておこう。

▽一九四六年

敗戦一年後の一九四六年は、一月一日の天皇「人間宣言」で明けた。山喜さんが追放を受けた軍国主義者、国家主義者の追放指令は同四日である。関連して前年の一一月から一二月には、すでにＧＨＱの覚書に基づき日本の民主化に不適当とみなされた軍国主義的、国家主義的な教育者が排除・追放されてもいた。一月一〇日、前年の一〇月に成立した国際連合の第一回総会が開かれ、原子兵器および大量破壊が可能な兵器の廃絶を目指すことが決議されている。三月五日にはチャーチル英首相の「鉄のカーテン」演説、冷戦の始まりが告げられる。四月一〇日、戦後初の総選挙、共産党が五議席を得て議会初進出。五月三日には極東国際軍事裁判（東京裁判）が開廷。

五月一日には一一年ぶりで復活した第一七回メーデーが宮城前広場で開かれ五〇万人が参集した。同月の一九日、宮城前広場で開かれた「飯米獲得人民大会」（食糧メーデー）にも二五万人が集まる。「国体はゴジされたぞ　朕はタラフク食ってるぞナンジ人民飢えて死ね　ギョメイギョジ」というプラカードが問題になった。大会は民主人民戦線の即時結成などを決議した。「民主化の嵐」が渦巻く世相だった。二〇日マッカーサーは「暴民デモ許さず」の声明を発表。「それは、左翼勢力が「解放軍」とみなしていた占領軍の、彼らに対する最初の一撃だった」（原武史『皇居前広場』筑摩書房、二〇〇七年）。一一月三日、日本国憲法が公布される。

▽一九四七年

「二・一スト」はマッカーサーの指令で中止。二月二五日、国鉄・八高線の買い出し列車が転覆し一〇〇〇人余の死傷者が出た。五月三日日本国憲法が施行された。六月には片山哲を首相とする社会党首班連立内閣が成立、古橋広之進の水泳四〇〇メートル自由形の世界新もあった。九月にはカスリーン台風により関東地方に未曾有の大水害。一〇月には山口良忠判事が配給食糧による食生活を守り栄養失調で死亡した。一一月には民法が改正され家制度が廃止。一二月には料飲店が休業となるなど食糧難は逼迫の度を増していた。

中学三年に編入 ── 山喜「私塾」と民主主義への接近

六・三・三制の学校教育制度が実施されるのは一九四七年の四月であった。翌一九四八年四月、私は前年度設立された安行村立安行中学校三学年に編入されることになる。教育法では小学校高等科に学籍を持つか修了の生徒を中学に編入できるとしていた。中学三年に編入された私は、小学校では二年下の生徒と同級になったが、私は早生まれだったから、年齢は一つちがいだった。同級生が何人だったか覚えていないが、みんなが一目置いて接してくれた。

第一章に書いたことだが、私は小学校五年生の後半から、ほとんど学校に行かなかった。およそ三年半の空白があった。基礎教育を経ないままの中学三年生、追いつくための勉強が必要だった。寺の小僧「茂坊」の日常は、中学生になったからといって変わるわけではないが、私の日課は変わる。朝の掃除から朝食までの時間はそのままだが、朝食後は自転車で二キロほど東の中学校に行く。

学校から帰るのは午後三時か四時、夕食までの時間は、寺の掃除や畑の仕事に出る。夕食後が「勉強」の時間。私にとっては、この時間がもう一つの「学校」＝私塾だった。およそ二時間、山喜紹三教師との一対一の勉強の時間である。前歴は村長、慶応大学経済学部出の「教師」から真っ先に学んだのは「ローマ字」の読み方だった。「ABC」アルファベット二六文字の読み方を集中して教わった。当時ラジオでは「カムカム英語」の放送もあり、安行村には米兵も進駐していて「ハロー」や「サンキュウ」などの言葉は聞き知っていたが、それらの単語の綴りを知っていたわけではない。「Thank you」の綴りが「ティーエッチエーエヌケー　ワイオーユー」と読めなければ、とても「英語」には近づけない。覚えてしまえば笑い話のようなことも起こる。「F」が、すぐ「エフ」と読めないとき、私の頭は「ABC」の頭から、エービーシーディ、イーエフジーと数えていって、六番目の「エフ」を探すというほど哀れなものだった。

建立をコンリュウと読むことのできる少年が、「F」の字の読み方から教わるという奇妙な学習が毎夜つづいた。金剛寺の書棚には英文の書籍もあったから山喜さんは英文を読みこなしていたのだろう。山喜教師からの「英語」学習は英文読解まではいかなかったが、原書の英書何冊かは、私の机の上に置かれていた。私はこの学習のなかで教育においての「初学」の大切さを肝に銘じることになる。

この一対一の私塾の勉強は、英語だけでなくその他にも及んで教えを受けたが、記憶に鮮明なのは、教師と生徒の立場に関連して、教える者は教えることによって自分もまた学ぶ――そういう教育者の姿勢についてだった。私が学ぶ中学校教師への批判と受け取ってはいなかったが、ときに表現は、諧謔とシニカルなニュアンスをふくんでも、その姿勢には「上から目線」を慎んで生きる宗教者の謙虚さがにじむものだった。

本・教科書の類は、通読するだけでなく、本を「読み込む」こと、言葉は使い方で意味が異なる場合があることを教えてくれた。書かれた言葉を深く理解するということだった。ときに「世の中の本にはろくでもないことも書いてある」とも話してくれたが、何よりも学ぶ姿勢、学ぶこころの向き方を教えてもらえたことが「こころ」に残っている。

中学に通うようになって、私の呼び方も「茂坊」から「茂雄君」となった。中学の教師や同級生に対して「うちの茂坊」では、様にならない。奥さんの雪江さんやお手伝いの喜久ちゃんは、「しげおさん」と呼んでくれていた。「しげおさん」の弁当は奥さんの雪江さんが作ってくれる。灸日の線香点けは、喜久ちゃんが変わってくれた。

中学校には休まずに通った。学ぶことの喜びを取り戻した。戦後の教育現場には、どこにもいい教師がいた。戦後の教員不足で戦中の代用教員から教師になった人や、特別赴任の大学派遣の教師などもいたが、それらの若い先生が、いい教師だった。教育基本法の下、古手の教師は戦前・戦後の教育の変化に戸惑っていたのかもしれない。

教科書も新しいものが作られていた。その一つが『民主主義』の教科書。日本国憲法の解説書というものだった。『あたらしい憲法のはなし』も配布されていたが『民主主義』は中学生用の教科書だったと思う。教師の話を興奮しながら聞いた。私の教科書には、本文が読みづらくなるほどの書き込みがある。ずっと大切にしていた。

憲法施行一年の経過で考えれば、先ほどの「教える者もまた学ぶ」という姿勢に徹するかどうかにかかわらず、教師もまた、戦後民主主義を学ぶことが求められていたと言っていい。私たち生徒に話しながら、民主主義をともに学び教える、教師の姿勢が伝わった。信頼した。教師は、私たちを抱えるようにして基本的人権、自由と平等、男女平等を語った。「ひとしく恐怖と欠乏から免かれ」（日本国憲法前文）「健康で文化的な最低限度の生活を営む権利」（同第二五条）——戦時下に少年（私）が経験した抑圧からの解放、嬉しさが伝わった。この教師は、後に私が結核で休学しているとき、自分の蔵書の本を届けてくれたりした。

もう一人の先生は、私を金剛寺の「子弟」と知って、ルターの「宗教改革」のことを事あるごとに「講義」した。歴史のちがい、キリスト教と仏教の関連など、ほとんど理解は難しかったが、何かを変える、「改革」の思いは伝わった。キャリア官僚の道に戻った先生の名を覚えている。

※中学は共学だった。淡い恋心を醸した同級生もいたが、鮮明さはない。寺の小僧の自制心が働いていたのだろう。ある日、分厚い封筒が同級の女生徒から渡された。手紙を書いてきたのは同級生のお姉さんの女子高生だった。丁寧な文字で書かれた文章は、妹は勉強が大変だからお付き合いは無理という前書きをつけた、私への恋文と読めるものだった。文章は、戸惑う恋心を語りかけるようにつづられていた。同級生の妹といっしょ何度か会った。女子高生とは互いの思いは重なっていったが、過ぎてみればちぐはぐなままの淡い思いがのこっただけだ。

寺の伽藍のなかで

私が中学に通うようになって、近所の人のなかには、私が金剛寺の「僧職の子弟」として学校に行くことになったと思う人もいた。私は「僧職」となることを定めとして金剛寺に「小僧」として引き取られたのではなかった。そのことは山喜紹三さんも承知のことだった。

江戸「いろはかるた」に「門前の小僧習わぬ経を読む」という成句があるが、私は「門内の小僧経を読まず」の境遇にあった。経文の幾節、「般若心経」や、「修証義」の冒頭は聞き覚えたが、それを唱えたことはない。もちろん朝夕の勤行に加わったこともない。後に、経文や『正法眼蔵』などの著作物を読むことにはなったが、それは別次元のことである。

寺の慣行のなかでの生活で、寺の行持のあれこれ、また禅家の立居振舞が身に付いていくのは自然のことであった。禅家作法の一端は、それが好ましいものとして、私の生活習慣に活かされているものが多い。寺の伽藍の広がり、空間が、人間のありようを変えていくさまも目の当たりにすることができた。寺は居間・客殿をふくめて各部屋の仕切りは襖だが、廊下に面した部屋の仕切りは障子である。寺には障子が多い。この障子の張り替えは、新しい年を迎える大仕事である。張り替えは四〇枚を超える。経験を重ね上手になった。古い朽ちた桟は添え木をして細い糸で縛る。障子を反転させ下段から紙を貼るのは、塵などが紙の重ね目に入り込まないためだ。部分張りは、花の形などに切り揃えたものをちりばめて貼る。伽藍を支える美しさはそんなところに出る。

客間の書院棚の脇柱に飯田蛇笏の句を書いた柱掛けがあった。下五の「明け易し」をうろに覚えていた。上句を確認したいと思い『蛇笏全句集』（角川ソフィア文庫、二〇一六年）などを検索し、「詠むにたへず詠まざらんとしても得ず。生涯をたゞこの詩に賭する身の、之をわが亡子数馬の霊にさゝぐ」と詞書をもつ「病院と死」と題した連作の一句、「ふた親のなみだに死ぬ子明け易し」にたどり着いた（第四句集『白嶽』一九四二年所収）。短夜こそ思いは長い。加えるようにして、蛇笏の二人の子息が先の戦争で戦死したことも知ることになった。戦争は寺の伽藍にもその跡を残す。

四月八日のお釈迦さま降誕会＝花まつりには、甘茶が注がれる天上天下唯我独尊の童子姿のお釈迦さまを飾り、三尺四方ほどの花御堂の屋根は春の花々で満たされる。

寺の年一番の法要「大施餓鬼会《おおせがきえ》」は、曹洞宗では全般で「施食会」と表記される。金剛寺では「大施食法会」の名称で毎年八月二〇日に行われる。本堂中央にしつらえる二間四方ほどの「施食棚」、笹竹を立て、四天王の名号を書いた幟や五色の紙の祓いを中心に据え、供物が並べられる。「施食棚」に飾られる四天王の名号や経文を書いた幟は、これを田畑の畔に立てると豊作になると言われ、参会者の焼香が終わると農家の人たちの幟や笹竹を奪い合う光景が見られたりしたが、近年、「施食棚」を飾らなくなって久しい。

「施餓鬼会」＝「施食会」の由来は、「飢餓で苦しんで災いをなす鬼衆や無縁の亡者の霊に飲食を施す法会」（『広辞苑』）。餓鬼道は仏教で言う三悪道・六道・十界の一つ。この餓鬼道にあって苦しむ一切の衆生に食物を施して供養する法会として各寺院とも年中行事の大切な法要と位置付けられている。参会者には客殿で「しのぎ」とよばれる軽食が供される。近年は金剛寺ではお弁当とお茶が配られる。三〇人を超える僧侶が参列する法要が終わると参会者は先祖代々の霊位や故人の戒名が書かれた卒塔婆を自家の墓に立てる。

かつて、戦後の食事情が困難な時期は、「大施食法会」の施食・しのぎは喜ばれた。戦後当初の施食はうどんだった。およそ二〇〇人を超える参会者に、茹でたてのうどんを井戸水で冷やして提供した。私は朝早くから手回しのうどん練り機を回した。庭に特別の竈を設え、うどんを茹でた。

山喜紹三さんの先輩の家族勝さんのこと

金剛寺から、私と同じ中学校に通う二年生がいた。戦時中、戦火を避けて都内の多くの家庭が、近郊の村、郷里などに縁故疎開をした。金剛寺にも山喜紹三さんの慶応義塾大学の先輩で関西系大手銀行の役員をしている一家が疎開してきていた。夫妻と長女、長男、次女の五人家族、薬師堂の裏部屋で自炊の生活をしていた。中学に通うのは長男の勝武男さん。長女は東京の女子高に通い、次女は小学生だった。

銀行家の勝芳眞さんは、金剛寺の二十三世住職・高島養麟師の徒弟の一人、養麟師から経済人をすすめられて慶応義塾大学に進んだこと、山喜紹三さんが、勝先輩の大学生活に惹かれるようにして慶応に進学したと聞いたことがある。

高島養麟師は山喜紹三さんの父である。曹洞宗宗務院（後の宗務庁）の内局で、一九一七（大正六）年～一九年財務部長、一九二〇（大正九）年庶務部長、一九二三（大正一二）年教学部長などを務め、宗派の中枢に在った。部長職は管長を代表者とする曹洞宗宗務院内局を担う重責である。内局の部局は名称の変更はあるが、山喜紹三さんが社会部長になったころは、宗務総長、庶務部長、教学部長、財務部長、社会部長の五人である。高島養麟師は一九二三（大正一二）年一月二一日没。贈大本山永平寺監院の称号をもつ。高島師は金剛寺住職として多くの僧を育てた。金剛寺に僧堂をもったともいわれ、小堤貞雄師（金剛寺二十四世住職）から始まり、関根法雲、高橋荘道、長嶋覺應、など一一人の徒弟の名が残っている。勝芳眞さんは五番、山喜紹三さん（金剛寺二十五世住職）は第八番に記載されている。いわば勝芳眞さんは、高島養麟師の徒弟・法嗣として上位に在った。

高島家（山喜家）と勝家とは師弟関係、また勝芳眞さんと山喜紹三さんとは同学の先輩・後輩の親しい関係があり、親戚付き合いの一家である。勝さん一家が東京・世田谷に引っ越して行ったのは、武男さんが新宿高校に入ったころであったろうか。武男さんは、早稲田大学を出て、鉄鋼大手の役員を務めた。勝家の墓所は金剛寺に在る。毎年の「大施食法会」には、ともに法要に参列。焼香、墓参のあと、暑気払いのビールの相伴に与りながらの二人の話題は、決まって山喜紹三さんのことになる。武男さんは二〇一九年六月に亡くなった。さみしさが重なる。

中学校から高校へ ── 結核発病

▽中学卒業番号は第八号

一九四九年三月、私は安行中学を卒業した。中学校の修学旅行は伊豆大島だった。大島旅行は、前夜遅く東京港桟橋を出る夜間の航路で、早朝大島着。大島観光後元町宿泊。翌日初島経由、熱海から東海道線で帰る行程だった。私は経費のことをなかなか言いだせなかった。お勝手口の上がり框《かまち》に、経費の通知を置いて学校に行った。あくる日、雪江奥さんがお金の入った封筒を渡してくれた。数日後、雪江奥さんは、ズボンとバーバリー風のレインコートも渡してくれた。レインコート姿の少年が大島桟橋を渡っている写真が残っている。

中学校の私の卒業証書の番号は「第八號」である。私の卒業番号の第八号が通し番号とすれば、前年創立の安行中学の前年度卒業生は、七人ということになる。私の同級生が何人いたかは覚えていないが、男女合わせれば三〇人はいたのではないだろうか。一般的な出席簿順はアイウエオ順が普通だから「ヤ」は後ろの方だ。私は中学卒業時は優等生だったから、卒業番号は私を起点にしたのかもしれないが、不思議な番号ではある。新制度の新制中学三年は義務教育年だから、この数字は当時の安行村の就学数を知る目安にはなる。

一九四九年四月、私は川口市立川口高等学校に入学する。金剛寺法類の住職に連れられて面接を受けた。法類の住職は、子息が川口高校に在籍中で保護者会役員でもあった。一つ二つの質問を受けて入学が決まった。保護者は山喜紹三さんである。川口高校の前身は、川口市立川口中学校。一九四八年の学制改革により川口市立川口高等学校、五一年埼玉県に移管、県立川口高校と改称された。

日本教育学会会長を務めた梅根悟氏が川口中学校長から川口市助役になるのは一九四六年である。梅根氏は川口市助役時代（一九四六年七月から四七年四月）、川口中学などを実施校として「社会科地域プログラム」＝川口プランと言われるカリキュラムを実施したことで知られている。梅根氏は、四八年東京文理科大学助教授に転出、東京教育大学教育学部教授を経て一九六六年創設の和光大学学長に就任。その間、日本教育学会会長、日本学術会議会員、一九八〇年の没年まで和光大学学長を務めた。

梅根氏の住居は、私が川口高校に通うころは、金剛寺に近い鳩ヶ谷町（現鳩ヶ谷市）に在った。自転車に乗る梅根さんの姿を何度も見た。お嬢さんが近所の子どもたちを対象に不定期な塾を開いていた。高校生は対象ではなかったが、個人として私の基礎学習を見てもらったことがあったように思う。学び遅れの少年は何かと世話が焼ける。

▽川口高校で学ぶ

川口高校（通称・かわたか）は、金剛寺から自転車で二〇分ほどの川口市の東北、諏訪山と呼ぶ丘にあった。丘の下には荒川放水路に繋がる芝川が流れ、田畑がまだ広がっていた。鋳物工場などの工場群は、高校の丘からは少し離れた南東に散在し、その先に荒川放水路が流れている。丘の下には日本放送協会の第二送信所「里送信所」もあった。当時は駐留軍専用送信所として使われていた。送信所のプールが川口高校の水泳練習所だった。日本放送協会の第一送信所「青木送信所」は二本の鉄柱を立て送信線を張っていたが、その後、東京タワーなどに送信施設が移り、鉄柱も撤去、送信所跡はＮＨＫアーカイブスになっている。近くに女子高があり「かわたか」生徒の回遊の道筋でもあった。

私は通学当初は数学などの教科は難儀だったが、他の教科はそれなりに付いていくことができた。さまざまな態様の教師がいた。後に書くように、私は高校二年の後半から結核を発症し登校がままならなくなるのだが、その二年ほどのなかで学び記憶に残る先生もいた。

日本史の原口清氏は、東京帝大国史科卒の二七歳。五二年静岡県立法経短大講師に転じ、のち助教授、六四年静岡大学教授、七一年名城大学教授になる。『日本近代国家の形成』（岩波書店、一九六八年）などの著作で知られる。原口先生にとって、私はできの良くない生徒だったが、近代天皇制の問題などを静かな口調で講義してくれた。私と親しく療養中も何回となく見舞いに来てくれた遠山高次君は原口先生が転じた後も私淑しているようだった。一九四九年は下山事件、三鷹事件、松川事件などが連続して起こった。それらについての言及がなされたと思うが、記憶は定かでない。

記憶に残るもう一人の先生は、世界史のＴ先生だった。一九五〇年は日本の講和を巡って全面講和か単独講和かが大きな問題になった。ストックホルム・アピールに代表される原子兵器の禁止運動が世界に広がった。六月には朝鮮戦争が勃発した。レッドパージが企業にまで広がり、公務員のパージもあった。警察予備隊が占領軍の指令で設置された。警察予備隊は五二年には保安隊となり、五四年に自衛隊となる。

朝鮮戦争の勃発した一九五〇年六月以後、Ｔ先生の授業時間のほとんどは「朝鮮戦争」に充てられた。黒板に地図を書き戦闘状況を解説した。朝鮮半島の南に大韓民国、北に朝鮮民主主義人民共和国が成立したのは一九四八年八月と九月。四九年一〇月には中華人民共和国が成立していた。朝鮮戦争では米軍は日本基地から出撃、日本は朝鮮戦争の後方基地、支援基地としての役割を背負うようになる。Ｔ先生の解説は東西勢力対決の構図に沿う面を持ちつつも、私には興味深いものであった。当時の政治状況を認識してのものではなかったが、私の関心には、多分にアメリカに対する反感が介在していたと言っていい。Ｔ先生は吃音の気味があった。それも親しみがもてたことだったかもしれない。

五〇年という時代は、戦後民主主義の方向を、ふたたび戦時の色を醸す逆コースの方向への転換、日本再軍備の方向が顕著さを増していた。共産党機関紙『アカハタ』の発行が停止された。レッドパージが始まった。

※大学からの教授のパージに反対する学生自治会の連合（全学連）の総決起大会も開かれた。後年、私の平和運動の先人として活躍した吉田嘉清さん（二〇一八年三月没）や、熊倉啓安さん（一九九五年三月没）が、早稲田大学と東大の学生自治会委員長だった。

朝鮮戦争勃発に前後しマッカーサー司令部は各地のデモ集会を禁止した。平和の集いなども禁止された。広島市主催の集会も中止になった。後に知ることだが、八月六日ヒロシマの日に、広島市民はデパートの屋上から平和のビラ（裏に「ストックホルム・アピール」がすり込まれていた）を撒き、峠三吉は当日の状況を「五〇年八月六日」という詩に書いた。日教組（日本教職員組合、四七年結成）が「教え子を再び戦争に送るな、青年よ再び銃を取るな」のスローガンを決めたのは一九五一年一一月の中央委員会だった。

そんな時代に私は高校で学んでいたのだ。

原口先生は歴史理解の方法を教えてくれた。T先生は、まさにいい「チューター」だった。原口清先生とT先生の外にも記憶に残っている教師がいた。英語のA教師はぜんそく持ちだったが、新派のファンで婦系図のお蔦と主税の恋模様を台詞入りで語った。下校時にたまたまA先生に出会った。欠席が多いことは知っていて「お前も肺病になるのかね」と、不思議なことが起こったように話しかけられた。「啼いて血を吐くホトトギス」、「不如帰」の波子の姿があるのだろう。私は「不思議ですか」と返事をした。その日のやり取りが効いたのか、その学期の英語の評価が上がっていて「不思議」が重なった。国語の教師は、鴎外の「高瀬舟」や直哉の「小僧の神様」などを朗読した。声が自慢のようだったが、背が低く太っていたので「子豚」と渾名されていた。生物の教師は私の評価欄に5と1を並記して驚かせた。いい先生だったが何か気に入らないことがあったのだろう。私の高校での成績は中位だったが、大学模擬入試テストは二回とも標準は超えていた。

高校で学ぶことは嬉しいことだった。専門性がある本も読むことができた。社会主義の本も読むようになっていた。私は結核が発症し高校三年間を全うできず大学は断念せざるをえなかったのだが、進学した同級生は、東大は一人だったが、埼玉大、国公立や六大学などに進学した。金剛寺近くから通っていた山田誠君は明治大学、卒業後川口市の管理職になった。私の病状が少し安定したころ、何回も訪ねてきて文学を語り、「死ぬなよ」とくりかえし励ましてくれた文学同好仲間だった松村仲一郎君は慶応だった。川口市の地場産業の鋳物工場や鉄工所、運輸業、商店主、植木業を継いだ友だちもいた。クラス一の乱暴者のM君は、荒川の眺望の良い川辺に別宅を持つ鉄鋼所の長男だった。彼の学生服は仕立てがちがっていた。当時高校生はみんな一張羅、夏冬を分けて学生服を持っている生徒は少なかった。M君は春、夏、冬と着替えていた。服の生地も色も垢ぬけていた。何度か泊まりに行った。真っ白なシーツ、朝食の華麗さに驚いた。M君の祖母があいさつに来た。祖母に接するM君は礼儀正しい孫だった。私が学校を休むようになったとき、「ぼくは泣き虫だから見舞いに行かない」、M君からの伝言だった。後のことだが、気胸療法を受けに病院に行った帰り、バキュームカーの運転席から声を掛けたのは在日二世の同級生だった。バキュームカーに負けないほどの偉丈夫な青年になっていた。秋の運動会の自転車団体競争で、私は彼の伴走に励まされ優勝した。私も一年生のときは脚力が強い方だった。

▽高校の学習記録票から

高校の一年生の時期は学校を休むことはなかったが、二年生後半から欠席する日が増え始める。熱が出る日があった。身体がだるい。寺は出るのだが、机に向かう気力がないままに、諏訪山の丘の草地に寝転んで時間を過ごしたりした。私は結核が発症したと自覚しつつあったのだが、「おやじ」の山喜さんや、雪江奥さんに言いだせない日がつづいた。学校をやめなければならない。病院に行くことに躊躇があったのだ。

在学年度別の学習記録票（成績表）には、学科ごとの授業時数と欠席・遅刻時数が記載されている。昭和二四（一九四九）年度、二五（一九五〇）年度の学習記録票はガリ版印刷のものだが、それぞれの下段に修得学科の合格単位が捺印されている。二六（一九五一）年度は印刷物となった「通知表」だが、三学期（一九五二年）が空白のまま、高校在学の記録はここで終わっている。

第一学年度の授業時総時間一〇八〇に対し、欠席時数は四五、遅刻が四。第二学年度の授業時数は九八三、欠席時数が一八三、遅刻七。第二学年度四学期の授業時数四三八に対し、欠席時数が一五二に増えている。第三学年度（一九五一年）の一学期は、授業時数三四七に対し、欠席時数が二七〇である。三日に二日が休みでは、通学しているとは言えない状況だったが、休めばそれなりに身体状況が好い方向に向いたのだろう。二学期は授業時数三九三に対し欠席時数が五八にとどまっている。しかし、一学期と二学期を併せての授業時数七四〇に対して欠席時数三二八である。このまま学校に通うのは無理がある。一時的にせよ休学を考える段階になっていた。

結核発症 —— 安静度Ⅰの生活

山喜紹三さんにとって、私の結核発症は私の家の履歴から予想できないことではなかったにしても、痛恨事であったと思う。すでに山喜さんは妹たちを、また法嗣を約束していた僧を結核で亡くしていた。山喜さんが子どもをもたなかったのは、宗教者としての態度というよりもこれらのことが重なっている。今また、という思いがあったにちがいない。

信頼できる医師の診断を求めることにした。一九五一年の春過ぎのころだったと思う。戦中に家族を疎開させ、東京の病院に勤務していた医師が安行村で開業していた。身の回りに無頓着な「赤ひげ」的な医師だったが、山喜さんが信頼していた。医師の診断は数か月の「安静療養」だった。

私の寝間が庫裡の納所から薬師堂裏の部屋に移された。さきにふれた勝芳眞さん一家が疎開していた部屋で、南向きの廊下を前にした六畳間だった。隣には四畳半の部屋や納戸もあった。廊下をへだてて洗面所・便所もある。

寺中あげて世話をしてくれた。朝の洗面のお湯は薬缶でご隠居さんが運んでくれた。食事は雪江奥さんが運んでくれた。雪江さんは岩槻近くの春日部高等女学校から東京の名家の奥女中に出て、茶・生け花作法、和裁、料理の修練も経ていた。雪江奥さんは私の膳に、朝はほうれん草のバター炒めを加えてくれた。私の膳にはいつも一品お菜が多く載っていた。たまに山喜紹三さんが運んでくる。私は恐縮したが、食事を運んできた日は食べ終わるまで村の出来事などを話し、世の中のことを知らせてくれた。政治の話が交じることもあった。若い喜久ちゃんは、結核がうつるのを懸念し近寄ることはなかった。雪江奥さんは結核の既往歴を持っていた。医師は月に二回ほど往診に来る。夫人を亡くしている医師が履く靴下は穴が開いていた。寺では、医師が持ち帰る家族のための食糧などを用意していた。

こうして私の「安静」の生活が一九五一年の秋から新年をはさんで五二年の夏までつづくことになる。「安静」とはどういうものなのか、おおまかには「病態の悪化防止や回復促進を目的にして身体を臥位に保って休息する」(『看護大事典』医学書院、二〇一一年)とされるが、症状によって「安静度」が変わる。安静度Ⅰは絶対安静・面会謝絶、安静度Ⅱは床上安静、Ⅲは室内歩行可などに分かれる。私の安静度はほぼⅡに当たるものだったが、周囲の認識は「絶対安静」に近いものだったし、私の理解もそれに近いものだった。新聞、本を読むのを止めた。ラジオの聴取も止めた。体を動かすのは、洗面と用便に限っての生活になった。

毎日寝ている。ただ寝ている。見えるのは天井板の木目や滲み、障子の桟ぐらいである。障子を開ければ裏庭の植栽やその奥の竹林、杉の木立がのぞけた。それだけである。身辺に在るのは湯呑み茶碗と体温計である。絶対安静の生活を始めたころの体温は朝から三七度二～三分、夕刻は三七度六～七分。ほぼ一か月後から朝方が三七度、夕刻にも三七度三分程度に好転してきてはいたが、いつも体がほてっていた。安静の生活はつづいた。安静にしていることは、仰臥して身体を横たえていることだが、眠っていることではない。目を開けてばかりではいられないから目をつむると眠ってしまうこともある。しかし、眠ってばかりではいられないから、何かを考える。

良寛と子規と

「生涯懶立身　騰々任天眞」、生涯身を立つるにもの懶く、騰々（物に拘泥しない、自由に）天眞（天然のままに飾りなく）に任すと言ったのは良寛だった。私もぼんやりと時を過ごすことや寝ていることにそれほどの苦痛を感じなかったが、死んでもいいとは思わなかった。結核で死ぬ人は多い。母もさくねえちゃんも肺病で死んだ。私も生きられないかも知れないと思った。しかし、死ぬ前にやりたいことのいくつかはある。読みたい本もある。友だちとも話したい。女性と仲良くしたいと思う。

そんなことを考えるなかでわかったいくつかのことがあった。一つは「考えることを止めよう」と思うことで、一時的に考えを中断できるということだった。何も考えないことを考えることができる、と言った方がいいのかもしれない。何も考えないで、ただ「もの懶く」時間を過ごす、良寛の先の「五言詩」の結びは、「夜雨草庵裡　雙脚等閒伸」というものだが、仰臥し、こころ穏やかに、両足を伸ばし、雨の音を聞く。等閒＝等閑の日々は、禅家のいう「行持」そのものと言えないこともない。

良寛が諸国を行脚してのち、帰郷して國上山中腹の五合庵や山麓の草庵で生活するのは五〇歳前後のことである。旋頭歌から「手毬をよめる」を引く（『良寛歌集』井本農一、関克己校註、角川文庫、一九五九年）。

冬ごもり　春さり来れば　飯乞ふと　草の庵を　立ち出でて　里にい行けば　たまぼこの　道の巷に　子供らが　今を春べと　手まりつく　ひふみよいむな　汝がつけば　吾はうたひ　あがつけば　なは歌ひて　つきて歌ひて　霞立つ　長き春日を　暮しつるかも

霞立つ　長き春日を子どもらと　手まりつきつつ　今日もくらしつ

島崎の地に居を移すのは良寛六九歳、この地の生活で貞心尼二九歳との交際を得る。二人の詠草『はちすの露』一巻が遺る。巻頭四首を引く。

師常に手毬をもてあそび玉ふとききて奉るとて

これぞ此の佛の道に遊びつつ
　つくやつきせぬ御のりなるらん　貞心尼

御かへし

つきて見よひふみよいむなやここのとを
　十とをさめて又始まるを　師

はじめてあい見奉りて

君にかくあひ見ることのうれしさも

まださめやらぬ夢かと思ふ　　貞心

御かへし

夢の世に且つまどろみて夢を又

語るも夢もそれぞれがまにまに　　師

良寛のことを長く引いたことに他意はないが、良寛は曹洞宗の僧、諸国行脚の修行をつづけた。詩草や詠草に行脚や修行を詠んだものが多くあるが、宗祖道元への献詞・献草も多い。また、柔和な書を多く残した。ひふみ＝一二三から、十＝とふと数えてまた一にもどる。私の居間には「一二三」と書かれた良寛の色紙が架かっている。私は日によって「ひ・ふ・み」と読み、「いち・にい・さん」と読む。毬撞く良寛と、只管打坐の良寛への渇仰である。

金剛寺の伽藍につつまれ、ひたすらに「安静」の日々を過ごすなかで、図ることなく近づくのは『仰臥漫録』の正岡子規、大愚と号した禅僧良寛、そして、理解の度合いは別にして『道元の言語宇宙』（寺田透）へとつながる道程であった。とはいえそのとき私はまだ二〇歳だったのだ。悔しさを誰に伝えることもなくただ生きる日々が過ぎる。

「死」との接点について

「安静」の生活でわかったもう一つのことは、熱の高いときは考えが堂々巡りをするということであった。体温が三八度を超えると考えの焦点がぼける。痛いとか苦しいとかの自覚があるほうが、考えがまとまり易いということであった。

子規は『仰臥漫録』や『病牀三尺』のなかで、日々の生活記録「漫録」を記しつづける。発熱が三八度を超える日の記載もあるが、熱に関しての感想の記載はない。子規が漱石の下宿に寄寓していたころは、喀血を繰り返した。結核初期の発熱や喀血などの症状からカリエス進行へとつづく痛みのなかで、子規はどのような精神活動を経由して、それを旺盛な創作に結びつけたのだろうか。気負った我がままが残る啄木はどうだったのだろう。抒情と自然と親しいものとの愛に生きた宮沢賢治の世界にも。

私は喀血を繰り返すという病状ではなかったが、喀血や多量の血痰が出るときは予兆がある。その不安は、結核になった人でないと理解がとどかないほどの不安である。啄木は肩肘張って見せてはいたが、喀血の不安は付きまとっていたと思う。子規が書いている。「この頃は左の肺の内にブツ〳〵〳〵といふ音が絶えず聞える。これは「彿々々」と不平を鳴らして居るのであらうか。或いは「仏々々」と念仏を唱へて居るのであらうか。あるいは「物々々」と唯物説でも主張して居るのであらうか」(『墨汁一滴』〈四月七日〉、岩波文庫、一九八四年)。

私の寝ている部屋は薬師堂の裏である。私は日々、薬師如来と接しつづけていたと言っていい。灸点のある日には壁越しに、灸点の施療前に唱える経文の題目が聞こえた。

子規が記している。

「余は今まで禅宗のいはゆる悟りといふ事を誤解して居た。悟りといふ事は如何なる場合にも平気で死ぬる事かと思つて居たのは間違ひで、悟りといふ事は如何なる場合にも平気で生きて居る事であつた」(『病牀六尺』〈六月二日〉、岩波文庫、一九八四年)。中国宋代の禅僧、無門慧開が編んだ公案集「無門關」の第一則を引いたものものだが、在家のまま禅の公案に近づこうとする人には、一つの「偈」となり得る。

「自殺」について

私の父が死亡した昭和一五(一九四〇)年の、結核の全死亡者数は一五万二〇〇〇人を超える。人口一〇万対率は二一二、死因の第一位であった。

肺病は死の病であった。だから肺病を病むと、自殺の思いに取りつかれる。また或いは、自殺した作家への同志的な思いが錯綜する。私も、芥川や太宰、田中英光などの自殺や心中「事件」に接近し、本を読み、考えたりもした。死ぬことがちらつくと、そのことで結核から逃げ出せる思いがからまり、不思議に気が休まることがある。やがて自殺は「情けない」と思うことにして、死を遠ざけてひとまず安心する。

誰もが自分の生まれたときを知っているわけではない。なら、せめて自分の死を自覚する、あらかじめ自分の死を確認しておくには「自殺」しかない。作家の自殺には、「生の安心」を担保するために死を選んだ人がいたのではないかと思う。自殺は、その人の選択行為としては尊厳の領域がともなうから軽く受け取ったりすることはできないと思うものの、「自殺行為」は私の「安静」時間に出会った「死の範囲」から、抜け出てはこない。

有島武郎と正岡子規

▽有島武郎

一つ、ふれておきたいのは有島武郎の心中のことだ。有島武郎が心中したのは一九二三(大正一二)年九月、山喜紹三さんが慶応義塾大学予科の学生のときだ。有島武郎が『宣言一つ』を書いて、北海道の有島農場を開放するのは一九二二年である。「『白樺』の同人。人道主義的な傾向が強く、思想的苦悩の結果財産を放棄」と『広辞苑』は説く。ヨーロッパ留学の中で社会主義に近づき大杉栄とも接触した有島武郎、その人道主義者、キリスト者の有島武郎と山喜紹三青年の接近の度合いはどんなところに在ったのだろうかというのが、私に「子の恩」を語る、多分に大正リベラルを体していた山喜紹三さん理解のヒントでもある。

有島武郎の心中の相手は、相思相愛になった『婦人公論』記者波多野秋子、その夫の波多野氏からの金銭的脅迫、示談解決で示された一万円という金額の要求に対して、有島は「僕は愛する女を金に換算する要求には断じて応じられない」と示談を拒み、二人は死の道を選ぶ。――「当時の一万円は大金だが、有島家は有数の資産家であり。有島は当主だった。金で解決するつもりなら、ことは簡単だった。有島は金で解決するつもりはまったくなかった」――「この後、有島と秋子は死に衣装に着替えた。二人は別荘階下十畳敷きの応接間に行った。秋子は金紗の藤色夏羽織絽縮緬の単衣に塩瀬茶色の帯をしめた盛装で、有島は格子縞の単衣の着流しに角帯を貝の口にきちんと結んで立ち。秋子は扱帯を梁に吊るし、有島は秋子の伊達巻を梁に吊るし、縊死心中を遂げた」（川西政明『新・日本文壇史』第二巻、岩波書店、二〇一〇年）。

▽正岡子規

子規の『仰臥漫録』に「自殺にかられる思い」を書いたくだりがある。多く引用される個所である。用事を頼んだ母が出かけた後の記述。「さあ静かになつた　この家には余一人となつたのである」と書き出しそれにつづく個所。

余は左向に寐たまま前の硯箱を見ると四、五本の禿筆一本の験温器の外に二寸ばかりの鈍い小刀と二寸ばかりの千枚通しの錐とはしかも筆の上にあらはれて居る　さなくとも時々起らうとする自殺熱はむらむらと起つて来た　実は電信文を書くときにはやちらとしてゐたのだ　しかしこの鈍刀や錐ではまさかに死ねぬ　次の間へ行けば剃刀があることは分つて居る　その剃刀さえあれば咽喉を掻く位はわけはないが悲しいことには今は匍匐ふことも出来ぬ　已むなくんばこの小刀でものど笛を切断出来ぬことはあるまい　錐で心臓に穴をあけても死ぬるに違ひないが長く苦しんでは困るから穴を三つか四つかあけたら直に死ぬるであらうかと色々に考へて見るが実は恐ろしさが勝つのでそれと決心することも出来ぬ　死は恐ろしくはないのであるが苦が恐ろしいのだ　病苦でさえ堪えきれぬにこの上死にそこなふてはと思ふのが恐ろしい　そればかりではない　やはり刃物を見ると底の方から恐ろしさが湧いて出るやうな心持もする　今日もこの小刀を見たときにむらむらと恐ろしくなつたからじつと見てゐるともかくもこの小刀を手に持つて見ようとまで思ふた　よつぽと手で取らうとしたがいやいやここだと思ふてじつとこらえた　心の中は取らうと取るまいとの二つが戦つて居る　考へて居る内にしやくり

あげて泣き出した。（『仰臥漫録』〔十月十三日〕、岩波文庫、一九八三年）

「只管仰臥」――雨と落葉と小鳥と耳鳴り

金剛寺は曹洞宗の寺である。道元禅師が教えた「只管打坐」は、曹洞禅の根幹と言われる。では「只管仰臥」はどう理解されるだろうか。子規ならず、病歴、刻の経過などの比較の差はあるとはいえ、「しゃくりあげて泣き出す」こともならずに、私もまた「只管仰臥」、ただ臥したままに生きていたのであった。

晴れた日は戸障子への日の陰りで時の移りがわかる。雨の日は雨だれのしずくの多寡で夕暮れがわかる。冬の日の温もりは温かみが長く、春の日の温もりは冷め方が少し早い。

小鳥が来る。雀はいつもの朝のあいさつから。雀は一羽が何かの拍子でさえずると、いっせいにしゃべり出す。まるで収拾がつかない。何を話しているのか。夕暮れも雀が教えてくれる。竹林の隅の常緑樹に戻った雀は、その騒々しさを一瞬にしてやめる。羽音もしない静寂。やがて迫る夕闇と就寝。私にとっての雀は、白秋の「雀の生活」や一茶の「雀の子」とは遠いままだ。

庭に来る鳥は足音でわかる。コジュケイはいつも忙しそうに歩いて来る。シジュウカラは立ち止まったまま歩き出さないことがある。何かに遠慮しているみたいだ。オナガは群れて、夕立の前などにきて声が高い。ヒヨドリはやかましい。ホオジロやモズは鳴き声でそれとわかるのだが、病室から姿を眺める木々のてっぺんは遠すぎる。寺にくる鳩は山鳩だ。夕方に悲しく鳴く。

飛ぶ鳥は地に降りるときに、ふわっと自分の重さを矯《た》める。雪もまた地に届く前に、つと、ためらいをともなう。「身を矯めて生きる」、そんなキーワードを鳥の立ち居で教わった。落ち葉の音も風の音も季節で変わる。欅の葉は軽やかに音を運ぶように落ちる。焚き付けの導き火になる杉の葉は芯を下にすっとっとと落ちる。銀杏の水気をふくんだ葉は重い落ち方をする。冬近く霜が強く降りた朝方、銀杏の葉が一斉に落ちる。思いがけない速さでさぁーと音をのこし降るように落ちる。椿は阿《おもね》るような音を残す。

甦る音を聴く

そういえば、音が聞こえなくなることもある。静寂と「無音」が突如くることがある。「シーン」とした音を聴き分ける。武満徹が書いている。「音というのは不思議なものだ。生まれては、直ぐ、消える。そして、ひとそれぞれの記憶のなかに甦る」（『武満徹著作集3　遠い呼び声の彼方へ』新潮社、一九九二年）。武満さんは私と同じ時期に結核の闘病生活をおくった。甦る音への共感がある。「絃楽のためのレクイエム」は五七年の発表だ。

良寛もまた「静寂」の中に「音」を聴くと言った。良寛は「耳鳴りも身の内」と言って、「耳鳴り」は、身内に住み込んだ「音」だと言う。だから「耳鳴り」は自在に聴いたり聴かなかったり、禅家の言葉は時に人をびっくりさせる。良寛は音の中に「老い」を囲いこみ、「甦る」音を聴いていたのだろう。私もまた小鳥の足音、落葉や風の音になぐさめられた。

私は、結核療養の安静度が軽度になってから、音楽鑑賞が相当の時間をしめるようになる。といっても聴くのはラジオだけである。私の聴くラジオ受信機は真空管が数本並んだ旧式のもの。音の再生は雑なものだったが、それを懸命に聴いていた。どんな解説があったのか、それはそれとしても、音楽の基本教育を経ているわけではない私の「観賞」と「理解」は限られたものであったと思う。しかし、ほかのことの選択肢はない。その刻《とき》に聴く「音」は、私の「環境」に、密《ひそか》に共鳴し合うものを持っていた。多分に「音」の「甦り」と再生を刻むものだったにちがいない。

ストマイの力 —— 療養と「養鶏」

一九五一年の秋ごろ、私は僥倖とも思える治療を受けることになった。井上医師が結核の特効抗生薬、ストレプトマイシンを入手してくれたのであった。ストマイは高価であっただけでなく入手が困難なものだったが山喜さんが購入してくれたのだ（ストレプトマイシンは一九五二年二月自由販売になる）。たった二本の注射の効果は劇的だった。熱が下がった。平熱の状態がつづくようになった。安静の状態はつづけたが、約半年後の一九五二年春ごろから、新聞、ラジオ、読書は自由になった。病気が治るという希望が差しはじめたのだ。寝室から見える竹林や杉の木立が明るい様相をみせはじめた。食事が待ち遠しくなる。会話も変わってくる。共感を示していた芥川の後期作品から、鴎外、露伴、荷風、谷崎へと読書傾向も変わって行った。中学後輩のK君が私の希望に沿って、かつて「民主主義」を教えてくれた中学教師の本棚から本を届けてくれた。翻訳本、図書館の本もあった。戦後作家、第二、第三の新人の文学作品も届いた。また、金剛寺の書庫にある古典本、漢籍本などものぞきはじめていた。

一九五二年の春は、友人の誰彼の進学、進路が決まる年でもあった。様子を見て復学するのか。病状は安定してきているとはいえ、私の一日は、起きたり寝たりの半端な日々がつづいていた。山喜紹三さんも、私の今後にどんなことが可能なのか、その方途を考えあぐねているようだった。そんな折、夏が過ぎたころだったと思う。私のリハビリも兼ねてできる「仕事」として考えてくれたのが「養鶏」だった。小規模の「養鶏」ならできるのではないかというのが山喜さんの思い付きであった。そのころ勧められて加療していた気胸療法をつづけながらでもできる仕事だった。

当時「養鶏」は、農家の副業から、これを主な仕事にする「養鶏業」に転出する農家が現れたりしていた。これら農家の「養鶏」飼育への転出は、その後の大規模経営の「養鶏産業」に吸収されていくことになるのだが、この方途もまた、山喜紹三さんが描いていた農家の新しい転出の姿でもあった。しかし、私と山喜さんが始めた「養鶏」は、農家の新しい職業への転出とはちがって私の結核回復期の「リハビリ作業」に沿い過ぎていた。裏山の竹林に造成した鶏舎、電気設備、雛の購入、飼料の準備など、すべては金剛寺の支出、「生産」された卵販売の金額は、私の小遣いになるのでは、農家の人たちの「転出」とは、構えからしてちがっていた。

山喜さんが私に「養鶏」をすすめた本意は、私の健康回復後の方途を見据えた選択でもあった。貸家のままになっている山村家の敷地は三〇〇坪、中規模の「養鶏業」を始められる土地面積であった。太田春時がはじめた食品企業と連携すれば、職業として成り立つ可能性を持っていた。私は「養鶏」準備として鶏の勉強に取り組んだ。『養鶏の友』などという専門雑誌も読んだ。卵用種の「養鶏」は当時、鶏を小部屋に仕切った多段式鶏舎で飼育する「バタリー方式」が大勢だった。鶏舎はその方式で作った。とりあえず三〇羽を育てることにして、代表的卵用種「白色レグホーン」、生後一か月の雛を買った。

生き物は生きるだけで人間の時間を制約する。私は、朝早く起きて鶏の世話をした。鶏舎は竹林にそって造ったが、鶏の声は寺の庭にまでとどいた。鶏舎の防護柵も大事だった。鼬《いたち》も出没した。「養鶏」は、卵用の成鶏を飼育しながら並行して次世代の雛を育てなければならない。鼬はその雛を襲う。竹林を住処としている青大将も卵を盗みにくる。鼠は餌の残りをねらって鶏舎に近づく。「養鶏」は、鶏の病気に敏感でないと経営は成り立たない。鼠は往々にして病気を仲介する。鶏舎の清潔を保つために、清掃が大切だった。番犬も飼うことにした。

養鶏（卵用種）の経営は卵の生産率で評価される。当時の白色レグホーンは年産一羽三〇〇個にもなる優良種だったが、その後の飼育方法の改良など、今日ではどれほどになっているか理解はとどかない。私が「養鶏」を始めたころの卵一個の値段は小売りで七円から一〇円だった。そのころ「卵」は栄養食品としての評価が高かった。鶏卵は病気見舞の定番、もみ殻が敷かれた鶏卵専用の箱が用意されているほどだった。都電が一〇円、バス一区一五円。豆腐一二円。そば（もり・かけ）一七円。床屋一二〇円。河出書房「世界大思想全集」のベルグソン『創造的進化・形而上学入門』（一九五三年刊）は二九〇円だった。

「養鶏」と産卵の記録

私と山喜さんの「養鶏」がはじまった。雪江奥さんも、喜久ちゃんも手伝ってくれた。鶏舎の掃除などは職人さんが引き受けてくれるなどの「殿様仕事」だった。

記述がある。

一九五三年二月二四日の日記に「卵産み始める。三個」との記述がある。翌二五日には斎藤茂吉死すとの記載もあるが、二月下旬から卵を産み始めたとすれば、鶏の産卵までの期間はおよそ一五〇日だから、生後一か月の雛の購入は四か月前だ。私の「養鶏」は、一九五二年の一〇月か一一月初旬から始まったことになる。山喜さんが宗務庁社会部長を退任するころだ。

鶏の産卵のピークは生後二一〇日前後である。一九五三年の四月、五月の「生産個数」を記入した日記から書きだす。

▽一九五三年四月

一日一八個。二日病院・気胸。プルースト求む。二〇個。三日一七個。ベートーヴェン第三「英雄」を聴く。四日一八個。五日一八個。六日二一個。熱三七度。七日一七個。八日二四個。一羽が二個産む。夜春時来る。九日一七個。病院・気胸。『フォエルバッハ論』（青木文庫）六〇円。一〇日一九個。病院に申請書持参（医療保険申請書）。帰途、山田（同級生）と映画『サムソンとデリラ』観る（気胸を受けた帰りに映画を観たりした。国電で赤羽経由の池袋には封切館がある。三月一九日にはチャップリンの『ライムライト』を観ている）。一一日一七個。雨一日中降る。一二日九個。一三日二一個。椿花鑑定会に行く（見本園での椿の種類の鑑定の講習会）。一四日九個。一五日一二個。一六日一七個。気胸。川口堂書店にてショーペンハウアー『自殺について』買う。岩波文庫星一つ。床屋一二〇円。一七日一八個。夜春時来る卵一五渡す。一八日一八個。一九日一九個。衆院選挙。大久保宅に行く。二〇日一九個。選挙結果をラジオできく。二一日二一個。大久保宅に行く。熱三六・九～三七度。二二日一九個。熱三七度。二三日一九個。気胸、余り動かないようにと医師の注意受ける。二四日一七個。参院選挙。大久保宅に寄る。二五日一七個。午後松村兄来る（慶応に入学）、リルケ（世界文学全集）貰う。二六日一九個。大久保来る。夜ベートーヴェン・ピアノ協奏曲、シューベルト・悲愴、メンデルスゾーン・バイオリン協奏曲。二七日二三個。役場から医療保護の申請書を貰ってくる。大久保に細かいことを聞く（国立療養所清瀬病院に入院の手続きのことなど）。二八日一八個。清瀬病院に行く、入院は待機期間があること、再度訪ねよとのこと。二九日二〇個。三〇日二〇個。気胸なかなか入らず。

▽一九五三年五月

一日一九個。メーデー平穏。鶏一羽、ＤＤＴ散布多く瀕死状態になる。見本園に行く（山喜さんといっしょ）。『哲学入門』読む。二日二〇個。三日一九個。大久保来る。山田来る。国旗出す（憲法記念日）。四日二一個。大久保宅に行き「荷風集」を返し「里見弴集」借りる。五日二〇個。「終日起きているとつかれる」の記述。六日一九個。雛来る（次世代のため）。世話に疲れる。七日一七個。気胸。床屋一三〇円。八日一八個。花まつり、雨降りつづく。九日一九個。大久保来る。一〇日一八個。早慶ボートレース早稲田七挺身で勝つ。一一日二一個。一二日一九個。一三日一八個。大久保来る。体だるい、用心、用心。一四日二〇個。気胸。寺で茶摘み始まる。一五日一七個。茶づくりのため終日起きている。ベートーヴェンのピアノソナタ「大公」。一六日一八個。お茶づくりで留守居。大久保来る、碁並べ惨敗。一七日一六個。曇天。グリーグ・ピアノ協奏曲、ベートーヴェン・バイオリン協奏曲。一八日一九個。国会召集、議長正・副とも野党。一九日一八個。お茶作り。福祉事務所より調査に来る（医療保護申請の調査）。二〇日一五個。二一日二〇個。気胸。二二日一六個。お茶作り。二三日二〇個。終日寝ている。熱、朝三六・七、昼三七・二、夕三七・〇。二四日一七個。二五日一八個。屋根職人来る。二六日一九個。雛に病気予防硫酸銅飲ませる。二七日一七個。二八日二一個。気胸。ズボン一四〇〇円。そば一〇〇円。床屋一二〇円。二九日一六個。一日中雨、梅雨模様。大久保来る。三〇日一七個。相撲夏場所時津山全勝優勝。野球早慶戦、早稲田先勝一対〇。山田君来る。三一日二〇個。早慶戦慶応勝つ三対一。

私の「養鶏」産卵記録は、国立療養所清瀬病院から入院通知が届く一一月七日までメモされている。四月から九月までの六か月の月別産卵数と収入記録が残っている。半年間の産卵数は二七九〇個、収入は一万九六〇〇円。三〇羽の産卵比率は約七〇％、平均生産数といっていいものだが、支出（飼料など）は二万二七一〇円である。

気胸療法をつづけながら

私が「養鶏」を始めるころ受けていた「気胸療法」は、胸郭内に気体を注入して肺を圧迫収縮させて結核の治癒を促す療法で、当時は広く施療されていた。胸腔への気体の注入は、およそ数分だが、施療には通院しなければならない。はじめは週に二回、一か月後から週一回、川口市民病院に通った。市民病院は国鉄（ＪＲ）京浜東北線川口駅近くに在った。私は、鳩ケ谷までは歩き、鳩ケ谷からはバスで二〇分ほどの通院だった。

気胸療法は一九五三年の二月四日（水）からはじめた。六日（金）が第二回、一二日（木）第三回、一六日（月）四回目、一九日（木）二三日（月）二六日（木）とつづく。三月は五日（木）九日（月）一二日（木）一九日（木）二六日（木）と通院。記しておけば日記の三月六日には「スターリン死す」と記し、七日マレンコフ新首相に決定と書かれている。ソ連の動きなどに関心があったのだろう。

四月二日（木）、気胸。この日から前述の「産卵数記録」につづく。そのころの私の日常は「養鶏」と気胸の通院を軸にして、時に寺の仕事を手伝うこともあったが、前述の記録にもあるように「一日寝ている日」があり、発熱を気にする記載があるなど「結核療養者」でありつづけていたのだ。

日記には病院の帰りに高校の友だちに会ったこと。映画を観たことなども記されているが、本屋にもよく寄っている。駅前にあった川口堂書店には岩波文庫が並んでいた。私は廉い星一つを探した。星一つが三〇円だったと思うが、ドストエフスキーの『カラマーゾフの兄弟』やロマン・ロランの『ジャン・クリストフ』などは星が多かった。星一つは、多くが白帯（古典）で、難しい本だった。買ったからには難しい本も読む。理解したかどうかは別にして活字を追う。言葉・活字に魅かれて本を読むのは、寺の漢籍本をみていた影響かもしれない。漢籍本は文字の「音」と「訓」を宛ててみるだけで、わかった気になる。

寺のご隠居さんと仲良くなったと書いたが、安静度が緩やかになった五二年の末ごろから、ご隠居さん＝おばあちゃん（以後おばあちゃんと書く）が夕刊を届けてくれるようになった。朝刊は山喜さんが読んだ後に回ってくるのだが、夕刊は私のところから庫裡に回る。夕刊といっしょに菓子なども届いた。甘いものが好きな山喜紹三さんは羊羹だが、おばあちゃんは歯の具合もあったのか甘納豆、それも小豆（大納言）が好みだった。おばあちゃん贔屓の甘納豆の店は赤羽の商店街にあった。赤羽は川口から一駅、気胸治療の帰りに寄り道をして甘納豆を買って帰った。甘納豆の値段は一包み一〇〇円か、一五〇円だったろうか。おばあちゃんはそのころ出始めた五〇〇円札を渡してくれた。おばあちゃんは本堂などの賽銭箱の管理を任されていた。お灸日には多いときは三〇〇人もの施療者が来る。お賽銭もそれなりになる。二月に一度、その小銭の換金に郵便局員が来る。だから、おばあちゃんはいつもピン札を持っている。渡されたピン札のお釣りを返したことはない。お釣りを私が小遣いにしているのが、おばあちゃんにとっては嬉しいことの一つだった。おばあちゃんに小遣いを与える男の子ができたのだ。「ばあさんは誤魔化されて嬉しがっている」と山喜さんは笑った。先に、親子の仲がしっくりしないと書いたが、私とおばあちゃんとのささいなやり取りのなかで、親子の仕切りに、ほっとしたものがただようようになった。家族で冗談が言えるようになれば家庭の生活は明るくなる。

一九五一年初頭から対日講和問題が日程に乗り始める。単独講和か全面講和かが国論を二分して論議が起こる。朝鮮戦争問題でマッカーサー国連軍最高司令官が中国本土攻撃も辞さずと声明、罷免。六月、第一次追放解除、八月には第二次の追放解除が発表される。対日講和条約は日米安保条約とともに九月調印。共産党の極左冒険主義、火炎ビン闘争も起こる。対日講和条約・安保承認を巡って社会党は左右両派に分裂する。対日講和条約の交渉の時期から、原爆報道の解禁状況が生まれ、九月には峠三吉の『原爆詩集』が発行された。原爆被災の少年少女の作文集『原爆の子』（長田新編、岩波書店）も刊行された。この年、三越従業員組合のストライキがあった。黒澤明監督の『羅生門』が、ベニス映画祭でグランプリを受賞した。

一九五二年四月、対日講和条約が発効、占領が終わった。五月一日の独立後初のメーデーは、代々木の会場から皇居前広場に押し掛けたデモ隊と警官隊が激突した。主催者発表では死者二、負傷者、デモ隊側六三八、警察側八三二名、一二三二人の逮捕者が出た。二月にはイギリスが原爆保有を公表。一一月、アメリカはマーシャル諸島のエニウェトク環礁で初の水爆実験を実施。五三年八月にはソ連も水爆保有を宣言、東西の核開発競争は大量報復戦略に突入して行く。

『アサヒグラフ』八月六日号が「原爆被害写真」を公開、増刷を重ね、七〇万部に達した。広島に原爆被害者の会が発足したのは五二年の八月一〇日であった。

河合栄治郎と林田茂雄

そんなある日、「養鶏」を始めようとしていた一九五二年の秋ごろだったと思う。五二年は山喜さんの追放が解除された年だ。

山喜紹三さんから二冊の本が渡された。一冊は河合栄治郎著『自由主義の擁護』。もう一冊は林田茂雄著『般若心経の再発見――佛の道とマルクスの道』だった。

▽河合栄治郎『自由主義の擁護』

河合栄治郎は一八九一年生まれ、一九四四年没。『広辞苑』には「社会政策学者・評論家。東京生れ。東大教授。自由主義的であるとして、一九三八年著書発禁、のち起訴されて休職」と記されている。『［現代日本］朝日人物事典』（朝日新聞社、一九九〇年）の河合栄治郎の項は粕谷一希の執筆。粕谷は、東大卒後中央公論社に入社、同社発行の総合雑誌『中央公論』の編集長を務めたこともあり、評伝『河合栄治郎――闘う自由主義者とその系譜』（日本経済新聞社出版局、一九八三年）を持つ評論家である。以下のやや長い引用は、粕谷氏の解説が、山喜紹三さんが私に『自由主義の擁護』を渡してくれたことの意味を推測できるものをふくんでいると思うからである。

「大正末から昭和初頭、日本社会も左から右へ大きく動揺するが、時代を反映して東大教授陣もマルクス主義、自由主義、民主主義の三派鼎立の派閥抗争の色彩を強めてゆく。栄治郎は当初、左派と対抗してマルクス主義批判を展開したが、やがて五・一五事件から二・二六事件に至るファッショ勢力の抬頭を眼前にしてファシズム批判の立場を強め、とくに二・二六事件に際して『帝大新聞』に断乎たる批判を書いて時勢に正面から立ち向かう姿勢を示した。その自由主義的態度はやがて当局の忌諱に触れ、著書の発禁、警視庁、検察庁の取り調べを受ける身となる。その上、東大経済学部の内紛がからみ、いわゆる平賀粛学と呼ばれる裁定で休職処分。／以後、晩年の栄治郎は孤立した状態のなかで、少数の知友、門下生の支持のなかで裁判闘争に明け暮れることになる。しかしそうした逼塞状態のなかで、学生叢書の刊行を継続、明るく強い理想主義哲学を説き、学生・知識層に広い影響力を持続した。彼は日米開戦と敗北を予見したが、その試練を越えたときに日本民族の将来があることを信じた。四四年、敗戦前年、心臓麻痺で死去。五三歳。敗戦を迎えるや戦闘的自由主義の旗手として甦り、門下生や著作を通して広い影響力を持続した」。

ここに記されている河合栄治郎の「日米開戦と敗北を予見」に類似する考えは、当時、「左」に限らず、かなりの数の知識人は持っていたと思われることだった。

もう一つ、今にして私が関心を持つのは、山喜さんの村長在任時期は、一九三九（昭和一四）年から一九四六（昭和二一）年である。河合栄治郎が東大を追われたのは一九三九年、四〇年に公判が始まり一九四三（昭和一八）年に大審院で有罪が確定する。河合栄治郎は敗戦を知らないまま、一九四四（昭和一九）年四月に亡くなる。私の関心は、この時期の、河合栄治郎と山喜さんとの同時性である。「学生・知識層に広い影響力を持続した」その影響を受けた側に、山喜さんがいたという想定が可能なら、河合栄治郎の裁判経過に関心があったに違いない。しかし、そのとき山喜さんは、河合栄治郎が批判する国家主義国家の、一地方の農村とはいえ、行政の長としての役割を果たしつづけていた。歴史は矛盾の同時性を携えて進行する。

山喜さんから渡された河合栄治郎の本は、いま手許にない。図書館で検索すると『自由主義の擁護』は、一九四六年一〇月、白日書院刊。一九四七年再版。価は二〇円とある。この本は目黒図書館には収蔵されていなかったが、角川文庫版の『自由主義の擁護』が所蔵されていた。文庫は一九五一（昭和二六）年三月一五日初版。目黒図書館収蔵のものは一九五四（昭和二九）年四月五日刊の六版。価は臨時定価七〇円とある。したがって、山喜さんから渡された本は角川文庫の可能性が強い。同書の編・解説は木村健康氏である。木村氏は河合栄治郎が東大を追われた時、抗議して大学に辞表を提出した河合門下生、以後、特別弁護人として河合栄治郎を弁護しつづけた。解説文末尾に記された年月日は一九四六年七月三一日である。日付から見て白日書院での刊行にあわせて書かれたものであり、角川文庫は白日書院刊本の文庫化と思われる。

収録されている論文は、「現代に於ける自由主義」／「自由主義の再検討」／「改革原理としての自由主義」／「国家主義批判」／「自由主義の辯明」の五論文である。

収録論文中の「自由主義の辯明」は、戦後、昭和二一（一九四六）年二月、三月号の『中央公論』に掲載され、河合栄治郎を蘇らせた論文といわれる。諸著作が国家の「安寧秩序紊乱」すると起訴され、一九四〇（昭和一五）年にはじまった裁判の際、弁護人海野普吉の参考のために河合栄治郎が所見を述べたものとされる。裁判の経過について木村氏は「解説」のなかで詳細に論じている。他の四つの評論は、いずれも昭和一三（一九三八）年一〇月に発売禁止処分に附せられた著書中から再録したものとも説明されている。四つの評論は、昭和八（一九三三）年から昭和九（一九三四）年にかけて雑誌『改造』や『中央公論』に発表されたものである。

木村氏は「解説」のなかでこう記述する。「河合教授の思想を要約すれば、理想主義的個人主義を基礎とする自由主義であり、社会経済思想としては民主主義を立脚点とするものであるということが出来る」。先に引いた粕谷一希氏の結び「敗戦を迎えるや戦闘的自由主義の旗手として甦り」、広い影響力を持続した河合栄治郎の著作『自由主義の擁護』が、執筆・発表から十数年後に二〇歳の私に手渡されたのである。

▽林田茂雄『般若心経の再発見 ― 佛の道とマルクスの道』

『自由主義の擁護』といっしょに渡されたもう一冊の林田茂雄の本は、副題が示すようにマルクス主義者が書いた仏教書である。本は四六判二七六ページ、大法輪閣刊となっている。手許の本は奥付がなく価格表示もない。本文用紙は仙花紙、劣化の状態にある。

本の「自序」、「あとがき」、「改版にあたって」、「第二版附記」の記述から本書成立の経過をたどる。本書の第一版、第二版は『マルクス主義人生読本』という題名で刊行されたが、「反響はむしろ仏教関係者のなかで大きかった。復刊を希望される声が高くなったので、全巻にわたり書きあらためて、大法輪閣をわずらわすことにした」（「改版にあたって」一九五〇年九月二三日）ものである。第一版は「貧乏な私のために同志桑原和子は万年筆をくれ、この原稿用紙をも買ってくれた」「あまり有名でない私のために、同志井上光晴は九州評論社を世話してくれた」（「あとがき」一九四八年二月四日）とある。また「第二版附記」は一九四八年七月五日とされているから、第一版出版は一九四八年と思われる。林田茂雄の「自序」を引く。

「獄中六年の獨房生活が、どうして私には、苦しくもさびしくもなかったか。― 誰に聞かせても負けおしみとしか思われないような、さとりの生活の内容を、だれが聞いてもわかるように解きあかそうというのが本書である。さとりとは、人生の考えかたの問題ではなくて、毎日の生きかたの問題である。苦しみのない生活とは、苦しむ材料のない世界ににげこむことでもなく苦しみに対して不感症になることでもない。一切の苦しみの前に弱い生ま身をさらしながら、その苦しみそのものをもって、楽しみの内容をゆたかにしてゆく生活である。それはちょうど、からい塩が、砂糖のなかに統一されるとき、あまみを邪魔しないで、かえっておしるこのあまさを高める役にたつような、そんな原理を身をもって実現してゆく生きかたである。この弁証法的な生きかたを、私自身の具体的な体験を通じて解きあかそうというのが本書である」。

林田茂雄は、一九〇七年熊本県生まれ、熊本第二師範中退後上京、文学活動に参加、同時に左翼活動、一九三〇年プロレタリア科学研究所事務局員、一九三一年『第二無産者新聞』、一九三二年から『赤旗《せっき》』印刷部員となり地下活動、九月検挙、非転向のまま下獄、戦後は社会・文芸評論家として多くの著作を残し、仏教に傾倒した。一九九一年一月八四歳で死去。

※非合法時代の『赤旗』印刷

日本共産党創立九〇周年記念講演会（二〇一二年七月一八日、日本青年館）で、志位和夫日本共産党委員長が、演説のなかで林田茂雄の「回想記」の部分を引用紹介した。非合法で『赤旗』印刷に携わったころのエピソードである。以下、志位氏発言の引用箇所――「印刷部の仕事をはじめるとすぐ、私は仕事関係の隠語を作った。喫茶店などの連絡場所で……大っぴらにはなせることばにおきかえる必要はあった……あれかこれかの模索のあげくに、洋服屋になりすますことを思いついた。原稿が注文伝票、割付けが寸法書き、組版が裁断、校正が仮縫い、印刷が本縫い、用紙が生地、新聞が背広、パンフレットがチョッキ、ビラがハンカチ、といったぐあいにできあがった（笑い、拍手）」。

非合法の時代の『赤旗』の印刷・発行は、特高や検察の監視、抑圧を受けながらも多くの人が携わり、また協力者があったことは、日本共産党弾圧の歴史とともに多様に伝えられている。

二冊の本が意味するもの

山喜さんはどんな意味合いを持って、この二冊の本を私に買ってくれたのか。あるいは与えたのかをあらためて思う。河合栄治郎の論文の多くは戦前に発表されたものだから、山喜さんは、その時点で目を通すことが可能だが、林田茂雄のものは、戦後の出版だから山喜さんもこの本が初見にちがいない。

記憶がある。甘いものが貴重な時期、寺の行事で参列者に汁粉をふるまったことがある。そのとき、塩を少し入れることで甘みが「塩梅」されるという話をしていた。引用した林田茂雄の文章もその「話」を引いている。

二冊の本が渡されるころ、私は、高校生仲間との交流や、朝鮮戦争を巡る国際・国内の政治状況に触発され、読む本も変わってきてはいた。社会主義系列の本も読むようになってもいた。先の気胸療法の帰りに『フォエルバッハ論』（岩波文庫）を買っている。読書傾向だけでなく、私の生活態度に社会に反抗する姿勢の兆しを山喜さんは感じていたのかもしれない。こんな本を読みなさいというのは、助言なのか忠告なのかはわからない。山喜さんはほかのこともそうだが、「人生論」めいたこと、「知識」をテストするような話はしないし、言わない人だった。この二冊の本についても渡されたときもその後も、本の内容について話したことはない。私が尋ねたこともむろんない。

この稿をまとめるために、二つの本に目を通してはみた。林田茂雄のものは、発表当時には話題性があったことは理解できるが、さほどの再読感はない。「般若心経」の読み方も私とはちがうところがある。

河合栄治郎については、戦後、全集や著作が刊行されていること、河合栄治郎研究会などによって、その業績の評価、再認識の作業がつづけられていることは側聞しているが、今の私にとって河合栄治郎への関心はその範囲を出るものではない。

＊

この稿を書きながらの私の関心は、私が二冊の本をどう読み、理解したかということよりも、山喜さんが「民主化の嵐」ととらえていた戦後から数年を経て、占領終結と自身の追放解除という一九五二年当時の時代環境のなかで、この二冊の本が渡されたことの意味である。

これまでも、山喜さんの政治・信条に類することは婉曲的にはふれてきたが評価に言及したことはない。そのことは気をつけなければならないと思ってきた。それが礼儀だと思ってきた。山喜さんが認識していた「民主化の嵐」が日本をおおう状況のなかで、にもかかわらずと言っていいかは問題だが、公職追放者は公的なものにはかかわれなかったのだ。

追放期間中の宗派人としての活動のあれこれはすでに書いてきた。それらのなかには戦後の民主的な方向を目指した方策のいくつかを見て取ることができると思う。これもまた山喜さんの戦中の行いの「自責」が誘い出したものであったのかどうか。直接聞いたわけではないが、日々の生活をともにすることで、また先に書いたように基礎的な多くのことを教わるなかでそのように理解してきたと言っていい。

近年、戦時認識、アメリカの占領期の認識についての論議が右翼的な傾向を持って語られているが、山喜さんの歴史認識はその方途にいたるものではない。そう思う。

山喜さんは講和条約に至る時期の戦後政治の活動に直接かかわりをもつことはなかった。しかし一方、憲法の人権と民主主義、家制度の廃止、個人の尊厳と男女平等、差別の撤廃にはいさぎよいほどの態度を示していた。先に挙げた台所やかまどの改良推進に見られるように、農村の身分社会、封建主義の残滓をなくすことに積極的だった。

宗派人として、一九四九年から曹洞宗の宗議会議員として、また一九五一年から一九五二年までの期間、宗務庁社会部長として在任したことは前に記した。一九五二年が道元禅師七百回大遠忌の年であること、その大遠忌を期に曹洞宗の詠讃歌「梅花流」の創立が行われたこと、山喜さんの公職追放解除が、これらの時期に重なっていることもまた、戦後が生み出す時代の皮相でもある。人びとはそれぞれに、その時代を生きる。

戦後から、連合国軍・米軍の占領期間、追放解除後の山喜さんの政治選択がどのような方途に向かっていたか、その一つ二つは次に書くが、それも類推の範囲を出ない。類推には迷路が忍び込むこともある。

＊

一九四七年に行われた衆議院選挙で社会党が第一党になり、六月に社会・民主・協同三党の社会党首班の連立政権が出来た。この選挙に埼玉四区から社会党公認で馬場秀夫氏が当選した。馬場氏は、元東京日日新聞記者、モスクワ特派員、毎日新聞出版局長などを経験したジャーナリスト。鴻巣市長や行田市長を経験し、埼玉県知事に立候補もした。社会党系の政治・社会評論の論客でもあった。馬場氏のことを山喜さんから聞いたことがある。当時、山喜さんには、社会党系へのシンパシーがあったのかもしれない。一九五一年社会党は左右に分裂、馬場氏は右派に属した。その後の山喜さんと馬場氏の関係は知ることはない。程経て、日本民主党（総裁・鳩山一郎）、保守合同後は自由民主党党人派の松永東氏が金剛寺を訪ねてくるようになる。松永東氏は追放解除後の一九五二年一〇月の総選挙で埼玉一区から当選、五四年衆議院議長、文部大臣には五七年に就任、六三年の衆院選落選を機に政界を引退した。地盤は養子の松永光氏が継ぎ衆院議員、文部大臣にもなった。光氏も金剛寺に来た。

山喜さん自身も一九五五年には村長選に出馬して当選するが、これは安行村の川口市への合併問題を解決するためのものであった。合併は村民を二分するほどの対立を生じさせた。合併地区の草加市への分離なども絡んでいた。「この間、合併問題のために東奔西走の日々であった。川口市合併の大功労者である。川口市議会議員、同副議長を務める」との評価記述が残っている（『安行植木の開祖吉田権之丞没後三〇〇年記念誌』二〇〇二年七月）。

市会議員に立つと聞いて、寺に置かれた選挙事務所に様子を見に行ったことがある。候補者経歴に「慶応大卒」と入れるのを嫌っていた。シャイなのだ。「省くのは詐称でないだろう」と強がっても、選挙は応援者の意見が大事だ。結果は上位当選だったようだが、履歴がどうなったかは確かめていない。以後、連続して市会議員に当選していた。もちろん保守党だ。それにしても、端で見ている私には、山喜紹三の「スケールに合わない政治」に、よく付き合っていると思っていた。

「子の恩」の返し方について

後年、時折、中央政界の動きなどの情報を仕込んで伝えたりもしたが、その時も政治「談義」はするが、「議論」はしなかった。「談義」は野次馬だが、「議論」は信条にかかわる。しかし、私がやっていることに関心のある様子は隠しようがなかった。原子力問題などの問いかけにはたじたじだった。広島・長崎の被爆者のことや久保山愛吉さんの家族に話が及べば、目を潤ませることは何度もあった。

後年の一九八五年一〇月、山喜さんの声がかりで雪江奥さんを案内することを名目に、広島・長崎に旅をした。四国遍路の第一番札所の霊山寺（徳島県鳴門市）を経由、広島に渡り長崎に廻った。旅中、とくに話すことはないが、二人には共通語としての、戦争体験、広島・長崎、戦後の生活があった。広島では慰霊碑、原爆ドームの川辺、縮景園などをまわった。山喜紹三さんは数回訪れている広島だ。紹三さんを宿舎に残し、雪江奥さんを宮島に案内した。名店でふぐを食べた。長崎では、大浦天主堂、浦上の爆心地、崇福寺辺の寺町を歩き、竜馬の料亭「花月」でしっぽくを食べた。長崎は良質の真珠の生産地でもある。専門店で店いちばんのネックレスを連れ合いにと買ってくれた。雪江奥さんにも「ついで」という顔をして買っていた。どこまでもシャイなのだ。慶応ボーイの山喜さんは、思案橋近くのレストランに「三田会」の看板が掲げられているのを嬉しそうに眺めていた。私は雪江奥さんと長崎の港が俯瞰できる旅荘・矢太楼に登って、沈む夕日、灯が点りはじめた長崎港の夜景を眺めた。

山喜さんが出歩きに不自由を来たすようになるのはそれから一年後のことである。山喜紹三さんは一九八七年八月二七日に亡くなる。享年八二歳だった。贈り名に重興をもつ「贈永平寺監院金剛寺二十五世重興梅後紹三大和尚」。雪江奥さんは、それから八年後の一九九五年三月三日に亡くなった。「慈光院霊鏡自照禅尼」。七六歳だった。

私と山喜さんは年齢が二八歳ちがう。世間体の親子の差にはちょうどいい。ふつうの親子でも「おやじ」と「せがれ」は親しく話したりはしない。むしろ親の仕事にあらがって、疎遠になったりする。山喜さんと私は疎遠ではなかった。政治信条などは、言わず語らずのうちに解決していた。互いの領域を尊重していた。大事なものはこぼれ落ちないように、持ち添えて大事にした。

「子を持って知る子の恩」と言われていた私が、「子の恩」として、山喜さんに返したものはなんだったかと自問すれば、それは私が結核で死ななかったこと、山喜さんより早く死ななかったことだ、と思う。そして雪江奥さんも送ることができた。私は今八七歳。「寺のおやじ」より五年も長く生きている。

＊

一九五三年の一月の日記（手帳）に、河合栄治郎『自由主義の擁護』読み始める、一か月後の二月一一日には「河合栄治郎の著作に感ず」と記してある。何を感じたのだろう。『自由主義の擁護』を読みとおすにはかなりの知識がいる。後日談はすでに書いた。日記に林田茂雄の本をどう読んだか記載がないのは、読み飛ばしたからだろう。「仏の道」はすでに、私の身近にあった。

日記には、河合栄治郎とともに、鈴木大拙を読むとも記している。二〇歳の青年の読書歴としては、栄治郎も大拙も横綱級だ。大拙の本は金剛寺の書庫に在った岩波書店刊のものである。道元関係の本も澤木興道師などの著作をのぞいたりした。これらの読書に合わせて、二月一三日の記述に、「The Approach to Philosophy」を読み始める。一日に二行か三行の難行と記している。英書はHarvard University刊。山喜さんの慶応時代の教科書の一冊だろう。それにしても、二〇歳の青年は何を焦っていたのだろう。

清瀬病院での診察

私が国立清瀬病院で結核の治療を受けたいと思うようになったのは、ラジオの「療養の時間」で清瀬病院島村喜久治院長の話を聴いたことにあった。島村院長は、結核医療の新しい治療法を話した。島村院長の話は、最新の治療法の話だけでなく、医療者の立場から医療行政の不備にもふれ、結核患者に対する励まし、勇気を与える内容を持っていた。私はこの人の診断、治療を受けたいと思うようになった。

一九五三年の一月一六日に私は清瀬病院に行って入院申請書をもらっている。その時の医事係から入院は二年先ぐらいだと聞いて落胆した。申し込むかどうか、島村喜久治医師の診断を受けるかどうか、私は半ばあきらめて川口市民病院で気胸療法を受けることにして、二月四日から川口市民病院に通いはじめた。気胸療法についてはすでに記した。

前出「養鶏」の産卵記録のなかに、私が大久保の家に行ったり、大久保が寺に来たりしている記述が目につく。大久保は清瀬病院で外科療法を受けていたからだ。

大久保は清瀬病院の外科に短期入院制度があることを教えてくれた。彼もそれで入院できたというのだ。この制度は、肺葉摘出術に適応する患者が入院、外科処置を受け、半年ぐらいで退院、かかりつけの医院か自宅でのリハビリに移るというものであった。しかし入院には外科適応という診断が必要だった。四月二八日、清瀬病院に診察に行ったことは「産卵記録」の日付にも載っている。その時の「再度訪ねるように」との医師の意見は、外科手術の適応についての説明を受けた範囲のものであったのだと思う。大久保は情報通であった。この制度を受けるには清瀬病院の診断が必須だから短期入院診断日の予約をとらなければならない。大久保は手続きしていたら後ろに回されるから、予約を取らないで直接、病院外来に行ったほうがいいと言う。そして受付で院長の診断を受けたいと言えばいい、来たものを追いかえしたりはしないと大久保は言うのだ。

六月三〇日（火）、私は清瀬病院外来に直接行くことにした。前日、川口市民病院から借りたレントゲン写真を持参する。これも大久保に言われたことで、今までのレントゲン写真を見たいと言うはずだから持っていけという彼の「指導」でそうなったのだ。当日の日記に「医師不親切なり、一寸気になる」との記述があるが、外来で診察を受け、必要な胸部の断層撮影などが行われている。帰りには池袋の人生坐で映画を観ているから、いくぶんほっとしたのかもしれない。その日の産卵記録は一四個。

この間も気胸療法は週一回受けていた。

七月六日（月）、清瀬病院に行く。「医師居ず」と日記にあるが、この時点で私の短期入院の申し込みは受け入れられ、翌七日、再度外来に行き、二八日に気管支鏡検査を行うことが決まる。帰途、森鴎外集求む価二八〇円とある。産卵記録は六日一五個、七日二〇個である。

七月二八日、清瀬病院で午後気管支鏡検査。当時の気管支鏡検査は、まだ太い管を喉に入れていた。麻酔が残っているので少し休んでいくようベッドに案内される。三〇分ほど横になってから帰る。西武電車に乗っているあいだ興奮気味だったことを覚えている。二八日の産卵は一五個。

このころ、私は、山喜さんの助言を受けながら、医療費を生活保護法による医療保護で負担する手続きをしていた。そのために、安行村の厚生係の訪問を受けたり、当時は浦和市に在った福祉事務所に出かけて申請書を出したりしている。六月二六日の日記に「福祉事務所から医療保護の医療券をもらってくる。どうも驚いたものである、四月二八日に申請を出し六月二五日とは」と、役所仕事を皮肉った記入がある。

七月に入ってからは、私の入院の方向が固まってきたので、入院に必要な経費の一部を、貸家になっている私の家の家賃（ごく安い賃貸）から出してもらうように、管理してくれている山村本家に相談していた。入院費用は、医療費と入院費、食費を含め医療保護で負担してくれるが、その他の日用品などの費用、小遣いなどを家賃収入から出してもらうことにした。

七月三〇日、気胸を受けたとき、胸腔に水が少し溜まっているようだと言われたことが日記にある。この日も浦和の福祉事務所に出かけている。「何のこともなし」と記入があるのは申請に問題がなかったのだろう。産卵一六個。

三一日、気管支鏡検査の結果を聞きに清瀬病院に行く。気管支に特別な支障はないとのことであった。院長が不在だったために、八月一一日に来るようにと言われたがその日には清瀬に行かなかったと記してある。お盆で忙しかったのか、あるいはこのころの日記に、「朝だるい」と書いたりしているので行けなかったのか。この日「医療券」届くとの記入がある。産卵一五個。

八月一八日(火)、清瀬病院に行く。一六〇〇円払うとの記述がある。産卵一四個。二〇日(木)、施食会のため気胸休み。橋本雅子来ると記している ― 雅子は私の従妹、雅子の母ハナの墓は金剛寺にあるので施食会に参加したのだ。ハナ伯母のことは第一章に書いた。雅子は二三日にも訪ねてくる。雅子も淋しいのだ。文庫本を三冊、卵をあげると書いている。産卵一八日一四個。二三日一四個。

清瀬病院に入院するまで

八月二四日(月)、清瀬病院に行く。院長の診断を受ける。左肺の区域切除となる。入院申請書をもらって帰る。産卵一〇個。二五日、清瀬病院に入院申請書を郵送する。二九日、清瀬病院より申請書を受け取ったとの返事があり、待機は約一か月半と記されていた。ようやく待望の清瀬病院への入院が具体化したのであった。日記の節々にほっとした様子がうかがえるが、心配なのは「身体がだるい」いう記載である。この杞憂が思わぬ結果を招くことになろうとは、このとき想定できることではなかった。

九月一日の記述に「心機一転」と書いている。三日(木)、気胸。肺活量二六〇〇cc。漱石全集を求む、四〇〇円。折口信夫・釈超空死すとの記述もある。心機一転は、音楽を聴くことなのかと思えるほどに、曲の記載が目立つ。気持ちを落ちつけようとしていたのだろうか。二日、ブラームス第四交響曲。四日、メンデルスゾーンのバイオリン協奏曲。六日(日)、チャイコフスキーピアノ協奏曲第一。八日、ベートーヴェン交響曲第一。

この間も気胸療法は、毎週木曜日に川口市民病院に通ってつづけていたが、九月一七日で気胸療法を中止する。清瀬病院の入院診断を受けての市民病院医師の判断と思われる。

「養鶏」はつづけていた。毎日の産卵は一五個平均になっていた。つぎの世代の雛を育てるための育雛器を作るために大工さんが来る。一六日に雛が来た。世話はたいへんだ。私の入院が予定されていての「養鶏」とその後の世話は、寺に寄寓し職を探していた青年に頼むことにした。僧職と関係のない人だ。一〇月三日には、育雛器の保温設備のために秋葉原の電器屋に行って必要な備品を買ってきた。身体に負担がかかっている。九月一〇日の日記に「咳が出る、熱少しある。気胸を止めたせいかもしれない」と記している。一四日の記載にも「咳出る。要心々々」と記載、この日は雛に薬を呑ませるとの記述もあり、雛の育養、健康管理にも取り組んではいた。

九月一七日、清瀬病院に問い合わせの往復はがきを出す。一八日（日）、川口高校の秋の運動会、卒業生も招待される。私は卒業生ではないが顔を出すことにした。招待を受けて参加していた級友は少なかったが、入院のことを知っていて励ましてくれた。その日に会った友人の名が一〇人ほど列記してある。日記に「退学を申し出ようと思う」と記入。

二二日、清瀬病院から、往復はがきの返事が届く。もう少し待つようにとの文面。鶏舎の前庭に雛の遊び場、餌箱一つ作る。このころ、大久保や春時が来て、私の部屋（薬師堂裏の離れ）に泊まって行く。どっちが淋しいのだろう。

一〇月二九日（木）、育雛、はじめて卵を産むとの記載。この日の産卵一二個＋新一個。この日からの産卵記録は、今までの鶏と若鶏を分けて記入している。三〇日は産卵一五個＋n二個。nはnewのnである。

三〇日、三八度二分の熱が出る。日記に「風邪を引いたかもしれない」と書いている。しかし、一一月一日、三七度七分、二日、三七度三分。三日、三七度一分。四日、三七度二分。体調がおかしい。

一一月七日、清瀬病院より通知届く。一二日午前一一時までに入院との通知である。入院通知書を持って福祉事務所に行く。病状証明書を清瀬病院からもらうように言われる。いつも役所は無理を言う。この日、七日の産卵九個＋n五個。八日は九個＋n九個。私の「養鶏」産卵記録はここで終わる。

一一月一二日、私は国立療養所清瀬病院に入院した。雪江奥さんと妹トシ子が送ってきた。

第三章　一九五三年―一九五七年

清瀬病院 ―― 療養と青春と相聞と

I

「大路の春をうたがはず」

清瀬病院は、西武池袋線の清瀬駅改札を出て、所沢に向かう線路を西側に渡って一〇分ほど歩いた距離にあった。踏切から少し歩くとアスファルトで舗装された道の起点に出る。道は真直ぐに西に向かっていた。広い舗装道路は、清瀬村境の埼玉県東村山村に在るハンセン病療養所・多摩全生園を、戦後宮家が訪ねるに際して造られたという話を後に聞いた。道の両側には、松の林を縫うようにして、結核予防会の研究所病院、救世軍の清心療養園、国立結核小児病院、国立東京療養所などが並立していた。私は、思いがけない広い道を歩きながら、石田波郷の句を思っていた。

「バスを待ち大路の春をうたがはず」（『鶴の眼』沙羅書店、一九三九年）

山本健吉はこの句をこう鑑賞する――「都会のさなかにあって、作者はのびのびと青春を呼吸している。大路は銀座四丁目か、新宿三丁目か、上野広小路か、神田神保町か、どこでもよいが、日は麗かに照り、街路樹は芽吹き、道行く人は春の装いに身も軽く、彼の青春の胸はそれらの景色に呼吸するごとく高らかに鳴り響いている。「大路の春をうたがはず」と言い切って、都会の春色は若々しく明るく詠嘆された」（山本健吉『現代俳句』角川文庫、一九六四年）。

私の青春は、無残さを伴いつつ過ぎようとしている。健吉の言うような、青春の詠嘆の鑑賞には届かなかったものの、西に真直ぐに伸びる大路に立って、「健康回復を待つ」私は春を見いだそうとしていた。

名句には、鑑賞者の希みを包み込む力がある。

※石田波郷（一九一三年―六九年）愛媛県生まれ、本名・哲大《てつお》。水原秋桜子に師事、のち俳誌『鶴』を創刊、主宰。四三年応召。四五年胸部疾患で内地送還除隊。四八年国立東京療養所（清瀬）入所、成形手術。四九年胸部合成樹脂球充填手術。五〇年東京療養所退所、句集『惜命』刊行、療養俳句の金字塔と呼ばれる。排菌やまず。六三年国立療養所東京病院（東京療養所改称）に

入所、合成樹脂球摘出。低肺機能症となり六九年東京病院で没。

国立療養所清瀬病院

一九五三年一一月から一九五七年の九月まで、私は国立療養所清瀬病院で入院生活を送った。二一歳から二五歳、青春、人生の方向を決める時期に当たっていた。「病とたたかいながら」と記せばその通りだが、厳しい社会の風をさける場所に身を置いて、人生方向を考えることができた時間だったと言えないこともない。そのことは追々に書く。

▽清瀬病院の沿革

国立療養所清瀬病院はいまはない。「ここに清瀬病院ありき」の碑が跡地に建てられている。

「結核が死に至る病であったころ、当時無医村であった清瀬のここに、東京府が結核療養所として、府立清瀬病院をつくりました。それはやがて国公私立一五の療養所や研究所となり全国からの入院患者は多いときは五〇〇〇人を超えるほどになりました。清瀬は結核治療のメッカといわれました。現在、結核は不治の病ではなくなりましたが、世界の結核学者で清瀬の名を知らない人は少ないでしょう。そういう歴史の出発点です」碑の全文である。

府立清瀬病院が開院したのは一九三一（昭和六）年一〇月二〇日。一〇〇床からスタートした病院は、翌年には二〇〇床、三八年には八〇〇床、五〇年には九三〇床となり、敷地面積は三万二〇〇〇坪を超え、東京ドームが二つ入る広さであった。戦後の一九四七年、管理が国に移り国立となり六二年には国立東京療養所（一九三九年に傷痍軍人東京療養所として設立）と統合、国立療養所東京病院となった。二〇〇四年独立行政法人国立病院機構に移管（清瀬市史編さん室「市史で候」第四十六の巻〔一〕、清瀬市ウェブサイト）。

私が入院した一九五三年ごろは九三〇床を持つ結核療養所だった。地域全体の「入院患者は多いときは五〇〇〇人を超えるほど」の清瀬だが、戦後の数年は、国立療養所清瀬病院に入院するには何年間も待たなければならなかった。私は島村喜久治院長のラジオ放送などを聞いて、この病院で治療を受けたいと思ったことは第二章に書いている。

▽清瀬病院長島村喜久治医師の話

一九八二年五月二三日、島村喜久治氏の業績を讃える集いが開かれた。集いは、島村氏の国立療養所東京病院名誉院長退任（六九歳）にともない、清瀬病院の回復者に呼びかけたもので全国から二〇〇人を超える参加者があった。この集いで、島村喜久治氏は、一九三七（昭和一二）年から四五年間の「結核医療一筋」を回顧し、次のように話した。

「この四五年間に、清瀬病院から東京病院を通じて、結核病で入院した人のうち、五二八一人もの人が亡くなっています。今なら、もっと上手に治療してあげられたのに、残念でなりません。しかしまた、いまならこんなにたくさんの人が結核にならなくてすんだはずです。実際、結核で入院してくる人は、最近どんどん減って、病院も、結核病棟を一般呼吸器病棟やリハビリテーション病棟にきりかえています。あと五年もしたら、東京病院も、療養所というよりも慢性疾患病院になるのではないかと思っています」。結核療養所の「歴史」を語る証言の一つである。

島村喜久治氏のあいさつは参会者へのはげましをふくめこう結ばれている。「病気は治ったいま、思えば必ずしもマイナスばかりではなかったといえましょう。病気ゆえに得られた友情を、お互いにあたためあいながら、病気ゆえに充実できた、あるいは一段と鮮やかになった人生をこれからも大事にしていっていただきたい」。

※島村喜久治氏は一九五一年、病院患者自治会や病院職員組合などから推される形で清瀬病院院長に就任した。そのいきさつの証言がある。「昭和二四年、二五年にレッドパージ旋風が吹き荒れた。職員と患者自治会が決起集会（レッドパージ反対）を開いた。そこへ島村先生が出て来て名言を残した。「このような弾圧はゴーゴリーの検閲官に出てくるような、まさに息もつけない状況だ。私は断固としてこの弾圧に抵抗する」と言った。わあーっという歓声が上がって、院長を守れと若い組合員が院長の腕をとって、弾圧の警官隊に院長を奪われまいと別室へ連れて行った。その後が大変だった。厚生省から弾圧ががんがん来る。院長の首まで危うくなってくる。そこに院長の親友、東大一二年組みの宮本忍、北錬平、結核病学会のメンバーが心配してくれて院長は残った。レッドパージで追われた連中、素晴らしい連中ばかりだった」（前出『日本患者同盟四〇年の軌跡』掲載座談会での澤田肇氏の発言）。

※いくつかの基礎的なデータ

先の「碑文」にもあるように結核は死に至る病であった。結核は長い間死因の第一位を占めた。戦後の結核死亡者数は一九四八年一四万三〇九九人、四九年一三万八一一三人、五〇年一二万一七六九人、五一年九万三三〇七人。私が入院した一九五三年は五万七八四九人である。

一九五一年に新結核予防法が改正施行され、検診の公費負担制、ストマイ・パスの使用も制度化されていた。予防法が義務付けた五年ごとの結核実態調査の第一回が五三年に行われ、結核患者数二九二万人、日本国民の三・四パーセントという数字が示され疾病者の第三位と記録にある。五七年の第二回調査では要医療者三〇四万人、六四年の第三回調査では要医療者二〇三万人。死亡者は五七年四万二七一八人、六四年は二万二九二九人である。「結核患者は、戦後急速に減少を続けてきた。一九九七年の新規登録結核患者は四万三〇〇〇人（人口一〇万対三三・九人）死亡者二九〇〇人（死因二二位）」（『看護・医学辞典』第六版、医学書院）。

結核予防法は一九九九年（平成一一年）四月施行の感染症の取り扱いに関する法律「感染症予防法」（感染症法）の二類「危険性が高く状況に応じて入院、消毒が必要なもの」に分類、吸収された。

一九五三年一一月一二日　清瀬病院に入院

一九五三年一一月一二日、私は国立療養所清瀬病院に入院した。第三病棟、外科の多床室（大部屋）だった。二〇台ほどのベッドが左右に並び、ベッドはカーテンで区切られてはいたが、カーテンはほぼ開け放たれて病室が見渡せた。ベッドはベランダにも置かれていた。廊下から大部屋までの左右に個室があった。個室は術後の患者か、重症者の部屋である。私はベランダにあるベッドに案内された。床頭台と小さな移動テーブルがあった。ベランダから、硝子戸を通して物干し棚、松林が見通せた。当時は入院時には寝具、布団と上掛け、寝間着は持参することになっていた。この日に着くように送った布団などの荷物が届いていなかった。取りあえず病院が布団や寝具を貸してくれた。いっしょに来た妹が提げてきた湯呑みや洗面具などを床頭台に入れた。食事は、その日の夕食と翌日の朝食は配膳。アルマイトのお盆にアルマイトの食器が並んでいた。これもアルマイトの大きな薬缶でお茶が配られた。天井の高い薄く色あせた白壁の病室は、二十数人が居るにしては不思議な静けさがあった。貸してくれた木綿の病衣は、戦時下、陸軍第一病院に入院中の父や傷病兵が着ていた病衣と同じだと思った。

一四日に布団などの荷物が着いた。寝間着や日用品のほかに「草加煎餅」の箱が二つ入っていた。同室の人にあいさつ代わりに配るものだった。大久保の入れ知恵だった。同室の人といっても初対面の人ばかり、私は同じベランダの人に声をかけた。煎餅は、数枚を残して戻ってきた。私はベランダの人と煎餅を食べながら話をした。金さんという退院間近の朝鮮の人だった。後で書くように、私は手術が直ぐできないことがわかった。手術をする短期入院制度上は清瀬病院に在院することができない。ほかの病院に移るようにいわれたことを知った金さんは、医事係に「追い出すようなことをするな」と掛け合ってくれた。理知的で弁の立つ人だった。金さんの退院は私が内科の安静病棟に移ってから聞いた。北朝鮮に帰ったのかどうか。

第二章で書いたように、私は、短期入院制度で清瀬病院に入院できたのだが、受け入れが決まって入院するまで、八〇日間ほども待たされていた。その間、体がだるい日や、熱がある日のことが日記に記されている。入院した日の体温も三七度を超えていた。そんな日がつづいた。入院一週間後の一九日に院長回診があり、現状で手術ができるかどうかを医局会議に回し、再検討すると言われた。手術が不可能なのか不安が高まった。二一日には、寺の雪江奥さんが、冬の着物、丹前などを持ってきてくれた。この日も熱は三七度四分。

二四日の診察で、直ぐには手術ができないので近くの病院に転院すること、手術は来春、可能性は胸郭成形になるだろうと言われた。成形術は、肋骨を切除し病巣を抑えるものだ。術後の効果、後遺症状などについて再検討されている療法だった。落胆の思いが重なった。私は、翌二五日の副院長回診のときに当初の予定通りに「肺葉摘出術」を希望する旨を話した。清瀬病院に在院して手術を受けたいとも話した。どこまで聞いてくれたかはわからなかったが、年余の思いの清瀬病院にようやく入院したのに、追い出されるのは避けたい、精一杯の思いだった。

内科に転室

一二月四日、私は内科＝安静病棟の八病棟に転室することになった。一二月八日、内科主治医の中川保男医師から病状の説明があった。「主滲出性、混合性浸潤－両肺中上葉肺野」病状は「中等症」ということだった。当面、ストマイの長期投与の「観察対象患者」として、治療を行うとの説明があった。この時点で転院のことは、解決したと思われたが、確約がえられないまま不安があった。金さんが医事係に掛け合ってくれたことは前に書いたが、金さんは患者自治会＝清風会にも頼んでくれていた。年を越した五四年一月早々、自治会の委員長堺邦雄さんから、在院の継続を医事係が了承している旨が伝えられた。ほっとして寺に手紙を書いた。

※清瀬病院の患者自治会＝「清風会」の役割に関して書いておけば、清瀬病院では、病院当局、従業員組合（全医労清瀬病院支部を含む）、患者自治会の三者によって病院の管理についての連絡会議がもうけられ、自治会は一定の役割を担っていた。人手不足を補う意味で作業病棟の患者が、図書室の管理・運営や慰安設備、会議室の設営などにあたっていた。生活上の問題、生活保護申請などについて医事係と連携して対策に当たることなどもしていた。回復までに長期の療養を必要とする療養者にとっては、療養所の生活環境に対する要求はさまざまな形を持つのは当然だと言っていい。文化的なものも含めてその対応は多様になる。自治会が関係しているサークル活動は三十数サークルが存在していた。私もいくつかのサークルに参加するようになる。役員にもなった。付け加えておけば、全国にある結核療養所を中心にした患者自治会が加盟する全国組織「日本患者同盟」（日患同盟）の事務所は清瀬町に在り、「清風会」はその中核だった。日患同盟の役員も「清風会」から多く選出していた。

それからおよそ一年半、手術が可能になる状態までの「回復」に向けて、八病棟東の病室で療養することになる。内科の病室は「安静病棟」ともいわれ、外科病室とはちがう雰囲気を持っていた。病室のベッドの配置などにちがいはなかったが、入室者のほとんどが長期の入院者だった。入院が五年、六年という人がいた。年齢、経歴もさまざまだった。既婚者も独身者もいた。二一歳の私がいちばん若かった。

清瀬病院の病棟は南向き二階建ての木造建築、屋上が物干し場になっていた。中央の長い廊下につながって左右（東西）に病棟が配置されていた。一階が奇数、二階が偶数だった。入院した三病棟は一階、移った内科の八病棟東は二階だった。それぞれの病棟には中央に病棟担当医の診察室、看護師控室がおかれていた。病棟の看護師は、師長を加え八人か九人だったように思う。日勤、早出、遅番、準夜、深夜と交代しての勤務。付添婦が数人いた。病棟には食堂、配膳室、湯沸所がある。

八病棟東の大部屋は二〇床のベッドが、入り口から左に九床、その先が便所、中央は処置車が通れるように空けられ、右が七床なのはベランダに出る通路のためだった。ベッドとベッドの間は一メートルほどの間隔があり、間にカーテンが引かれている。外科もそうだったが、カーテンは半ば開いたままで病室が見渡せた。ベランダには四つのベッドが配置され、合わせて二〇床。個室をふくめて二二人か二三人が八病棟東の同室者ということになる。八病棟の西は女性病室でほぼ同数のベッドがあった。病棟は南向きだから病室左側のベッドの頭の位置は窓側の北向き、右側はベランダの棚に沿って頭の位置は南向きになる。結核治療の原則は大気と安静、窓は昼夜とも開け放たれていた。「大気」――現在の大気汚染、放射能汚染などとはまだ遠い世界だった。北側のベッドの床頭台の水は、冬は凍った。ベランダは、前の病棟との間に並ぶ松の木々が日影をつくっていた。風が吹けば松の葉が鳴った。松籟は、金剛寺参道の乾いた冴えた音とちがって、湿った重い音に聞こえた。

私のベッドは入り口から右側の三番目、左側がベランダに出る通路になっていた。私は吊るされているカーテンを半分引いて寝た。病室の会話は誰彼となく耳に入る。だんだんに人柄がわかってくる。気のよさそうな人も、頑固な人もいる。安静時間はベッドにいるが、それが過ぎると出掛けたまま夕食まで戻らない人もいる。カーテンを全部引いて「籠城」しているような人もいる。しかし、プライバシーには限りがある。内科に移ったときの私の安静度はⅢ度、食事は看護師の配膳を受けた。病状の軽い人は食堂に行く。食堂は病室の入り口の南側、配膳室と並んでいた。

清瀬病院には、このような病室が三二ある。女子病棟は多く西の病室であった。ベッド数の全体の男女比率はどうだったかは理解がとどいていない。病室は、これら二階建て病棟のほかに、平屋建てで六人部屋や四人部屋の作業療法を受けている人が入る病舎があった。コロニーといわれていた。それらを合わせて九三〇床だったのだろう。広い敷地には、炊事場、機関場、洗濯場、看護師宿舎、霊安室、倉庫などの建物が松林のなかに建てられていた。グランド、テニスコートもあった。

八病棟 ― 同室の人たちのこと

病室の一日は、朝の七時ごろの検温から始まる。看護師が、入り口で脈拍を測るように合図をする。三〇秒で数えた数を倍にする。看護師が、体温、脈、便通を聞いて回る。「六度二分、六〇、普通一」などと言う。「前に同じ」などと言う人もいる。看護師も問い直したりはしない。安静度Ⅲの私には洗面用の温かいタオルが渡される。朝食後には、必要な処置や日によって肺活量の検査などがある。机の移動などは比較的元気な人が看護師の手を補う。一一時から午前の安静時間。昼食後は、一時から三時までが安静時間。面会の時間は三時からとなっている。夕食は四時半ごろと早い。サークルの集まりや会議、講演会、慰安の行事なども午後五時過ぎから六時ごろに開かれる。消灯は九時である。

私が配膳を受けていることは前に書いたが、大部屋で配膳を受けているのは三人だった。入り口から二番目のベランダに出る通路に沿って置かれているベッドはカーテンが引かれていた。カーテンを引いているのは、腹部（腸傷害）に負担をかけないように、掛け布団を支えるガードがあるからだった。このベッドにいた赤沢常光さんには付添婦が付いていた。その後、看護体制が替わり、入院患者の世話はすべて看護師が行う「看護制」になったが、当時は重症者や、安静度の高い患者には付添婦が付く。付添婦を付けるにはそのための医療券が必要だ。

※看護制度変更などの行政措置の厚生省通達「付添婦制限・入退所基準改定案」に対し、その撤回を求める日本患者同盟、医療従業員組合、全看護労組などが合同しての全国的なたたかいがあった。五四年七月には、清瀬病院からも入院中の患者が病衣姿で東京都庁に陳情に向かうなど激しいたたかいだった。私もバスに乗って都庁に行った。夏の暑い日だった。闘争「戦術」への理解は不十分なままだったが、陳情参加の女性患者が死亡するという痛々しい思いが残っている。たたかいは「通達」撤回を勝ち取ることはできなかったが、その後の医療行政、結核対策などの整備を促すものになった。この「入退所基準」反対闘争は、社会保障の進展に道を拓く「朝日訴訟運動」に引きつがれていく（前出『日本患者同盟四〇年の軌跡』）。一九五五年当時の清瀬病院約九〇〇人の入院患者の経費負担種別は、私費五パーセント、各種保険三五パーセント、生活保護六〇パーセントである。

同室の人たち

▽赤沢常光さん

赤沢さんの付添婦紺野さん、コンちゃんは赤沢さんの連れ合いのように付き添っていた。食事も病院の献立にコンちゃんが手を加え、食器もきれいな陶器だった。

赤沢常光さんは、やがて私が参加するようになるサークル「魚紋詩話会」詩作の中心メンバーで代表だった。機関誌『魚紋』の最近号をもらった。二〇篇を超える詩が載っていた。社会的な詩もあったが、だいたいはやさしい詩だった。恋の詩もあった。私が入院するときに持参した本は、気負いもあってむずかしい本もあったから、思いがけない仲間ができた思いがした。赤沢さんのベッドには「魚紋詩話会」の女性会員が訪ねてくる。話し合いに呼び込まれたりした。私の療養環境を整えるうえで優しい援軍になった。私は「魚紋詩話会」に加入した。

赤沢常光さんは三〇代半ば、陸軍のパイロットだったと聞いた。いつの時点で結核を発症したのかは聞かなかったが、第一章で書いた「ねえちゃんのお兄ちゃん」のことを思った。親近感が生まれた。実家は浅草・田原町に軒を並べる老舗の仏具店の長男。金剛寺との因縁のようなものも感じた。

詩の読み方、思ったこと、その思いを言葉に写すことを教わった。『魚紋』への投稿を促された。私は詩を書いてみようと思った。赤沢さんは戦時中の話は避けているようだったが、絵を描いていた同期生（兵学校）の話を聞いた。赤沢さんは美術にも造詣があり、絵を描くことと言葉をつむぐことの同一性も語ってくれた。村山槐多や松本俊介のこと、優れた画家が詩文をよくすることも話してくれた。油絵の小品をもらったが数回の引っ越しでまぎれたままだ。

▽山田康晴さん

病室には世話役がいた。山田さんは私の四つか五つ上の人だった。症状は比較的に軽い人だったが、それにもまして身の軽い人だった。愛称「やまこう」さん。売店の用事を引き受けるなど重宝がられていた。入院も長期になると家族の見舞いや面会の間隔もあきがちになる。私は面会者が多いほうだった。春時と妹はほぼ毎月来た。毎月来てくれる金剛寺の雪江奥さんは和服姿で真直ぐ病室に入って来る。いつも手いっぱいに土産を提げている。私の好物や季節ものとは別に、同室の人に渡るだけの土産を持ってきた。卵、煎餅、最中、羊羹などだ。世話役「やまこう」の登場だ。山田さんは、先ず自分の分を取りわけ、ちょっと「唾」を付ける仕草をする。お里が知れる思いだが山田さんは頓着ない。雪江奥さんは月末の日曜日に来ることが多かった。山田さんはその日を待っていたかのように雪江奥さんに愛想がいい。雪江奥さんは土産を山田さんに渡す。やがて私も山田さんから頒けてもらうようになった。

山田さんは、親一人子一人、お母さんを家に置いて入院していた。生活保護を受けていた。長期入院者の生活扶助（日用品費）は六〇〇円。山田さんの収入はそれだけであったが、お母さんに小遣いを渡しているような対応をしていた。「貧が貧を招く」ことがある、貧すれども精神が貧しくなってはならない、山喜さんから教わったことの一つである。六〇〇円という法定金額が強制する「貧」、その政治の「枠」に負けない気持ちをどうつないでいるのか、そんなことを考えさせられる山田さん親子だった。生活保護基準の改定を促すことになる「朝日訴訟」が提起されるのは一九五七年である。私は文房具や日用品など、売店の用事を山田さんに頼んだ。少額だが釣銭はカンパしたりもした。私が寺のご隠居から五〇〇円札を預かって甘納豆を買い釣銭を小遣いにしたことにつながった。些細なことだが、こんなことが入院生活では嬉しいことだ。ニックネームが「廊下トンビ」の山田さんは、五六年一〇月に退院。赤沢さんが退院後当主となった仏具店に就職した。

▽西田さん、小野さん、簗さん

長期の入院者が多い同室の人たちは、それぞれ、さまざまな生活経験と病歴を持っていた。東京・目黒の名刹祐天寺近くで働いていた電気工の西田さんは、ラジオ受信機をベッドでいくつも造っていた。その一台を買った。病室でのラジオ聴取はイヤホーンが原則。西田さんのラジオはイヤホーンの取り付けが抜群だった。私はそのラジオでベートーヴェンやラフマニノフ、ショパンを聴いた。真向かいのベッドの小野さんは航空産業の技師で、手遊びに作った紙飛行機はまっすぐに飛んだ。文化祭の仮装行列では、軍楽隊の隊長役、付け髭にトンボ眼鏡でふざけて見せた。病室入ってすぐの左側、簗さんは配膳を受けていたが、食事を残すのが常だった。安静度がⅢ度では医療上の付添いは付かない。簗さんは、安静度が重いとき付いていた付添婦から食べやすいものをつくってもらっていた。同室、別棟、性差を問わずの患者同士、患者と看護師、付添婦など、いろいろの関係が存在し成り立っているようだった。長い療養者にとってはベッドとその周囲が生活の基点だ。簗さんは大相撲の場所が始まると相撲くじの胴元になった。その日の東西力士の勝敗を予想し、参加者の星取表を作った。その勝率でくじが当たった。春になると競馬の大きなレースの馬券を共同で買う胴元だった。馬券は一枚一〇〇円、一人で数枚買う人もいたが、簗さんの主眼は、一枚の馬券を数人で買う相乗りだ。五人なら二〇円だ。本命から穴まで何枚か買う。私も数回加わった。馬券は各病室を回っている「便利屋」のオヤジが池袋の場外馬券売場まで買いに行った。本当に買いに行っているのか疑ったりしていたが、一度、七五〇円の配当をもらった。簗さんは手術後の経過がよくなく五五年一一月に亡くなった。

ベッドの周囲で ――

「便利屋」というのは、病室を回って病人の外部の用足しをしてくれる人だが、作業病棟、コロニー生活を経て社会復帰をした人だった。月刊雑誌の輪読を世話する人もいた。『中央公論』『改造』『世界』『文藝春秋』『群像』『オール讀物』など。数種の雑誌を定価の一割で読めるシステム、一〇人ほどの申し込みに、一人三日間で回す、順番は順次繰り上がる。回覧の終わった雑誌は希望者に渡る。AさんからBさんへと病室・ベッドを仲介して回るのはたいへんだが、作業療法の一つとして継続していたのだろう。一般書店・本屋も定期刊行物や新刊本などを詰めた箱を抱えて病室を回った。

レコードコンサートも回ってくる。台車でLPプレーヤーを運んでくるのも作業病棟のメンバーだ。有料の牛乳配達も作業病棟の人があたっていたがこれには若干の手当てが出ていた。私も牛乳を取った。ときに山田さんに渡した。出始めたばかりのヤクルトの販売もあったが購入者は少なかった。ヤクルト販売をはじめたのは回復者だったが、後年ヤクルトが企業大手になったころ、彼は、東京・西部地域のヤクルト販売を統括する位置にいた。

▽「平和屋さん」茂木龍雄

私の安静度がⅣ度になったのは五月に入ってからだった。それまでの半年間は、私の歩行範囲は病室内とベランダ付近だけだった。Ⅳ度になって、食事は食堂でとるようになりベランダから庭に下りて付近を歩くようになった。売店にも出かけた。患者を慰安する映画会にも出かけた。病院の慰安室で観た最初の映画は『第三の男』、六月二五日の日記に記している。赤沢さんも室内を歩くようになった。夏過ぎごろからベランダや屋上で話すようになった。元気になれば話の内容もそれにつれて社会性を帯びてくる。私は、『魚紋』だけでなく、赤沢さんの勧める社会主義研究会（社研）にも入った。社研が主催していた佐藤昇氏を講師とする経済学勉強会にも参加した。佐藤氏は構造改革論者として知られていた。平和を守る会の会員にもなった。平和を守る会には、病棟はちがっていたが後年、私を日本原水協に紹介する茂木《もてぎ》龍雄《たつお》もいた。茂木は夏の文化祭で峠三吉の原爆詩集「序 ―― にんげんをかえせ」を朗読した。以後、女性患者や看護師から「平和屋さん」と呼ばれるようになった。

赤沢さんは一九五五年四月五日に退院し、家業の仏具店を継いだ。赤沢さんの弟は、文京氷川下セツルメントのメンバーだった。氷川下セツルメントの活動は、戦前から戦後にかけて社会貢献運動の先駆けとして語りつがれている。弟さんは民主的医療機関「氷川下診療所」の医師として信望を集めた。

▽中島良助さん ――「太陽のない街」と白川晴一氏のこと

東京・文京氷川下は「太陽のない街」でもある。私の斜め前で、いつも静かに本、『前衛』などを読んでいる中島良助さんは戦前からの共同印刷の植字工だった人だ。徳永直の小説『太陽のない街』のモデルとなった一九二六（昭和一）年の共同印刷争議の経験を持っていた。

『太陽のない街』は、一九二八年全日本無産者芸術連盟（ナップ）の機関誌『戦旗』に連載された。原稿掲載前の印刷ゲラは、決まった枚数が検閲に渡される。印刷されるのは検閲を受けた後のものである。ゲラを刷るときにヤレが出る。本来はそれらのヤレも管理者に渡すのだが、印刷工はその一枚を無造作に丸めてクズ箱に捨てる。丸められたヤレをくず箱から拾い保管するのは別の労働者だ。印刷・発行されるのは検閲を受けた伏せ字の多い「作品」だが、後に伏せ字部分が復元できたのは、ヤレの保存があってのことだった。そんな労働現場の話を聞いた。徳永直の女性問題についても、それを批判しつつも徳永が書き残した作品を守る、事を分けて対処する労働者の度量のありようを話してもくれた。氷川下セツルメントの活動は前にふれたが、共産党の活動に参加する学生党員のわがままを、現場の労働者が許容するのは、彼らの知力がやがて党活動の知的「要」になると思うからだという、労働者の根性を教わった。学生党員、知識人党員はこの労働者の期待にどう応えたのだろう。

中島さんが信頼を寄せていた白川晴一《はるいち》氏のことを聞いた。白川晴一は一九〇二年愛媛県生まれ、松山中学在学中に伊丹万作、伊藤大輔、重松鶴之助（画家）、中村草田男などと親交。二〇代の時期、岩田義道を知りマルクス主義に接近、三一年共産党に入党、三二年検挙、下獄、三八年に結核を悪化させて出所。戦後は四七年、四八年、日本共産党東京都委員長、三鷹、松川事件などの責任追及活動、五一年に政治局員。五月結核が悪化、清瀬病院に入院、五二年一〇月死去。「白川死去の直後、知らせを聞いて駆けつけた中村草田男が、白川の枕元で誰と話をするでもなく、ただ黙然と坐りつづけていた姿が忘れられないと語っていた人があった」（敷村寛治『風の碑 ― 白川晴一とその友人たち』日本民主主義文学会、二〇〇四年）。

白川晴一氏は、当時の書記長徳田球一と、労働運動の指導での確執があったともいう（同上）。『風の碑』には、中島良助さんが五三年二月『新しい世界』（日本共産党発行の月刊誌）に寄稿した「革命家白川さんの思い出」が引用されている。中島さんは、白川氏が碁や将棋に親しんだ人だったこと、周囲の人びとの気持を大切にする人柄を紹介してこんなことも記している。「私（中島さん）が、農村問題で単純な実力闘争を強調したことにたいして、ひどく怒られたことがある。そのとき白川さんは中農の問題、供出の問題、平和的なまた武力的な複雑な農村問題と、もっと真剣に取組まなければ駄目だと言って」――。白川氏は、多分に教条的な運動の展開にくぎを刺したのだろう。白川晴一氏と中島さんの政治的認識について私がうんぬんできる筋合いではないが、先にふれた五四年七月の「入退所基準」などの厚生省通達撤回を求める闘争で入院患者をバスに乗せて都庁に集団陳情を「強行」し、一人の死者を出した「戦術」には、中島さんは批判的だったように思えた。五四年、すでに白川氏は亡き人だったが。日本共産党が冒険主義的な指導を自己批判する「六全協」は一九五五年だ。

中島良助さんの生家は東京・佃島、築地界隈や魚河岸の話も含蓄があった。療養者の楽しみの大きなものは食事だ。中島さんの隣ベッドの内藤義雄さんも東京育ちの電気音響関係のしゃれた青年だった。食事には佃煮や珍味の蓋物が並んだ。魔法瓶と急須を揃え、いいお茶を飲みながらの中島さんとの佃煮談義は楽しめたものだった。内藤さんは退院後、清瀬病院の看護師と結婚、埼玉県の大宮に住んだ。

中島さんは私とほぼ同じ時期（一九五七年）に退院、時を少し置いて一九五九年ごろに文京区の高田老松町に軽印刷所を開いた。植字機はなかったが一通りの活字は用意されて書面印刷も可能だった。私はいくつかの印刷物を依頼した。とくに一九六三年の原水爆禁止運動分裂の前年、日本原水協の日常活動が停止した時期に、それまで簡易な印刷物、方針書や一部定期刊行物の印刷を請け負っていた業者から日本原水協の存続が不安だと印刷物の引き受けを断わられた。そのことを伝えてきたのは私と机を並べていた人だった。そのとき、中島さんはそれらの印刷物を引き受けてくれると同時に、関係する印刷所を紹介し定期刊行を維持することができた。労働者の同志的気概があった。

▽みんな善い人だ

病室入口右側、ベランダの陰で少し暗いベッドには、小太りの中年の人がいた。髪の毛が薄くなっていたが、話し上手な人だった。中年の男同士となれば三度に一度は下ネタがらみの話になる。この人の話は、私などが耳にしても、笑いの出どころがわからない、理解が及ばないもどかしさがあった。「大人」にしかわからないニュアンスがあったのだろう。「猥談」は、聞く方のざわつきにそれなりの「期待」や可笑しみがあるのだろう。話す人が楽しんでいるそぶりがその人にはあった。うつむき加減ではにかみながら嬉しそうに話した。春画も描いていた。

ベランダの奥のベッドにいて、八病棟の主のように世話をやいてくれていたのは「ワンさん」と呼ばれていた中島正二さん。丸刈りで丸い顔、なんとなくゆったり大陸風の立居振舞が愛称の理由と思われる気のいい人だった。囲碁は病院有数の腕自慢、ベッドわきのテーブルには、手作りのミニチュア人形で編成されたオーケストラが飾られていた。手仕事の器用さで、みかん箱などの木箱を利用してベッド下に配置できる収納箱を作り、ほしい人に配っていた。私も頒けてもらって本を納めた。ワンさんは五五年四月退院、看護師と結婚し病院付属の売店を仕切るようになった。

私の日記には社会的出来事が記されている。関心の度合いは変化があるが、それらを文章にして転記する。

※一九五三年

一九五三年七月二七日、朝鮮戦争休戦協定調印。日米関係はMSA援助に関する協定交渉（七月一五日）、日米行政協定の改定（九月二九日）、池田・ロバートソン会談（一〇月二日）によって日本の自衛力増強を軸にした新たな段階に入っていた。前年から反対行動が取り組まれていた石川県内灘の米軍演習場の無期限使用を政府が決定（六月二日）、六月一五日に米軍が試射を強行し村民・漁民は「金は一年土地は万年」のむしろ旗を掲げる。一〇月二六日、広津和郎、志賀直哉などが松川事件公正判決要求書を裁判長に提出。一二月二四日、奄美群島返還日米協定調印。キューバでカストロらがモンカダ兵舎を襲撃、キューバ革命が始まる。

広島・長崎関係では、広島子どもを守る会が二月に発足。六月には長崎原爆乙女の会が結成された。八月の原爆の日には広島、長崎で市主催の平和式典が開かれた。移動演劇団〈さくら隊〉の追悼法会（東京・目黒、羅漢寺）もこの年から開かれた。NHKの紅白歌合戦の放送も一九五三年からだった。

詩人・峠三吉が広島県西条の国立療養所で手術中に死亡したのは一九五三年三月一〇日、三六歳だった。峠三吉も私たちと同じように肺葉切除術に望みをかけていたのだ。

※一九五四年

一九五四年三月一七日の日記に「第五福竜丸問題話題になる」と記されている。前日の『読売新聞』のスクープからつづくこのニュースを伝える新聞・ラジオの報道が病室で話題になったのだろう。第五福竜丸関係では九月四日に「久保山さんの病状が好転しているという」との記載もある。八月末の久保山さんの昏睡状態の病状を知ってのことだろう。九月二三日の日記には「久保山さん六時五六分死亡」との記述がある。九月二五日の日記には「裏日本に一一万カウントの雨降るという　ソビエトの放射能か?」との記載もある。原水爆禁止署名運動にも参加していたはずだが、運動の記載はない。このことについては、二〇〇五年、第五福竜丸平和協会が編集した『わたしとビキニ事件――ビキニ水爆実験被災五〇周年記念手記集』に短い文章を書いたことがある。

原水爆禁止運動関係のことは日記の記載はないが、八月六日は原爆記念日、「武谷三男氏の講演会、感あり」と記している。患者自治会主催の講演会だろう。武谷氏は清瀬在住だったから講演などに気軽に来てくれていた。

この年は、一月、アイゼンハワー米大統領が一般教書で沖縄基地無期限保持を表明、ダレス国務長官が演説で核兵器による大量報復政策を発表。三月一日、ビキニ水爆被災事件。三月八日、MSA協定調印。四月、造船疑獄事件で犬養法相が指揮権を発動し、佐藤栄作の逮捕中止を指示、法相辞任。五月七日、ディエンビエンフー陥落。六月、周恩来・ネルー平和五原則発表。近江絹糸労組の人権スト。六月九日に防衛庁設置法・自衛隊法公布。八月には原水爆禁止署名運動全国協議会が結成され、日本の署名運動に呼応するようにして国際的な平和運動も高揚した。九月二六日には台風一五号によって青函連絡船洞爺丸が遭難、死者・行方不明者一六九八人の惨事になった。

「魚紋詩話会」と清瀬の詩人たち

『魚紋』は国立清瀬病院の患者自治会清風会の文化部サークル「魚紋詩話会」の機関誌である。『魚紋』誌は、A5判本文二四ページ（平均）のガリ版印刷の冊子。発行は不定期だが、私が入会した五四年は二月一日に三七号を出し、一二月一〇日の四四号まで八冊を発行、五五年は四五号から五〇号までの六冊、五六年は五一号と五二号の二冊が発行されている。五七年は、私が退院する九月までに五三号、五四号、五五号（七月二〇日）の三冊が出されている。


『魚紋』の会費は月一五円だったように思う。発行ごとに二〇円程度で販売した。印刷部数は二〇〇部ほどだった。こまめに会計報告が載っている。

その間、私が『魚紋』に載せた詩作品は六編、四五号、四六号、四八号、五二号、五三号、五四号に掲載した。ほかに文化部の創作サークル『プルス』三号（五六年五月）に詩、四号（五七年九月）に短編、編集後記を書いている。『魚紋』五四号（五七年七月）には「退院するに当たって」の短文を載せた。

サークル詩誌『魚紋』の創刊は一九四七（昭和二二）年。内藤尭佳氏が『魚紋』三〇号記念誌（一九五三年二月二〇日）に当時のことを書いている。

「魚紋もこの間六年の歳月を経てきている。最初二十数人の同好者によって出発したものが、昭和二六（一九五一）年の春には一三〇名近くの会員数に達した。しかし魚紋が定期的に出るようになったのは三年このかたで、それ以前は半年の休刊、四か月に一回出たこともあった。魚紋の編集方針は何度も声明されてきたように、特定の流派や特定の指導者によらず、それぞれの立場によるアンデパンダン方式をとってきた。これに原因する特色と欠点は明らかに現れていた。すなわち気安さや多様性はあっても、指導性や発展性がすべて個人的関係と努力に任せられていたため、サークルとしての一貫した目的性や統一性がやや不明確であった点である。療養所という特殊環境にあるとしてもこの問題は今後もお互いにもっと深く検討する必要があるのではないかと思う」「今迄、魚紋のために外部の詩人で、激励や批評や作品を書いてくれた人々に、ぬやま・ひろし〔西沢隆二〕、秋山清、青山鶏一、三好豊一郎、竹内てるよの諸氏がおり、来院して講演してくれた詩人に竹内てるよ、永田東一郎、三好豊一郎、草野心平の諸氏がいる」。

記念誌には、当時発行責任者だった赤沢常光さんの「魚紋三〇号記念に際しての反省」という文章も載っている。

「たまたま二、三の人から「魚紋のあり方が必ずしも悪いというのではないけれど、療養者である吾々が詩に求めているものと、魚紋のそれとの間にはかなりの食い違いがあるようで、正直な所ついて行けない」といった意味の批判を頂いた。魚紋は、意識して何ら特定の主義主張を持つものではないし、又そうあってはならない筈なのだが、いつの間にか一方的な色彩と方向が強く押し出されて来て居たのかも知れない。つまり「京浜の虹」や「祖国の砂」等によって代表される、現在全国的に盛り上がって来ている「抵抗詩」の勃興の一環として ―― 発言の場を持たぬ僕等の声、叫びをささやかではあるが、詩というものを通して盛り上げて行きたい ―― と言った筆者等の意向が一方的に強く押し出され過ぎて居たのだ。このことは療養文化誌として、やはり強く反省せねばならない。／依るべのない病床に、砂を噛むような日々を耐えて居る人々にとって、詩というものは必ずしも激しい抵抗の叫びでもないし、自己燃焼の場でも無いだろう。むしろそれは仄かな心の慰めの場であり、うるおいの場であるかも知れない。たとえ、そうした詩への態度が現代詩と言う立場からは、幾分物足りないとしても、どうしてそれが責められよう。そこに療養文化誌としての魚紋のあり方もあり、限界性もあるのだ。つまり、ある人々にとって、それは心の慰めの場であり、潤いの泉であるし、或る人々にとっては、それは激しい怒りや憤りや訴えなどの、唯一の吐口であり、発言の場であろうし、また或る人にとっては、それは、詩というものを通しての、自己とのキビシイ対決の場であり、発展の場でさえあるだろう」。

二つの文章が概して、当時の『魚紋』の性格をあらわしているように思う。『魚紋』は出された原稿はそのまま掲載する。掲載は作品提出順。選者は置かない。巻末に魚紋会員の相互比評・感想を載せることがあっても「今号の優秀作品」などの評価はない。

これらの提出された「作品」が、赤沢さんの文章にみられるように「抵抗詩」に傾斜していくのは、この時代のなかで「結核療養」という長期の病床生活で書かれるものが、抵抗の姿勢を持つのは当然の方向だと私は思う。それを「強く反省」することはない。もちろん、叫びや抵抗だけでは、詩のリアリズムには遠ざかる。まして詩が生みだすリリシズムには近づけないだろう。怒りや、悲しい事例を書くだけでは詩にはならない。
悲しいことは多いけれど悲しい歌にはみんなあきている。
──飯島耕一

▽『魚紋』と飯島耕一

飯島耕一氏は、私より二歳上、清瀬病院に入院中の一九五四年、『魚紋』四四号（五四年一二月）に、「あるプロテスト」と題する作品を出している。八連からなるやや長い詩である。

「青空よ　おまえは／思いがけぬ青さで／ぼくのまえに下りてきた。／シーツの海に　ぽっかりと／浮かんだままの　ぼくのまえに」（一連）で始まるこの詩は、「あの夏のあさ／白い担送車で　手術場に／運ばれて行った　長い廊下の／すきまなく／流れこんでいた青空」（四連）につながり、手術を受けた心象を「不幸よ」「小さな生と死」などの言葉をつなげながら「その明さにおいて不当だ」の詩句をはさみ、終連を「病める秋、／ぼくらが／青空をいかようにこえるか、／ぼくが　この青空と和解するとき／ぼくが何を発見するか、／ぼくはその問いのためにこそ生きようと決意する。」と書いている。

飯島氏は『魚紋』四六号から、詩の批評紹介を連載した。連載を引き受けるにあたっての思いを次のように語る。「ぼくに課せられた仕事は、『魚紋』の詩で興味のあった作品を一篇選び出し、それをめぐって、指導と批判をせよということであ る」。しかし、「ぼくはいわゆるサークル詩というものにまったく不案内な人間」「『魚紋』の人たちが一体どういう態度で詩を書いておられるか、そこのところがはっきりしないのである。ぼくとしては、詩を書く態度に、いくつものやり方があるとは信じていない。一つであろう。だが、それがあいまいなのである」──「ぼくのいやなことばに「趣味として詩を書く」というのがある。いったい『魚紋』にかぎらずサークル詩の人々は、趣味として詩を書いているのであろうか」と問いかけ、「詩の書き方の本を読めば、詩は書けようか。ぼくがいいたいのは、ただ鳥たちが黙っていろといわれても、歌わずにいられないように、ぼくらは歌うよりほかないということである。そして、そのような時にのみ詩は美しくかがやくのであると思う」と書いている。

「ともかくやってみよう」と作品を紹介しながら詩のことばの意味をとらえる連載が『魚紋』五一号までつづけられた。五一号の飯島氏の文章は、新井布美さんの詩「洗濯」を紹介し、「たらいの中で／美しい青空を／そのひとつひとつに映している石けんの泡たち／まるで／空の美しさを　たたえている私のように」を引用し、こう述べている。──「この比喩はすぐれている。少なくともこの詩を書いたとき、彼女が向きあっていたもの、そして書こうとしたものは、人間のもつことのできるもっとも美しい青空だと思う」「こうした詩が増えることを望みたいだけだ。カラッとした詩をおうせいに書いて『魚紋』に風を吹き込んでほしい。悲しいことは多いけれど悲しい歌にはみんなあきている」と書いた。

私は、第一詩集『他人の空』（五三年）以来、飯島耕一の詩が好きだった。「空」の表現に共感し、のびやかな抒情に惹かれた。『魚紋』掲載の「あるプロテスト」も「青空よ」ではじまる。激賞した新井さんの空も「美しい青空」だ。

飯島耕一が書いている。「ぼくの詩の原点ともいうべきものは「他人の空」「砂の中には」「世界中のあわれな女たち」の三篇であるが、これだけのものを書くまでに五年位かかっている。一九四七年から五二年までだ。——これらの詩をぼくは一人で書いたなどとは言わない。いろいろのグループに加わってきたし、ぼくは戦後詩人の仲間なしには書けなかった。ぼくと同じような病を病んでいた何人もの人々だ。詩を書いて得をしたただ一つのことはそれらの詩人たちを知ったということかもしれない」（「あとがき」『飯島耕一詩集1　他人の空』山梨シルクセンター出版、一九七一年）。

『魚紋』の仲間たち

私は『魚紋』に参加して、飯島耕一も言っていることだが「病を病んでいた何人もの」「詩を書く人たち」と知り合いになったことは、えがたい「得」であった。受け取り手の私が貧弱で不甲斐ないのは仕方がないが、私はそれらの「詩を書く人たち」を通して詩をつくることに近づいた。それまでの読書経験のなかで詩集を読んではいた。暗誦するような詩句もある。文章を書くことは好きだったが、それが「詩を書く」ことには結びついてはいなかった。

私は、私の生活をおおってきた多くの暗い記憶を吹き抜けるような詩を書いてみたいと思った。「戦争の記憶」をふくめ、理不尽な「悲しい」記憶、「かわいそう」な思いの意味——のしかかるおおいをはらいのける自己を発見したいと思ったのかもしれない。飯島耕一は「青空と和解するとき／何を発見するか」と書いたが、私は重なる記憶を引きずりながら、詩を書くことで、「何を発見できるか」、そんな思いを後押ししてくれたのが『魚紋』の友人たちだった。

▽『魚紋』の会員——名嘉眞光子とすぎやま・ともこ

五四年三月のビキニ水爆被災事件は療養所にも大きな波紋を及ぼしていた。二〇〇五年に第五福竜丸平和協会が編集した『わたしとビキニ事件』の手記集に寄せた短文で、ビキニ水爆実験で被災した第五福竜丸の乗組員久保山愛吉さんとその家族に寄せられた手紙から、第五福竜丸平和協会編『ビキニ水爆被災資料集』（一九七六年、新装版二〇一四年）に収録された「輪の中で〈福竜丸の家族に捧ぐ〉」（療養所患者・女）が、『魚紋』会員、ビキニ事件当時二二歳の名嘉眞光子《なかまみつこ》であることを紹介した。

名嘉眞さんは私と同年齢、一九四九年新宿の精華学院を中退して清瀬病院に入院、長く個室の療養生活を送り一九五六年三月七日に亡くなった。『魚紋』五一号（五六年五月）は「名嘉眞光子・追悼号」とし、先の作品も再録した。名嘉眞さんの作品は、『魚紋』会員がよく読んで励みとした。しっかりした詩を書く、会員みんなが大切にしていた人だった。『魚紋』では会員の推薦する詩集や詩関連本を購入し、閲覧した後に抽選で所有者が決まった。名嘉眞さんが好きな谷川俊太郎の第二詩集『六十二のソネット』は、みんなが遠慮し名嘉眞さんのものになった。私は会員の川崎君江さんと詩集を届けに行った。ひくい声で静かに話す人だった。名嘉眞さんの小さい手は乾いていた。帰りの廊下で川崎さんが「山村さんの握手、恥ずかしそうにしていたが嬉しそうだった」と話してくれた。私は「握手」ではないのにと思った。名嘉眞さんは一四歳で結核に罹り、いま、薄暗い個室で独り青春を過ごす。「かわいそう」の思いがつのっていたのだ。私と名嘉眞さんのことを「握手」に収めた川崎君江さんは、後に病院の文化祭で木下順二作「赤い陣羽織」を上演したとき、私が演じたおやじの女房役として出演した。

『ビキニ水爆実験被災資料集』収録の「療養所患者・女」と紹介された名嘉眞さんの作品を詩形に戻して紹介する。


輪の中で〈福竜丸の家族に捧ぐ〉　　　名嘉眞光子

原水爆の製造　実験禁止
わたし達は書きました
原子物理学会へ
わたし達は署名しました
町の
自治会の　反対署名に

あと　数時間で台風が来るという夜
川がやぶれ
山がくずれ
不安は　まとまりのないままに　怒りに結ぶのです
マーシャル諸島の住民は言いました
『遠くでピカリと光りしばらくしてドドーンと大きな音がしたと思うと　その日一日、
空から白い灰が雪のように降りました……』
福竜丸の　あなた達の
息子達　夫達の上にどれ程の〈白い灰〉は降ったというのか
——百数十日
福竜丸は波をきらない
潮くさかった髪は　風になびかない

秋空にも　柿色の陽にも
照り映える　腕がない肩がない
『水爆実験に協力する』
祖国の外相は言い放った
海からの電波は
キバのように
私達の祈りを引裂く
〈水爆の実験は止めない〉

けれども
八千万の悲願は瞳の輪の中で
久保山さんは
目を閉じました
ベッドから　ベッドへ　反対署名の輪は広がります
街の隅でも
署名が始まったと
友達は報せます

唯々　胸痛む姉達であり　母達であり
けなげな弟達であり
疲れても優しい妻達である　あなた達
あなた達

一九五四年九月二三日
（『魚紋』四三号、一九五四年一〇月）

『魚紋』会員のもう一人を紹介する。飯島耕一が明るいユーモアと褒めた詩だ。

学童疎開の時のこと　　すぎやま・ともこ

遅い日。

そうだ　私が四年生の時だった
淡いみどりにかこまれた　山々を背景に
私達子供が
鈴なりになって　吊橋をゆら〳〵動かしていた。
この川を下って行くと家の方の隅田川へ行くんだぞ。
違うよ　海に行くんだよ
本当か
違うよ　やっぱり隅田川へ行くんだーい。
みんなの気持ちは流れのように　家へ走ってゆきました。
家へ行ったら一番始めに何食べる?
私は御飯だ　私はお餅だ

私はジャムのついたパンだ
私は何でもいいからお腹一ぱい食べたいや
私も――。僕も――。
それはみんなそうよ
きまっているじゃないの

おだやかな日でした。
真白い入道雲がもく〱していました。
あの上に寝たら　どんなにか楽ちんだろう
なんて
みんなで空を見ていました。

その時
飛行機を見つけたんです
チカ〱と昼の星のような飛行機を。
寮母さんが青くなってとんで来ました
偵察機だから橋の下にかくれなさい　と
でも
みんな空があまり美しかったので
橋の下には行きませんでした

その夜　罰として絶食でした。
みんな　そう毛だった顔をにらめ合って
星のように美しかった飛行機をうらみました

二、三日後
緑の山に爆弾が落ち
仲良しのおぢさんが死にました
みんな切実に涙が出ました
そして私達が橋の下に入らなかったことが
そんなにも悪いことだったのかナァーと
又、涙がでました

（『魚紋』四六号、一九五五年三月）

すぎやま・ともこ（杉山友子）は敗戦時、小学校五年生だった。実家は東京・南千住の薪炭商、すでに父を亡くし、長男が家業を継いでいた。その長男から、回復したら早く嫁に行き、家を出るようにせかれていると話す、屈託のない類のゆたかな下町の娘だ。

敗戦前後の子どもたちの生活をよく詩にした。食べ物や遊びなど、何かすこしやるせない話なのに、明るいユーモアがただよう詩をつくった。病状も回復に向かっていて明るさがあった。お互いに好意を持ち合う時間があった。その時期のことは、私の「相聞の行方」との関連でふれる。杉山友子は、私の退院後二か月後に退院した。彼女との付き合いは互いの「家」、とくに友子の家の事情が介在し深まりようはなかったが、それなりの付き合いはつづいた。

私が日本原水協で働きだしたころ、嫁に行くことになったという話を、上野不忍池の端を、無縁坂に向かって歩きながら聞いた。夏の終わりの風のなかの友子の手はふっくらと温かかった。無縁坂ならお玉さんに悲しい思いをさせた青魚（さば）の味噌煮が似つかわしいが、私たちは池の端のうなぎ屋で「鰻重」を食べた。

詩人・谷敬のこと —— 『魚紋』の詩友

その時
谷敬

一年間待っていたのだ
清瀬病院にあこがれていたのだ
ここへ入れば安心だと思った。
蝕まれた胸に
ほのかな希望を抱いて
ベッドに横たわった　その時
黒い恐怖が　さっと
上空を過ぎて行った
不気味な爆音を轟かせて。
ああ　ここにも ——

雀の囀りがぱったりと止んだ
松の木が静かに揺れている
爆音を吸い込んだ雲は
何事もなかったかの様に
重く低く垂れ込めている
大砲とバターを漂わせて。

（『魚紋』三三号、一九五三年七月）

『魚紋』に詩を書き始めた初期のものだろう。思いがけない「黒い恐怖」が不連続に出て来て初期のものだとわかる。戦時の記憶がまとい付いている。それにしても、谷敬もまた長く待たされて清瀬病院に入院したのだ。谷君は私と同じように高校中途で肺結核を発症した。清瀬病院の入院は私よりも早く五二年、退院は私が五七年、谷君は五八年だった。知り合ったころ、谷君は肺葉切除の後の癒着や化膿などの後遺症状に苦しめられていた。

谷敬は東京浅草三筋町で生まれた。一九四五年三月一〇日砂糖問屋の家は焼けた。谷敬が体験した「東京大空襲」のことは

第一章でふれた。戦後は浅草駅前の闇市で父の仕事を手伝う。四六年父親が小物玩具卸業を始める。一九五〇年、高校三年半ばより、以後八年余、国立国府台病院、清瀬病院で療養生活を送る。二〇〇三年に出版された『谷敬詩集』（新日本現代詩文庫、土曜美術社出版販売）収録の「年譜」に、次の記載がある。

「一九五〇年代前半 —— 左肺半分切除、清瀬病院で大野田秀夫、山本好一、山村茂雄、田中祥太郎らの諸兄と交友を深め刺激を受けながら文学と社会科学を独学。療養所内のサークル誌『魚紋』『プルス』に俳句と詩を書き始める」。

谷敬と私は『魚紋』誌上にともに詩作を載せながら、詩作や詩作品、文学全般の話をした。文学書の評価などでは意見がスムーズに一致することは余りなかった。原田康子の『挽歌』の抒情を推す谷敬と、開高健の『パニック』を面白がる私といった他愛ないものだったが、詩や文学の世界で、昭和一桁の世代が輝きを示し始めた「感受性の祝祭」（大岡信）の時代であった。

『魚紋』に載る谷敬の詩は、いつも真っ先に読んで話題にした。私の作品は少なかったが、励ましの意味もあったのだろう、いつも谷敬が褒めてくれた。互いに飯島耕一が好きだった。のちに私が『魚紋』編集委員になって、会員の回覧誌に「らくがき帖」という欄を設けた。そこにこんな「詩」が書かれていた。

「エリュアールの墓　一一月一八日　P・エリュアールの二周忌に

エリュアールが空というと／エリュアールの空が生まれる／ぼくが空というと／ぼくの空が生まれる／／ぼくの空のなかには／枯れ草の匂いもする／野の鳥の空があり／エリュアールの青空がひろがる／／正しさを歩ませた空／オレンジに似せた空／ぼくらの灰に／希望をまぜあわせてくれた／その空／／空がエリュアールの墓／空が／自由に生きよ　と／ぼくにいう」

『魚紋』四五号に掲載した。署名はないが、私は飯島耕一のものではないかと思った。「ぼくらの灰」がビキニの「灰」であることは明らかだ。さきに紹介したように飯島耕一は『魚紋』四四号に作品を出していた。その後の「批評と感想」でも、プレヴェールやエリュアールにふれている。谷敬に話したが何も言わなかった。飯島耕一の詩には「物語」ができていると言って、私をどぎまぎさせていたのだから、何か言ってほしいと思った。

『谷敬詩集』（前出）に「初期作品」として『魚紋』時代の作品が載っている。その一つを引く。

六月の雨のあとの ——　　谷敬

当てどなく廻っている地球のように
一日に一つずつの夕暮れを送っていたぼく。

ある日　ゆすぶられてぼくは変質した。
ドアから光がこぼれ
ぼくは少年のつつましさを取り戻した。

真四角にひらかれたぼくの窓。
高架線やレインコートが　再びぼくの中で意味をもち
ぼくのうたが密室の五線譜をはなれて
街へ向けられた。

今　頬づえをついたぼくの内部を
よび交しながら通りすぎていく風がある。
癒えゆくぼくのみどりの視野を
腕をひろげて駈けぬけていく歌がある。
暮しのたてなおしをぼくに教えてくれた　きみの言葉がある。

風が吹いて
さまざまな人生が萌えている森のかげで
めざめたぼくの心は　はげしく求める。
六月の雨のあとの澄んだ街角を。
一足さきに街へ帰っていった美しいうなじを。

『谷敬詩集』「年譜」によれば、この作品は『魚紋』五三号（一九五六年）発表とされている。
私は『魚紋』五二号（一九五六年七月）にこんな作品を発表している。

六月の空　　山村茂雄

六月の空は
若葉があまりにも　まっさおなので
灰色になる。
そして　六月の空は
きれぎれの記憶を　空いっぱいにあふれさせて
ぼくの時をおくらせる
紫陽花色をした雨が　ぼくの時を打ち始めると
ぼくは　ぼくだけが受け取り手である　その記憶のなかで
静かにおまえのことを想う。

ああ、かつての色濃い幻影
空は一色の絵具をかたくなにしたたらせて
すべての風景を塗りつぶしていたが
ぼく達は　そこだけが塗り残された若葉のかげで
一つのいのちを計算していた。

——雨のしずくが　庭の若葉を打ち始めた
静かに　ゆっくりと　同じ速さで。
ぼくは探そう
紫陽花色のしずくの垂直な速さのなかにおまえのひとみを
そうして　ぼくはもういちど　六月の空の記憶の中で　ぼく
達だけの時をもとう。

互いに飯島耕一の「空」の刺激が、「六月の雨」と「六月の空」にからまっている。

『魚紋』の掲載は私の方が早かったのだが、それほどの差はない。作品の優劣はここでは問題にしないが、評価は、はっきりしている。それは書き写しているいまもわかる。谷敬作品には「物語」がある。「物語」を導き出す表現がある。一方、二つの詩には、ともに「詩」に近づこうとしていた若さがある。いまは、それだけで充分だ。

「人生が萌えている森のかげで」の谷。「塗り残された若葉のかげで」の山村。「はげしく求める」谷。「一つのいのちを計算していた」山村。「帰っていった美しいうなじを」思う谷。「ぼく達だけの時を」願う山村。

「美しいうなじ」の人は、私も知っている私たちより少し年かさの人だった。谷君も私も思いを寄せる個を知りながら、個を語ったことはない。どちらに「笑み」が多く訪れるのか。ロマンとそれにつながるエロチシズムには含羞が残ったほうがいい。

▽谷敬の「現代詩新人賞」と私の『現代詩』への寄稿

先の「年譜」に記載のある人名の大野田秀夫氏は俳句サークル、山本好一、田中祥太郎の両氏は東西の詩誌に見識をもつ批評家だった。『魚紋』『プルス』の会員、山本氏は『魚紋』に「立原道造の『萱草に寄す』に就いて」などのエッセイを寄せた。田中氏は「愛猫」もので知られる作家になった。清瀬病院入院中に芥川賞（五四年）を受賞した吉行淳之介に私淑する関係にもあった。吉行淳之介は私と同じ五三年一一月に入院、五四年一月肺区域切除を受けた。

谷敬は五八年、清瀬病院を退院。患者運動にかかわった延長線上で雑誌『健康会議』（日本患者同盟が編集発行していた月刊誌。島村喜久治、宮本忍、北錬平、石垣順二などが寄稿した）編集部に勤める。詩作では、『詩学』や新日本文学会系列の月刊誌『現代詩』などに作品を投稿。『現代詩』一九五九年二月号掲載の「交通事故」で第二回現代詩新人賞を受賞する。

五七年九月に退院した私は、五八年から日本原水協事務局で仕事をするようになり、五九年には、第五回原水爆禁止世界大会を前に日本原水協の情報宣伝の部門にグラフィックデザイナー、詩人、写真家などの創作グループを立ち上げようとしていた。このことは終章にややくわしく記した。グループの代表は関根弘。関根さんは『現代詩』の編集長を長く務めた。

一九六一年、私は関根さんから声がかかって『現代詩』六月号と七月号に「狼がきた」という表題で連載文章を書いた。六月号は「日本のミサイル開発」、七月号は「日本の原子力開発」。ともに日本の「軍事産業」が日本の核基地化、ミサイル武装化へ指向し始める動向、「原子力産業」、原発が生み出すプルトニュウムに伴う核兵器開発に関連する動向を指摘したものだった。表題にしてくれた「狼がきた」は当時、詩評論の世界で「狼論争」と言われる論議を牽引した関根さんの論文（『新日本文学』一九五四年三月号）の表題であり、論集『狼がきた』（書肆ユリイカ、一九五五年）のタイトルであった。関根さんの好意を思った。関根さんと「野間宏との間にかわされた「狼論争」（五四年）ではパターン化された抵抗詩を批判。政策的文学観を排して日常的な記録性を重視した「サークル詩運動」の提唱、シュールの方法の導入などさまざまな創造的な問題提起をおこなった」（『現代日本』朝日人物事典』に載る瀬尾育生の評言）ものだった。

この論集『狼がきた』に収録した論文「比喩について」で関根さんは「安易な比喩への凭れかかりを排除しようとしたのが、「狼がきた」の趣意であった」と記していた。論集には「サークル詩の前進のために」の副題が付けられている。

関根さんの文章を、少し長くなるが謝意をこめて引用する。

「僕は、実際のところ、抵抗詩という名称は、今日、僕らが書いている詩の性格を正しくは包括できない名称だと考えている」――「『新日本文学』一月号には、大岡信と清岡卓行の作品がのっているが、これを抵抗詩と呼ぶことは果たして妥当であろうか。素直に現代詩というべきであろう。この二人の詩人は申し合わせたように夢を、いいかえれば内的イマージュをモチーフとしており野間宏や岡本潤より、威勢はよくない。しかし「狼がきた」ことをしっている彼らは、ひとに「狼がきた」といってショックを与えるまえに、まず自分自身に問うているのであり、自己の発言に責任をもって外部にでてゆこうとする着実な過程にあるのだ。僕は彼らの方向が、サークル詩における記録的価値とコレスポンデンス（照応）するとき、マヤコフスキーのまたアラゴンの方法に通ずる、日本現代詩の新しい一頁がはじまるであろうことを疑わないのだ」――「僕は、飯島耕一の近著『他人の空』を高く評価するとともに、そのなかに収められた一篇「探す」を愛読するのである。／／お前の探している場所に／僕はいないだろう。／僕の探している場所に／おまえはいないだろう。／／この広い空間で／まちがいなく出会うためには、／一つしか途はない。／その途についてすでにおまえは考えはじめている」。

この「狼がきた」の文章は『関根弘詩集』（思潮社、一九六九年）に全文が収録されている。

II

相聞の糸口　Wさんのこと

内科の八病棟には師長を含めて八人から九人の看護師が勤務していた。昼間は六、七人勤務だが、夕食を過ぎると二人ほどになる。看護師の個人名を思い出すのは困難だが、柔和な人、闊達な人、注射の上手な人など、それぞれに優しかった。私にとっての看護師は尊敬する医療従事者、それに私よりもみんな年上だ。安静度Ⅲの患者には配膳をしてくれる。月に一度か二度、清拭をしてくれた。女性の手が身近にあることにどぎまぎした。治療は週二回のストマイ注射とパスの服用、もっぱら安静の日々、読書と、ラジオで音楽を聴いていた。『魚紋』に参加して詩関係の本が増えた。

五四年中に目を通した本は一一九冊と日記巻末に本の題名が羅列してある。『従妹ベット』『赤と黒』『カラマーゾフの兄弟』『北回帰線』『カクテル・パーティ』『チボー家の人々』から『人間嫌い』『タバコ・ロード』『虹』などと取りとめもない。堀田善衛、武田泰淳、川端康成、三島由紀夫、伊藤整、林芙美子、吉行淳之介、遠藤周作、川崎長太郎まで。病院図書室にあるものは配本を頼んだ。『源氏物語』は合わせるように谷崎源氏も読んでいる。ヒルティの『幸福論』やベルグソンの『笑い』、古在由重『哲学史』、吉田秀和『音楽のたのしみ』は購入して読んだ。創元社から出始めた『漱石全集』も購入した。輪読した雑誌は『世界』『中央公論』『改造』『文学界』『群像』『新潮』などだが、『新日本文学』『文学の友』『平和』や、詩の雑誌は購入した。

五四年三月二五日、胸部の断層写真撮る。右肺上部にも病巣が散見するので、手術はもう少し先になるとの説明を受けた。

五月に入って、病院の庭を散歩できるようになったころ、「脱柵」ということを教わった。療養所は感染症の病人を収容している。かつて清瀬村に結核の療養所を作ったときには、医療施設ができることを歓迎しつつも、住民には感染症（伝染病）の「病院は困る」と反対した人もいた。住民の理解を得るためにも周囲から厳しく「隔離」する垣根が必要だったのだろう。有刺鉄線も残っていた。入院患者の外出には許可がいるから、回復がすすんでも、ちょっと外出というわけにはいかない。感染症の病院だから患者の保護も大事なことだが、患者にとってみれば許可をもらうのは面倒くさい。そこで「脱柵」する。抜け出す「通路」はみんなが知っていた。私は「脱柵」するほどのことはなかった。脱柵した先には「恋人たちの森」もあった。大きな農家の屋敷の脇の木立におおわれた道を「森」と呼んでいたのだ。夕暮れ時は、二人連れのために「森」の道は避けるという不文律があった。保護された「森」は、毎夕、どんな恋人たちを迎えていたのだろう。

五月一七日、慰安室で幻灯会、「広島の子どもたち」を観る。

五月二二日院長回診。肺葉摘出の部分は両肺の上葉との説明を受けた。安静度がⅣ度になった。食事は食堂で摂るようになる。配膳の手伝いで食器を並べたりした。食器はアルミで味気ないが、同室の人と話しながらの食事は大切な時間だった。しばらくしてのことだが、私は食堂に鍋や蒸かし器を持ち込んで、ご飯は蒸かし返し、みそ汁は温め直して食べるようになった。アルミに代わる瀬戸焼の茶わん類も揃えた。退院者送別の日には、商店街に買い物に出かけて会食の支度をし、花も飾った。家庭的な和気がもどる。

六月一四日、病棟看護師の勤務交代があった。病院内の勤務交代は年二回ある。

Wさんは、外科病棟から移ってきた立ち居の静かなベテラン看護師だ。交代から二週間ほどしたころ、Wさんから雑誌『世界』を渡された。定期購読しているので回してくれると言われた。私が『世界』を輪読しているのを知ってのことだった。ゆっくり読める喜びもあったが、Wさんとつながりをもてたのが嬉しかった。読後感を伝えた。Wさんは、『世界』だけでなく『芸術新潮』『アトリエ』なども持ってきてくれた。当時評判になっていたフランスのレジスタンス小説『海の沈黙』や『人間のしるし』、また手記集『白バラは消えず』などの本も届けてくれるようになった。六月二五日に『第三の男』を鑑賞したことは前に書いたが、Wさんは洋画が好きだとも言っていた。イタリアのネオリアリズム映画に人気があった。映画雑誌『スクリーン』も持ってきてくれた。

▽働きながら学ぶ ── Wさんと中央労働学院

一〇月三〇日（土）、Wさんは同僚とのハイキング帰りの三時過ぎ、私を病院中庭の東屋にさそってくれた。七月の患者自治会の運動に関連して職員組合のことを話してくれた。Wさんは組合役員でもある。「共闘を組んで応援したのよ」と言っていた。私がよく本を読んでいるのを気にかけていたこと、「根《こん》を詰めないように」という語り口は、看護者の目線だった。その日、Wさんから、夜勤のない日は中央労働学院に通っていることを聞いた。

※中央労働学院、通称「中労」は、一九一九年に渋沢栄一らを発起人として設立した財団法人協調会を継承して、一九四六年に社会労働問題に関する啓蒙、教育と調査研究を行う中央労働学院として設立。一九四九年の学制改革により、中央労働学院大学となり一九五一年法政大学に併合され社会学部となる（私大初の社会学部）。中央労働学院付属労働学院は、「中央労働学院」と改称して各種専門学校となる。Wさんはこの専門学校に通っていたのだ。当時の学長は小牧近江氏、小牧氏は法政大学教授でもあった。のちに平和運動の仕事をともにすることになる法政大学教授田沼肇氏も講師を務めた。

労働者の学習意欲が高まっていた時期とはいえ、清瀬から「中労」の学舎のある港区麻布までは、一時間半はかかる。働きながら学ぶ人がいる。敬愛の度合いが深まった。この日は快晴。西の空が夕焼けに染まるころまで、ベンチで話した。小春日和の日差しにふれ過ぎたのか、一一月一日、二日、三日と血痰がひどく出た。医師から一週間ほど安静にするよう言われた。食事が配膳になった。Wさんが『映画芸術』を持ってきて「静かにしているのよ」と念を押して帰った。私は病人なのだ。後ろめたい思いがした。

一一月一九日、内科転室のときからつづけていたストマイの連続投与の注射が一〇五本になり、ストマイの長期投与治療が終了した。

▽「話し合える唯一の人」

一二月一日、ふたたび看護師の勤務交代があった。Wさんは、外科の三病棟に移るという。入院したときの病棟だ。「ときどき看にきてあげる」と言ってくれたが、寂しさがつのった。

九日、Wさんが河出文庫『フランス解放詩集』を置いていった。野間宏編で五月に出版されたものだ。収録詩人の肖像が載る口絵裏に、メッセージが書かれていた。「別離にあたり過去六か月間の話し合える唯一の人として貴方に私の最も尊敬し理想ともしている国の解放詩集を贈ります。／自分の信ずる道をしっかり歩んで下さい。／何よりもご自身を愛して社会人として元気を回復する日を一日も早くまねいて下さい。その日まで、その日のために頑張ってください。一九五四・一二・九T」というものであった。Wさんが遠くに行ってしまうようでさみしいと、私は「詩集」のお礼といっしょに伝えた。Wさんは「上手く書けなかったのよ」と笑っていたが、「話し合える唯一の人」と書いてくれたことに、私は親近感を感じた。文末のTはWさんの名前のイニシャルだ。私はこの人に恋をしている。しかし私は療養中なのだ。そう言い聞かせながらも思いは離れない。

意識すればあれこれと思いが先走り切ない。待望の手術が可能な体調回復が見据えられるようになってきた時期に、二二歳の若者はもう一つの経験をもとうとしていた。

※一九五四年一二月七日には吉田茂内閣が総辞職。一〇日に鳩山内閣（第一次）が成立している。後年、この吉田退陣は、ビキニ事件を契機に広がった原水爆禁止運動に示された日本国民世論展開を見通す政治的判断が曖昧な吉田政権を、アメリカが見限った結果という論調が現れた。国民世論の展開の先に、日本中立化の方向が見えるというアメリカの懸念が介在したという指摘だった。

一二月二〇日夕方、Wさんがカーディガンを羽織った姿で訪ねて来る。「ひとりの面会人」然と話していたが、みんなが知っている主任看護師だ。持参してくれたのはエレンブルグの『作家の仕事』（鹿島保夫訳）。しばらく前からマヤコフスキーの詩や、宮本百合子がマヤコフスキーの葬儀に参加したとき「マヤコフスキーの大きな靴底の鋲、その前の部分が殊更に光っていた、詩人はいつも先を先をと急いでいたのだ」と、その日の感想を書いたことを話題にしたりしていた。湯浅芳子のこと、岡田嘉子のことも。

一二月二四日（金）、雪江奥さんが来る。雪江奥さんが来てくれるのは日曜日が多いのだが、クリスマスイブに合わせてブロイラーの姿焼を持ってきてくれたのだ。寺からのクリスマスプレゼントとは不似合いだが、私のさびしい思いを和らげようとの雪江奥さんの思いやりなのだ。部屋の人に渡る個々の袋入り燻製もあった。ブロイラーは切り分けた。翌二五日の日記には「昨夜の銀座の人出は一〇万人とか」との記入がある。戦後もやがて一〇年、占領終了二年後の、銀座の街の狂騒はどんなものだったのだろう。

二三日、医師からこのままの経過で行けば、来春には手術になるだろうと言われた。手術棟の三病棟にはWさんが勤務する。

一月四日、春時来る。五日、妹来る。一九日、山喜紹三さんが来る。日記の転記をしていると、ことさらに私は大切にされていたのだとの感がする。春時は単車で来るが、妹は鳩ヶ谷から赤羽まではバス、国鉄（JR）赤羽駅から池袋に出て西武線で清瀬までは一時間半か二時間はかかる。山喜さんは寺から病院まで真直ぐハイヤーで来ることもあったが、国鉄の川口駅までハイヤーを使い、電車で来ることもあった。雪江奥さんは妹と同じ道のり。

療養所での精神的抑圧のこと

結核療養所という入院が長期にわたる病院生活、意識すれば、「死」もいつもそばに存在していたその「日常」のなかで、自己の成長を図るためにはそれなりの努力が必要だった。人生経験の多様な人たちとの共同生活は、年齢差を度外視して進行する。若年者が「中年の教養」に取り込まれて「物知り顔」の青年になる条件は溢れている。社会批判、医療保障充実の要求は、「死活」の問題として激しい闘争と行動をひき起こす一方で、それらの行動の先頭に立っていた人が「大人の卑猥」な話の中心にいたりもする。揺れもまた激しい。療養所にはそんな不思議が存在している。

寝付かれないままに金剛寺での日々の思いが募ったりもした。金剛寺での仰臥している日常に、精神の抑圧を感じることはなかった。第二章に書いたように私にとって「死」がからむ問題は平穏な理解で過ぎていた。しかし療養所の生活（「閉鎖的環境」）には、さまざまなストレスが顔を出す。精神の抑圧もその一つだ。私が閉鎖的にならないですんだのは、金剛寺での生活で学んだ生きることは生かされることへの信頼があったからだと言っていい。生きることの信頼だった。私のいまはその場の「療養」を貫徹しなければならない。付きまとう「抑圧」から抜け出すのは、自己の内面に隠れることではなく、その場に生きる自分の内面を見つめることだ。

▽二つの援軍 ── 詩とWさんと

「その場」での信頼に生きる。そんな私の思いの援軍の一つが詩を書くことだった。各種サークル活動にも参加した。自分の意見を述べる機会が、何であれ、あった方がいい。療養生活や医療扶助は保護の対象でも、精神までも管理されてはならない、そう強く思うようにもなった。患者自治会の活動にも参加し、都庁デモにも出かけた。

そして、もう一つの援軍がWさんと知り合ったことだった。なかば自棄気味のように、読書の時間に逃げ込んでいた私に、療養中にあっても社会につながる窓、その役割を果たしてくれる存在がWさんだった。Wさんの働くこの病院で療養できるという喜びが生まれた。「話し合える人」として信頼できる人が私の側にいる。私は、金剛寺で学んだ「その場」に生きる自覚がもどって来るのを感じていた。心通う人の出会いは気持ちを前に導く。連れ立つ歩みには楽しみも付いてくる。

一九五五年　入院から二年、手術まで

病院での日常がどのように過ぎて行ったのかを、五五年の一年間を小型の手帖に記入した日記から時系列でたどってみる。並べれば替わり映えのない日々だ。それを無聊と見るか、我慢ととるか、結核の療養は、そんな時を強いつつ過ぎて行く。Wさんとの交流も記す。

五五年一月　一月二四日、衆議院解散。二八日、映画『二十四の瞳』上映会。日記には『魔の山』読み始めるとある。二九日飯島耕一に会う。

（Wさん）二六日、Wさんが訪ねて来る。二七日、三病棟看護師控室にWさんを訪ねる。

五五年二月　二月三日、院長回診。五日の午後、清瀬銀座（商店街）を散歩。芥川賞発表、小島信夫「アメリカン・スクール」、庄野潤三「プールサイド小景」。直木賞に戸川幸夫、梅崎春生。六日、妹来る。八日、春時来る。ソ連マレンコフ辞職、後任ブルガーニン。一二日、魚紋詩話会の編集委員となる。一四日、国鉄労組新橋支部の機関誌『国鉄文化』に「感あり」と日記に記す。一六日、「国鉄新橋支部に手紙」と記している。一八日、「数日、詩作に熱中」と記す（「海が鳴っている」）。三好達治『一点鐘』。二二日、第二七回総選挙の不在者投票（二七日投票日、革新、改憲阻止の三分の一確保）。二五日、映画『七人の侍』観る。二六日、病院裏口から一〇分ほどの八幡社まで散歩。（Wさん）一五日、Wさんを訪ねる（控室）。一六日、手紙を書く。一九日、控室で会う。二〇日、Wさんから看護師の親睦誌への文章を依頼される。

海が鳴っている　　山村茂雄

海が鳴っている
また　海が鳴っている。

ききなれない海のとどろきを求めて
想い出の子守唄が欲しいと
私が砂浜に立ったとき
そこには十年の歳月が　冷たかった。

幾條ものジープの轍が真直ぐにのびて海に落ち
轍の中で子どもは無心に遊んでいる
――赤い頬がガムをかんで笑っていた――
太陽は燃え海の上をすべってゆき　音立てて沈む

暗い夜
砂浜に女が立っている
波に女の黄色い頬が浮かんで流れる
《明日は雨ですね》

真っ赤なくちびるは　ただ叫んでいる
真黒い大きな波がその声をのみ込んで行った
海がほえ　私の手から砂がこぼれる
砂の中に女の声が……慟哭していた。

海が鳴っている
私のベッドに　また海が鳴っている。

（『魚紋』第四六号、一九五五年三月三〇日、一部削除）

五五年三月　三月一日、二三回目の誕生日、晴れ。二日、胸が鳴る。啄木の歌集を読むとの記述。オイストラフのチャイコフスキーV協奏曲。五日、寒い、雪降る、風情楽しむと記述。病院の松林に降る雪は、みぞれのような水滴にかわる。賢治が「とほくへいってしまふいもうと」におくった「どこをえらばうにも／あんまりどこもまっしろな／うつくしいゆき」のようにふっくらとした雪ではない。七日、「ベッド払い」。月に数回、ベッドの清掃があり、シーツ交換が行われる。一〇日、雪江奥さん来る。いつものように煎餅、菓子、卵など持ってきてくれる。一三日、暖かい。午前駅前まで散歩、バラを求める。バラの香りは甘い。一七日、昨日より「準看」が来ている。「準看護師」というのは、高校を卒業して二年ほどの教育機関を経た看護師のこと。したがって若い。彼岸の入り。オイストラフを聴く。妹より手紙来る。文中、橋本雅子が結婚するとある。雅子は二歳下の仲好しの従妹、見舞いにも来た。二〇日、『アンナ・カレーニナ』読み始める。午後はヘッセの『知と愛』。このところデンマークの作家ヤコブセンの本を読んで感ありとの記述がある。二三日、医師の診察あり。気管支鏡検査をやるとの説明を聞く。手術が近づいた。二四日、『世界』の高野実の論文興味ありと記す。二七日、退院前の赤沢さんを囲んで写真を撮る。撮影者は下町の佃煮屋の息子、高価なカメラをもっていた。

(Wさん) 八日、Wさんとベンチで話す。『アンナ・カレーニナ』を勧められる。「物語の主人公に自己の歩みを重ねて読むのか」と記している。一五日、Wさんと話す。「熱弁をきき感あり」と記す。何を聞いたのだろう。二六日、Wさんに手紙を書く。詩の雑誌『詩学』の感想と日記に記す。

五五年四月　四月一日、気管支鏡の検査が行われる。五日、赤沢さん退院。六日、床屋に行く。病院には理髪店があった。毎日開いてはいなかったが、理髪師は回復者だ。小柄で話好きで医師や看護師の個人情報に詳しい。一〇日、妹来る。『新日本文学』の「社会主義リアリズムに関する論文」興味ありとの記述。一一日、『音楽の友』の現代音楽についてのエッセイ興味ありと記す。音楽サークル依頼の原稿を書く。一三日、診察。「手術は延びる感じ」と記載。「社会科学を系統的に学びたい」と記す。Wさんを意識していることがわかる。一四日、北川冬彦『現代の詩論』を読む。一六日、『雪どけ』を読む。一八日、国鉄労働組合新橋支部機関誌が私の手紙を掲載。新橋支部の機関誌『国鉄文化』の詩の欄は、全国のサークル誌のなかで注目されていた。『魚紋』との交流があった。二〇日、『オーレリアン』読む。二一日、『ソヴィエト短篇集』。二四日（日）、「朝の空がキレイだ、家のことを想い、田園の風景を思い出し快」と記す。「日曜なのに誰も来ず、Wさんのこと考える」との記述も。二六日、イプセン読む。ハンガリー狂詩曲聴く。二八日、メーデー前夜祭、病院職員組合と清風会の共催。映画『足摺岬』観る。三〇日、午後、社会科学講座。

(Wさん) 六日、Wさん来る。「彼女と話して居たい」と記す。九日、夕刻、花壇のベンチで一時間ほど話す。「人間の信頼ということについて」と記す。金剛寺での体験を話したのだろう。一〇日、Wさんへの手紙。この日に読んだ「社会主義リアリズムの問題」の感想を書こうとしている。Wさんへの手紙は何通も書いたが、その記録はない。Wさんからの手紙も何通もあったが、それらは保管されることなく残っていない。細いペン字だった。Wさんがどんな筆記具を使っていたかは聞いたことはないが、看護師は毎日、看護日誌を記入する。看護師控室の机のペン皿にはGペンとインク壺が並んでいた。Gペンは細い字が書ける。もちろんWさんが控室で私への手紙を書くことはなかっただろう。

五五年五月　五月一日、メーデー。雨のち晴れ。実行委二五万人動員、警視庁九万と発表。午前、午後と社会主義講座。夕方、清瀬銀座散歩、シャツを買う。四日、『魚紋』主催の大江満雄囲む会。山田誠君から手紙、今は明大生だ。五日、『映画芸術』の抜き書き。「イタリア映画の国民性の研究」。快晴にせかれ「スポーティなスタイルにする」と記す。散歩。「パチンコ店」と記入あり。パチンコをやったりもしたのだろう。元気になってきたのだ。『中央公論』の南博の論文への反応を記している。『女は自由である』読むとの記載が三日間つづく。九日、午前、社会科学講座。『史的唯物論』読み始める。

五月一日の日付で、清瀬病院創作グループの同人誌『プルス』創刊号ができあがった。吉行淳之介の「プルス創刊を祝す」の文章を巻頭に掲げての出発だった。私も同人の一人だ。

▽手術が決まって

五月一〇日、診察があり、手術の予防法申請をするようにと言われる。予防法申請の手術範囲は左上葉の区域手術。医療扶助と同時に予防法の申請によって医療費の公費負担が決まる。申請書は私の住所の埼玉県の保健所に送り、許可の書類が病院の医事係に送られてくるという順序。午後、高校の友人遠山高次君と岩崎禎夫君が来た。岩崎君の恋人も清瀬の他の病院に入院しているとの記載が日記にあるが、その女性に会ってはいない。一三日、予防法申請書を保健所に送る。『ユリシーズ』読み始める。一四日、午後、友人山田誠君が来る。「長く話す」と記載がある。このころ、手術を控え、高校時代の友人にしきりに手紙、はがきを出している。励ましの返事をいくつももらった。何人もが見舞いに来てくれた。当時は、結核の肺葉摘出手術は、生命の危険を伴うという認識が普通だった。死ぬかもしれない、親しい友人はそれを察して見舞いに来てくれていたのだ。

五月一五日、オーストリア独立。芝山小学校付近まで散歩（清瀬病院から一キロ）。一七日、「床屋をヤル」との記述。多分バリカンで同室の人の頭を刈上げたのだろう。一八日、入浴許可となる。共同の浴場が、日時・時間を決めて開いていた。映画会『月は上りぬ』主演田中絹代、映画は患者の慰安室、講堂で上映された。二〇日、購入したモルガン『羅針盤のない旅行者』読む。二一日、午前、分離肺活量の検査。左右の肺機能を調べる。気管支鏡挿入のため喉に麻酔を使う。「午後もボヤーとしている」。二三日、『魚紋』四七号できる。私の作品（四六号に掲載）にも言及した飯島耕一の評が載る。二四日、雪江奥さん来る。新茶（金剛寺の畑で摘んだ茶葉を、寺の小屋の「焙炉」で仕上げた自家製の茶。私もお茶作りに参加したことがある）。外出用の絽の着物もあった。モルガン『人間のしるし』抜き書き。予防法申請通る。二五日、手術が六月二三日と決まる。術前のストマイ投与週二回の一回目。二七日、「ストマイの副作用か目の焦点がズレル」との記述。寺、妹、春時に手紙で手術の予定を知らせる。三〇日、春時来る。

（Wさん）五月四日、Wさん来る。五日、Wさんの控室に行く。六日、夕刻、Wさんとベンチで話す。「ロシヤ文学の話に感あり」との記述。「中労」の講義の話を伝えてくれたのだろう。中労で受ける講座・講義のそれぞれの内容はよくきいた。一〇日、Wさんへの手紙を書く。一二日、この日もWさんへの手紙を書く。夕刻、Wさん来るも手紙はできていない。一九日、夕刻からベンチで話す。「話題がいっぱいあるのに何から話していいのか……」と記述。二二日、このところ読んだモルガン『羅針盤のない旅行者』をWさんに渡す。二四日、Wさん北海道へ旅行。二九日、旅先から手紙が来る。

五五年六月　六月一日、肺活量三八〇〇cc。職員の野球試合を観戦。三日、多摩全生園までバレー（音楽）を観に行く。「健康な美しさにうたれる」と記載。四日、妹来る。八日、入梅の雨。『弁証法的唯物論』読む。九日、胸部透視診察。『東大新聞』送ってくる。弟が東大新聞部でアルバイトをしている。弟は日比谷高校（二部）に在学中。一一日、遠山君来る。映画『モダン・タイムス』観る。六大学早慶戦、慶応勝つ。一三日、松村君来る。話題が豊富な慶応ボーイだが、早慶戦には興味がない。一四日、夜、東京療養所に藤沢嵐子とオルケスタテピカ東京を聴きに行く。一五日、私の外科手術の「壮行会」がある。一六日、山喜紹三さんが来る。山喜さんは請われて五月の村長選に立候補、安行村村長に就いていた。手術のことをふくめ「心配するな」と励まされる。一八日、医師より手術は三〇日に延期と言われる。一九日、妹来る。

▽「書置き」を書く

二〇日、日記を整理する。「手術のことで落付かず」との記述。このころ私は手術を前に「書置き」を書くかどうか考えていた。当時の肺葉摘出術は、生命の危険をともなうこともある手術だった。実際に、魚紋詩話会の会友で手術中に死んだ人もいた。相撲や競馬の胴元の簗さんも手術後回復がままならず亡くなった。

二二日、三鷹事件上告棄却、死刑確定。作家の金達寿が来る。二三日、『プルス』誌、『東京タイムズ』紙のサークル誌評で紹介される。「太陽の季節」（『文学界』七月号）読む。二六日、「暑さきびし」と記す。手術のことが気になっている。二七日、雪江奥さん来る。手術の準備、当日のことなどを聞きに来てくれたのだ。「書置き」の名宛ては雪江奥さんとしてノートに挟んでおこうと思っていた。二七日（月）、外科の三病棟東に転室。

（Wさん）六月四日、Wさんと話す。全医労（医療労働者の組合）大会に清瀬病院の組合代表として参加した話を聞く。九日、三病棟へWさんを訪ねる。一〇日、看護師の勤務交代、Wさんは同じ外科の一病棟に移る。Wさんのいる三病棟という願いはかなわなくなった。一六日、Wさん午後来る。書いておいた手紙を渡す。二〇日、Wさんは二七日から一週間ほど留守になると話す。二七日は三病棟へ転室の日だ。Wさんは三病棟の勤務ではないが、留守は切ない。二五日、夕刻、Wさんと柳瀬川の流れが見えるところまで歩く。柳瀬川は清瀬病院から一〇分ほどのところ、清瀬と志木の境を東に流れる。執刀の森喬医師は腕のいい外科医だと安心させてくれる。梅雨で流れが速い川辺を歩いた。Wさんとの距離はずっと狭まった。

※一九五五年の社会的出来事から

一九五五年は、敗戦から一〇年、占領終結から三年、政治的な対応の問題としては、いわゆる「五五年体制」がスタートした年だった。また、前年のビキニ被災事件を契機に広がった原水爆禁止書名運動の展開は、日本国民が戦後最初に作り上げた民衆運動であり、国民世論の結集だった。やがて私はその運動体の事務局で働くことになるのだが、そのことはむろん想定外でも、私の関心が、社会運動、民主的運動の方向に向いていたことは記入する日記の事項でうかがえる。病室での話題と取り組みも原水爆禁止世界大会と砂川闘争、引きつづいている松川裁判の支援などだった。日本共産党の六全協にかかわる問題は、入院者のなかに、山村工作隊や火炎ビン闘争への参加経験をもつ人もいて、左翼冒険主義の清算の問題や、国際共産主義運動のあれこれと、話題の比重は高いものだった。

一月一六日、原水爆禁止署名運動全国協議会第一回全国会議。世界大会広島開催呼びかける。原水爆禁止署名数二二〇〇万突破と発表。一七日、ウィーン・アピール「原子戦争準備に反対する訴え」。四月六日、アジア諸国民会議（ニューデリー）。一八日、アジア・アフリカ会議（バンドン）。二九か国参加、バンドン一〇原則を採択。二五日、原爆裁判提訴。広島の被爆者三人、東京地裁に損害賠償とアメリカの原爆投下を国際法違反とする訴訟、原告代理人岡本尚一弁護士。六月七日、第一回日本母親大会（東京）。七月七日、世界母親大会（ローザンヌ）。七月九日、ラッセル＝アインシュタイン宣言発表。二七日、日本共産党六全協（党内分裂収拾、左翼冒険主義清算）。八月六日―八日、原水爆禁止世界大会（広島）。被爆者代表「生きていてよかった」の声。八月一五日、原水爆禁止署名数三二三八万二一〇四と発表。八月二四日、広島平和記念資料館（原爆資料館）開館。長崎では四月一日に長崎国際文化会館が開館、五階に原爆資料展示。九月一三日、立川基地拡張のため強制測量実施、反対派と警官隊衝突。砂川基地反対闘争が高まり、清瀬病院自治会、病院職員労組代表など参加した。九月一九日、原水爆禁止日本協議会発足。一〇月一三日、社会党統一大会。一一月一五日、自由民主党結成（保守合同）。一一月一一日、平和アピール七人委員会発足。一四日、日米原子力協定調印、二七日発効。一二月一九日、原子力基本法、原子力委員会設置法公布。

五五年六月三〇日　肺葉切除――「死んじゃうんじゃないか」

五五年六月二七日、私は外科の三病棟に転室した。先にもふれたように外科病室には一種の「活気」があった。処置車の音や看護師や付添婦の病室への出入りも多い。

手術の準備が始まる。術前のストマイ投与も二八日に終わっていた。付添婦は大前さんという人に決まる。二九日、散髪。襟足から髪を刈り上げる、通称「肺摘刈り」。職人の頭のようにさっぱり。「慎太郎刈り」という髪形が流行ったことがあるがそれに似ていた。髪だけでなく、胸の前後、腋の下などの剃毛、二〇〇ccの輸血も行われた。

三〇日、手術は午後だが、午前中に執刀医・森喬医師が来た。朝から、雪江奥さん、春時、妹が来た。みんな何かしら緊張している。私はさりげない態度を取っていたが不安は隠せない。Wさんを思っていた。一時過ぎ、丈の短い病衣とT字帯になる。予備的な麻酔薬を注射され担送車に乗った。大前さんが付添っている。病室の何人かも見送っている。現今ならVサインといったところだが、当時そんなしゃれたそぶりはなかった。雪江奥さん、妹に「じゃあ」と言った。春時は顔を背けている。弱虫なのだ。

手術は左肺上葉の切除。麻酔が醒めたことは覚えているが、一瞬で意識が薄れた。後で雪江奥さんや妹から状況を聞いた。

――なかなか手術室から出てこない。時間がかかると思ったがそういうもなのなのだろうと思っていた。しかし、夕刻になっても説明がないので心配になった。看護師から、手術は終わったが血圧が上がらないので様子を見ているという説明があった。血圧が上がらないということがどういうことなのか、もちろん素人にはわからない。手術室の出入りが激しくなり心配が増えた。「話すと心配が増えるように思えるので春時さんもトシ子さんも黙っていた」と雪江奥さんは話してくれた。春時が売店から飲み物などを買ってきたが手が出ない。みんな黙ってときが過ぎていった。私は意識がなかば戻らないまま個室に搬送された。「ああ四角い部屋だ」と意識したが、そのまま、また意識は薄れた。この間のことを後に聞いたままに記す。手術後も出血が止まらず、血圧が下がった。応急の輸血がつづけられた。腕の静脈からの輸血が入らない。急きょ足首の静脈からの輸血がおこなわれた。三〇日の輸血量は三〇〇〇㏄になっていた。個室に戻って来てやっと三人はほっとした。私との会話はできなかったが三人で話し合って、取りあえず帰って明日また来ることにしようと看護師に伝えた。控室からの返事は「どなたか一人は帰らないで留まっていてほしい」とのことだった。心配がぶり返した。一人では不安だから雪江奥さんと二人で残ることにしたと妹は話した。春時は、山喜紹三さんに今日のことを伝え、明日早く来ることにして帰った（このころもちろん携帯電話はない）。個室には付添婦の仮眠をとる小型のベッドがある。大前さんはそれを提供してくれるといい、雪江奥さんと妹は足を延ばさせてもらったが眠ることはできなかった。一夜あけてとりあえずの危機は乗り越えた。この日、七月一日も輸血四〇〇㏄、翌二日の輸血は二〇〇㏄。輸血は三八〇〇㏄になった。私はこの三日間、朦朧として記憶が定かでない。三日にWさんが来てくれたのも後で知った。「大事件」も、終われば一つの話題に過ぎなくなるが、妹は、あのときは「死んじゃうんじゃないか」、本当にそう思ったと話す。この日に関しては、私はいつも不如意にしか語れない。

私の日記は、術後一週間が空白だが、後に加えた鉛筆書きに「血圧が下がって死線を越えたという」と記載がある。「見舞いの花」をとどけてくれた病友、『魚紋』会員の名も加えられている。こんなに多くの療友が「死んじゃうかもしれない」と思ったわけではないだろう。用なしになった「書置き」はそのまま持っていたために、後に思いがけない「弱み」をもたらすことになる。「書置き」には、Wさんのことを「思い人」と書いてあったのだ。私が結婚するのは一九六一年だが、何かの折に「書置き」を連れ合いが見つけた。渋谷の下町っ子とでもいう気性の連れ合いの目が揺れるのが分かった。株を下げたのか、はたまた上げたのか、確かめたことはなかった。

▽手術のあと

五五年七月　七月七日、付添婦が交代。八日、抜糸。ドレーン（胸部浸出液の吸引）はつけたまま。妹来る。今日より新聞取る。一〇日、熱三七・五度。一一日、熱三七・七度。家（寺）に手紙出す。病状の報告。一二日、熱三七・七度。一四日、三七・七度。熱が高い。炎症があるのだろうか。一五日、熱下がる、ほっとする。三七・一度。一六日、外科医長回診。順調とのこと。質問することはない。日記欄外に「一日が長い。本も読めず（視力が恢復していない）。考えもまとまらない」との記入がある。

一七日、山喜紹三さんが来る。ほっとしている気分が伝わる。妹のように「死んじゃう」とは、思わなかったにしても手術の日は寝ていられなかったにちがいない。個室なのでゆっくり話していく。寺のことや村のことなど。山喜さんが、問題の判断を私に求めたことはないが、それでも日常、年齢差を超えてあれこれの話をしてくれていた。相槌だけでも打つ者がほしい、そんな思いは伝わる。それに応えられない申し訳なさがある。一八日、大部屋に移る。一九日、山村芳松氏が来る。私の家屋敷を管理している人だ。管理している家屋敷の家賃収入から、毎月小遣いとして二〇〇〇円か三〇〇〇円を送金してくれている。金剛寺の檀家世話人の一人、長男が戦死している。

二一日、「本が読めるようになった」と大きな字で記入がある。二五日、日記に「隣ベッド中薗氏新日本文学会の会員」との記載がある。大部屋の人との交友が始まっていた。三病棟の患者は短期入院者が多い。長期入院者には何かしら病人らしい雰囲気があるが、手術可能な短期の入院者には、恢復を見通した活気がある。知り合いになるのも手早い。短期入院者はそれぞれ手術後に不都合が起こらなければ一年以内に退院してゆく。したがって、短期入院者との交流期間は半年から一年以内。多くの短期入院者は自宅に帰った。紹介された病院にもどる人や手術終了者を受け入れているリハビリ専門病院に転院した人もいた。私はこの比較的短い――短いといっても半年ぐらいの期間に、二人の、私より年上の文学関係の人と知り合った。一人は、後に大仏次郎賞を受賞する作家の中薗英助さん、もう一人は、柔軟・硬骨あわせもった講談社の編集者、「子規全集」の編纂部長になる松井勲さん。二人のことは後に書く。二七日、この日で付添婦が終わる。二九日、日本共産党の徳田球一書記長「五三年に北京で死す」との報も。

（Wさん）一〇日、Wさん来る。個室なので少し話していく。一二日、一四日、Wさん来る。心配している様子が分かる。一七日（日）、Wさん来る。一八日、移った大部屋のベッドの位置が壁際になる。Wさんが壁にカレンダーを提げてくれる。絵はスーラの薄い色彩の風景画だ。スーラは細かい点を並べて描く技法の創始者と言われる。絵はスーラの代表作《グランド・ジャット島の日曜日の午後》であったかもしれない。二〇日、Wさん花をもってくる。二六日、二九日とWさん来る。

五五年八月　八月一日、肺活量計る。二七〇〇cc。体重五〇キロ（私の身長は一六八センチだ）。二日、「六全協の決定に感あり」と記す、どこまで理解していたのだろう。五日、八病棟まで歩くと記す。六日、「原水爆禁止世界大会始まる」と記す。足しびれて苦痛と記入。この日から足の痛みの記入がつづいている。一三日、慰安室にて平和集会。「病院従業員組合のシュプレヒコールと患者の詩の朗読」との記入。一四日、妹来る。金剛寺の「上棟式盛大とのこと」と日記にある。金剛寺本堂の改修が進んでいた。一六日、「毛沢東の論文読む」とある。一八日、神経痛の薬出ると記してある。神経痛とは不思議な気がする。二〇日、島村院長の『若き療養者への手紙』読む。二二日、暑い、「気温三五度とか」と記す。二三日、春時来る。夕方風呂に行く。よく風呂に行くのは足の痛さのためもあるのだろう。この日の日記に「原子砲横田に来る」と記入。横田には米軍基地がある。二四日、二七日、風呂。二八日、診察。補正手術はやらないことになる。二九日、足の痛みがぶり返す。原因がわからない痛みにイライラしている。のちに、手術の際、輸血をするため足のくるぶし付近を切開したとき神経を痛めたのではないかということになった。そんなこともあるのだ。しかし、足の痛さは収まらない。

（Wさん）四日、Wさん来る。七日（日）、Wさん少し話して行く。「彼女のことを考える毎日なり」と記入。一九日、Wさん来て話して行く。二二日（日）、Wさんブドウを持ってきてくれる。二七日、Wさん来る。三〇日、日記に「Wさんの「不在」を感ずる」との記入がある。「不在感」とはどんなことなのか、どんな意味を持たせているのだろうか。恋する青年は、不思議な言葉遣いをする。三一日、Wさんとの「面白いやり取りあり」、『旅情』について、『雪どけ』について、そして「作家の非情について」と記す。『旅情』は映画だろうし、『雪どけ』はエレンブルグの小説だ。「作家の非情」とは、面妖な言い回しだが、「非情」ということが話題になるほど、二人の関係は深まっているのだろうか。

五五年九月　九月一日、肺活量三一〇〇ccに。体重四九・五キロ。三日（土）、久しぶりに晴れるとの記載。欄外に「何かを書いてみたいと思う、足は相変わらず相当痛い」と記している。五日、安静度Ⅲ度に。「ケインズ経済学とシュンペーターの理論について」と記載。七日、『レ・コミュニスト』。一〇日、『世界』でサルトル論文、「ゴア問題」。欄外に「政治的良心について、意思を尊重することについて」と書いている。

一二日、同病室の人が届出なく外泊する「事件」が起こった（患者がいないと看護師は大変だ。病人保護からそうなる）。自治会清風会は各病室に委員を置いて、患者の要求を病院側に伝え、また病院当局の意見は自治会委員を通じて患者に伝えることにしていた。当時問題になっていた「患者心得」（厚生省医務局が定めた国立療養所入院患者の生活規則）を一方的な管理側の「通達」としないで、自治の範囲は患者自治会にゆだねる方途を取っていた。「無断外泊」は心得違反になる。自治会委員としてどう対応するのかは難しい。「頭が痛い」と書いている。私は外泊を問うのではなく、自治会の立場が維持できるように入院者の良識をと説明したと思う。外泊した人は黙っていたが、中薗さんも松井さんもいた。講談社の課長職の人もいた。その他の人も、もちろん私に比べ、社会経験のある人たちだ。説明の「良識」がよかったのだろう。「良識さん」「良識さん」「みんな良識さん」三拍子の合言葉のような松井さんの発言で、病室は笑いと和気に溢れた。物事の納め方を松井さんから教わった感じがした。その後、私は「良識さん」と冷やかされた。療養所には不思議なことも多いが、すてきな人もいる。

一三日、「砂川警官隊が暴力」と記す。この日から全医労中央委員会・大会、一四日まで。一四日、砂川、警官隊の暴力でピケ全面的に排除されると記す。一六日、外科医長回診、手術後の経過は良好との説明受ける。夕刻散歩。一七日、『魚紋』四九号できる。一八日（日）、病院のグランドで東京の国立病院・療養所のバレーボールの対抗試合がある。三病棟の看護師も選手で出場、松井さんはひと一倍の声援。一九日、バレーボール試合二日目、「二日精勤で疲れる」と記す。二〇日、院長回診、補正手術はやらないことが確実になる。雪江奥さん来る。明日は彼岸の入り。彼岸の期間は雪江奥さんはあいさつに出るなど忙しいので早めに来てくれたのだ。寺の人手が少ないと聞くと心苦しい。柿をもってきてくれる。寺の参道沿いの柿畑の鶴の子柿（筆柿）だ。毎年「枝柿」に縛ったものをいくつも作って、墓参に来た檀家の人が持ち帰るよう用意した。二二日、映画会『禁じられた遊び』。二五日（日）、誰も来ず。夕方、西武線の踏切付近まで散歩。踏切は裏門から近い。「恋人たちの森」に向かう小道もある。「秋の夜は淋しい」と記述。病院の庭もそうだが、これから一〇月にかけて清瀬の松林などでは、邯鄲や鈴虫が鳴く。時に松虫も。秋の夜はそれを聴くのも楽しい。二六日、ベランダに移る。二九日、清風会常任委員会に出席と記入。患者自治会に出入りができるように回復したのだろう。雨、台風来る。欄外に「歌舞伎中国に行く、市川猿之助一座」と記す。

（Wさん）一一日、Wさんから手紙。一週間不在になるという。一三日～一四日、全医労大会、Wさん清瀬支部代議員で出席。一四日、Wさんに手紙出すと記入。「出す」と書いているから郵便で出したのだろう、看護師の宿舎は「白梅寮」。病院の敷地内に在った。一七日、Wさんから手紙来ると記入。何となく他人行儀めいている。控室を訪ねることを控えること、またWさんが病室に私を訪ねることに「差しさわり」があったのだろうか。一八日（日）、夕刻、Wさん佃煮や栗煎餅など持参と記載。二三日、Wさんのところに本をもっていくとは記しているが、日記の空白が目立つ。Wさんとしっくりしない気配が垣間見える。

五五年一〇月　一〇月一日（土）、体重五〇・五キロ。前月から一キロ増える。砂川測量始まる。新潟大火。三日、保守合同の報「各新聞紙上をにぎわす」と記す。四日、診察。安静度Ⅳ度に。六日、清風会拡大常任委員会。このころ付添制度廃止による看護体制の編成、それに伴う病棟再編・移転などが、病院側から提起され、その受け入れに関しての患者自治会の論議が進んでいた。一二日、台風一過の快晴。社会党解党・左右両派同時。一三日、社会党統一大会。一六日（日）、妹来る。一七日、病棟の移転始まる。患者自治会・清風会の常任委員となる。『プルス』二号できる。二〇日は清瀬病院の開院記念日。開院は一九三一年だ。二五日、三病棟の移転はじまる。私は一五病棟東に移る。この病棟は戦時中に米軍の爆撃で病室の半分を失い大部屋が六ベッドしかなかった。二八日、ピカソ『人間喜劇』。二九日、『レーニンとロシヤ革命』購入。三〇日（日）、外出。留守中にWさんが本を届けてくれていた。

外科病棟にて

外科病棟で知り合った作家中薗英助、編集者松井勲さんとのことを書く。二人の年齢は中薗さん三五歳、松井さんは三三歳。私は二三歳だ。二人は、入院中も退院後も私を励ましてくれた。交流は、私の退院後もつづいた。

▽作家中薗英助

ここまで私は、何人かの療友のことを書いてきた。学んだことも書いた。私のことはどう理解されていたのか。私の療養所生活を好意的に説明してくれた文章がある。当時さまざまな形で広がっていた「サークル活動」、「文学サークル」の役割を解説した文章の導入部に、病院生活で経験する精神的抑圧の状況を「文学サークル」への参加によって脱し、自己表現の方向を見いだす経過を私を例に引いて紹介したものだ。

療養者の文学 ── 国立清瀬病院のサークル詩を中心に（抜粋）

中薗英助

両親を結核でうしなって親戚の農家で成長したY君は、少年時代からの孤独な療養生活ののち二年前に入院した。孤独とはいえそれは一つの社会生活であったのだがそこからたち切られて、新しい集団生活の中にうつされ、半年ほどは、むがむちゅうのおもいで過ぎた。やがて彼は、同じ病室の誰彼の顔を見、声を聞くのさえいまわしく感じ、集団生活が苦痛になった。完全に毎日同じ日課、その中での同じ愚痴、卑猥な冗談、金儲けと社会復帰への夢物語 ── 新鮮なものは何一つ無くなったように思えた。

その頃彼は詩のサークル「魚紋」にさそわれて入会した。一般に対人恐怖症といわれる精神の病気にとりつかれ再び孤独におちいっていた彼は、次第に自己表現する工夫をおぼえ詩をつくり始めた。質的に違った、もう一つの新しい集団生活が始まった。世界は彼にとって変わり始めた。今夏肺摘をおわって体力も回復してきた彼は、自治会の病室委員にえらばれ、かつていまわしく思った人びとの中にさえ共通の言葉を発見し、話し合いをする努力をすすめている。── ぼくは入院したとき、大部屋にベッドを並べて寝ている患者たちを、かつて見た中国の海岸や港にもやっているジャンクの群のように感じた。彼らは実際、共通の敵と共通の運命にむすばれて横たわっているのであった。嵐が吹くとき、それはいっせいに揺れる。しかし静かで、あたりを見廻すとき、お互いに自分たちのみすぼらしさや惨めさ、醜さに暗い気持ちを抱かせられる。療養所にいるそのような患者たちの精神の方向を担当しているのはY君の場合にみられるようにサークルである。まさにサークルの役割の故に、結核療養所は痛める肉体を癒すだけでなく精神の再生に力を尽くしてきた。

手術の直後に彼はこう書いている。

まぶたが闇を招くと／ぼくの舞台は果てもなく拡がる／《五月一日　雨　風速九米》／四角な空を雨傘が覆う／しずかに落ちてくる結晶の中に………／湧いてくるうたごえ／粒々な酸素を噛みながら………／ぼくも歌う／ ── 生きる ── と

（山村茂雄「ぼくも歌う」より、『魚紋』四八号、一九五五年）

しばしば人は療養者の文学に付いて語るとき、生と死のぎりぎりの境にあって死に向かいあう心の深さ、生への真剣な努力というようなものをとり出してくる。それはしばしばまた、一般の通念をはみ出たそれ自体が病的な心理、執念のようにいわれてきた。しかし化学療法と外科手術の進歩は、じめじめした死生観を次第に療養所から追いはらい、カラッとした、生への肯定的で合理的な努力の空気をつくっていった（国分一太郎、野間宏編『文学サークル ── その発展のために』私の大学文学教室第七巻、理論社、一九五六年に所収）。

中薗さんが引いてくれている詩「ぼくも歌う」掲載の『魚紋』四八号は手許になく、詩の前後はわからない。四九号が九月一五日に出ているから、七月末ごろに出ていたのだろう。私の手術は六月三〇日、難航した手術のことは前にふれた。その影響で、物を書く状況になるのは、術後しばらくしてのことだった。清瀬病院は、埼玉入間の米軍キャンプ、福生、横田、立川などの米軍基地に近い距離に在る。病院の上を米軍輸送機がよく飛んだ。砂川基地反対の住民運動のことにも関心があったから、そんなことが書いてあるかもしれない。前作「海が鳴っている」も、千葉県九十九里浜の米軍射爆場のことが念頭にあって書いたものだが、叙景描写に出てくる「ジープの轍」などの表記には、説明のないまま生硬な言葉を短絡的につなぐ幼さがある。中薗さんが、私を紹介するなかに引用している詩の「——生きる——と」の表現にも、急いで詩をまとめた気配が見える。

中薗さんが文中、私が「対人恐怖症といわれる精神の病気にとりつかれ」と書かれていることは、事実ではない。中薗さんは作家の観察でそう書いたのかも知れないが、私はそんなにひ弱な青年に育っていなかった。中薗さんが引用の文章で書いている「一般の通念をはみ出たそれ自体が病的な心理、執念」のなかに私の経歴をはめ込むのは作家的同情だと思う。私は「猥雑な冗談」などで同室者の年齢や経験を無視して「はしゃいで見せる大人」を軽蔑していたに過ぎない。中薗さんのエッセイの結びは文学サークルの詩や生活作文を「泉にして文学は新しくなり、豊かになり、育ってゆく」と、サークルの役割を肯定的にのべた文章で結ばれている。

中薗英助さんは五五年一〇月二〇日に退院した。退院後も何回となく手紙をもらった。『魚紋』や『プルス』に載せた私の作品を読んで励ましてくれた。中薗英助さんは、一九六一年の国際スパイ小説『密書』が転機となって作家活動の基盤をつくったというのが一般的だが、自伝ともいえる『北京飯店旧館にて』で読売文学賞（一九九三年）、『鳥居龍造伝』で大佛次郎賞（一九九五年）を受賞した。二〇〇二年死去、享年八一歳。岩波書店社長を務めた安江良介氏の葬儀（一九九八年）で会ったのが最後だった。

▽松井勲と子規全集——順不同の順ということ

松井さんは中薗さんより三日後の一〇月二三日、清瀬病院に近い私立篠田病院に転院した。リハビリの期間をそこで過ごすためだ。「外泊」問題で松井さんの機転に学んだことはすでに書いた。社会的経験のない私にとって、松井さんの生活スタイルは魅力的だった。戦中のことは訊かなかったが、特別幹部候補生から復員・復学した経験があると聞いたように思う。ユーモアも駄洒落も抜群だった。目の前で手の平をパチンとたたいて「肺取り術」と言われても、「肺と蠅」がつながるには「間」が必要だ。付き合い上手で退院後も松井さんは入院時の「同窓」の人たちとの連絡にあたってくれた。五七年に新宿で開いた「同窓」会には一八人が集まった。入院中の私も参加した。

中薗さんも参加していた。中薗さんが作家としての位置を確かにするのは六〇年代に入ってからだったから、その間、松井さんは編集者として中薗さんを推挽しつづけていたと思う。

五七年九月に退院した私は、五八年春からアルバイトで日本原水協のパンフレット編集の仕事をすることになった。編集会議で、五分冊で出るＡ５判パンフの裏表紙に広告を取ることが検討されていた。私は、すでに制作されていた大会ポスターの下に派手な文字の栄養ドリンクの広告が載っていることに違和感をもっていた。私は編集のノウハウをふくめて、出版物に広告を載せる場合に注意することなど聞きに、松井さんを講談社に訪ねた。松井さんは、広告は本や雑誌の性格に影響するから慎重に選ぶことが大事だと教えてくれた。広告には本体を高めるものもあるが、何でもいいわけではない。依頼前に検討することが必要だという。そして広告代理店があることも教えてくれた。のちに、私は日本原水協の宣伝物制作を担当するようになったがポスターに広告を入れたことはない。もう一つ教えてくれたのは、「順不同の順」ということ。名刺広告など「順不同」とうたってあるものにも「順」がある。関連する階層・職種・学閥・履歴など、注意が必要だということだった。私の訪問は三時過ぎ、四時近くになって、しばらく待つようにと言われ、ほどなく帰り仕度の松井さんが来た。講談社前の音羽の護国寺通りは都電が走っていた。池袋は電停四つか五つ先。その日私は、はじめて沖縄料理を食べた。松井さんはミミガーなどをつまみに豪快に泡盛を飲んでいた。「珊瑚」という店だ。その後も何回か講談社に松井さんを訪ねた。社の前の寿司屋のこともあったが「梯子」の先は池袋だった。

「(子規) 全集の編纂部長松井勲は、偶然私と同年で、わかいころからの旧知であった。この人はどこか戦前の大陸浪人のような肌合を感じさせるところがあって、多分に偏執的な性格を必要とするこの種の全集の編集実務者としてはどうだろうと思っていたところ、結果としてはこのことは浅見にすぎた。／かれの仕事への執着は、ほとんど異常であった。子規がのりうつったのではないかと思えるほどに、零墨といえどもその原文にあたろうとし、あるいは散逸した生原稿をさがすために東奔西走した。すでにかれは生死にかかわる内科疾患をもっていたのだが十分な睡眠時間もとらなかった。ついに肉が落ち、皮膚が黒ずみ、眼窩の奥に目だけが光りはじめるという、かつての相貌とは別なものになった。かれはこの衰えがひとを不快にすると思ったらしく、目のさめるほどに白いブレザーをあつらえ、骨ばった体をかくすようにした。ときにひどく短い呼吸をかさねて、ことばを途切らせた。大岡氏もタカジも、叱るようにして休息をすすめたが、きく様子もなかった。すでに硬くなった肝臓をかかえていたかれは、どうせ休息しても死ぬことは死ぬのだと思いさだめていたようであった」──「五十一年七月二日、松井勲が、何かが切れたように死んだ。五十四歳である」。司馬遼太郎著『ひとびとの跫音』（中央公論社、一九八一年）からの引用である。

『ひとびとの跫音』は一九八二年の読売文学賞作品。正岡子規の養子で法嗣の正岡忠三郎と旧制二高の友人西沢隆二（ぬやま・ひろし、文中は「タカジ」と表記）の「二人の人物の生きかた死にかたを主として描いている」（桶谷秀昭・解説）。二人は子規全集出版のために奔走、曲折をへて全集は講談社から出ることになる。全二二巻・別巻三巻、編集委員は子規親戚筋の服部嘉香、文芸評論家の久保田正文、愛媛大学の和田茂樹、蒲池文雄両教授の四人。監修者の筆頭は正岡忠三郎で編集代表人を兼ねた。監修者には大岡昇平も加わった。忠三郎の生前に第一巻でも出したいとの希いに沿って、「松井勲が死んだ昭和五十一年七月二日には、全集は、幸い、十四冊も刊行されていた。その翌翌月に忠三郎さんが死んだときには、既刊は十五冊になっており、タカジの思いは、十分に遂げることができた。ただし、タカジ自身も死ぬ。かれが督促しつづけた松井勲の死から日をほとんどおくことなく、折りかさなるように——」文中後節の司馬遼太郎の記述である。

先段の松井さん死去の引用につづけて司馬遼太郎は「私は」と表記しこう書く。「私は、かれを送る葬列のなかにまじりながら、子規にはひとを過度な愛情にひきずりこんでしまうなにごとかがあるのかと思ったりした。すくなくとも生前の子規は、つねに波うって湛えられた死の水槽のなかで浮かんでいるようなところがあり、しかも、健康な者でも多少はもっているはずのペシミズムというものが、気味わるいほどになかった。その明るさが、かえってひとびとをひき入れて子規のそばに添わせてしまうというところがあるのではないかと思えてきたとき、目の前の松井勲の死への悲しみがさらに甚しくなった」。

松井勲さんを子規につなげた司馬遼太郎の哀惜の思いが伝わった。松井勲さんが亡くなったことは伝わっていたが、葬儀には参加しなかったし、松井さんの仕事についても知っているわけではなかった。司馬遼太郎の作品も多くは読んでいないが司馬遼太郎の歴史観のことは知っていた。『ひとびとの跫音』も、たまたま手にしたと言っていい。しかし、読書は、ときに思いがけない功徳をもたらしてくれる。私は子規が好きだから思いが重なった。私は松井さんと清瀬病院で一年間ほど療養生活をともにした。その間に、そして松井さんの退院後も多くを教わった。子規と同じように結核の病にありながら、ペシミズムのない人だった。松井さんの命を絶った「硬くなった肝臓」は、肺摘出手術の際の輸血が作用していることは確実だ。そのころの輸血液は「生血」。輸血を受けたほとんどの人が肝炎に罹った。輸血で罹った肝炎は、型が「非A・B型」と言われ、病因の型が確定していなかった。それが「C型」と認定されたのはしばらくしてからだ。「C型」の肝炎は、かなりの比率で肝硬変を起こし肝がんに進行すると言われていた。松井さんはC型肝炎で肝硬変になっていたのだと思う。私も輸血でC型肝炎になったが漢方療法が効いて、いまに生きている。白いブレザーの松井勲さんの姿が浮かぶ。

Ⅳ

「時の記憶」への旅立ち —— Wさんとの「約束」

▽五五年一一月

一一月二日、Wさん菓子をもってきてくれる。三日、文化の日。午前中Wさんと東京療養所先まで散歩。午後春時来る。『エリュアール詩集』求む。四日、術後のストマイ投与五〇本終了。五日、砂川基地の強制測量はじまる。

六日（日）、Wさんと散歩。Wさんと「結婚の約束」を交わした「記憶されるべき日」。この日のことはあとに書く。

七日、革命記念日と記す。一一日、映画会『シェーン』。一三日、松井勲さん来る。一四日、診察。医師より化学療法パスとヒドラジットの説明。午後、東京療養所を訪ね文化祭展示を見る。一五日、文化祭展示の詩作品作り。

二〇日（日）、二日間の外泊で金剛寺に「帰る」。入院（五三年一一月）から二年目だ。二日間の外泊一日目の午前中、Wさんと清瀬駅で落ち合い、東劇で映画『見知らぬ人』を観る。昼食は銀座の三笠会館で摂った。三笠会館は曹洞宗と関係が深い。山喜雪江さんとも来たところだ。午後、Wさんは夜勤のため病院にもどる。私は浅草田原町の赤沢さんの店を訪ねたあと、「上野岡埜」で山喜紹三さんへの土産に最中を買う。赤羽で甘納豆を買い、夕方五時近く金剛寺に着く。二年ぶりの金剛寺だ。隠居のおばあちゃんは、甘納豆を渡しても落ち着きがないが、ほっとしているのがわかる。夜、春時、大久保も来る。二一日は雨、雪江奥さんが準備してくれた離れに遅くまで寝ていた。終日、寺で雪江奥さんと話す。話題の中心が手術当日のことになる。五月に村長に担ぎ出された山喜紹三さんは、村の合併問題で忙しそうに出かけた。隠居部屋でおばあちゃんと甘納豆を食べながら病院の様子を話した。二人の娘を結核で亡くしたことは前にふれた。自身も長く病院生活（慶応病院）を送ったが、二〇人もの大部屋の経験はない。興味深く聞いている。私は甘納豆のお金はいらないよと冗談めかして言ったが、おばあちゃんにはよく伝わらなかった。二二日は春時が車で、私の親戚や縁故の家などを回ってくれる。金剛寺参道の紅葉が色付き始めている。妹に送られ午後五時過ぎ清瀬病院に戻る。

二四日、文化祭展示の詩作品好評と記している。展示した詩作品は残っていない。二五日、映画会『警察日記』。二七日、黛敏郎「森の歌」と記す。『緋文字』読む。二九日、川上なみえさんを訪ねる。川上さんは『魚紋』の書き手の一人。清瀬病院近くの織本病院に転院していた。清瀬病院外科医長だった織本医師が開いた外科病院、川上さんの執刀医が織本医師だった。三〇日、大山郁夫氏死亡。日本平和を守る会初代会長、第一回原水爆禁止世界大会開会演説をした。

▽Wさんとの約束

一一月六日午後、散歩の途中、秋津神社の社殿階段に腰をおろして話す。私は退院の時期を相談した。入院時は短期の入院のはずだったが、すでに長期になっている。必要なリハビリをしてから退院するようにWさんは勧めてくれていた ── 早めの退院が結果として後戻りになるケースをいくつも見ていたWさんは、そのことを心配していた。しかし、私はなるべく早く帰りたいと言った。Wさんは何で急ぐのかと言う。二人の話は思いがけない方向に進んだ。私は、早く退院したいのはWさんといっしょに生活したいからだと言ったのだ。Wさんは、私の申し出に戸惑ったようだったが、今までの交際の成り行きからそうなることはわかっていたようだった。温かさが通い合った。夕闇が私たちを包んでくれていた。帰路に何を話したのだろう。「僕の生涯の一つの転機となる記念すべき日」、この日の日記の記述である。私は二三歳。Wさんは四歳年上だ。

▽約束のその後

この文集に、Wさんとの「約束とその後」のことをどう書くかは難しかった。結果として果たすことができなかった「約束」の話は難しい。誰に相談したわけではないが、相手のこともありフィクション仕立てにしようかとも思った。しかし、この後に紹介する私が療養所で書いた詩は、Wさんとの交流の経過がなければ生まれないものだった。先に谷敬との関連で紹介した「六月の空」は、五六年七月の『魚紋』に載せたものだが、そこには「一つの生命の計算」の詩句もある。

——果たすことができなかった「約束」と書いたが、約束した結婚話は、一年半の期間をはさんで解消することになる。「解消」までの一年半の間には、退院二か月後の再入院、半年後の二度目の手術など、「約束」の進行を不可能にすることが連続する。退院を見越しての「約束」は、再入院という事態で、前提が崩れたと言っていい。崩れた「約束」、その現実を踏まえながら、「相思の約束」を引き継ぐ努力はつづけた。私たちの「思い」が病気によって消されてはならないというのが、二人の認識だった。しかし、結核という感染症の業病からの回復の道は、未確定の時間をふくむ。引き継ぐべき思いもまた、行き戻りしつつ判断を迷わせる。より多くかかるWさんへの負担、看護師としてのWさんの立場をわかりながら、なにかと事をせがむ私の思いもまたやるせない。

「約束」から「解消」までの経過をたどることにする。

▽「約束」から最初の退院まで

一一月七日、「一日中、昨日の約束のことを考えている」と記す。八日、夕刻、Wさんが来てベンチで話す。「日記を見せてくれるという」とも記している。一一日、Wさん来る。「柿をもってきてくれる」。柿を好きなことを話していたのだろう。子規も柿が好きだ。一二日、Wさんと夕方「東療の先の林」にまで散歩。母に甘えるようなしぐさから立ち帰れないままに「生活の計画を話し合う」と日記にある。幼い記述に高揚の気分が伝わる。一五日、Wさんのところへ行く。「Wさんのところ」とは、各病棟にある看護師の控室・詰所だ。医師の診察にも使う。控室は、感染症の患者が気安く立ち寄るところではない。私はWさんから勤務の時間割を知らされていたから、時間を見計らって訪ねていた。

※看護師の勤務スケジュールは、日勤＝午前八時三〇分–午後五時、早番＝午前六時–午後一時、遅番＝午後一時三〇分–午後一〇時、準夜＝午後四時五〇分–午前一時、深夜＝午前一時–午前九時。そして明け、休日、がある。

看護師の朝は忙しい。夕食の配膳は四時ごろには終わる。準夜勤務の六時ごろが訪ねるにはいい時間だった。準夜と深夜は二名勤務だ。

一六日、Wさん来る。Wさんは私のベッドまで真直ぐに入ってくる。白衣のときは本を置くなどして直ぐに帰るが、私服の日は、ベッド脇の椅子で話していく。病院での男女の交際は禁止されているわけではないが、相互の訪問にはそれなりの自粛がある。患者同士もそうだった。患者同士には同じサークルでの会合や勉強会などで話す機会はあった。

私が、Wさんと散歩に出かけるようになったとき、Wさんから患者を連れ出しているという「後ろめたさがあるのよ」と言われたことがあった。そんな言い方に、若い私は気色ばんで反論した。一八日、Wさんを訪ねる。「手編みのネクタイをもらう」と記入。ネクタイを締める日が早く来ることを願いながら、いつから編み始めてくれたのだろうと思う。二三日、夕方、Wさんを訪ねる。二五日、この日、『警察日記』の映画会にWさんも来ていて出会った。二六日、Wさん来る。二七日（日）、午前中Wさんと柳瀬川を上流に向かって歩く。二八日、Wさん来る。

▽五五年一二月

一二月一日、『魚紋』の会合。二日、『魚紋』の校正。三日、大久保来る。松井勲さんから手紙。四日、東京療養所に自治会の連絡に行く。帰路、川上なみえさんを織本病院に訪ねる。五日、「原爆を許すまじ」の歌についての感想を書くとの記載がある。あの沈鬱な音が気になっていたのだろう。九日、篠田病院へ行く。松井さんの転院先。一三日、松井さんより依頼の「准看」の件、「Wさんが調べてくれる」と記す。『平和新聞』の原稿に四苦八苦とも。一五日、『平和新聞』の原稿できる。原稿は『平和新聞』新年号の第一面特集に原爆被爆者、療養者、紡績女工の三人から総理大臣、厚生大臣などへの「手紙」として掲載された。被爆者として原稿を寄せた女性は、後年（一九六一年）に東松照明が撮影した長崎の被爆者の一人だった。中薗英助さんより手紙。中薗さんからは何度も手紙をもらった。病院関係の質問もあった。それらの手紙はほとんど残っていない。一六日、映画『女中っ子』。二二日、『魚紋』五〇号できる。二四日、松井さん篠田病院退院。二五日（日）、妹来ないと書く。わがままだ。雪江奥さんも来ない。年末で忙しいのだ。三一日、金剛寺に電話。

Wさんとのことを日記から拾う――三日、Wさん日記帳を見せてくれる。四日、Wさんと「激論」と書いてある。政治的なことかもしれない。六日、Wさんを訪ねる。七日、Wさんと散歩。九日、Wさん来る。日記を見る。私のことがYのイニシャルで記している。面映ゆい記述がある。一〇日、Wさんのところへ行く。一三日、Wさん来る。日記を見る。松井さんの件（准看制度）依頼。一七日、Wさん牛肉もって来る。患者が食堂で火を使うことはできた。鍋やフライパンなどは購入して食堂に置いていたことは前に書いた。肉がくればネギを買ってすき焼きができる。一九日、夕方、Wさんと多摩全生園の方まで散歩。枯草があたたかい。あたたかさが二人をつつみこむ。二〇日、Wさん来る。ボーナスの「おすそわけ」と五〇〇〇円。二二日、Wさんのところへ行く。二三日、二六日、Wさん来る。二七日、Wさんのところへ行く。二九日、Wさんと芝山小学校の裏まで歩く。この日もあたたかい。「時の記憶」をのこす。三〇日、Wさん来る。

▽文集の記述のこと

この文集の記述は、多くは私が手許に置いていた小型手帳の見開き一週間のスケジュール欄に記入したメモに沿って書いていることは前にも書いた。五五年の日記は、なべて病院の日常の記載だが、五六年に入ると、Wさんの記載が増えてくる。ページからこぼれるような小さな字の記載もある。

▽五六年一月

「静かな正月である。健康回復の年であることを希う。そして自己に忠実に生きることだ。彼女のことをより高い美しきものに、僕の力をもって —— とも思う」。手帳扉の記述である。一月一日、共産党の新年会出席と記す。党員患者有志の集まりへ招かれたのだろう。『平和新聞』新年号に「療養者から厚生大臣への手紙」と題した私の原稿が載る。厚生大臣の小林英三氏は川口市議会議員や埼玉県議会議員を経て埼玉選挙区選出の参議院議員になった。寺にもあいさつに来た。私が山喜紹三さんの関係者だとわかっていたら、小林大臣にどんな対応があったかなかったか。私が『平和新聞』に寄稿していることは、もちろん山喜さんが知ることではない。三日、外出。赤沢さんと新年で賑わう浅草観音に行く。夜、Wさん来る。マフラーのプレゼント。マフラーはベッドの上でも首に巻いた。四日、『昭和史』読む。五日、Wさん来る。『昭和史』の感想「日本の現状分析の方は手を抜いている感じだが昭和初年から満州事変までの写実的描写は優れていると思う」と書いている。六日、Wさん夜来る。話して行く。『広場の孤独』読む。七日、Wさんのところへ行く。八日（日）、午後Wさんと散歩する。その留守に妹が来る。一〇日、Wさんの誕生日だ。医師から、今月中の退院も可能との話がある。一一日、休暇で出かけるWさんを清瀬駅まで送る。一週間留守で「淋しい」と書く。一五日、『魚紋』の会合。サルトル『自由への道』。このころ欄外に詩を書こうとしてのメモがある。「時は掌の中の砂のようにこぼれ落ちて行った。空に星は少なく、闇は浅かった。冷たい風、川の水はよどんでいる」。一六日、山喜さんに手紙。退院の予定を来月の中ごろにと知らせる。Wさん帰る、土産貰う。サルトル『自由への道』。一八日、夕方、Wさんと芝山幼稚園の近くまで散歩。時の記憶を刻む。欄外に「彼女のことを考えなければならない。計画のない行動を強いる点があるように感じられる。計画性のない人間は、教養のない人間に等しい」と書いている。一九日、二〇日、よく眠れずと記す。二二日、Wさん来る。「気まずい感じが残る」と記す。二四日、Wさん来る。「何か言葉にならない気持ちを感ずる」と記す。逢えば一途に寒さをおおいかくすように時の記憶を刻もうとする。その一途さを許しながら、「約束」の計画が進まないもどかしさがWさんから伝わる。Wさんが助けてくれなければ、事態は進まない。二七日、夕方、Wさんと散歩、退院のことを相談する。退院前に話し合うこと、「生活設計」の話し合いは一つのネックに行きあたっていた。退院後の私（私たち）の自活、共同生活をどうするかの問題だった。

▽五六年二月 ── 退院は一九日

一日、夕方からWさんと散歩。病院の裏門近くの西武線路の脇道を歩く。話し合いができたのだろうか。日記にはさりげなく「和解成立」と記す。欄外にこんなことを記している。「彼女の考えていることと、ぼくの考えていることがくいちがっているような感じである。何の理由によってであろうか。 ── 彼女の過去の恋愛を清算させるにはぼくの協力が必要なのであると彼女は言う」 ── 「二人の計画」を話し合っているなかで、Wさんはどうしてそんなことを言い出したのだろう。先にWさんとの「約束とその後」の部分はフィクション仕立ても考えたと書いたが、二人が当面している問題は、すべての面で困難があるということを、Wさんは私に問いかけていた。「成り立つ恋」の世界は、ハッピーエンドだが、現実には、二人の同意だけで「物事」は成り立たない。回復後の私の「仕事」、二人の「生活の場」、「金剛寺と私の関係」などが、Wさんには重い問題として存在していた。いっしょになればなんとかなるという、私の幼さに「大人」のWさんは困っていたと言っていい。加えて、Wさんはもう一つの選択をかかえていた。

しかし、私の退院は、二人の理解のちぐはぐさそのままに、早期退院に向け準備されていく。三日、退院準備のために金剛寺に外泊する。帰る途中、池袋で映画『エデンの東』を観ている。Wさんはすでに観て話題にしていた。Wさんにはがきを書く、映画の感想を書いたのだ。三日は節分だが雨。寺で豆撒きをする。四日（日）、夕刻七時過ぎ病院に戻る。六日、準夜勤務のWさんの控室に行く。

▽「二つの命」の選択

二月七日、Wさんは深夜勤務だ。午後、芝山小学校前の線路が見える丘に座って話す。Wさんから「妊娠した」と言われる。その日の日記に書いている。「驚きは隠しようがないが現実は直視しなければならない」。平静さはよそおいだ。あわてているのだ。私はどうすればいい。「生活権」をもたない私がどう選択することができるのか。しかし「事は解決しなければならない」とも日記に記している。

そのころ、散歩の話題が「女性のしあわせ」に及ぶことが多い気がしていた。Wさんは付属準看護学院で「教養」の授業を受け持っていると聞いていたから、「女性は子どもを産みたいと思うものよ」と言われても、講義のなかの話程度の理解で、話題が特別の意味を持っているとは思っていなかった。日記の記述、「子どもを欲するのは女性の本能的うれしさなのだろう」とも書く。私の認識は太平楽だ。Wさんは、体の変化に気づき、私に伝える時期を考えていたのだと思う。日記欄外には「Wさんが欲するならそれに抗する何ものもない」――立派な態度だが、Wさんといっしょに考えようという姿勢はみつけられないままに慌てている。まるで他人事のようにこんなことを書いている。「だんだんと（お腹が）大きくなったら彼女は病院にいられるのか」。

九日、休日のWさんと夕刻散歩。「Wさんは子どもを産みたいと言う」と日記に記しているから、Wさんが考えていることを話してくれたのだろう。私はどんな応えかたをしたのだろう。すでに退院の日時は決まっている。一一日、Wさんは勤務明け。午後三時過ぎから散歩。難問を抱えるWさんへの私の甘えは、時の記憶を刻むことが先に立つ。それを受け入れるWさんの優しさが切ない。二人の鼓動が重なる。Wさんが代休の一五日、外出して話し合うことにする。

一五日、私は外出届を出し九時過ぎに清瀬駅でWさんと待ち合わせた。池袋駅前の喫茶店で話す。Wさんがおもに話してくれた。いつもそうだがWさんの態度は、私への配慮が先に立つ。Wさんは「いま子どもを産むことはできない」「二人のためにもそうしたい」と言う。私は日記にこう書いている。Wさんは「〝子どもができたことはうれしいの〟とも言った。今後、ぼくは力をつくしてWさんと共に在ることのできる環境を作り出すことだけだ」――話し合いの中で「不注意だった」と言う私に、Wさんは「しかたがなかったでしょ」と、はにかみをはさんで応えてくれた。きれいな人だ。後のことは、「私は看護師なのよ」と、軽く受けてくれた。私が言うことはない。少し遅い昼食を銀座並木通りのレストランで食べた。その後、東劇で映画『ロミオとジュリエット』を観ている。恋の往き来が招く悲恋の映画だ。映画にどんな意味をもたせたのだろう。

一七日、勤務明けの夕方Wさんと散歩し、清瀬銀座の食堂「君の家」でビールを飲むと記している。Wさんが置かれている状況に男性はどう対処したらいいのか、謝るとしたらどう謝るのか言い方が私にはわからない。罪悪感を弱めようとしてWさんを誘ったのだろう。退院は二日後だ。Wさんはコップに口を付けて「退院おめでとう」と言ってくれた。うれしかった。うれしがっていい、祝っていい、病気回復をえての退院なのだ。しかし二人が抱えている問題を前に「送別の感傷」を拒む現実がある。Wさんの体への思いは感傷を超えて重く迫る。その現実を抱えての退院は、私たちの「約束」の新しい出発、そう捉えなければならない。私の退院の時間は勤務中だから送れないとWさんは言う。Wさんの背を支えるようにして食堂を出た。背が暖かい。熱いものがこみ上げた。どうしたらいい。病院の門は連れだって通るわけにはいかない。

▽退院――二年三か月ぶりの金剛寺

ここ数日の日記に退院の喜びの記載がないのは、Wさんの「負担」が、私の気持ちを重くしているからだろう。しかし、入院二年三か月で「帰還」するのだ。もう少し元気を出して金剛寺に帰らなければならない。

一八日、退院前日、準夜勤務のWさんを控室に訪ねたが逢えなかった。花と手紙を渡してくれるように、この日勤務のS看護師に頼む。SさんはWさんと寮が同室の人、私たちのことを知っていてなにかと助けてくれていた。一九日退院の日は日曜、手続きは前日に済んでいた。昼近く、多くの療友が送ってくれた。弟が迎えに来た。手荷物を提げ、途中、池袋で昼食を摂り二時半ごろ金剛寺に帰った。

※入院の二年三か月は長かったのか、短かったのか。外科手術対応の短期入院者はせいぜい一年だが、そうでない患者の二年数か月は早い方になる。短期入院者の多くは健康保険の補償で、退院しても半年程度は給与の七割が支給され、職場への復帰も約束されている。しかし、長期の入院者は、入院中に健康保険の補償期間は過ぎ、生活保護上の医療扶助を受ける人が多かった。加えて、その間に職も失っている。退院後は、仕事を探し働かなければ生きていけない。すぐ働けるまでの回復が確認できるリハビリの期間が必要だったために在院はどうしても長くなる。私の幸運は帰るところがあり、生活の心配もなく、リハビリもまた寺の生活で可能だった。Wさんには、こんな寺の環境も私の甘えと映っていたようだ。そこには生活維持のために働くという責任は存在していないし、その経験は私にはない。

入院生活は二年三か月だが、高校二年一八歳のときの発病から考えれば、およそ三年間の寺での療養期間をあわせ、五年を超えての治療の結果、ようやく回復の道を踏み出したのだ。もっと感慨があっていいのにその記載がない。ふたたび金剛寺の世話になるという感謝のこともまた素通りしている。平素はできているはずの気配りをどこに忘れてきたのだろう。寺には、祝いの膳が用意されていた。春時も来た。大久保も来た。ご隠居さん＝おばあちゃんはずっと膳に付いていた。みんなが嬉しがってくれた。思いがこみあげた。

金剛寺は本堂の改築もあり、庫裡などの位置が変更になっていた。薬師堂を新築の平屋に移し灸点施療室と待合室を区分けした。旧薬師堂を主屋と庫裡に接続して増築した。隠居所も主屋近くに移った。台所、食堂は庫裡に接続して増築した。隠居所につながっていた部屋が切り離され住居になり納所さんの寝所になっていた。そこが私の居室になった。

寺の家族構成は、養女として育つ小学校入学前の女の子が加わっていた。雪江奥さんの親戚筋の子沢山の家庭の娘だった。食事は、雪江奥さんの側に女の子・美行《みゆき》ちゃんが座り、以前に変わらず、みんなでいっしょに食べたが、食卓はテーブルと椅子になっていた。美行さんは高校生までは寺にいたが、いくつかの事情が介在して寺に居つづけることはできなかった。

第二章で書いた「養鶏」は、鶏の世話を引き受けてくれていた人の就職が決まって手薄になったこともあり、結局、近所の養鶏をやっている人に引き取ってもらって止めていた。鶏舎はそのままだったが、以後、鶏を飼うことはなかった。山喜さんも五二年の追放解除後一年を経過したころから、村の仕事や名誉職が回ってきて忙しくなっていた。残ったのは鶏舎の番犬に飼った犬だけだった。飼い犬は雪江奥さんに懐いて離せなくなっていた。以後雪江奥さんは愛犬家になった。二代目の白いスピッツは寺のペットになった。山喜紹三さんは大人の付き合いはどうでもいい方だったが、子どもたちは大事にしていた。鶏の雛も子犬も小さいものを可愛がった。泣く子を邪険に扱う親をみると、ひとり歯ぎしりをしていたのを覚えている。子どものころに、悔しい思いを堪えたことがあったのだろうか。子どもたちも、雛も子犬も、力のないものを擁護する気持ちが、いつも先に立つ人だった。

退院を聞きつけた近所の人や檀家の人もそれとなく私の顔を見に来る。私を寺の跡継ぎだと思い込んでいる人にとっては寺へのあいさつだ。山喜紹三さんは前年五月から安行村村長になって安行村の川口市への合併問題を背負っていた。忙しい村長さん、山喜紹三さんには退院の日は会えなかった。あくる日の朝食で顔を合わせたがとくに話すことはなかった。ふつうに並んで朝食をとった。山喜紹三さんと私の間には、互いにシャイなところがある。

リハビリといっても、結核のリハビリは規則的に安静時間と睡眠時間を取ることぐらいだ。だから安易なリハビリは怠け癖が付く。そのころ寺には、法類関係の僧が、納所さんとして来ていた。私は僧の勤行に合わせて起床することにした。拭き掃除は外してもらったが、庭を掃いた。朝のお茶の準備をした。急須に茶葉を入れ、加減した湯を注ぎ、間を見計らって各自の湯呑に茶を注ぐ。茶葉は寺の自家製、甘みのある茶だ。淹れ方には少しの経験が必要だった。淹れ方が不如意なら「私が淹れる」と山喜さんが言う、それが淹れ方不合格の合図だった。黙っていればそれでいいのだ。「うまい」などと言うことはない。茶会でも、禅寺では「結構な茶で」などとは言わない。朝食は、一言二言のあいさつで静かに食べたい。

再入院と再度の手術 ― 相聞の行方と選択

▽Wさんからの手紙 ― Wさんの選択

退院後のおよそ一週間は関係者へのあいさつの手紙・はがきを書くことに費やした。二月二四日消印のWさんの手紙が来た。そこには思いがけないことが書いてあった。退院の前の日にWさんに逢えなかったことの事情もわかった。

私が退院した二月一九日の勤務中、Wさんは体の異変に気づいた。同僚のSさんに頼んで寮に帰った。翌日、近くの婦人科医院の診断で「切迫流産」の危険があると知らされた。Sさんに相談、勤務の段取りを付けて入院した。先に書いた「子どもを産まない」方策について、Wさんが選択する手立ての前に生じた母体の反応だった。入院は三日間ですんだと手紙には書いてある。医療的にどうなのかは私にはわかりようもない。誰かに聞くわけにもいかない。私は日記にこう書いている。「ただ黙っていていいのか。割り切れない気持ちをおさえている」。整理がつかないまま、その事実を引きずったまま時間を待つしかない。その記憶は、ときに「錘」のように私のなかで息づく。

二八日、Wさんからふたたび手紙が来る。すでに勤務に出ているから心配しないでいい、睡眠をしっかりと取りリハビリに努めるようにと書いている。私の誕生日のことも書いてくれていた。

▽五六年は閏年 ― 私の誕生日

退院から一週間の最初の日曜日、二月二六日には、友人の山田誠君と遠山高次君が来た。「死なずに会えたね」、いくぶんのてらいを見せながらも、親しいもの同士のやり取りはいつも優しい。二八日、大久保が来る。昨夜から雪、「春の雪」と記載があるが、関東の冬は二月がいちばん寒い。参道の雪は浅い。台所と食堂では暖房器を使うようになっていたが、庫裡に暖房はない。

二九日、今年は閏年。明日の三月一日が私の誕生日だが、本当は二九日が「茂ちゃんの誕生日だ」と物知りのおばあさんから聞いたことがある。そのときは聞き流していた。一九三二年の三月一日が一五年戦争の軍国日本の最初のイベント、「満州国」建国の日と知るようになって誕生日を意識するようになったときは、「証人」の母も父も、みんないなくなっていた。できれば日本帝国主義の「傀儡政権」の日と同じでないほうがいい。閏年は四年に一回だから、正直に届け出ていれば、五六年は六回目の誕生日だった。因みにオリンピック開催年は閏年。二〇二〇年は東京オリンピック。私は八八歳になる。

▽白梅寮のWさんとSさん

三月三日、風邪気味で早く寝ると記す。元気がない。Wさんが側にいなくて淋しいなら、風韻あふれる寺の参道から空を見上げればいい、畑仕事や墓地の掃除に出るのもいいと言ってやりたくなる。とにかくこの青年は世話が焼ける。四日（日）、松村仲一郎君が来る。いつも「死ぬなよ」と励ましてくれた慶応文学部だ。先の山田も遠山も、そして松村も今年は就職などの進路を決める年度なのだ。日記には『経済学教科書』との記載。スターリンの教科書を読んでいるのだ。七日の日記には、「ミコヤン演説、新しきものなし」との記入。ミコヤンはソ連の副首相だ。

三月九日、清瀬病院に診察に行く。診察後、病院構内にある看護師宿舎「白梅寮」のWさんの部屋を訪ねる。寮は無菌地帯だから療養中の病人が入ることはできない。同室者は、退院のときWさんへの手紙と花を託したS看護師だ。Sさんが私たちのことをなにかと助けてくれていたことは、前にも書いた。WさんとW同世代の主任クラス。三人でお茶を飲んだ。「Wさんを困らせては駄目よ」とSさんは言った。ニュアンスには「切迫流産」のこともふくまれているようだった。これから勤務と言い残して部屋を出た。Wさんの体はどうなったのか、変わった様子は見えない。いつも通りのWさんだが、もう一回診察を受けると言う。小さな炬燵は互いの膝が当たる。日記には「三時間ほどWさんの部屋で話し遊ぶ」と書いている。「遊ぶ」に不穏の気配が漂うのは私の記述が幼いからだ。雑誌『世界』『スクリーン』を借りて帰る。

一八日（日）、彼岸の入り、墓参の人の線香に火を点けるのを手伝う。退院祝いの言葉を掛けてくれる顔見知りの人もいる。彼岸のころから五月半ばの農繁期前までは、灸点施療にくる人が増える。私は前のように艾に線香の火を点ける手伝いはしなかったが、受付や待合室の湯茶サービスの湯飲み茶わんの準備などをした。退院したといってもまだ半病人扱いだ。二三日（金）、「和田医院に診てもらいに行く」と記入。和田医院は近くの個人医院。清瀬の紹介診断書を持参し結核治療薬ヒドラジドの投薬を依頼した。和田医院には週一回通った。欄外に小選挙区法案衆院本会議に上程との記入がある。

▽Wさんが金剛寺に来る

三月二八日午後、Wさんが金剛寺を訪ねて来る。退院から四〇日が過ぎていた。山喜さんは役場に出ていて不在だが雪江奥さんが応対してくれた。雪江奥さんはWさんを私の見舞いで見知っていた。世話になった看護師さんだと紹介したのだろう。八の日はお灸施療日、雪江奥さんは忙しい。私はWさんを案内して灸点の匂いが漂う境内を歩く。裏庭の池は枯山水の風情だが、釣瓶井戸の井桁には蓋がかぶせてある。裏庭が見える部屋が私の居室だ。お茶道具は雪江奥さんが用意してくれていた。射し込む夕陽、暮れなずむ春の日差しのなかでWさんはちっとも変わらない。自転車を転がしながら、平らなところは荷台に

Wさんを乗せて鳩ヶ谷のバス停まで送った。津村信夫詩集と記入があるのは、Wさんが持ってきてくれたのか。Wさんを送って食事時間に遅れ、独りで食事をする私に付き合ってくれながら、雪江奥さんはWさんの話をした。そぶりが少しちがう。「えらい人なの」「ベテランでしょ」。ことばの節々がきつく聞こえる。「お茶がおいしいと言ってた」と、お茶をにごすような返事をしたが、この日の雪江奥さんの気持ちを推し量ることができるようになるには時間が必要だ。雪江奥さんはWさんと私の関係を感じ取っていたようだった。

▽結核菌の培養がプラスになる

四月三日、清瀬病院医事係から手紙が来る。内容は、退院前に出しておいた結核菌の長期培養の結果が、プラスであるとの内科医長からの知らせであった。早めに来院されるようにとの言葉も添えられていた。右肺上部に病巣が残っていることは承知していたから、青天の霹靂ではないにしても、ショックは大きかった。退院から一か月半だった。山喜紹三さんに伝えて清瀬病院に診察に行くことにした。五日、その旨の手紙を清瀬病院に出した。

▽桜の苗木を病院におくる

この同じ四月五日、私は、清瀬病院への桜の苗木を送り出していた。

私は、退院したら植木の安行から桜の苗木を送り、清瀬病院の広い通路に植えてもらおうと思っていた。すでに春時に頼んであった背丈二メートルほどに育った苗木をこの日，清瀬病院に発送したのだ。四月一六日の日付で島村喜久治院長から私宛に、次のような礼状がきた。

陽春の砌益々御健勝にて慶賀の至りと存じます。

さて過日はお心に懸けられ、態々桜苗木を多数お送り下さいまして有難う御座いました。

荷造りが厳重でしたので、少しの傷もなく到着しましたので御安心下さい。

早速病院の植木屋さんに院内の見やすい処に植えさせました。今后十年も経ちましたら、恐らく清瀬の名物となるでありましょう。

貴方の御芳志を永く伝えるように致します。

不取敢書面をもつて御礼申上げます。

御自愛専一を祈ります。

ソメイヨシノの樹齢は五〇年ほどと言われる。一〇年ほど前、清瀬病院の跡に造営された中央公園周辺に桜の古木があるのを見て、この樹は、あの折の苗木の生き残りかもしれないと思い感慨があった。桜の古木はいまもなお枝を張り出しているだろうか。先ごろ話題になった吉永小百合主演の映画『北の桜守』（二〇一八年）にならい「桜」を見に行きたいと思う。

▽桜並木の下で――Wさんが再度来る

四月八日（日）、寺は花まつり。あいにくの雨。お灸日だが施灸者は多くはない。それでも花々で飾られた花御堂が置かれた本堂は、子ども連れの参拝者もありにぎやかだ。

Wさんがこの日も金剛寺に来る。Wさんは培養がプラスだったことをすでに知っていた。泣きたい思いだと言ったら、それは私の言うことだと言い、ご家族のことも考えてとたしなめられた。Wさんは、ショックの大きさはそれとして、それよりも今後の治療をどう進めたらいいかを考えているようだった。Wさんの冷静さに私は救われる思いがした。一〇日に診察に行くことにしたと話した。Wさんは雪江奥さんには、長期培養の肺菌のプラスは日常的に菌を出しているわけではないから、周りにすぐうつす気遣いは薄いことを話してくれたようだった。Wさんの帰りは金剛寺から一〇分ほどの赤山街道の桜並木を歩いて鳩ヶ谷のバス停まで送った。雨にぬれる満開の桜に、迫る私たちの試練の思いが伝わるわけはない。辛い思いを抱えて寺にもどった。雪江奥さんはWさんからあまり心配しないように言われたと話し、Wさんによく相談に乗ってもらうようにとも言ってくれた。雪江奥さんのほぐれた気分が伝わった。九日、午前、ご隠居のおばあちゃんを和田医院に連れて行った。大腿部の化膿部に張る薬の処方箋を書いてもらうためだ。帰りは、車をよんで、すでに花のおわった桜並木の下を走ってもらって帰った。おばあちゃんは私といっしょが嬉しいのだ。

再入院と「約束」の行方

一〇日、清瀬病院に行く。医師は自宅での化学療法も選択肢の一つだが、右肺の区域切除を考慮しての再入院をすすめるということだった。すぐに入院できるように対応するとも言われた。

▽Wさん三度目の来訪

一四日、Wさんが金剛寺に来る。三度目だ。Wさんは医師が再入院をすすめたことをすでに知っていて、私と山喜さんに私の再入院をすすめに来たのだ。私は入院することにしたいとWさんに言った。私を見るWさんの目が潤んでいる。私はWさんを見つめた。初めて見つめ合ったようにいくつもの思いが交錯した。悲しさが溢れる。しかし、歩きださなければならない。

帰りは、Wさんの希望で私が通った川口高校の通学路を歩き、諏訪山の丘に上がった。授業を抜け出した一八歳の少年はこの丘に独り臥し、熱の下がらない体を休ませたのだ。丘の上から夕暮れの川口市街を眺めた。Wさんと二人なら、時の記憶もまた優しい思い出に変わる。あの一八歳のときから寺での病臥と療養のときを経て、清瀬病院で二年余の療養、合わせて五年余の「闘病」を経ての退院が、再び「闘病」の生活へ戻るのだ。結核菌は私の青春とその進路を阻み、そしていまWさんと選択した「約束」の行方に立ちはだかる。しかし、私はもう一度歩きだす。その途に今は同伴者が居る。

その夜、私は、山喜紹三さん、雪江奥さんに再入院したいと伝えた。雪江奥さんには入院についてWさんからの助言もあった。周りにうつす心配は少ないことはWさんが話してくれてはいたが、いま、金剛寺には養女として預かっている小さい子がいる。そのことは考えなければならない。私は許しを請うように紹三さんと雪江奥さんに頭を下げ、一八日に入院手続きをしてくると話した。

Wさんは私の退院後三回、金剛寺を訪ねて来てくれたのだ。そのあいだに「再入院」する事態が起こった。Wさんは雪江奥さんだけでなく山喜紹三さんにも会ってはいたが、村長職で忙しくしていたから「話し合う」というほどの時間はなかった。Wさんが最初に訪ねてきた日の翌朝、山喜さんは「ゆっくり話ができないですまなかった」と私に声を掛けてくれた。山喜さんがWさんをどう思ったかはその一言でわかった。それ以上、私が言うことはない。

私の再入院で、Wさんとの「約束」の進行は先送りになった。その状況で私が山喜紹三さんに言うべきものは「今度はちゃんと治って帰ります」と言うことだけだ。雪江奥さんにもそうだ。結局、Wさんとの「約束」のことは、山喜紹三さんや雪江奥さんに私たちから伝わることはなかった。

四月一八日、清瀬病院に入院の手続きをした。入院は二五日と決まった。一九日には役場に行き、医療券の申請を依頼。役場の厚生係から保健所に出すのだ。入院準備は雪江奥さんがしてくれた。寝具類は持参する必要がなくなっていた。日常の洗面具なども、退院のときに持ち帰ったものが揃っている。

参道から山門を通し金剛寺を見る。古木の松が本堂改築の資金に充てられるため伐採された参道は、楓や椎の木、桜が目立つ。瓦葺きになった本堂裏の杉や檜の若木が緑に光っていた。「今度はしっかり働けるようになって帰ります」、私は伽藍のたたずまいに押されるように言い聞かせた。そこはかとないはげましが伽藍から運ばれてくるように思えた。郷愁の香りには、希みを託す風がふくまれている。書庫も大方は整理されていたが、私は古典ものの芭蕉全集など数冊を選んだ。二五日朝、朝食時みんなに「行って参ります」とあいさつした。「元気で」というわけにはいかない複雑な思いがただよった。私はもう一度、「行ってきます」と言った。ご隠居さんから封筒を渡された。封筒には五〇〇円のピン札が一〇枚入っていた。早く甘納豆を買って帰らなければならない。

▽清瀬病院に再入院

五六年四月二五日、私は妹に送られて、一一時過ぎ清瀬病院に「再」入院した。病棟は内科の八病棟東、古巣に戻った感じがした。病室のメンバーは大方代わっていたが、前からいる人も何人かはいた。私の身体の状況（病状）は退院時と変化はない。安静度はⅣ度。「何も説明する必要はありませんね」と言う看護師長も顔見知りだ。この日からふたたび退院する五七年九月まで、私は一年半余を清瀬病院で療養することになる。慣れた病院生活とはいえ、食事はアルマイトの食器だ。持参した佃煮や梅干しで補っても、情けない思いがつのる。夕刻、Wさんが来る。勤務姿の白衣の主任看護師だ。白衣の前に佇む「放蕩息子」、そんな絵柄が浮かんだ。この「放蕩息子」が許されるのは何によってだろう。布団の襟元を整えてくれた白衣の看護師の前では、私は結核療養者、病人なのだ。自覚のない「放蕩息子」が、許される「放蕩」の恩恵にはこのままでは近づけない。

二六日、Wさんと散歩。私はWさんに「今度は働ける身体になるまでしっかり療養する」「だから優しくして」と言った。その時点で、私は、Wさんが私の再入院と、これからの時間をどう考えているかの認識が全うではなかった。再入院で生じたトータルな状況認識がなかったと言っていい。問題への向き合い方は、Wさんへの甘えのままに先送りされたままだ。軽い言葉に直せば、「面倒見切れない」青年だ。退院のときには前に向いていたと互いに思っていた「約束」が、再入院という事態のなかで、さまざまな「拘束」をもつものに替わっていた。果たせない希みをかたくなにつなごうとすれば、療養生活そのものを束縛しかねない。Wさんがもつ「治療専一」という認識に、私の態度はとどいていなかった。「約束」に引きずられて療養上のマイナス状況をつくってはいけない、そう考えていたWさんに比べて、私の態度には「大人の女性」への甘えが真っ先に顔を出す。私の柔弱な対応のあれこれは、Wさんの寛容さに包まれながらも、どうしようもなく幼い。

▽清瀬病院ふたたび――「六月の空」

二七日、Wさんが『世界』をとどけてくれる。挿んだ封筒に千円札が数枚入っていた。Wさんの寛容さは、さまざまな形で私を包みこむ。

五月一日、メーデー。朝、病院の玄関先で中央メーデーに参加する病院職員を見送る。組合は全医労の分会の一つだ。Wさんも参加している。自治会委員や歌声サークルの会員二〇人ほどがメーデー歌を歌う。合図をする私の写真が残っている。再入院六日目。メーデーから帰っての準夜勤務前に、Wさんがくさやの干ものをもってきてくれたが話す時間はなかった。二日、Wさんがラジオを貸してくれる。Wさんが使っていたラジオは短波放送が聞けた。当時、モスクワからの「自由放送」、北京からの短波放送を聞いている人がいた。そんな時代だったのだ。

　私は、退院一か月半ほどで戻ってきたのだから、退院のことを知らない人もいた。一か月半では、『魚紋』会員も、社研会員も変わりはない。谷敬も、杉山友子も、川崎君江も、鹿島光代さんも、平和屋の茂木龍雄もいた。

　私の再入院の治療、排菌の原因と目される右肺の区域切除が、どの段階でできるようになるのか。手術後は、今度は社会生活に結び付けられるまでの回復を目途とすることにした。どれだけの時間が必要かは、すぐに答えが出ないのが結核という病気だ。先に書いたように私は安静度Ⅳ、院内や院外の散歩も許される病状だった。五四年から五五年前半にかけてはベッド中心の読書経験だったが、五五年六月の手術後は、『魚紋』編集、各種サークル活動や自治会活動への参加に積極的に取り組んだ。療養所での日常が「忙しく」なった。この「忙しさ」は、回復後に目指す生活設計の準備も視野に置いてのものだ。

　五日、大久保が来る。寺からの卵や餅などをもって来る。『玄海灘』『唯物論と経験批判論』と記す。八日、Wさんと散歩。九日、Wさんを控室に訪ねる。一二日（土）、Wさんと散歩。Wさんとの話のなかで「種々のことで意見の相違がある。悲しいことだ」と記す。欄外に「人間の生活の根拠のないところに何の革命の行動力が生まれ出るかと、Wさん怒る」と書いている。Wさんは何を怒っていたのだろう。中労学院の研究者に反発でもしたのだろうか。

　一一日の日記に「田宮虎彦の小説、描写が美しい」と記す。一二日、『魚紋』五一号出来る。一六日、春時来る。武谷三男講演会。一七日、Wさんと上宮教会療園に入院中の鹿地亘氏を訪ねる。Wさんに誘われたのだろうか。鹿地氏は『魚紋』に寄稿もしたりしていたが、飯島耕一に「手前勝手な悪い表現の例」として取り上げられたりしていた。訪問後の記述が日記に残る。「あんなにも自惚れている人間をぼくは許すことができない。悩みというものは共通であるべきものもある」——意味が不明だが鹿地氏の言い方が頭にきていることはうかがえる。鹿地氏のことは、米軍に拉致・拘禁されたことや中国での体験なども聞いたり読んだりした。痛めつけられた体験は気の毒だが、日記に記す「自惚れている人」に、「煮えきらない」を付ければ私の鹿地評になる。

　一八日診察あり。右肺上葉の手術を予定して検査をすると告げられる。日記欄外に「Wさんとの交際を清算するべきか」の書き込みがある。Wさんのいらだちが伝わってこんなことを書かせたのだろう。二一日夕刻、Wさんと散歩。芝山小学校付近までと記す。Wさんより小遣い。日記には、Wさんが手紙で前日のことを詫びるという記載がある。二二日、牧野副院長の気管支鏡検査。検査では「右側は変化がないが、左に何かがあるという」と記し、日記に「左の変化が気になる」と書いている。二三日、映画会『真昼の暗黒』、今井正の迫力に押されると記す。鹿島光代さんのところで『プルス』の会合。中島敦を読む。二六日、Wさんが『日本文学史辞典』(藤村作、西尾実監修、近藤忠義ほか編、日本評論新社、一九五四年)を購入して届けてくれる。中項目主義の、通読が可能な読んで面白い辞典。いまも書庫にある。

六月一日、夕刻、Wさんと散歩。六日、Wさんと散歩。一〇日(日)、Wさんと散歩。このところの日記には「散歩」とあるだけで何を話したかの記入がない。散歩が散漫の気配がする。再入院で先送りされている「約束」の先行きの認識が充分になされていないのだ。欄外に「生きる事に望みをもたない人間像」「誇りを持たない労働者ということについて」などとの記載。ニヒルでアナーキーだ。一一日(月)からの一週間の日記の記述。一二日、映画『嘆きのテレーズ』。一三日、洗たく。一四日、一五日、一六日と「何の事もなし」とそれだけの記載。ようやく一七日(日)と一八日(月)に「詩作に熱中」との記載がある。

一八日の週は、文化祭の仮装行列コンクールへの参加で忙しいと書く。病室有志での疑似結婚式、私は祝祭楽団のラッパ手。〝プップクプー〟と、口ラッパを吹いて各病棟を回った。ちびの新郎は平和屋さんの茂木龍雄、花嫁は背の高いイケメンのTさんが女装した。ちぐはぐさが笑いをさそった。コンクールは一等賞だったがくたびれた。二四日、Wさんと散歩。多摩全生園の林まで歩く。このころは映画の西部劇、先住民のこと、黒人差別のことなどが話題になった。「約束」の計画やその方向についての話は出てこなくなっていた。話してもそのことの現実味は薄いからだ。

二七日、午前中、肺の分離肺活量検査。三〇日、「左肺区域切除一周年」の記述。欄外に「詩を作りたい」との記入。一七日と一八日、詩作に熱中と書いていることから、このころに書いていたのが「六月の空」だと思われる。「六月の空」は、谷敬との交流のなかで紹介したが、詩に「六月の空は／若葉があまりにもまっさおなので／灰色になる」との詩句がある。灰色はグレーだ。グレーには負のイメージもあるが、この詩はWさんへの思い、「約束の相聞」がテーマと言っていい。ちりばめてきた「時の記憶」、時が刻む行為、離れがちな追慕の思いが、「六月の空の記憶のなかで」と結ばれている。

※七月一日、参議院不在者投票。送られてきた投票用紙に記入。選挙投票日は八日。

▽前を向くことと離れること

七月四日、Wさんと全生園の裏まで散歩。時の記憶を刻む。八日（日）、Wさんと散歩、「意見の衝突がありしばらく逢うことを中止する」との記述がある。「衝突」を説明するように「ぼくが他の女の人が好きなのだと言って彼女が怒る」と記し、「いたわりの気持ちのないことを残念に思う」とも書いている。何事が起こったのだろう。「いたわりの気持ちがない」と記しているから、誰彼の女友だちとの行き来を「好きな人」と言ってWさんが揶揄したのかもしれない。これだけでは、「痴話喧嘩」めくが、Wさんは強い痛手にならないような理由を材料にして、私を少しずつ遠ざけようとしている「配慮」が見えないこともない。相手のプライドを思い、相手が自分の意思で退がっていく道筋をつくろうとする、いまに哀しいWさんの気配りを思う。所詮は「病のせいだ」と言ってしまっては、このときの私たちの「物語」は成り立たない。身の引き方にも相手への敬意がなければならない。しかし、互いに相手のことを考え、敬意をもって対応しようしても、その善意が相手の重荷に変わってしまう、そんな行き違いが会話のなかに起こるのだ。どうして気持ちが伝わらないのか。悔しい思いが起こる。だからといってわかりあえないことを認め合うことはできない。私はWさんに「棄てられる」「相手にされなくなる」という思いが否定しがたく醸されるのを感じたりもする。情けない。悲しい。どうしてそんな気持ちになるのだろう。

九日、日記に「Wさんへの手紙を一日がかりで書く」と記している。手紙に何を書いたのだろう。日記の欄外に、「いたわる心は何によって生まれるのか」と記し、重ねるように「感情の流れのあとに来る行き違いについて感ずるところあり」と書いている。「男と女は結局、いっしょにいなければ相通ずることができないのであろうか」、とまで書いてしまっては、これはまるで他人事だ。一二日、宮本百合子の小説読み始めるとも記す。読んでいるのは『十二年の手紙』。

一三日、春時来る。前に来たのは五月一六日。寺からの土産を提げて来る。寺の様子を聞く。雪江奥さんは、預かった子どもの世話で留守にできないという。妹も働き口が見つかって働きに出ているのでなかなか来られない。前の入院に比べて今度は心配の度合いが少ないこともある。私は外出ができる病状だが、小さい子どものいる金剛寺には手術が済むまでは近づかないほうがいい。

一五日、体重計測、五四キロ。一六日、石母田正『歴史と民族の発見』読む。一七日、Wさんと「しばらく逢うことを中止」してから一〇日たつ。日記に「Wさん来ない、落ち着かず」と記す。欄外にマルク・ブロックの箴言「何人も自己の生命を隣人の生命よりも価値あるものと見なすことを正当づけられるものでない」を記している。同じページに「Wさんのことについて相当に反省する要素がぼくの側にある気がする。生きること、人間の生き方、それをぼくはもっと真剣に求めねばならないであろう」と書いている。反省することでWさんの気配りにどこまでとどくのだろう。二一日、『十二年の手紙』読み継ぐ。二二日、『魚紋』五二号できる。「六月の空」が載る。二五日、映画『赤い風車』、ロートレックの生きた時代と人間性についてと記す。二七日、『夜の来訪者』読む。

八月六日、原爆の日。ラジオ放送の番組「子供から親への注文」を聴く。中学生の意見「『太陽の季節』『狂った果実』には疑問がある。それを大人は隠したがる。何故なのか」「子どもを信ずる、子どもと相談することが必要です」などの言葉を拾っている。夕刻「平和を歌う会」に参加。この日、Wさんに手紙書く。どんなことを書いているのだろう。一〇日、魚紋詩話会。『金融資本論』求む。一二日（日）、日記の隅に「Wさんと逢えるような感じ」と記している。淋しいのだ。一五日、敗戦記念日の「平和祭」に羽仁説子来る。一八日、「人間の信頼度について」との記載に並べて「詩を書く」とも記入。二〇日、金剛寺は施餓鬼会だ。夕方、秋津神社の盆踊りに谷敬と行く。踊りの輪に入る。

二三日、Wさんと散歩。一か月半ぶりだ。日記には「相変わらずの意見の衝突である」との記入がある。欄外に「マルクス主義のすばらしい理論家が実践となるととんでもない間違いを犯すということが、やむを得ないことのように考えられて来ている。真の理論家とは、行動上の誤りを犯さないはずである」と書いている。一か月半ぶりなのに、Wさんとこんな話をしたのだろうか。労働運動の活動家、政党幹部の問題などがかかわっていたのかもしれない。二五日から開かれる総評大会にWさんが全医労代表の一人として出席（二八日まで）することに関連しての話題かもしれない。二五日の日記に『世界』の太田洋子の創作、感ありと記す。二八日、診察。右肺の手術が決まる。母親大会は二九日まで。羽仁五郎『歴史』読む。明治維新の歴史的役割について記す。三〇日、レコードコンサート。『飢える魂』読む。

▽旅立つ愛の行方

九月一日、肺活量三六〇〇cc。二日（日）、Wさんと散歩の約束をしたが逢えず。四日、Wさんと散歩。「別に何のこともなく過ごす」と他人事のような記載。

五日、『プルス』三号できる。巻頭に詩「海のなかに」を載せる。

海のなかに　　山村茂雄

ぼくは知る

ぼくが海にゆくと　ぼくが海になるのを
ぼくは知る
ぼくが生を捨てると　海がぼくでいっぱいになるのを……
時が遠ざかり　海のひびきが誰知らぬ夜を語ると　ぼくは
ぼくをうかべた海のなかにおぼれてしまう
――愛の力を啓示するこの重力にさからうことが何になるか――
空が哭き　海が疲れ　時が疲れると　ぼくはよぶ　お前の名を
――たとえ　いまぼくはお前にささげるべき何ものも持たないとしても……
ぼくはよぶ　お前の名を
そうして　ぼくはぼく達のたえまないひろがりのなかで　二人であることをよろこび　ぼく達のたしかな生を謳うのだ

この詩について中薗さんが葉書で感想を書いてきてくれた。「プルスありがとう。巻頭のあなたの詩、いいですね。思わず誦読しました。何れ、ゆっくり読后感を送ります。いつか『生活と文学』に書いた短文、理論社の〈私の大学〉という講座に収録するそうです」。『生活と文学』の文章は、本章第Ⅲ節で紹介した。

七日、分離肺活量の検査。欄外に「私が愛するものは何かという定義を申し上げますと、それは、私がそれについて語らないもの、語りたい気持ちを抱いても、語らないものと、語ることができないもの　フランシス・ポンジュ」とある。またこんなことを書いている。詩人とは「目覚めつつある夢みる人」である。「かたくなに現実に閉じこもることも、夢を現実ととりちがえることも、両方とも詩人には許されない」。一五日、Wさんのところへ行く。二四日、映画『生きていてよかった』観る。第一回原水爆禁止世界大会の後につくられたドキュメント。「人間の心の中にしみこむことのできる訴え、それは弱いものが強者に立ち向かってゆく自然の姿なのだ」と書いている。二五日、Wさんと散歩。時の記憶を刻む。「気になることあり」と記入。何があったのだろう。二六日、台風来るとかで雨はげし。Wさん来る。二八日、Wさんのところへ行く。二九日、外科の七病棟東に移る。手術が近づく。映画『野菊の如き君なりき』観る。泣ける映画と感想を記す。

一〇月六日の日記に、「一日中、Wさんの昨日の行動について考えている」と書いている。何があったのだろう。Wさんから手術前の緊張が足りないとでも言われたのだろう。欄外に「自分の中で観念的に恋を完成させてしまってはならない」とも書いている。逢わずにいた時間が過ぎて逢ってみれば、私の認識は変わっていないとWさんに言われたのだろう。遠ざかった「約束」の思いを持続しつつ手術後の環境を作り出そうとする身勝手さを批判されたのかもしれない。
一二日、砂川でピケの住民に負傷者が出る。夕刻、砂川に応援に行ってきた茂木龍雄と話す。文化祭展示の詩作品の締め切り。

▽文化祭展示作品

秋　　　　　　　　　　　　山村茂雄

それは突然にやってくる ── 音の速さで
かつてぼく達が愛しあったとき
時計と星のまたたきが
夜の沈黙をうたったように

ぼくは　昨年
ぼくの愛するお前の瞳に
ひとつの沈黙をみた
それを呼んだ
のは、だれ

── 今日 ──
ぼくは遠い星の上に　秋の訪れを知った
得体の知れない旅をしているぼくよ
急いで　帰って　来い。

（『魚紋』五四号、一九五七年一月）

一〇月一五日、Wさんと散歩。看護師の勤務交代があったが、Wさんは交代がないまま外科三病棟勤務がつづく。一六日、外泊。弟が独りで住んでいる伯母の家（川口市）に泊まる。一七日、午前中、川口市役所の厚生課に国民健康保険の入院継続申請書などを提出。この日は金剛寺に泊まり、一八日早めに清瀬病院に帰る。二〇日、文化祭展示始まる。二一日、テレビで民芸『三人姉妹』舞台中継観る。
※一〇月二三日、ブダペストで学生・労働者の叛乱起こる。二四日、ソ連軍出動。
二八日（日）、午前中、Wさんと平林寺に行く。清瀬駅前からバスで四〇分程度の距離の埼玉県志木にある武蔵野の名刹禅寺の一つ。山門から本堂を抜けた裏山は東京都の保護林が広がる。落ち葉敷く傾斜地に座って話す、ブダペストのことや、久しく話したことがなかったように話題は広がったが、互いに避けるようにして「約束」の行方、「約束の解消」まではとどかない。深まる秋のなかで、二人の旅は「得体の知れない」ものであったのか。肌寒い秋の風が迫る。「旅人」は帰ってこられるのか。

※二九日、イスラエル軍、エジプト侵入。三〇日、英仏軍、スエズに運河に進撃。

一一月一日、肺活量三九五〇cc、体重五四キロ。Wさんより私の手術が一三日に決まったと知らされる。三日、文化の日。午前、独り柳瀬川まで散歩。川辺の草木瓜《しどみ》の小さな葉の影に紅い実が覗く。深まる秋に二回目の手術を迎えるのだ。六日、「ぼく達の記念すべき日」と記す。「約束」の日から一年経ったのだ。「約束」した五五年一一月は、退院が見通せていたが、いまは再度の手術を一週間後に控えている。もとより、手術の結果をうけてから相当期間を置かなければ退院の見通しは立たない。見通しのないままの「約束」は、先送りのままに吊るされている。日記に記す「記念すべき日」が、どこまで在りつづけることができるのか。すでに私たちの「約束」は、見通しの立たないまま、互いの行動を縛るものになってきていた。

V

第二回目の手術

一九五六年一一月九日、三病棟に転室、個室の二号室だ。外科三病棟は、Wさんの勤務病棟だ。Wさんから私の手術日は介助看護師として手術室に入ると聞いた。手術日一三日は火曜日、一一日の日曜日の職員の慰安・懇親の集まりに私の執刀医は参加せず、手術に備えていると話してくれた。執刀医は、第一回手術の経過が一時的にも危機的状況を招いたことを思ってのことだと言う。感謝の思いと同時に不安も生まれた。第一回と第二回の私の執刀医森喬医師は、後に東芝病院長に招聘された外科医だ。

一三日、右肺上葉の区域切除を受けた。当日は雪江奥さん、春時、寺に寄居している大島三千三さんも来てくれた。手術は九時一五分ごろはじまり、一二時一〇分には病室にもどった。輸血も準備量を超えることもなく終了。後日、雪江奥さんは「前のことがあるので不安があったが簡単に終わってほっとした」と話してくれた。春時は「気が抜けたようだった」と言った。

髪を白い頭巾でまとめた手術室姿のWさんに連れ添われ病室に戻ったことを覚えている。麻酔がさめる前後、「なにかへんに威張っていた」と、後で聞いた。何をしゃべっていたのだろう。すでに病院は術後の介護も看護師が当たるようになっていた。

一七日、山喜紹三さんが来る。手術から五日後、余り話はできなかったが、今度の手術は軽く済んだということは話した。この日はWさんの勤務日だったから、顔見知りの山喜さんと言葉を交わす時間はあった。帰り際に手術の結果などをWさんから聞いていたかもしれない。一八日（日）、日記に「妹が来ないのが何となく淋しい」と書いている。今度の手術が軽く済んだことは伝わっていても、誰も来ないのは淋しいのだ。一九日、春時が来る。二四日、視力が回復せず、「読書が不可能」と記入。二六日、先に退院した茂木龍雄が見舞いに来る。二七日から術後の継続治療として、ストマイとヒドラ・パスの併用を始める。ストマイ注射は週に二回。夕刻、Wさん海苔佃煮、鮭の燻製などをもって来る。二八日、「深く呼吸をすると胸で鳴る音あり、不安」と日記に記している。一週間後に「胸で鳴る音なくなる」と記入しているから、不安は落ち着いたようだ。

このところWさんの記述がないのは、Wさんは私の病室三病棟の勤務で、勤務の合間に本の貸し借りを含めて、連絡は取り合えていたからだ。

一二月三日、妹来る。五日、松井勲さんが見舞ってくれた。松井さんがもってきてくれた三冊の本の題名の記入は日記にない。六日、「入院継続の申請書を出す」、申請先は川口市役所厚生課になった。七日、七病棟東に転室。Wさん来る。しかし、まだ私がWさんの控室に出かけることはできない。私を遠ざけるにはいい時間だった。一二日、中薗英助さんから来信。「冠省、松井君に会い、貴君が無事手術をすまされたことを聞き、本当に嬉しく思いました。お訪ねしなければと思いながら、延引して失敬しました。病院の歳末は静かだと思いますが、シャバはやりきれぬ騒がしさです。中薗英助」。

一二日、日ソ共同宣言発効・国交回復と記入。欄外に、ハンガリー問題について勉強すること、との記述。一四日、映画『母』。一五日、Wさん来る。「一週間ぶり」と記す。一七日、「杉山友子の恋について」との記入がある。杉山友子のことはすでに学童疎開の詩を紹介し、コメントも書いた。友子が私に好意をもちつづけていることはわかっていたが、何を話題にしたのだろう。『魚紋』の会員は、私が書く詩が「恋の詩」だということは読めばわかることだが、その対象は、それぞれが「想像」の範囲に置くままに読む。詩を読むことには、そんな自己本位さがふくまれる。それが詩の読み方、鑑賞の仕方の一つでもある。

一九日、春時来る。山喜紹三さんが、低血圧で倒れたという。一一日ごろ血圧が七〇位まで下がった。現在は一〇〇ぐらいにもどり安静にしているとのことであった。「心配なり、さっそく見舞いの手紙」と日記に記す。日本「国連加盟」。

二五日、日記に「Wさんが、何の原因か少しもぼくのところに来ない」と記し、「善意は無言ではないと思う」と書いている。Wさんが私のところに来てくれないことを、変な理屈で、自分の位置を合理化しようとしている。二人の「約束」が解消の方向をたどりつつあることは隠しようもないが、私のなかでそのことを納得しているわけではない。なにということなく嫉妬に似た感情が走るのだ。

三一日の日記の記述、「今年はあまりよくない年だったけれど、ものの見方という観点から考えれば、マイナスではなかったとも思える」と書き「来年こそ自我の尊厳を守るために生活権の確立を期したい」とも書く。この青年は何もわかっていないようだ。

▽一九五六年と五七年

この年の社会的な出来事の内で、関連して特記する事項は、第二回原水爆禁止世界大会の二日目に行われた日本原水爆被害者団体協議会（日本被団協）の結成大会であった。その結成宣言は「世界に訴えるべきは訴え、国家に求むべきは求め、自ら立ち上がり、互いに相救う道を講ずる。／私たちは自らを救うとともに、私たちの体験をとおして人類の危機を救おうという決意を誓いあった」とある。私はここに記されている「自らを救う」という表現に自分を重ねていた。以降、今日に至るまで被爆者の運動は、核のない世界を作り出すための、人間の生きる指標たりえている。被団協運動にかかわることのできる、その同時性を大切にしたい思いが常にある。

※社会的出来事から

一九五六年

二月九日、衆議院、原水爆禁止要望決議可決（一〇日参議院も）。二月一四日、ソ連共産党第二〇回大会（二四日、フルシチョフ、スターリン批判演説）。三月一八日、広島県原爆被害者大会開催。二〇日、被爆者初の国会請願（日本原水協主催）。五月二七日、広島県原爆被害者団体協議会結成。三一日、映画『生きていてよかった』完成（日本原水協制作）。六月九日、米民政府、沖縄米軍基地に関する「プライス勧告」発表。沖縄全土基地方式の固定化、島ぐるみの反対行動高まる。一五日、日本原子力研究所発足。二三日、長崎県原爆被災者協議会結成。二八日、ポーランドのポズナニで反政府暴動。七月八日、第四回参議院選挙、革新派三分の一確保。一七日、経済白書「もはや戦後ではない」と記載。八月九日、第二回原水爆禁止世界大会（長崎）。沖縄代表（団長・瀬長亀次郎）参加。一〇日、原水爆被害者全国大会＝日本原水爆被害者団体協議会結成大会。九月一一日、広島原爆病院開院。一〇月八日、原水爆禁止全国市議会議長大会（小倉）。一二日、砂川基地拡張第二次強制測量、反対派と警官衝突。一四日、政府測量中止決定。一九日、日ソ国交回復に関する共同宣言調印。二三日、ブダペストで学生・労働者の反政府暴動おこる（ハンガリー事件）。二四日、ソ連軍ブダペストに出動。二九日、イスラエル軍、エジプトに侵入（スエズ戦争）。一二月一八日、国連総会、日本の国連加盟を可決。二五日、那覇市長選、人民党書記長瀬長亀次郎当選。

一九五七年

一月三〇日、群馬県相馬が原射爆場で薬莢拾いの農婦、米兵ジラードに射殺される（ジラード事件）。二月一八日、国連で原水爆禁止を訴えるために渡米予定の久保山すず、米国のビザ拒否で中止。三月一日、日本原水協、ビキニ被災三周年記念クリスマス島水爆実験阻止中央集会（東京）。四月一日「原子爆弾被爆者の医療等に関する法律」（被爆者医療法）施行（三月三一日公布）。五日、アデナウアー西独首相、西独軍の核武装化言明。二〇日、日本原水協、クリスマス島英水爆実験阻止全国抗議デー。五月一五日、英、クリスマス島で第一回水爆実験。六月一日、日本原水協、米英ソ核保有国への国民使節団派遣発表。一六日、岸首相訪米、日米新時代。二七日、立川基地拡張のための砂川で強制測量。七月八日にも強制測量、反対派と警官衝突。九月二二日、砂川闘争で学生ら二三人検挙。七月六日、第一回パグウォッシュ会議（ラッセル＝アインシュタイン宣言にもとづく「科学と国際問題に関する国際会議」）開く（一一日、「核兵器の脅威と科学者の社会的責任に関する声明」発表）。八月一二日―一六日、第三回原水爆禁止世界大会（東京）、「原水爆実験即時無条件禁止の国際協定の締結を要求する東京宣言」、アジア・アフリカ諸国代表「共同宣言」発表。この年一二月二六日からカイロで開かれた「アジア・アフリカ諸国人民連帯会議」に連動する。カイロ会議には四五か国が参加し「カイロ宣言」を採択、「平和五原則」を打ち出す。一〇月、ソ連が世界最初の人工衛星「スプートニク」を打ち上げ。

相聞の行方――「約束」の解消へ

一九五七年一月一日、八幡社の賑わいを見に行くと記す。欄外に「今年こそはと言いつづけたここ四年、五年の年月なり」と記し、「改めて考えることなし」と殊更に書いている。

七日（月）、体重五二キロ、肺活量三〇〇〇cc。一〇日、金剛寺に寄寓している大島氏が寺からの届け物を持参する。持ってきた餅を部屋の人に配る。山喜紹三さんの具合はあまり良くないので雪江奥さんが出かけられないのだという。「外泊許可をもらって寺に行こう」と記している。この日は、Wさんの誕生日だ。ロダン画集を贈ると記している。一二日の日記に「家に早く帰ろうと思う」とも書いている。なにかあるとホームシックになる。そして欄外に「Wさんとのことも、彼女の気持ちがぼくから離れていくのなら、それもよいと思う」と書いたりしている。自分のことはさておいての記述だが、Wさんが私の気持ちを測ってそれとなく私を遠ざけようとしてくれている配慮が、青年の心根に沁みてきたと言えるかもしれない。独りよがりの青年の無邪気さを可愛がって見てばかりはいられない。年下の恋人を見守る看護師でもあるWさんの思いはどんなものだったのかを思いながらも、私の未練は去りようがない。どうすればいい。Wさんとの別れを思う気持ちに先に書いた「嫉妬」の感情を纏い付かせている気配がある。理性ではそうしようと説明はできても、Wさんを放したくない。Wさんがほしい。離れないでほしいのだ。

一六日、『日本現代史』、樋口一葉『にごりえ』を読むと記す。読書会で感想を報告しようと書いている。このころ一葉の作品に見るエロチシズムに興が向いている。二二日、『雪国』『焔の中』読む。

二二日、弟来る。弟が結核に感染している兆候が出たのだ。

二五日、欄外の記述に「Sさんが結婚するとのこと、他人事でなくこころ穏やかになる」と書いている。SさんはWさんと私の「約束」を知っていて「流産」のとき助けてくれた看護師だ。

二七日（日）、外泊。山喜さんの体調も回復しているように見えた。山喜さんは外出を控えているから、久しぶりにゆっくりと話を聞くことができた。山喜さんの世間話は、辛辣な世相批判にも、その底に人間観察の「許容と寛容」がにじむ人生観がある。

その日、山喜さんは、独り言のようなニュアンスで「結婚のことを真剣に考えてみるように」と私に言ったのだ。その「独り言」には、事の内容には立ち入らない配慮が込められていた。さりげない言い方で、私の「結婚話」は、その時はその「独り言」だけですんでしまったが、山喜さんは、Wさんが三度も金剛寺を訪れてきたことの意味を、結婚の対象者のように認識してくれていたのだと思う。山喜さんの言い方には、問題に踏み込むことはないが、私の後見人として、Wさんへの接し方が礼を失するものになってはならないという優しさがある。私は山喜さんから言われたことをWさんへの手紙に書いた。「山喜さんの配慮がうれしい」とWさんは返事をくれた。加えるようにして「お寺にとって貴方は本当に大切な人なのね」とも書かれていた。しかしそのときには、私たちの距離は、すでに山喜さんが配慮してくれている交際の範囲を外れる方に向いていた。

▽「約束」の解消

二月二日、肺活量三四〇〇cc、体重五四キロ。手術後の私の病状は、退院も視野に入るほど順調に回復していた。このころの日記には読書のことなどの記述がないのは本を読んでいないのではなく、Wさんのことでいっぱいなのだ。彼女の体に宿ったものの「記憶の錘」が解決の筋道に顔を出す。

二月一〇日（日）、夕刻、Wさんと散歩。Wさんとの結婚の約束を解消することになる。

言い出したのはWさんだったが、私も同意した。「約束」したのは五五年一一月六日だったから一年三か月が経過していた。日記には「思いがけないことであったが、醜態はさらさなかった」と記している。言い出してくれたWさんへ感謝の思いが、いまは切ない。離れられない思いは前に書いた。ふりかえっておけば、Wさんとの「共同生活」の選択には金剛寺の存在がおおきく影響していたこともすでに書いた。私の実家を生活の場にするという選択もあった。家屋と三〇〇坪ほどの土地があった。植木業は無理としても土地を利用しての生業は可能だったのだ。Wさんは看護師をつづければいい。

次のような「メモ」ようの記載がある。

「結婚の約束を解消する。ぼくの再発が一番の痛手であったという。肉体的な行為があまり早過ぎたと思える。彼女の体に宿ったものへのぼくの行動の仕方にぼくは今後も充分な責任を持たなければならない。今後の交際が清く行われると考えることは甘いと思えるけれども、ぼくのいままでの生活の中における近しさは母をのぞいては彼女しかいないことも事実だ。失恋という行為の前でそれらを昇華させなければならない。ぼくの描いた「生活」の設計は今日、二月一〇日その方向が崩れ去ったのだ。実りの多い行為であったと思えるように、またそうするために、ぼくは何をするべきであろうか。愛を失してしまったいま、言うことがこんなにも淋しいものなのだろうか」（二月一一日記）。

記載には、二四歳の青年の感傷があるものの、これからの方向を示唆するものにもなっている。Wさんが言い出したことの背景には、前に書いたように私の病状の回復がある。言い出す時期をわきまえたWさんの見識がある。これからは一人ずつに生きる。重ねた経験と体験、「不注意」をふくめ、刻んだ時の記憶を引き継ぎながら。哀しさの彼方に、ふっと「ねえちゃん」――二七歳で亡くなった叔母の姿が現れた。私を慰めようとするのか。まとう寂しさには不思議が重なる。

▽「約束」解消から「友情」の継続へ

「約束の解消」を同意しあってから私の退院までのほぼ半年、Wさんとの交流はつづいた。雑誌『世界』は、発行のつどとどいた。Wさんの「許容」の道筋のうえに退院後の私の仕事の選択も拓かれてゆくことになるのだが、目的を捉えなおすには時間がかかる。

二月一三日、雑誌『保健同人』の座談会に出席。一五日、副院長回診。六時社研。一六日、外泊、弟のところ（伯母の家）に行く。弟の肺結核発症が気になっていた。清瀬病院への入院を勧める。弟は私より五歳下だ。二六日、外科病棟の前の廊下でWさんと偶然逢う。私の回復の病状は「医師から聞いていますよ」と言ってくれる。

三月一日、誕生日。二五歳だ。欄外に「Wさんより連絡のないことが淋しい」と記し、「アルコールに憂さを晴らしたい欲望あり」と書く。何とした弱々しさだ。主体を喪失したままの青年の姿は痛々しいが、Wさんに対する礼を失することにはならないのか、山喜さんの教え、寺の経験は忘れたままだ。

三日（日）、雛まつり。『魚紋』の女性会員四人を誘って柳瀬川まで歩く。『魚紋』誌の連載する競作「清瀬風物詩」の順番が私に回ってきていた。編集委員のとき、私が提案した企画だから断るわけにはいかない。連載の最初は代表の青木繁が書いた「清瀬駅」。二番手は指田良枝「清瀬郵便局」。それぞれ『魚紋』の書き手だ。私は「柳瀬川」を書こうと思っていたので誘ったのだ。俳句で言えば「吟行」だが、今の私は、女性会員と時を過ごしたいのだ。Wさんへの離れない「恋情」と「嫉妬」を女友だちにかこつけて忘れようとでもするように、はしゃぐのだ。

草木瓜の若芽が萌え始めている川岸に持参したゴザを敷いて雛あられなどをつまみ、私が持参した白酒も口にした。散歩ができる人といっても、みんな病人だ。酒を「呑む」わけにはいかないが、杉山友子は頬を染めてはしゃいでくれた。友子は私の失った恋を感じているのだ。谷君と私は「雛」に囲まれて白酒を呑んだ。日記の欄外にこんなことが書かれている。「淋しさは時間とともにいや増す。夜半の目覚めに下腹に激しき淋しさを感ず」。Wさんへの記憶が取りとめもなく不遜の気配を漂わせている。

五日、ベッドをベランダに移す。私は、今回の退院は前回退院の経過からより慎重に決めることにしていた。Wさんもリハビリ療法の期間を病院で過ごしての退院をすすめてくれていた。二人の「約束」を解消したいま、五六年二月のように「早く帰る必要」はない。

一五日、『魚紋』に掲載する「エッセイ」ができると記している。先に書いた「清瀬風物詩」の詩作品のほかに、退院を見越して、「魚紋での二年間」というテーマで書いておくようにと代表の青木繁さんから言われていたのだ。締切りは、三月いっぱいだが、「風物詩」のこともあり早めに書いたのだろう。「退院するについて —— いくつかのこと」と題したエッセイは「清瀬風物詩 —— 柳瀬川」が掲載された『魚紋』五四号（一九五七年四月一五日発行）に合わせて載った。

▽詩「柳瀬川」

私はこの年の秋には退院を考えていたから、『魚紋』との付き合いも終わる。清瀬でつくる私の詩作品もこれが最後だと思った。詩作品「柳瀬川」には、一般的な川の景を入れながらも、Wさんへの「想い」がにじむものにしたい。春夏秋冬の表現に、いくぶんかの希みを込めたいとも思った。「富士の装い」――Wさんは御殿場の生まれだ。「流れの冬」には、相聞の感傷の甘さが漂う。三月末、編集部に原稿をとどけた。

四月一六日、『魚紋』第五四号できる。

清瀬風物詩三

柳瀬川　　山村茂雄

流れる川
それは旅人のこころに似る。

ゆるやかな雲の流れに　自らの
行く方をつげる　春。
ゆく一雨ごとに　みどりをしぶき　かがやく　水の氾らんに
われをおごれる　夏。
それは空の色に似て
すぎゆく子どもへの季節。
落陽の別れに　遠い光の影に
静かな音をしのばせて来る　秋。
風に鳴る夕映え
葉がくれの雑魚を追うサギの群れとともに
富士は楚々とした装いであらわれ
流れの冬を告げる。

時をこえ
あらゆる隔たりと近づきをこえ
川は東へ流れる。

この詩以後、私は詩を書いていない。先に書いたように私の詩作は、Wさんとの「相聞」の折節を記録したものとして残ったものだった。私の詩作品は、この文集に乗った五編の詩以外にはない。五編の詩は、それなりに前向きに結ばれている。

▽Wさんへの敬愛の想い――Sさんの話から見えたこと

四月五日（金）、清瀬病院を再度受診した弟の入院が可能かを私も立ち合って医師の見解を聞く。胸部レントゲン撮影などの検査を受け、五日後再診。一〇日、入院との診断を受け、一五日に入院した。私は弟の清瀬病院入院について、Wさんの助言を得たいと思ったが、Wさんへの連絡は前のようにすぐできる関係ではなくなっていた。弟は約二年の療養で五九年三月退院した。六〇年から六一年にかけて日本原水協で私の仕事を手伝った。その後、業界紙の編集などに従事、宣伝広告会社の経営にもたずさわった。

そんな折、Wさんと看護師寮が同室のSさんに逢うことができた。Sさんは結婚して寮は出ていたが、病院勤務はつづけている主任看護師。必要なことはWさんに伝えようと言ってくれたうえで、私に話したいことがあるので控室に来るようにと言われた。SさんはWさんの「親友」と言っていい人だ。Sさんは、私たちが「約束を解消」したことを、Wさんから聞いて知っていた。

Sさんが話してくれたことは、Wさんには言わなかったし、誰にも言うことはなかった。しかしいま、私はこのことも書いておく。私とWさんの「物語」は哀しい「物語」だが、Sさんから聞いた話のいくつかはWさんへのオマージュになると思うからだ。

――妊娠に気づいたWさんがそのことを私にどう伝えるか悩んでいたこと、私との結婚は金剛寺のことなどもあり難しいと話していたこと、しかし子どもは、できれば産んで、御殿場に帰ってでも育てたいと言っていたことなどを話してくれた。Wさんの実家は御殿場の酪農を兼ねた農家だ。先に書いたように、子どもを産むことは「切迫流産」で消えていたし、「二人は別れたのだから、もうその心配はないわね」と、荷を軽くしてくれるようにSさんは話し継ぐ。「Wさんはあなたが大好きなのよ」だから「負担を掛けたくなかった」のだという。付け加えるように、「Wさんに実家から結婚話がある」ことも話してくれた。Wさんへの敬愛の思いが改めて溢れた。涙はどんなときに流すものなのだろう。

私はWさんから、姉さん思いの弟がいることも聞いていた。富士山麓の藁葺き屋根の大きな農家の写真も見せてもらった。事の哀しさを薄めてはいけないが、Sさんが話してくれた、看護師を辞めて御殿場に帰って子どもを産むという行方には、一つのロマンを包む「富士山麓物語」を思い描けないこともない。

――富士の裾野で共に働く、牧歌的に人びとの善意あふれる日常を平穏に生きる家族、そんなメルヘンの世界は、ときにナルシシズムの衣をまとい、ときに野放図に描かれるが、そこには生き方の一つがある。

▽メーデーとハイキングと原水爆禁止世界大会

五月一日（水）、中央メーデーに「参加」する。「明治神宮外苑を埋めた四〇万の働く人の意気高く、南からの強風に赤旗が揺れる」「絵画館前の石壇に座して行進を眺める」と記す。同室の上野君といっしょだ。退院した古川文雄君も来た。帰りに三人で今井正の『米』を観た。三日、憲法記念日。アラゴン『オーレリアン』読む。五日（日・祝）、午前中『魚紋』の会員をふくめ、七、八人で昼食の「飯盒炊飯」に出かける。清瀬の南、東久留米に広がる田畑の水路、野火止用水支流の小川沿いを歩く。

杉山友子や石川孝子は膝を丸出しにして小川に入る。みんな、ここ数か月のうちに退院できる病人だから明るさがある。みんな若い女性たちだ。それぞれの「闘病」の経験と経過を超えて、「療養中のハイキング」は、きっといい思い出になる。

一一日、社研の研究会。夏の「文化祭」に、社会科学研究会と平和を守る会の共催で「劇」を上演しようとの話が出る。文化祭は、患者会（清風会）の各サークルの展示や、病院職員従業員組合の歌や踊りの発表もある。期間は六月一日から一五日まで。劇の上演日は六月一三日だ。一か月で何ができるか、易しい芝居を探すことになった。芝居は木下順二作「赤い陣羽織」、私が企画担当になった。

一五日、谷敬が「うなじの優しさ」と書いた人が退院した。谷敬の恋は願ったように形作られる時間がなかった。病院の恋の結末は多く哀しい。

五月二九日、日本原水協の事務所に原水爆禁止世界大会代表派遣の募金帳をもらいに行く。この年は第三回世界大会だ。清瀬からも地域代表や医療施設職員の代表が参加する。日本原水協の事務所は神田一ツ橋の日本教育会館に在った。国電水道橋駅から歩いて一〇分ほどだ。清瀬病院患者自治会清風会が「募金活動」に取り組むことを決め、執行委員の一人だった私が出向いたのだ。旧教育会館は大理石造りの威圧的な建物だった。玄関を入ってすぐの左側の部屋が日本原水協の事務所だった。女性数人が一〇名連記の募金帳一枚一枚にナンバーを打っていた。ナンバーを記入した控えと三〇〇枚の募金帳を受け取った。募金帳は各病棟委員に渡された。募金は八月五日まで取り組まれたことが日記に記されているが、募金額の集計は記されていない。

「赤い陣羽織」の上演 ―― 「どこで見ようと月一つ」

手許に「赤い陣羽織」上演のプログラム（チラシ）が残っている。とき六月一三日午後六時、ところ慰安室。社会科学研究会、平和を守る会共催。企画に私の名がある。私は谷敬といっしょにその準備からかかわった。そのころ私は、退院を見据えて作業病棟に移る準備をしていた。演劇に特別の興味を持っていたわけではないが、千田是也や土方与志、ブレヒトやベケットの脚本や演劇論などを読んだりはしていた。金剛寺に引き取られたころ、村芝居の子役をやったこともあるから、芝居に関心がなかったわけではない。Wさんと「別れ」たこともあり、自分を表現したいという鬱勃たるものもあった。

上演許可をもらうために文京区駒込の未来社に出かけた。脚本（『未来劇場』第三二号）を三〇冊購入することで上演は了承された。本は一冊五〇円。

木下順二は作者のことばでこう書いている。「『赤い陣羽織』も、どうやら世間から「民話劇」の部類に入れられてしまったようだが、これは日本の民話によるものではない。——この戯曲のテーマは、そのアイディアを、スペインのアラルコンの『三角帽子』に借りた」「日本の民話には、こういうふうに力のある抵抗精神と、解放の方向へ向かっている魂とが、はっきり出ている話は、まずないのではないか。その意味で、日本の民話を素材とした私の一連の戯曲とは、これはちょっとちがったはだざわりを持っているといえる」と指摘し「特定の時代にとらわれない、自由な装置や扮装や演出が望ましい」と注記している。

当日配られたプログラムに載る「あらすじ」は、「江戸時代末期、善良で働き者の百姓が美しい女房と平和に暮らしていた。ここの好色な代官はこの女房を権力で寝取ろうとしたが、弱い立場ながら、おやじ、女房、奥方、それぞれの抵抗にあい失敗し、逆にひどくこらしめられる。健全な解決の方向を示す風刺劇」と紹介している。

入院患者には、新劇などの演劇関係の人が多くいた。鶴丸幹彦もいた（睦彦の兄だ）。宮内精二もいた。スタッフは装置や照明などは経験者が担当してくれた。美術は画家が二人。脚色は、教育現場で演劇を指導している音楽にも造詣のある人だった。そして演出は谷敬だ。

キャストは、代官／その奥方／代官の子分／庄屋／おやじ（百姓）／その女房／腰元たち数人／馬の孫太郎／その他出演一二人。おやじは山村茂雄、その女房は川崎君江。代官役の小林信次郎さんは商店経営者、退院間近で散歩にはビールを持参するなど愉快な人、芝居で使う衣装などを店の商品で都合しくれた。奥方は印刷店の奥さん。馬の孫太郎役は装置も担当する劇団所属の玄人。代官の子分は上野明男君、電信会社社員、メーデーにいっしょに行った人だ。腰元の一人と結婚した。杉山友子も腰元たちの一人で出演した。

スタッフ、キャストとも、みんな回復に向かっている人だったが、病人なのだから稽古を連日やるわけにはいかない。日と時間を決め本読みからはじめたが一か月で仕上がるか不安だった。脚本のト書には「おやじ」は「四十男でちんちくりんのせむしに近い猫背でしかも醜悪な人相をしているが、その醜悪さの中で甚だ愛すべきものが感じられるのはおやじの内にひそんだ人柄の発露である」と書かれている。「おかか」（女房）は「これはまた三十代の、豊満なる飛び切りのべっぴんである」とされている。川崎さんは小柄な人だったので衣装部が苦労をした着付けで「豊満さ」をまとったが、立ち居が窮屈そうだった。代官は、「赤い陣羽織を一着に及んだお代官はおやじにそっくりな猫背のちんちくりんの醜悪な男であるがおやじよりひと廻り大きい」とされている。小林さんはがっしりした人だったが、「醜悪」さは隈取りで補った。ここにも専門家がいた。ここに「平和屋さん」の茂木龍雄の名がないのは、彼はすでに退院していたからだ。

台本は、脚色で少し削ったが、それでも一時間半ほどはかかる、体力が必要だった。台詞の多いのは「おやじ」と「女房」、台詞の記憶はたいへんだ。演出を谷敬にした理由の一つは、谷君にプロンプターをやってもらうという狙いだった。私が吃音の気味があることは第一章で書いた。武満徹の「吃音宣言」の前進のことも書いた。芝居を始めるとき、私にはかなりの不安があった。谷君も私と同じ程度の吃音の気味があった。私はどもりを、台詞の「間」で誤魔化そうとした。どもったらそれを「間」と観客に思わせることを考えたのだ。心配をよそに台詞がつかえることはなかった。歌はどもらないから台詞もその伝でいけたのだ。

私は芝居が終わっていくつもの教訓を得た思いがしていた。台詞の「間」と、吃音についてもそうだった。「間」については、よく噺家を引き合いに出して語られるが、芝居のセリフもなべて、つぎに移るその一息の「間」を大切にする。吃音の人は、つぎの言葉をどもるのではないかという不安で、あわててどもることが多い。経験からそう思う。「どもる不安」、この「不安」を「間」に転化する、どもりははからずも「間」を作り出す。私は武満理論の「どもりの前進」に、どもりの「間」を加えたい。

「赤い陣羽織」舞台前半、農作業を終えて戻ったおやじが、このごろ代官が見廻りに来るのはお前（女房）に気があるからだと悋気を示すところがある。女房になだめられ、すすめられた「どぶろく」に酔ったおやじは、「いっちょ唄うか」と唄いだす。脚本には、文句があるだけだ。なんとか節をつけて「唄」にしなければならない。私は古い里謡に似せて、いい加減な節で唄った。唄の「節」は、本読みのたびにちがったものになった。「酔っぱらってるんだから、それでいい」、演出の谷君は鷹揚だが難しい。

おつさまどこだい／やまべのいりかい／ゆうめしや何だい／ふすまのだんごか／妾（おつこち）やいるかい／てんてこまいましょ
私は文句も適当でいいと思ったが、演出者は、節は適当でいいが文句は脚本通りにと頑固だ。私は唄の文句に、Wさんへの別れの言葉をそれとなく入れ込みたいと思っていた。谷君だけに話し、当日それとなく入れることで谷君も黙認することになった。ほかのキャストやスタッフは誰も知らない。私は入れる言葉は通俗のものがいいと思った。Wさんにはそれで通じると思った。文句は「月が鏡であったなら」をもじって、「どこで見ようと月一つ／映してくれりょか／この思い」といったものがいいと思った。当日は「どこで見ようと月一つ」だけを付け加えて唄った。気づいたのは谷君だけだった。私の「思い人」のWさんが気づいてくれたかは「月に訊く以外にない」と谷君は笑った。

唄ったあと、おやじは女房の膝を枕に一寝入りするのだが、舞台稽古からうまくいかなかった。川崎君江さんは真面目なのだ。宇野重吉と太地喜和子なら味が出る。杉山友子の膝がふくよかでいいと思ったりする、いい加減な「おやじ」だったが、芝居は事前の宣伝が効いたのか、大入り満員、患者だけでなく多くの看護師や職員が観てくれた。拍手が長くつづいた。役者商売が止められない理由もわかる気がした。一回では「惜しい」という声が残った。あくる日の打ち上げには、「どぶろく」ならぬ本物のビールを小林さんが持参した。後日、Wさんも観てくれていたことが伝わって来たが、「月一つ」の言葉に気づいてくれたかどうかは、谷君が言うように月に訊く以外にない。

作業病棟（コロニー）に移る

六月一五日（土）、医師の診察と面接があり、近くコロニー＝社会復帰施設としての「作業病棟」への転室をすすめられる。手術後七か月がたっていた。Wさんとの「解消」からも四か月が過ぎた。この間もWさんへの思いが錯綜して会いたい思いが消えたことはなかった。とどけようのないその思いが、「赤い陣羽織」の役作りに集中することで薄らぐのを感じ取っていた。谷君との「ざれ唄」のやり取りもWさんを想定してのことだが、和らぎの兆しが見える。谷敬は私とWさんのことを知っていた。その谷敬も一月前にNさんと別れたばかりだ。私はNさんをよく知っていた。私と谷君の恋談義は特定の人を想定することなく抽象的だが、「思い人」が、節々に露呈した。二人とも思い人は年上だ。谷君の「女友だち」と私の「女友だち」は重なる人もいたが、概して谷君は真面目な年長組、私はWさんの反動もあって無邪気さが抜けない若人組だ。

七月五日、作業病棟に移った。病棟は多くは四人部屋だったが、私は二人部屋だった。日々の検温などは部屋に吊るした日誌に自分で記入。食事も食堂に通って食べる。同室者は作業病棟に長くいる人で、部屋はその人の家のような感じだった。私もその部屋の「住人」になった。作業病棟の患者はそれぞれ一日何時間かの作業のメニューがあった。私は当初午前中に二時間、午後一時間程度の作業日程だった。野菜畑もあった。多くは院内の庭に造られた花壇や温室の掃除だった。患者自治会の役員として自治会事務所に出かけるのも作業日程にカウントされた。ほかには図書館の貸出しや配本の作業など。牛乳配達には手当てが出る。私も少しの期間牛乳配達をしたが、少ない手当てだがそれをあてにする療友に譲った。

七月六日の日記に「コロニーに来て、自由な気分になる」と書いている。さきにWさんとのことを「解消」してから四か月が過ぎたと書いたが、その時間のなかで私の視野には退院後のことが比重を増してきていた。Wさんといっしょに拓こうとしていた生活の計画に重なるものもあった。以前にも増して、自治会（清風会）の活動、各サークル参加と連絡役、『魚紋』『プルス』の編集、清風会ニュースやサークル機関紙への小文の寄稿などで費やされる時間が多くなった。「赤い陣羽織」代官役の小林さんがコロニーに転じて来た。小林さんは一か月ほどで退院したが、ときに二人で焼酎のビンを提げて柳瀬川に出かけた。

一般病棟では、患者間の相互病室訪問は、看護師控室前を通るから、すこしの気詰まり、遠慮がある。作業病棟には、その「関所」がない。谷敬はしょっちゅう私の部屋に来て話して行く。私の女友だちの数人も安静時間が終わると連れ立って私を誘いに来た。

▽七夕まつり

七月七日。女友だち数人みんなが浴衣を着て、私を誘い出す。みんなきれいだ。友子も孝子も冨美子も敏子もみんな二〇歳代だ。私の着る絽の単衣は雪江奥さんが届けてくれたものだ。団扇・扇子は不ぞろいだがそれはご愛敬。下駄の鼻緒が素足に映えて繰り出す先は、ほんの先の八幡社だが、遊び心の、女性の若さと誇らしさを競い合うようにみんな嬉しそうだ。

▽盆踊り

七月二七日の夕刻、鳴り出した太鼓の音は秋津神社境内で催される盆踊りのものであった。二八日夕方より友子と散歩がてら見物。私は多勢の子どもたちの輪に入って踊る。谷敬も来ている。戦後、盆踊りが復活するのは、世の中がいくぶんか安定してきてからのことだ。戦後の食うか食わずの生活では盆踊りどころではない。すでに戦後も一〇年を過ぎている。私より少し背が高い谷敬の痩身が、ゆれるように足を運ぶ。友子は輪に加わらない。踊りの輪に入れなかったのは、子どものころの下町の盆踊りに思いがせまってと涙ぐむ。同じ下町育ちの谷敬が、それを詩に書いたらと言う。それはあまりに短絡的だ。私は輪を離れ友子と手をつなぐ。友子の手はふっくらしている。

▽原水爆禁止世界大会カンパ

八月一日、原水爆禁止世界大会のカンパを多めに自治会に渡す。五日が締め切りだ。平和屋さんの茂木龍雄が日本原水協の仕事をしていると聞いたのはしばらく前のことだ。茂木は退院後よく清瀬にあらわれていた。私より五歳ほど上だが、一橋大学では学生運動に参加していたというから平和運動は自分から望んだ仕事だったのだろう。

世界大会もこの五七年で第三回、第一回は広島、第二回は長崎、第三回は東京で開かれる。第四回も開催地は東京だった。

日本原水協事務局員になっていた茂木龍雄から声がかかり、茂木が手掛けている編集の仕事を手伝いに日本原水協に行くのは五八年の春だ。

▽鹿島光代さん

この文集の記述のところどころで鹿島光代さんの名が出る。最初にWさんが届けてくれた本のなかにエレンブルグの『作家の仕事』があった。訳者の鹿島保夫氏は光代さんの夫だ。見舞いに来た保夫氏を紹介してもらったこともあった。光代さんの清瀬病院への入院がいつかははっきりしないが、社会科学研究会や創作グループ『プルス』の集まりなどで同席した。話し好きで、親しまれていた。散歩にも誘われた。いつも数人の同室の若い女性と連れだっていた。世話好きな鹿島さんは、同室の女性を私の女友だちに加えようと紹介してくれたりもした。東京・目黒、武蔵小山の化粧品・衣装店が実家の彼女とは、互いに退院した後も軽い付き合いがあった。武蔵小山に大久保が出した寿司屋、柳ずしで食事もした。クリスマスの贈り物をもらったのは五七年だった。

八月二六日、映画『恐怖の報酬』の上映会。イブ・モンタンの主演だ。日記に『恐怖の報酬』における「人間関係、性の問題、生きるということの問題」を鹿島光代さんと話すと書いている。『恐怖の報酬』にかこつけて、「大人」の女性問題のレクチャーを鹿島さんにせがんだのだろう。私は退院後も鹿島光代さんとの手紙のやり取りはつづけた。それから四十数年後、ドメス出版編集長鹿島光代さんと再会、校正の仕事を手伝うようになることは補遺3に書いた。

Wさんと小平霊園に行く ― 宮本百合子と大山郁夫

Wさんとは前のような往き来はなかったが、私の退院が九月末に予定されたことから、一度、逢ってくれるようにと伝えた。九月六日午後、清瀬駅で待ち合わせて、小平霊園に出向いた。霊園は西武新宿線の小平駅に接する都営霊園だ。Wさんの勧めで宮本百合子（一八九九―一九五一）と大山郁夫（一八八〇―一九五五）の墓を訪ねることにしたのだ。秋の季を招くように女郎花の小さな花束を提げて広い霊園を歩き、それぞれの墓前に花束を置いた。宮本百合子の墓地は、満天星《どうだん》つつじの垣根に囲まれ、台座に立つ小ぶりな墓石にはペン字自筆の「宮本百合子」の名が刻まれていた。植えられている梅の木は紅梅だと思われたが花はもちろんない。墓誌も何もない端正な墓石。「人柄が出るのよね」Wさんが言った。

大山郁夫の墓は、墓苑が見渡せる角地に肖像レリーフがはめ込まれた立派なものだ。「一八八〇年九月二〇日兵庫県若狭野村生まれ、一九〇五年早稲田大学卒業、米独留学後母校教授を経て一七年大阪朝日新聞入り、シベリア出兵に反対し退社。二四年無産政党樹立を目指し政党研究会を創立、二六年労働農民党中央執行委員長、二八年普選に当選、浜口内閣を痛撃、三二年米国亡命のやむなきに至る。四七年敗戦の祖国に帰り平和運動の先頭に立つ、三度母校に復帰、四九年占領政策違反を名目に米軍に逮捕されたが世論沸騰直ちに釈放、五〇年参議院議員に当選、全面講和主張、平和擁護日本委員会会長、五五年広島の原水爆禁止世界大会に出席」。墓誌が記す「大山郁夫略伝」の一部である。

▽結婚するWさん

小平駅から清瀬に戻る乗換駅、所沢駅前の食堂で、Wさんから、「来月結婚することになった」という話を聞いた。「前からすすめられていたことなのよ」とも話してくれたが、Wさんがそう言うのは、私への気遣いなのだ。Wさんの気遣いは推し量るまでもなくわかることだったが、時はこんなふうにして、哀しいことの想いを薄めながら過ぎて行くのだろう。Wさんの結婚話はSさんから聞いていたこともあり、平静に聞くことはできたが、Wさんに「おめでとう」とは言えなかった。情けない小心ぶりだ。

明けて七日、夕刻、「ひとり柳瀬川にゆく。泥酔」と書いている。「愛することは醜いことの発見でもある」「傷心の秋に立ちあがるものはないのか」などと日記の記述はとりとめがない。己を醜いとまで言い立てる青年の傷心は痛々しいが、甘えのナルシシズムが見え隠れする。それはもう「詩の世界」からは遠い。

※小平再訪　二〇一八年一〇月一二日、私は小平霊園を再訪した。Wさんと訪ねてから六一年ぶりだ。霊園は広大になっていたが、二つの墓は秋の西日に映えていた。台風の強風が関東平野を通過したのは九月二九日、霊園の赤松の枝がところどころで折れ、割かれて露出した白い木肌が艶めかしく哀れさをただよわせていた。墓の周囲の枯れ草を抜いた。秋の残り陽に汗ばむ。一月ほど前、横田基地に配属された米軍機オスプレイが上空を通り過ぎた。基地が近いのだ。宮本百合子と大山郁夫の墓の上を米軍機が飛ぶ。霊園には壷井栄や有吉佐和子も、著名人の多くが眠る。百合子の墓と離れた墓域には宮本顕治の墓もある。二〇一八年に亡くなった吉田嘉清さんもここに眠る。

▽『魅せられたる魂』――アンネットに重なる想い

九月八日、退院の打ち合わせに妹が来る。一二日の日記に「『魅せられたる魂』を心の痛みを和らげようと読み始める」と書いている。『ジャン・クリストフ』を読んだのは、金剛寺で寝ているころだ。クリストフが道を求めて「河に入り、河を渡る」、その道の行方を描くロマン・ロランのもう一つの大作『魅せられたる魂』。魅せられたる魂をもつ女性アンネット

――「クリストフが最後に河を渡るように、この雄々しい戦士アンネットは苦痛の翼にのって無限の大空を翔り、昇って行く。全人類を母の腕に抱こうとするアンネット・ルヴィエール」（新潮世界文学版『魅せられたる魂』宮本正清「訳者解説」の結び）。私はこの長大な物語に何を求めようとしているのだろう。アンネットの姓ルヴィエール（riviere）は川、フランス語の女性名詞、訳は「海に注ぐ大河」だ。私が書いた詩「柳瀬川」も東に流れている。

美しい可能性を求めて

二〇日、「Wさんへ手紙を書く」。一〇日後の退院を前に、療養期間の協力と交際期間の「友情」を謝したのだろう。Wさんの結婚について何を伝えたかの記入はない。冷たい。二五歳の青年の心根がいまは哀しい。

九月一〇日付で『プルス』四号が発行された。田中祥太郎、谷敬と三人で「編集後記」を書いている。私の「編集後記」は、退院にあたっての感傷的なモノローグとも読めるものだが、それは、一つの恋物語の「別れのあいさつ」「詩への別れ」の言葉でもあった。

編集後記

「夕焼けの色は秋のものだね」とぼくは付け足した。この道を、こうしてぼく達は何回歩いたことだろうか。川は東にながれ、すべては変わっていない。変わりつつあるのは、二人を隔てて行く時間だけである。

「愛するということは淋しいことね」

――こうしてぼくの一つの行為は終わった。

今年も、空の色はぼくを迎えるように深さを増していく。空の深まりの前でぼくは一つの失われた恋を、愛というかたちのなかにしっかりととらえておこう。そうして新しい愛に期待しよう。愛することは生きることの美しい可能性だ。

――記した「生きることの美しい可能性」としての「愛」はどんなかたちをもって訪れるのだろうか。

▽五七年九月二九日退院

退院予定日の九月二九日を前に、連日のようにサークルや病室の送別会が開かれた。またこの期間には、前後して同室の療友や女友だちの数人の退院も重なった。私よりも後に入院した人たちも退院した。長く入院していた人たちも退院してゆく。結核は治る病気になっていた。化学新薬の採用、外科技術の進歩、目を見張るような結核治療の進展だった。データを探すことをしなくとも、患者の療養態度、病室の雰囲気でわかることだった。

こんな記録がある。「太平洋戦争が始まる直前――入院した病室は六人部屋でしたが一年過ぎて再び桜の季節をむかえたら私をのぞく五人はみんな死んでしまい」「当時、死亡の病名はほとんどが「喉頭結核」か「腸結核」あるいは「脳膜炎」でした。二〇〇人の療養所で毎日のように亡くなるので、日によっては棺桶を重ねて霊安室に置くことも」（前出『日本患者同盟四〇年の軌跡』所収の座談会における小島貞夫の発言）あった時代、「結核は死に至る病」と言われていた時代からの変遷を思えば、現代もなお感染症の脅威は去っていないとはいえ、明らかに時代は変わっている。「肺病病み」が主人公の文学作品のあれこれは、視点をずらして鑑賞する必要があるだろう。

九月二二日（日）、退院準備のため外泊。おばあちゃんへの甘納豆を買って、午後三時過ぎ金剛寺に着く。二三日は彼岸の中日。炙日と墓参の人が重なり寺はにぎやかだ。私も家の墓を掃除する。古い墓石はあるが、父も母も墓石はない。

二七日、池袋でズボンとシャツを買う。四三〇〇円は高いのか安いのか。二九日の退院を前に荷造り。いまほどに段ボール箱が一般的でなかったような気がするが、かなりの本が溜まっていた。『魚紋』の友人たちがもらってくれても、ミカン箱の四つか五つのほとんどが本だ。発送は業者にたのんだ。

退院は二九日（日）の三時過ぎにした。ふつう退院は午前中だが、午後の安静時間明けにすれば、清瀬駅まで送るという人が出たためだ。いまなら車でさっと帰ってあっけないが、私は手荷物をもって駅から電車で帰る予定だったから、駅まで送ってくるという。何人ぐらいが見送りに来てくれたのだろう。入院中の生活スナップや「赤い陣羽織」の舞台写真、また誰彼の退院時の記念写真の類は残っているが、私の退院写真は残っていない。病院の玄関には二、三〇人はいたのだろう、女友だちも来てくれていた。みんな明るい顔で送ってくれた。私は少し先に帰るだけだ。療養所は「死に至る病」の病院から脱皮していた。私が入院した五三年ごろは、退院者を送る人たちが写っていた。写真の幾ばくかの人は不安の表情で写っている。

清瀬駅までは谷敬や友子や孝子などが来た。玄関で渡された花束は、見送りに出られない病床の女友だちに渡してくれるように谷敬に頼んだ。

迎えに来た春時は、日用品の包みを単車の荷台に括り付けて帰った。私は妹と二人、午後六時過ぎ、金剛寺に帰った。

一九五三年一一月一二日の入院から一九五七年九月二九日の退院まで（その間一か月半の一時退院をふくめ）、私の国立療養所清瀬病院での療養生活は終わった。

▽私が歩く道

退院にあたって私はWさんに『魅せられたる魂』を受け取ってもらった。二八日夕刻、Wさんに本を渡した。「今度は戻ってこないでね」とWさんが言った。「Wさんがいないところには戻りません」と私は言った。結婚のお祝いを含意するWさんへの精一杯のオマージュだった。握手はしなかった。手を握り合う間合や気持ちのつなげ方は過ぎたことだ。私は本の扉に「献詞」のようなものを記さなかった。『魅せられたる魂』は、その終りに跋文のように「マリイに」という文章が付いている。それに目を通してほしいと話した。

『魅せられたる魂』は一九二二年から一時中断を経て一九三三年に完結した女性アネットのたたかいと希望の物語だ。ロランが後半のモデルとも言われる亡命白系ロシア人のマリー・クーダチェフと文通を始めたのは一九二三年、会ったのは一九二七年と年譜は記す。結婚したのは『魅せられたる魂』が完結した翌年の一九三四年、ロランは六八歳だ。

ロランは「マリイに」のなかで「平和を迎えに歩んで行こう」と書き。ともにした「傷を」それは「一歩前進したしるしだから」と書いている。

退院時に私がわかろうとしていたこと、それは、私も「平和に向かって歩んで行こう」ということだった。

ロマン・ロラン『魅せられたる魂』（跋文）

マリイに

自己にたいするたたかいの十年。
自己を克服するためには自己と闘わなければならぬ。
ひとつの平和の十年、戦いの娘、戦いの母。
けっして不平を言ってはならない！　平和は終局にある。

平和を迎えに歩んで行こう！
わが友、わが妻、わたしはおまえにわたしの傷をささげる。
それは人生がわたしにあたえる最良のものである。
なんとなればそれはいずれも一歩前進したしるしだから。

一九三三年九月　R・R

（ロマン・ロラン『魅せられたる魂』新潮世界文学第二六・二七巻、宮本正清訳、新潮社、一九六九年）

父・徳太郎出征時の家族写真。後列右から父・徳太郎、母・フサ、1人おいて左端がさく叔母。前列の左から2人目が著者。1937年撮影。

長崎・グラバー邸前にて山喜紹三さん、雪江奥さんと。1985年撮影。

1930年代に撮影された金剛寺の本堂と参道。

1959年9月、日本原水協事務局メンバーと修善寺旅行。最前列右が吉田嘉清氏（事務局主任）、左が事務局長の黒田秀俊氏（元『中央公論』編集長）、最後列左が著者、その右斜め前に写るのが武藤一羊氏。

1955年10月、清瀬病院内にて撮影。左から2人目が中薗英助氏、その右横でかがんでいるのが松井勲氏。著者は後列右から3人目。

著者近影（2019年9月、金剛寺にて。撮影・新井卓）

終章　一九五七年―一九五九年

ふたたびの寺 ―― 原水爆禁止運動への参加、広島・長崎への道

清瀬から帰って

清瀬病院から金剛寺に戻った私は、庫裡から離れた別棟で寝起きすることになった。別棟は、隠居棟を移転したときに切り離された建物だ。六畳間に洗面所と台所も付いていた。

寺の朝は午前五時ごろの勤行から始まる。勤行は山喜紹三さんがつとめる。寄寓している大島さんが本堂掃除をする。私は、しばらくのあいだ掃除は免除してもらったが起きるのはいっしょだった。参道を歩く。理屈を付ければリハビリだ。参道の松の古木は伐られていたが、低木の木々は参道に枝を張り出している。かつてのような松籟はないが、木々を渡る風は懐かしい風情を伝える。清瀬病院の松林に吹く風は金剛寺の松籟に比べ湿って重いと書いたが、金剛寺の参道の風は柔らかい。参道脇の柿畑の色づいた筆柿（鶴の子柿）が、枝をしならせている。庭井戸の脇に植えられている桜はもう青年の樹だ。

テーブルと椅子になった食堂で、私は隠居のおばあちゃんと並んで食事をすることになった。誰言うとなくそうなった。食事の後、雪江奥さんは、小学校に通うようになっていた美行さんを送り出す。大島さんは会社に行く。山喜さんもやがて出かける。山喜さんはふたたびの村長職を五六年三月まで務め、以後、薦められて川口市会議員になっていた。食後、私は隠居のおばあちゃんといっしょに庫裡の居間に移って食後のお茶を飲む。「甘納豆」をつまむ。二人で座っているだけだが、金剛寺の伽藍に迎えられたことを実感できる時間だった。ときに雪江奥さんも加わっての世間話になる。

退院して三日目の一〇月二日、春時夫妻が様子を見に来る。以後、春時はなにかと金剛寺にあらわれた。私は、連日、清瀬病院関係者への礼状、また療友への手紙を書く。四日の日記に「ソ連、初の人工衛星スプートニク発射成功」と記す。「ネルーインド首相来日」とも。

六日、清瀬より帰って一週間、日記にメモが残っている。「清瀬で経験したことを社会のなかで実践し高めていくこと。生き甲斐を感ずることのできる仕事を早くみつけなければならない。意識的な勉強、基礎となる教養を身につけること」と書いている。

私は体調を見はからって、職人さんの仕事を手伝う。垣根の刈りこみの枝葉を集めるなどの手伝いだ。垣根には山茶花が咲き始めていた。畑仕事にも出た。土の匂いが新鮮だ。「久しぶりの農耕、鍬を握る手に豆ができる」と記している。これらの仕事を山喜紹三さんといっしょにすることは少なくなっていたが、椿の植栽、移植などは日を決めていっしょに作業をした。山喜さんが椿に関心を寄せていることは前に書いた。植物見本園での椿の品評会では、椿の花枝を挿す台にする大根を運んだりもした。

春時は、日を決めるでもなくよく来る。夕方来る目当ては、雪江奥さんの手料理と般若湯だ。寺の台所、納戸には、お歳暮やお中元で届くビールや一升瓶が並んでいる。

休日には友人たちが揃って顔を出してくれた。すでに就職しているか、大学に残っている者もいた。清瀬病院の療友も、退院した女友だちも数人、古刹の寺への興味も加わって遊びに来た。私の友人たちにも雪江奥さんは寺の客人としてのもてなしを省くことはなかった。私もいっしょに準備をする。寺の「精進料理」のいくつかの手ほどきも受けた。

一〇日、入院中見舞いを届けてくれた寺の総代や近所の人への「快気祝」の品を買いに上野に出かけた。品物は箱入りの「風呂敷」だ。いっしょに注文した「ハンカチセット」は、友人に渡そうと思ってのことだ。清瀬の療友からの来信が日に数通はくる。女友だちのものが多いのは、出した相手がそうだからだろう。恋文めいたものもまじっている。『魚紋』の合評会などで「文章は上手く書こうとしないで正直に」と言ってきた手前、この「恋文」にどう返事を書くかは難しい。

一〇月二九日（火）、退院から一か月後の診察で清瀬病院に行く。経過がこのまま順調ならば、一日五、六時間の作業が可能との診断。谷敬や『魚紋』の人たち、女友だちの友子や孝子、豊子などに会う。その日はコロニーの空いた部屋に泊まった。不法宿泊だ。翌三〇日の朝一〇時過ぎ、孝子、豊子に清瀬駅まで送ってもらう。

このところの日記には読書記録がほとんどない。思い出したように『金融資本論』などと書いてあったりする。二七日にはソ連のジューコフ解任と書いているからソ連の動向に関心があったのだろう。三〇日、漱石『行人』をふたたび読むと記す。

一一月一五日、清瀬病院内科医長の福田長男医師より来信。九月退院時の培養検査六週間で少量の陽性が見られたが心配はないという連絡だった。福田医師は、先の退院時に菌の培養が十となり再入院した経過があるので連絡をくれたのだと私は思った。しかし、多忙な内科医長が一人一人の患者に十分な気配りをする余裕があるはずはない。Wさんが医長に頼んでくれたのだ。私に対してというだけでなく看護師としてWさんに備わった責任感と優しさだ。

▽Wさんが看護師を辞める

一二月一八日、清瀬病院に行く。退院後二か月の診断のために、レントゲン、断層写真を撮るためだ。当時はフィルム現像に時間がかかった。一週間後の二四日、清瀬病院で診察を受ける。経過は順調、先の培養検査も心配はない。体力を付けるようにということだった。外来診察室の看護師はみんな顔見知りだ。看護師の一人からWさんが今年いっぱいで看護師を辞めることになったと聞いた。結婚話がすすんでのことなのだろう。Wさんはきっと幸せになる、そう思いたい。私も懸命に生きる。

帰途、退院予定の療友三人と誘い合って「君の家」でビールを飲んだ。かつてWさんと「約束」の方向を見定めた退院を前にビールを飲んだ店だ。挙げるコップに、私はWさんのこれからに想いを重ねた。みんなこうして、いまを生きて行く。

▽挿話一つ　金剛寺の後継者のこと

第二章の始めで、私は金剛寺に引き取られ、妹は、さく叔母＝ねえちゃんが養女となっていた渡辺家の養女を引き継ぐことになったことを書いた。通称屋号の「しんや」。その渡辺の祖母が亡くなったのは五七年四月、その渡辺家の相続の問題は私が退院してから行うことにしたままだった。九〇歳に近く立ち居が難しくなった老婆を、妹だけでは面倒が見切れない。私たちの従姉夫婦（母方の兄の長女夫婦）が同居し、従姉が日常の介護にあたってくれた。面倒を見てもらった期間は三年に余った。その人たちの処遇（返礼）をどうするという問題が生じていた。私の父方の従兄妹は少ないが母方は多い。母方の伯父や叔母にとって渡辺家の相続は魅力あるものだった。退院早々から、伯父、叔母からの「陳情」が私に届くようになる。私の家も渡辺の家も金剛寺の檀家だ。山喜さんは事情をよく知っていた。私は山喜さんに下相談をすることにした。山喜さんは、急ぐことはない、周りの意見を知ることが大切と言う。山喜さんの教えがよみがえった思いがした。

渡辺の家の相続を糸口に、山喜さんは金剛寺の後継者のことを話題にした。と言っても話の内容は、「そろそろ寺の後継者のことも考えなければいけないのだが」というような「世間話」めいた話し方だった。話は「世間話」めいていたが、「寺の後継者」のことは私を引き合いに出すことは別にして考えなければならない。だからといって私が何かを言う筋合いではない。

私が金剛寺に「引き取られ」「中学校に就学」する過程でも、私の生活は「僧の修行」とは離れていた。寺での結核療養中も、養鶏をした期間をふくめ変わりはなかった。しかし、清瀬病院での療養が長引くにつれ、寺の後継者問題にかかわるようにして山喜さんの私に対する考えが変わってきたように感じ取ってもいた。

その日、山喜さんは「世間話」につづけるようにして、私に鍼灸学校に通ってみないかと言う。金剛寺の鍼灸施療を想定してのことだ。学校は東京・四谷に在った。その日の日記に「灸点のこと、寺の後継者の話など気兼ねして聞く」「ぼくの気持ちを整理しておくことが大切だ」と書いている。記した「気兼ね」には、学校に通う負担のことに加えて、「もう一度の学校」は、私自身、躊躇するものもあったのだろう。日記に記した「気持ちを整理」――には、私のためらう思いがある。いまにしてふりかえれば、そのときの私のためらいには、山喜さんが私に託してみようと思っていた希みに添わないものがあったのではないか、そんな思いが残る。しかし、書き足しておけば、その時点での私の選択は、すでに平和の仕事、社会活動に向いていた。それはWさんと「約束」した方向でもあった。

関連して二つのことを書いておく。

寺のご隠居、甘納豆と五〇〇円ピン札の、私を可愛がってくれたおばあちゃん（高島いちさん）が亡くなったのは一九六四年三月一七日、八九歳だった。私は棺に甘納豆を入れた。霊柩車が火葬場に向かうとき、山喜さんは、霊柩車に陪乗するようにと私を誘ったのだ。一五歳で寺に引き取られてから十数年、私が東京に居を移した一九六〇年からも四年を経てのことだった。山喜紹三さん六〇歳、私は三二歳だ。

ご隠居の亡くなった話につづけて記すのは恐縮だが、現住職の山喜光明さん（と雄子さん）の結婚披露の席のことだ。山喜さんはその日のあいさつで「ご心配をかけた後継者も結婚して一人前。ようやく間に合ったという気持ち」と述べたのだ。私は末席で山喜さんの話を聞いていた。山喜さんのほっとした気持ちが表情にあらわれていた。「ようやく間に合った」の言葉に込められた山喜さんの思いに熱いものが込みあげた。側にいた春時も目をしばたたかせていた。披露の席には金剛寺の檀家総代や世話人も招かれた。総代の白石泰彦氏は私が通った高校の教師でもあった。白石さんは宴席途中、私の席にきて「よかったね」と声を掛けてくれた。

一九五八年の春

▽原水爆禁止運動への誘い

五八年の年が明けた。金剛寺の正月は何年ぶりだろう。本堂のご本尊や、位牌堂、薬師堂などに雑煮の膳を奉ずる。七時ごろに膳が並ぶ。みんな羽織を付けた着物姿だ。美行ちゃんは綺麗な着物に髪飾りを付けている。私の和服は雪江奥さんが準備してくれたものだ。お屠蘇がまわる。並ぶ御節料理のいくつかは私も手伝った。雑煮の餅は、暮れの二九日に寺の堂宇に供える鏡餅や円餅といっしょに搗いたものだ。私も杵に「打ち水」をするなど手伝った。

元旦、年始の客が朝早くから来る。檀家の人も来る。お屠蘇が注がれ、返礼の茶菓の包みがそれぞれに渡される。庫裡、客殿に通る人には膳が出て酒杯も用意される。私の手伝いは酒杯の用意などだ。三が日は客人が絶えない。退院を知って私にあいさつしてくれる人もいる。

一月四日、清瀬病院に行く。入院中の弟の様子を見届けるのが目的だが、鹿島光代さんや周辺の人たち、谷敬や『魚紋』の仲間、病院の療友たちに会う。鹿島さんを見舞いに武蔵小山の彼女も来ていた。入院中の夫人に会いにきていた茂木龍雄と病院を出る。茂木は高田馬場駅近くの戸塚で下宿生活をしていた。正月だ、一杯飲もうということになる。池袋から戸塚へ、その日は茂木の下宿に泊まるはめになる。私より一年ほど早く退院していた茂木が、日本原水協事務局で仕事をしていることは前にふれた。茂木から日本原水協での仕事を手伝う気はないかと言われ、日本原水協事務局を訪ねると約束した。

▽日本原水協事務局を訪ねる

一月二九日、神田一ツ橋の教育会館にある日本原水協事務局を訪ねる。かつて世界大会募金帳をもらいにきたことがあった。茂木は日本原水協事務局情報宣伝部で、機関紙『原水爆禁止ニュース』の編集やパンフレットの作成などを担当していると聞いていた。この日、事務局主任の吉田嘉清さんに紹介された。知られているように吉田さんは元早稲田大学学生自治会委員長。一九五〇年一〇月、同大学で「レッドパージ反対」を掲げた学生大会で闘争に参加した学生の退学処分撤回を大学当局に求めて、大学本部に入室しようとした学生、吉田さんら一四三人が逮捕された。吉田さんは東京地裁で懲役六月、執行猶予三年の判決を受け退学処分となった。その後出版関係勤務などを経て、一九五五年の第一回原水爆禁止世界大会後結成された原水爆禁止日本協議会の事務局主任として招聘された。茂木龍雄とは学生運動を通しての友人だった。そのほかの事務局員に紹介された覚えはない。早速その日から、茂木のもとで働かされることになる。

▽日本原水協の最初の仕事

一九五八年二月一二日、日本原水協第四回全国総会が参院議員会館で開かれた。総会に合わせ、常任理事を中心に全国の活動家による研究集会が行われ、歴史学者羽仁五郎氏が基調講演をした。羽仁氏の講演要旨を日本原水協機関紙『原水爆禁止ニュース』（タブロイド判、月二回、一日、一五日刊。通常四ページ、適宜増ページ）に掲載するために、同講演を復文、要旨にまとめることを依頼された。講演は約一時間、タブロイド判の一面半分で二回の掲載、字数に合わせ要旨にした。会議の日を合わせて三日間、日本原水協事務局に通った。謝礼は五〇〇〇円だった。謝礼の基準は私にないが、多分安い。羽仁五郎氏の講演は「実験禁止運動に政治的統一を――吾々は黙って殺されている」と表題されて『原水爆禁止ニュース』二月一五日号に第一回、第二回は三月一日号に載った。字数は一回約二二〇〇字。掲載は好評だとは聞いたが、私のまとめ方はどうだったのか。

私は茂木に言われ、『原水爆禁止ニュース』の「映画紹介」欄や「図書紹介」欄の原稿を書いた。友だちの仕事の手伝いに謝礼はない。試写会の入場券と紹介本をもらった。二月一五日号の「映画紹介」は『地下水道』、『灰とダイヤモンド』に先行するポーランドのアンジェ・ワイダ監督作品だ。茂木はアンジェ・ワイダに興味があるとは思えない男だ。たまたま送られてきた試写会の券を私に渡しただけなのか、あるいはしゃれた人が事務局にいたのかも知れない。「図書紹介」は、三月一日号に武谷三男編『死の灰』、三月一五日号は林克也、安藤敏夫、木村禧八郎共著『ミサイルと日本』、四月一日号には武谷三男、星野芳郎著『原子力と科学者』（「市民のための原子力」第五巻）を紹介している。土門拳の写真集『ヒロシマ』の紹介も比較的長い文章を『原水爆禁止ニュース』六月一日号に書いている。

▽一九五八年三月一日、三・一ビキニデー記念集会

一九五八年のビキニデー記念集会は、三月一日、東京神田の共立講堂で開かれた。記念講演は湯川秀樹氏の「人類の問題としての核爆発」と題したものだった。この講演の復文もした。湯川氏の講演記録は『原水爆禁止ニュース』三月一五日号に一ページ全面を使って掲載された。同号には、記念集会で文化・知識人を代表して発言した徳川夢声の「私たちの心を燃やして――広島・長崎の人たちを犬死さすな」が掲載されている。表題をふくめ要旨にまとめた。

▽一九五八年四月、日本原水協事務局に通い始める

四月に入ってから、契約をしたわけではなかったが、日給のアルバイトとして茂木が手掛ける仕事を手伝う形で日本原水協に通うことになる。

※アルバイト代は日給三五〇円。交通費は自費。川口市の金剛寺から通っていたからバスで赤羽に出て、電車で水道橋まで往復一〇〇円か一二〇円かだった。昼食は七〇円の定食屋があった。事務局員は安月給なのに食後にコーヒーを飲む。三〇円だ。私は金剛寺に居れば食費も居住費もいらない。帰りが遅くなればタクシー代は寺の付けにすればいい。そんな状態のままに約二年寺から日本原水協に通う。

そのころ日本原水協事務局国際部に武藤一羊さんが専従していた。武藤さんから事務所近くの喫茶店で大江健三郎を紹介されたのは五九年春かもしれない。「飼育」で芥川賞を受賞したのは五八年だ。私と同時期に組織部に入った富田和男（池山

重朗）君は事務局員としての採用だ。私より先に国際部に入った立花誠逸君は月給一万円の保証を取り付けて「就職」したと、後で聞いた。

当時、日本原水協の事務局員は、十数名だったように思う。手薄のようだったが、みんな若く活気がある。若い事務局はよく事務局会議を開く。アルバイトの私は事務局会議に参加しないから、その日は茂木の束縛を離れ早く帰る。事務局に出勤しているのだが「事務局会議」に参加しない人がいた。日本被団協の事務局員だった。一九五六年に結成された日本被団協は、事務局を広島と長崎が一年交代で担うことになっていたが、日本原水協への加盟（五七年一月）を機に事務所を東京に置くことにし、日本原水協事務局に同居していた。私が日本原水協に出向くようになったころの被団協の事務局員は市村志郎さんだった。いっしょに帰ることになり、自然に酒場に立ち寄ることにもなり親しくなった。市村さんは被爆者ではないが広島・長崎のこと、被爆者運動のことを教わった。市村さんが教職に戻ったのは安保闘争の後だったか、その後を引き継いだ和田陽一さんとは原水爆禁止運動の分裂にいたる時期をふくめ、日本被団協事務所が日本原水協事務所から移ったあとも交流がつづいた。

▽世界大会討議資料の仕事

アルバイト身分の私が、大会討議資料の編集やリライトに参加し「宣伝技術グループ」の立ち上げに動くようになる。

私の仕事は、茂木が担当している「第四回世界大会討議資料」（五分冊）編集の手伝いだ。世界大会開催も四年目を迎えて大会の準備も国際的にすすめられるようになる。国内でも事前に大会の議題が提起され、全国的に討議が呼びかけられるようになっていた。大会の議題に沿って準備される「大会討議資料」は、A５判四八ページほどの冊子だが本文に解説や資料を挿入するなど面倒な編集作業が必要だった。すでに第一分冊は発行間近だった。第一分冊に載る国際情勢は岡倉古志郎氏が執筆、イギリスのオルダマーストンからロンドンへの平和行進など、ヨーロッパ平和運動の紹介は武藤一羊さんが書いていた。残る四冊を大会前の六月下旬までに発行するのは大仕事だった。執筆者が決まっていない分冊もあった。私の担当したのは『死の灰の谷間日本』という表題の第四分冊、第一部に「死の灰」放射能害の解説、第二部は原爆被害の実相と被爆者の実態を取り扱うものだった。各分冊には編集委員がいたが実務が先行した。私は日本原水協作成の宣伝物がともすれば活字だけが並んだものが多く味気ないと感じていた。私は新日本文学会に『現代詩』編集部を訪ね協力を要請した。原爆投下を追及する「追う者」という詩を書いた長谷川龍生に作品を寄せてもらうという思いもあってのことだったが、長谷川龍生は、林幸子の詩を載せるようにと推薦してくれた。第四分冊には、第一部と第二部の間のページにビキニ水爆実験の写真に合わせて、林幸子の「ヒロシマの空」（峠三吉編『原子雲の下より』青木文庫、一九五二年に所収）の抜粋と、関根弘「行ってみたことのない海に」を載せた。

第一部の本文を解かりやすくするために、服部学さん（当時・立教大学助教授）に、お母さんたちが質問するという形で聞いた放射能の話を文章にするリライトを私が担当したのだ。原爆、核爆発は巨大なエネルギーを放射するだけでなく、放射能を放出しさまざまな被害を残す。人体への影響もまたさまざまだ。食物への被害の連鎖をイラストや図などを使って解説した。広島・長崎被爆の後遺症、白血病の発現が増えていることも紹介した。監修は東大の草野信男さん（病理学）だった。第四分冊は六月下旬に発行、増刷が出た。「大会討議資料」の制作の過程には吉原公一郎さんも参加していた。吉原さんは一九二八年生まれ、吉田嘉清さんと早稲田の同窓だ。

「宣伝技術グループ」の発足と経験

第四回世界大会の「討議資料」の装丁者粟津潔さんは、日本原水協が海外に広島・長崎の被害の実態を伝える英文冊子『Fallout』（一九五七年）のレイアウト、編集など、全般的に日本原水協の宣伝物制作にかかわり、何点ものキャンペーンポスターなどを作成していた。しかしそれらは担当者が単発的に依頼をするというものだった。大会討議資料の編集・制作がそうであったように、原水爆禁止運動の広がり、運動参加者の多様さのなかで、テーマにそった各種印刷物の制作が必要になっていた。社会的にも宣伝技術への関心が高まり、宣伝ポリシーの確立が議論される気運が高まっていた。原水爆禁止運動の組織体にも宣伝政策があっていい、粟津さんとの共通の認識だった。原水爆禁止運動、日本原水協の掲げる課題に沿った宣伝物制作に参加する専門家グループを作れないかとの話し合いが、第五回原水爆禁止世界大会準備が始まるなかですすむことになる。

大会討議資料の編集に助言してくれた関根弘さんから、美術評論家の瀬木慎一さん（『現代詩』編集委員）を紹介された。一九五九年春、日本原水協情宣部に付属する形で、瀬木さんをコーディネーターに、デザイナーの粟津潔、杉浦康平、詩人の長谷川龍生による「宣伝技術グループ」が生まれた。代表は関根さんということになった。それまではポスターなどの制作は運動側からの依頼で専門家が「協力して」制作したものだったが、グループ制作は、運動方針に合わせた宣伝ポリシーを検討し、主体的に宣伝物制作にあたることにしたのだ。運動への「協力」から「運動参加」への転換だったと言ってもいい。詩人の谷川俊太郎、茨木のり子、漫画の真鍋博、久里洋二も制作宣伝物に見合った形で参加した。岡本太郎も作品を寄せた。何人もの画家やデザイナーがかかわった。キャッチコピーも宣伝物に合わせて作った。使用するカラーは共通の色を使った。募金帳、ステッカー、壁新聞、各種袋物、チラシなど宣伝物を一覧すれば、運動の宣伝ポリシーは見事に調和し美しい。第五回世界大会ポスターは、同年の日本宣伝美術会会員賞の粟津潔、杉浦康平の共同作品「原水爆禁止＋核武装反対」をポスターにしたものだった。

こんな出会いもあった。一九五九年の第五回世界大会の開会総会は、広島平和公園の慰霊碑前が使われた。会場のディスプレイのデザインをしてくれたのは当時電通の宣伝技術局長をしていた中井幸一氏だった。中井さんは「宣伝技術グループ」メンバーではないが、関根さんの友人だった。のちに私の原稿が載った『現代詩』六一年六月号と七月号の表紙デザインも中井さんだった。関根さんから紹介され中井さんを電通に訪ねた。現場を見たい、空港は離れているが朝出れば日帰りができる、と中井さんは私に問いかける。航空便の手配を躊躇する私に、中井さんは気が付いたように「資料室に写真があるだろう」と言ってくれた。アルバイトの私が飛行機代まで引き受けると即答するわけにはいかない。四、五日して中井さんから電話があった。これを目白駅近くのお弟子さんのところに持っていけば立体の模型にしてくれるというスケッチが渡された。

広島の業者はびっくりした。広島県・市でも頼めるかどうかの電通なのだ。慰霊碑を中心に左右に白いパネルを立体交差させ、慰霊碑に近いパネルに配した文字が、交差パネル背面に設置した蛍光灯で浮かぶように見えるものだ。開会時間の夕暮れから、会が進行し日が沈むころは慰霊碑と文字が原爆ドームを背景に鮮やかに浮かんだ。ディスプレイは評判になった。

六〇年には、新しい運動のシンボルマークを制作した。制作を検討しているときの写真がある（第一部「晴れた日に　雨の日に」連載第15回に掲載）。マークは現在も日本原水協の「若葉マーク」とともに使われている。

▽「宣伝技術グループ」の共同作品の評価をこえて

「宣伝技術グループ」の仕事は、個々の作品への高い評価はあったが、それらの作品が日本原水協制作の宣伝物ということへの「評価」はなかった。美術、宣伝・デザイン関係の評論誌の取り上げ方も、瀬木慎一さんが書いたもの以外にはなかった。宣伝ポリシーの検討から多様な宣伝物の制作に至る日本原水協の「宣伝技術グループ」の方法は、新しい宣伝物制作の実践として認められながらも、「社会的評価」ということにならなかったのは、それが原水爆禁止運動評価につながることへの逡巡と言っていいものだった。

『新日本文学』が特集でグループが制作した「漫画パンフ」を紹介、グループメンバーの座談会を載せたのが唯一だった。編集長は武井昭夫氏。新しい創作活動などは、なべて「運動」にくくる武井氏が、「宣伝技術グループ」の仕事を「芸術運動」の一つととらえた企画だった。座談会に出席した谷川俊太郎さんの発言などは、第一部「晴れた日に　雨の日に」（連載第16回）で紹介している。

「宣伝技術グループ」は一九六四年の第一〇回世界大会までは継続し、前年中に準備していた仕事を終わって、「グループ」の仕事は「終了」した。「終了」になるのは、それなりの理由と判断があったからだった。そのことは、「あとがきにかえて」のなかで六三年の原水爆禁止運動「分裂」の経過を書いたところでふれている。

日本原水協にとどまる

当初、私は日本原水協に就職しようと思っていなかった。私などが参加する場所でないとも思っていた。もう少し体調を整えてから社会的な仕事を探そうと考えていた。茂木も平和運動の「活動家」に引き込むことに遠慮しているそぶりがあった。古刹の寺の青年という配慮もあったかもしれない。私も「働く」という意識はまだ十分ではなかった。アルバイトということについても手当がいくらなのかの話はないままの曖昧さだった。しかし、先に書いたように「討議資料」の編集作業のなかで第四分冊第二部に収録した広島・長崎の被爆の実態や被爆者の実情を整理・編集、被爆者の体験をリライトするなかで広島・長崎への関心が強まっていった。私の戦争体験とちがう「戦争（被爆）体験」をもち、いまもなおその被害を受けつづける人たちがいることに目を開かれたと言っていい。

私は日本原水協で働くことに曖昧さを残したままに第四回世界大会後も『原水爆禁止ニュース』の編集など茂木の仕事を手伝っていた。第五回世界大会は広島で開くことが決まっている。五八年の年末ごろには大会準備が始まる。

▽第五回世界大会記念美術展

広島での世界大会は第一回大会以来だ。大会企画が多彩に検討された。その一つが大会記念の美術展だった。企画の提案・推進役は「宣伝技術グループ」の瀬木慎一さんと粟津潔さん。絵画、彫刻だけでなく写真、グラフィックデザイン作品を加えることになり、写真評論家の重森弘淹さん、伊藤知己さんが加わり出品作家の人選がすすんだ。土門拳さんの依頼には、重森さん、伊藤さんといっしょに、また岡本太郎さんのところには、瀬木さんが連れて行ってくれた。大会記念「日本人の記録」展は原水爆禁止日本協議会企画、朝日新聞社主催で、八月二日から九日まで広島市朝日会館で開かれた。展覧会の構成は粟津潔さんだ。出品数、分野別の作品数、作家名のいく人かは第一部「晴れた日に　雨の日に」（連載第25回）に紹介した。土門拳、岡本太郎さんが連れ立って展覧会オープニングに参加したこと、両氏の講演会や宮島散策のことなども書いてある。

▽初めての広島と被爆者と

私は一般的な大会準備とともに、美術展準備で大会前後一か月ほど広島に滞在した。

初めての広島だった。広島の第一印象は「白っぽい」ということだった。のちに被爆者の友人から広島は「川と緑の多い街だ」と反論されたが、被爆一四年後の広島は平和大通りが目立つだけの平和公園の緑もまだ幼さが残る白い街だった。焼野原になった広島を九月一七日枕崎台風が襲う。瓦礫の残滓が流された。整地・復興に川砂、海砂が使われたのも街に白っぽさが残ったことになったのかもしれない。広島駅到着を告げる駅名の連呼を「シノシマ」＝「死の島」と聞いたのは作家福永武彦だが、江戸弁の訛りにかければ「シロシマ」ともされるただずまいだったのだ。広島市内の地名に白島＝ハクシマがあることを知ったのはのちのことだ。

被爆から一四年後の広島には、まだ市内を歩けば被爆の遺跡はどこにでもあった。さまざまな慰霊碑もあった。それら慰霊碑の多くには「原爆」の文字があるが、占領下に建てられた慰霊碑には「原爆」の文字はない。使えなかったのだ。それらの碑は「平和祈念」碑、「戦争犠牲者」慰霊碑などとされた。米軍占領下の抑圧の歴史は慰霊碑一つにもある。それが広島だ。

広島平和記念原爆資料館も何回も見た。すべてが貴重な資料だが、資料のそれぞれに付随したであろう被爆時のこと、また個々の被爆者の生活がわかるようにしてほしいと思った。広島大学の研究者にも会って話を聞いた。被爆の実態調査がすすんでいないことを知らされた。原爆病院も訪ねた。外来には大ぜいの受診者がいたが院内は静かだった。

広島原水協に合わせて被団協事務所で被爆者運動の話を聞いた。多くの被爆者に会った。飲食店のおじさんやおばさん、理髪店夫婦も被爆者と名乗ることをしなかったが、聞いてみれば被爆者だった。市井のどこにも被爆者はいた。

それらの「被爆者」の話を、私の思いを加えて書く。

▽被爆者はみんなちがう体験をもっている

私の宿舎（日本原水協関係者の定宿）は、百貨店「福屋」の近くにあった。裏の小路には飲食店も並んでいた。二軒隣の喫茶店は夕刻からスナックになった。そこで働くOさんの家はこの近くで飲食店を営んでいた。原爆投下で建物は崩壊、両親は被爆死。彼女は学校に行っていて直爆を逃れた。一六歳だった。弟と二人残された。元安川の川辺で話を聞いた。髪の毛が抜けたこと、体がだるくて出かけない、閉じこもっていた青春時代の「女性」の悲しみも聞いた。

家中みんなが亡くなって一人残された友だちはあの日のことは話さない。「話せば亡くなった家族の姿が浮かんでくる」からだ。そしてこう話すと言う。「私はいつも一人生き残っていて申し訳ないという気持ちから抜けられない」。Oさんはその友だちには弟のことは言わない。「弟がいるということも彼女には申し訳ないという気分になる」からだと言う。被爆のことを話せば「互いの悲しいことがくりかえし迫ってくる」。だから友だちとも被爆の話はしないと涙ぐむ。

弟と避難した縮景園泉亭で一夜を明かした朝、目にした死者と被害者の群れのこと、最近、その縮景園の敷地の大きな樹の根元から、当時ここで荼毘に付された人たちの骨が出たとの話も聞いた。混じる嗚咽を飲み込むようにしてOさんの話は前後してつづいた。さっきまでスナックで談笑していた人とは思えなかった。

Oさんはこうも話した。「被爆のこと、被爆者の生活の事々は、被爆者でもよくわからない」。そしてこう言うのだ。「話をわかってくれる人と思えなければ話をすることはない」。

私は、「それぞれにちがう悲しみの体験をもっている」被爆者の話を、もっと聞きたいと思った。

▽瓦をはがせば白骨が出る ― 長岡省吾さんの話

原爆資料館初代館長となる長岡省吾さんを市役所の資料収集室に訪ね資料収集の苦労を聞いた。長岡さんは一九四九年九月、中央公民館一室に開設された「原爆参考資料陳列室」の時代から資料収集調査の中心に在って尽力した。部屋の看板に「参考」という文字が入っているのは占領軍の干渉を慮ってのことだと聞いた。先に米軍占領下では慰霊碑に「原爆」の文字が使えなかったことにふれた。井上ひさしの戯曲『父と暮せば』（一九九四年初演）に、美津江が務める図書館に原爆資料を探しに来た木下（恋人）に「原爆資料の収集には占領軍の目が光っとってです。たとえ集めたとしても公表は禁止されとってです」と言う美津江のセリフがある。

長岡さんからは収集・調査した橋の欄干、寺の石塔、神社の鳥居や狛犬などに残る熱線の影、その痕跡から原爆の爆発位置、高度を割り出した話も聞いた。焼け残る屋敷跡の瓦をはがしていくと白骨が出る。瓦をはがす度に白骨に出会う。メモを取る。瓦の収集は勇気のいる仕事になった。台所跡に残る飯茶碗に付着するのはご飯粒なのか、周りには小さな骨が散乱していた。話される一つ一つが衝撃だった。

私はいまそれらの白骨が放置されていた広島のその地の上にいる。なにかに招かれるようにしてドーム脇を流れる元安川の水際に降り立っていた。数知れぬ被爆者が逃れ、埋もれ沈み、流された川だ。いくつもの「ヒロシマ」が重なった。林幸子の「ヒロシマの空」がひろがった。部分を引用する。

台所のあとに／お釜がころがり／六日の朝たべた／カボチャの代用食がこげついていた／茶碗のかけらが散らばっている／瓦の中へ　鍬をうちこむと／はねかえる／お父ちゃんは瓦のうえにしゃがむと／手でそれを　のけはじめた／ぐったりとした　お父ちゃんは／かぼそい声で指さした／わたしは鍬をなげすて／そこを掘る／陽にさらされて　熱くなった瓦／だまって／一心に掘りかえす父とわたし／／ああ／お母ちゃんの骨だ／ああ　ぎゅっとにぎりしめると／白い粉が　風に舞う／お母ちゃんの骨は　口に入れると／さみしい味がする／たえがたいかなしみが／のこされた父とわたしに襲いかかって／大きな声をあげながら／ふたりは　骨をひらう／菓子箱に入れた骨は／かさかさと　音をたてる

▽消えない音

川並みのせせらぎに菓子箱の母ちゃんの骨の音が重なる。不意に私は、川風に乗って、ねえちゃん（叔母）を納棺したときの骨を折る音を聞いたように思った。――原爆と戦争と消えない二つの音。私は「いまに生きるヒロシマ」と「残されたままの戦争」に遭遇していた。一九五九年の夏近いころだ。

広島・長崎から逃げない思いをひきつぐ

「宣伝技術グループ」がつくった合い言葉「原爆をつくるなつくるなら花をつくれ」「いま平和を逃がすな」のネーミングに即せば、私は「広島・長崎から逃げない」思いが強まった。私は被爆者運動に日本原水協で仕事をしている位置から関与するようになっていく。

人道上許されない広島・長崎への原爆投下（核使用）にたいして、アメリカは被爆者、被爆死者に謝罪しなければならない。原爆投下にいたる日本の戦争開始責任、アジア諸国民への侵略・加害行為もまた問い続けられなければならない。

＊

アメリカの原爆投下による広島・長崎の死没者数（推定数）を書き足しておきたい。

原子爆弾の被爆による死没者数を表記する場合には、放射線の影響で被害が持続するため、いつの時点までの死没者数であるかを注記する必要がある。

現在、一般的に使われている死没者の推定数は、その年（一九四五年）の一二月末までの死没者数が例示されている。

その推定数は広島一四万人プラスマイナス一万人、長崎七万人プラスマイナス一万人である。

この推定数は一九七五年に広島・長崎の専門家が参加した調

査で発表され、一九七六年一〇月「核兵器全面禁止国際協定締結・核兵器使用禁止の法的措置の実現」を国連に要請する代表団が国連事務総長に提出した報告書に記載されたものである。この推定数は同年一二月に広島・長崎両市長が国連事務総長に提出した報告（「広島・長崎の原爆被害とその後遺」）にも記載された。一九七七年の「被爆問題国際シンポジウム」でもこの推定数が追認された。「プラスマイナス一万人」と記載しなければならない推定数。この数字を記すたびに経験するのはプラスマイナスとされた一万人の人たちへ思いである。

原爆投下者アメリカはどう考えていたのか。

原爆投下一か月後の九月六日、米原爆調査団団長、マンハッタン計画副責任者のファーレル准将は広島・長崎を視察後東京で記者会見し、「すでに広島・長崎では原爆症で死ぬべきものは死んでしまい、九月上旬において原爆放射能のため苦しんでいるものは皆無である」と声明した。

ウィルフレッド・バーチェット記者が単身広島に入るのは九月三日、五日付の英紙『デイリーエクスプレス』に載せた記事が原爆被害の惨状を伝える最初の報道になった。「私は世界への警告としてこれを書く。最初の原子爆弾が世界に衝撃を与えた三〇日後の広島では、人がなおも死んでゆく。無傷の人さえもが、何か原因不明の理由で死んでいる。それは神秘的な恐ろしい死であった」とバーチェットは書いた（椎名麻紗枝『原爆犯罪 ― 被爆者はなぜ放置されたか』大月書店、一九八五年）。この報道後、占領軍は海外からの報道員の広島・長崎入りを禁止した。追いかけるように、九月一九日GHQ（連合国軍総司令部）はプレスコードを指令、原爆関係報道の検閲体制を敷いた。原爆を語ること、書くことが禁止された。医療関係の報告も禁止されたのである。一方、アメリカ国防省は一九四六年一一月、ABCC（原爆傷害調査委員会）の設置を決め、四七年七月広島、八月長崎にABCC研究所を設置、被爆者の傷害調査をはじめる。

日本政府の被爆者への対応もまた見るべき措置をとることなく、戦時災害保護法を一〇月八日には打ち切るなど、被爆者は行政から見放される。占領下であるとはいえ、日本政府の被爆者に対する政策は冷淡であった。被爆者に対するアメリカと日本政府の対応は「隠蔽と遺棄」と言えるものであった。

日本政府が原爆死没者数を調査したのは一九八五年が最初であり、この厚生省調査による死没者数は、広島二〇万一九九〇人、長崎九万三九六六人。確認が困難な死者二万五一九〇人となっている。

毎年、八月六日広島で「広島市原爆死没者慰霊式並びに平和式典」、九日長崎で「長崎市原爆犠牲者慰霊平和祈念式典」が行われている。式典では慰霊行事として前年度一年間に死亡が確認された人の名前がこれまでの死没者数に加えられる。二〇一九年広島では五〇六八人の名前が慰霊碑に奉納され、死没者は計三二万九一八六人。長崎では三四〇二人が奉安され計一八万二六〇一人になった。二〇一八年度（一九年三月末）の被爆者健康手帳所持者数は一四万五八四四人である。前年度と比べ九〇一五人の減。平均年齢は八二・六五歳。前年度から〇・五九歳上昇した。

＊

一九八四年一一月、日本被団協は「原爆被害者の基本要求——ふたたび被爆者をつくらないために——」を発表した。「基本要求」は「被爆者のねがい」として二つの柱——「核戦争起こすな、核兵器なくせ」「原爆被害者援護法の即時制定」を立て、被爆者の要求を詳細に述べている。

「基本要求」はアメリカ政府への要求の第一に「広島・長崎への原爆投下が人道に反し、国際法に違反することを認め、被爆者に謝罪すること」をかかげている。日本政府に対しては「反人間的な原爆被害が、戦争の結果生じたものである以上、その被害の補償が戦争を遂行した国の責任で行わなければならないのは当然のこと」と指摘し、「国家補償の原爆被害者援護法」の即時制定を要求している。

〔附記1〕——「宣伝技術グループ」五〇年後の評価

さきに「宣伝技術グループ」の仕事が社会的な評価にならなかったと記したが、二〇一三年九月、「宣伝技術グループ」の仕事を「受け継がれる意思」と評価する文章に出会う。岩波ブックレット『非核芸術案内——核はどう描かれてきたか』だ。記述がすでに記したものに重なるが引用する。

「一九五九年春、原水協（原水爆禁止日本協議会）情宣部に詩人の関根弘を代表とする「宣伝技術グループ」が誕生する。美術評論家の瀬木慎一がディレクターを務め、新進デザイナーの粟津潔（一九二九―二〇〇九）と杉浦康平（一九三二―）、詩人の谷川俊太郎、茨木のり子という錚々たる顔ぶれがそろったこのグループは反核運動に戦略的なデザインの思想をとり入れていく。第五回（世界大会）のポスターは、粟津と杉浦の共同制作となった。ベン・シャーン風の力強い線で屍の群れを表現した粟津の素描に、杉浦が放射状の直線を配した作品は、日本宣伝美術会会員賞を受賞する。その後も「宣伝技術グループ」は、核に対峙する実験的かつ質の高い仕事を世に出し続け、その集大成となったのが、東松照明（一九三〇年―二〇一二年）が撮影した長崎の写真を中心に、土門拳（一九〇九年―一九九〇年）の写真集『ヒロシマ』（一九五八年）や丸木夫妻の『原爆の図』の一部を大胆にトリミングして掲載した海外向け写真集『hiroshima-nagasaki document 1961』であった」。

ブックレットの著者岡村幸宣氏は原爆の図丸木美術館学芸員。表題となった「非核芸術」についてこう説明している。「「非核」と「反核」の違いは曖昧な面もあるが、「反核」が核（兵器）の使用に反対する（Anti-nuclear）のに対し、「非核」は核の存在そのものを否定する（Non-nuclear）というニュアンスで、あらゆる核が人間と共存できないという「三・一一」後の傾向を示すには適していると私は考えている」。

岡村さんの指摘に共感の思いが強い。「非核」にいたる認識は、被爆者の友人たちと話してきたものだ。被爆者が掲げる「ふたたび被爆者をつくるな、核なくせ」という言葉には、「非核」の思想が座っている。「核抑止論」から抜け出すには「非核」の道に立つことが必要だと思ってきた。二〇一七年国連が採択した「核兵器禁止条約」はその方向へゆるやかだが踏み出したものと思う。

岡村さんは次のようにも書いている。「「非核芸術」とは、たんに核の脅威に抗するだけではない。核を保有することに価値を置く社会のあり方そのものを再考することは、すべての人間が人間らしく生き、誰にも抑圧されず、生命を脅かされることのない、普遍的な自由に向けての渇望なのだと思う」。

《原爆の図》に先立つ「反核」の作品をふくめ、広島・長崎・ビキニの被災、核・原子力開発利用のなかで被爆した多くの災害、重ねての三・一一、それらの被災と人間の営為を表現した諸作品を紹介する本ブックレットは、私たちがともにたどる筋道を示唆して今日的「案内」である。

［附記2］　――　**被爆・原爆体験を理解することと継承と**

日本原水協事務局に日本被団協の事務局が「寄宿」していることは前に書いた。一九五八年当時、日本原水協事務局は東京都港区芝、地名は新橋七丁目にあった。被団協事務局には広島・長崎だけでなく全国各地に居住する被爆者が訪れた。それらの被爆者からさまざまな被爆体験を聞いた。親しくなった被爆者、友人もできた。被爆者でない女性と結婚した友人は「私が被爆者であることは知らせて結婚したのだが、被爆の体験は細かく話せていない」とも語っていた。個々の体験の深さを思った。

被爆者運動に接するなかでよく聞いたのは「被爆のことは被爆者でなければわからない」という言葉だった。私は「そんな寂しいことは言わないでくれ」と言うことにしていたが、しっくりしない気持ちをもっていた。原水爆禁止運動のなかで、広島・長崎への原爆投下、「被爆の実相と被爆者の実情の認識が十分でない」ことは問題にされてもいいが、「被爆体験は体験したものにしかわからない」と言われては問題の理解を難しくするだけで、体験の継承が前にすすむとは思えなかったのだ。

被爆体験（原爆体験）は、被爆者それぞれに体験の記憶の多様さがある。原水爆禁止運動、市民運動の参加者もまた、被爆問題のすべてを理解した人たちだけではない。市民にとっての広島・長崎の原爆の記憶は、被爆体験を聞き取ることで認識に鮮明さが加わる。そしてその「被爆の記憶」は時の経過、個々人の営為のなかで進化（深化）していくととらえたい。私自身も何人もの被爆者から体験を聞き、被爆者運動に接することで被爆者理解がふかめられた。

被爆者は被爆死者への思いを抱いたままの孤独のなかで「差別」された時間を生きてきた。原爆を語ることを禁じられた一〇年の占領下の条件を加えて、被爆者の置かれていた「孤独と差別の境遇」を「共有」することができるのか。

▽リフトンと中澤正夫さん

アメリカの精神分析医ロバート・リフトン著『死の内の命――ヒロシマの生存者』の邦訳が出版されたのは一九七一年であった（朝日新聞社刊）。一九六二年にリフトンが行った広島の被爆者からの聞き取りをもとに「広島において原爆の影響が被爆者の心理の上になお消えることなく、いかに深い傷あとを残しているかを、専門の精神医学の立場から書かれたものである」（訳者あとがき）。

「リフトンの功績は、なんといっても被爆者の「生きていく上での悩み・痛み・苦しさ」を構造的にとらえ、それを被爆体験との関係で概念化、言語化したことである」「リフトンの業績を読んで、自分の生きていく上での悩みの構造や由来を整理できた被爆者や関係者は多く、多大な影響を各方面に与えた」。

リフトンの功績をこう記すのは精神科医の中澤正夫さんである。中澤さんは長く被爆者に向き合い臨床に携わっている。中澤さんが言う「関係者」の端っこにいた私にも影響は大きく、蒙を啓かれた思いがした。

リフトンが面接した被爆者の個人名は明記されていないが話の内容から私が特定できる人は何人もいる。先に書いてきたように私は被爆者が自己の体験を語ってくれるにはどんな手立て、近づき方があるのか、その方途が見いだせないもどかしい思いをかかえて被爆者運動に接していた。

思えばリフトンが調査にあたった一九六二年は原水爆禁止運動にとって意味のある年であった。「被爆者に人間的な自己恢復の契機を与えた」（大江健三郎）第一回原水爆禁止世界大会から七年、第五回大会にいたる運動の高揚期を経て原水爆禁止運動は内外からの攻勢を受けて難しい局面をむかえていた。しかし、私が邦訳を手にしたのは一九七一年、六三年の原水爆禁止運動分裂からは八年後のことだ。

リフトン報告で強い印象を受けたのは「罪の同心円」であった。語りえない被爆死者への想いにさいなまれる生き残った被爆者の「罪意識」、語ることを封印してきた心の傷を知ることなく、被爆体験を語ることを私は強いてきたのではないか。私の戦時体験とは本質的にちがう、原爆が人間にもたらした劫罰を思い知ることになったと言っていい。

リフトンは、自分だけが生き残ったという被爆者の「ふかい罪意識」について第二章「被爆体験」の結びをこう書き足し、被爆者の「罪意識」理解の筋道を示唆する。「しかし、これは単に被爆者だけのものではなく、すべての人が生きてゆくためには欠くことのできない感情なのかも知れない」――被爆者をふたたびつくってはならない。

中澤正夫さんは二〇〇七年七月『ヒバクシャの心の傷を追って』（岩波書店）を出版した。

「被爆者の「心の傷」は重篤な、特殊なＰＴＳＤであり、それはいま生存している被爆者すべてが持っている」。中澤さんは被爆後六一年も持ちつづける「心の傷」の事例を紹介・分析し、わかりやすく解説する。その解説は被爆者への思い、同意をはかる優しさだ。

中澤さんは「いまの日本においては、被爆者の基本要求は、いまのままではかなえられそうにない」政治状況だと記しているが、同時に被爆者が果たしてきた献身的ともいえる長い営為についてこう書いている。「いままで核戦争が防がれてきたのは「核抑止論」ではなく、唯一の核戦争の犠牲者である被爆者の世界へ向けた訴えであり、それを受け止めた世界各国の人びとの「正気」であったといってよいと思う」。

▽直野章子さんと濱谷正晴さんの著作

中澤さんの著作を追うようにして、二〇一五年、直野章子さんの『原爆体験と戦後日本――記憶の形成と継承』（岩波書店）が刊行された。副題が示すように、被爆者が「どんな思いで戦後を生きてきたか」、被爆者が主体的に被爆体験＝原爆体験を形成するにいたる経過を分析し、その継承を指摘したものである。

「被爆者は証言という行為を通して、生き残った者は死者を想起しながら、自らの人間性を取り戻そうとしてきた。ただし、生き残りと死者だけで「証言」を成り立たせることはできない。証言は語り手と聴き手との共同作業によって、はじめて成立するからである」。著者はこう指摘し、原爆は「「遭うたもんにしかわからん」という呟きを聴いてみてはどうか」と問いかける。

「砕け散った自己のかけらを拾い集めて新たにつなぎ合わせながら、生き残りは体験を証言してきた。証言という行為を通して、死者を抱きしめながら、人間性を回復していったのである。それは、証言に耳を傾ける他者なくしては、なし得ないことであった。たとえ、遭ったものにしかわからないことであったとしても、〈原爆後〉を語る言葉は他者に向けて送り届けられてきたのである」。

被爆の記憶を引き継ぐために「継承されるべき「被爆体験」は、被爆者と被爆者でない者との共同作業の結実なのであり、「被爆体験の継承」とは、被爆者が同伴者とともに築いてきた理念を次代に引き継ぐことを指すのである」とも著者は書いている。原爆体験の記憶の「継承」があらたな段階に入ったこと、「あらたな位相を持つ」（成田龍一「直野章子『原爆体験と戦後日本』、あるいは原爆体験の継承をめぐって」『ＵＰ』二〇一六年二月号）ものとして体験を継承する、若い世代に本書は読まれてほしい。

また本書には「リフトン、石田、濱谷の関心を発展させるものである。体験を語り得ないという苦悩や記憶に襲われる辛さについてもリフトンの洞察を手掛かりにしながらトラウマ論を採用することで考察していく」との記述がある。ここで著者が言う「石田、濱谷の関心」とは、原爆体験に関する先行研究、石田忠、濱谷正晴両氏（一橋大学）による長崎の被爆者生活史調査や日本被団協と共同で行った被爆者全国調査の分析研究を指している。

これらの調査分析を集約し、被爆者の原爆体験＝被爆直後からその時点までの被爆者の生活過程を「原爆と人間」としてとらえ解明した濱谷正晴著『原爆体験――六七四四人・死と生の証言』（岩波書店）が、二〇〇五年六月に刊行された。

同書は、「原爆が人間になにをもたらしたかは決して自明ではない。〈心の傷〉〈体の傷〉〈不安〉……多くの苦しみを背負って被爆者はどう生きてきたか。反原爆の思想とはどんな特質を有していたか。一万三千人分の「原爆被害者調査」（日本被団協、一九八五年）を手掛かりにして被爆者の生の軌跡を解明した渾身の労作」（同書カバー紹介文）とされている。

石田忠さんの編著『反原爆――長崎被爆者の生活史』（未來社）は一九七三年に出版された。前半は石田さんの「反原爆の〈立場〉――福田須磨子さんの戦後史」を置き、後半に三人の被爆者の生活史が収録されている。記録者は栗原淑江、濱谷正晴さんである。私は福田須磨子さんとは六〇年代から親しくしてもらっていたこともあり、その読後感は感慨深いものがあった。

［附記３］――ノーモア・ヒバクシャ記憶遺産を継承する会と「継承センター」

広島・長崎の被爆体験の継承問題は、被爆の実相と被爆者の生活実態の解明と並んで、被爆者運動が掲げてきた中心課題である。

二〇一一年一二月「ノーモア・ヒバクシャ記憶遺産を継承す

る会」が発足した。会のよびかけ人に大江健三郎さん、会の運営には中澤正夫さん、濱谷正晴さん、直野章子さんも参加している。発足が二〇一一年三月一一日を経験した時期だったことも「記憶」に残されていい。設立趣意書はこう述べている。「ヒロシマ・ナガサキ、ビキニを経験し、そして今、福島までも引き起こしてしまった被爆国の私たちがなすべきこと ― それは被爆者が遺してきた原爆被害の実相と、証言、記録、たたかい、未来へのメッセージを確かに受け継ぎ、世界中の人々が共有できる記憶遺産として発信しつづけることです」。

「会」発足から七年を経過するなかで、多くの関係資料の収集がすすめられてきた。体験記も市販のもの、私家版のもの、また各種印刷物へ掲載されたものも収集された。物故被爆者の手記、ノート類、保有の資料も寄託された。「会」の取り組みには若い世代、学生や研究者の参加が多い。「継承する会」は、発足当初からこれらの資料を継承するための拠点として「ノーモア・ヒバクシャ継承センター」設立を掲げてきた。基本構想も発表され、センター設立への期待は大きい。

▽『自分史つうしん・ヒバクシャ』と栗原淑江さん

一九九二年から取り組まれた「原爆被爆者の自分史」記録の運動が「継承する会」組織化に大きな役割を果たしたことも付け加えておきたい。この「自分史」の取り組みは、被爆者の体験記録が被爆直後の体験に集約されがちなことから、被爆前と被爆後現在までの生活体験をふくめて記録することを呼びかけたのだった。

それぞれの被爆者の生きてきた生活の歴史に、被爆・被災の体験はどのような位置を持ったのか。「被爆者同士の、書く人、読む人の出会いと交流の場をめざして」『自分史つうしん・ヒバクシャ』が創刊されたのは九三年の二月だった。それから二〇一三年まで二〇年間、『自分史つうしん』は月刊で発行された。延べ八〇〇編もの原稿が二〇〇人の被爆者から送られてきた。「被爆者」の手記を読むことであらためて被爆者としての生き方を「発見」した被爆者など、相互の交流はいくつもの感動と連帯をつむいだ。

『つうしん』の編集発行人は栗原淑江さん。栗原さんは大学で前述の石田忠さんらによる「被爆者生活史」の記録と研究にたずさわり、研究を引き継ぐようにして日本被団協事務局に就職、被爆者運動の実践に取り組む。被爆者の高齢化がすすむなか、被爆体験継承の方策の一つとして選んだのが「被爆者の自分史」記録運動であった。『つうしん』終刊号（二四〇号）の日付は二〇一三年一月一〇日。「記憶遺産を継承する会」の法人認可は一二年四月。栗原さんは「記憶遺産を継承する会」事務局に活動の場を移している。

補遺1　被爆者運動、第五福竜丸保存運動への参加

私が日本原水協を退職したのは一九八八年。数年前から体調がすぐれないこともあって（手術中の輸血によるC型肝炎）、八五年に事務局次長を辞め、日常の宣伝活動の多くは安田和也君などに代わってもらっていた。日本原水協結成三〇周年記念事業として刊行予定の写真記録『ドキュメント一九四五―一九八五』の編集、なかでも原水爆禁止運動年表の作成に年余を費やすことにした。私はこの年表に原水爆禁止運動初期の諸運動をできるだけ収録した。また初期原水爆禁止運動と乖離し、運動の分断をもたらした「分裂」の経過を、関連する諸問題、国際的事項を加え「分裂」問題に理解が届くようにと心がけた。写真記録には、戦後の民衆運動、軍事基地反対闘争などの写真、土門拳、田村茂、木村伊兵衛、濱谷浩、林忠彦、佐伯義勝氏などの代表的作品を収録した。

写真記録の編集にあたって私は、その巻頭に広島・長崎の「遺物」をカラー写真で収録したいと思った。東松照明さんを念頭においてのことだった。東松さん撮影の写真は「物証」と題し、巻頭の一二ページに掲載された。東松さんが初めてカラーで撮り下ろした写真だった。写真集の編集には日本原水協加盟団体の日本リアリズム写真集団の丹野章氏が参加した。丹野氏は東松さんも参加した写真集団「ＶＩＶＯ」同人六人の一人。写真記録には丹野氏の平和集会などのカラー写真が巻末に収録された。

写真記録の出版（八七年）を機に、翌年私は退職した。六三年の大会分裂から二五年がたっていた。退職時五六歳。六〇歳過ぎては潤滑油が枯れ「新しい」ものを生み出せないと言いつづけていたから、結果オーライであった。月賦で払ってくれることになった退職金は、勤務年数一年で一か月だから、かなりの月数、もともと低賃金だが、月収が継続することにはなった。

退職後の私は体調の回復をはかりつつ、被爆者運動、第五福竜丸保存運動の主として編集関係の仕事を手伝った。

第五福竜丸保存運動には一九六九年の保存委員会発足当初から日本原水協事務局員としてかかわり、七六年刊行の第五福竜丸平和協会編の『ビキニ水爆被災資料集』には編集委員の一人として原稿作成の実務を担当した。その間のことは第一部の「晴れた日に　雨の日に」で書いた。日本原水協退職の後、第五福竜丸平和協会評議員（一九九三年）、一九九七年から理事（―二〇一〇年）を経て、現在は顧問として関係は継続している。

日本被団協の機関紙『被団協』創刊は一九七六年五月、創刊時に題字の地紋の作成や紙面フォーマット、連載コラムの名称選定などに協力したこともあり、のち『被団協』新聞の編集委員になるなど、終章でもふれているように被爆者運動への関与の度合いを深めることになる。

二〇〇九年に刊行を見た『ふたたび被爆者をつくるな ― 日本被団協50年史』（あけび書房）の編集委員会は一九九六年に発足した。被爆者でない編集委員として私が参加するのは日本原水協退職後だったが、刊行前の二年ほどは原稿の補正・整理、年表作成、校正などで日本被団協事務局に日参した。

＊日本原水爆被害者団体協議会、日本被団協史編集委員会編『ふたたび被爆者をつくるな ― 日本被団協50年史』あけび書房、二〇〇九年五月刊。本巻、別巻二分冊。本巻第一部：日本被団協50年史、第二部：都道府県被団協史。別巻第一部：資料編、第二部：年表・日本被団協のあゆみ。定価（税抜）本巻七〇〇〇円、別巻五〇〇〇円（箱入りセット一二〇〇〇円）。

補遺2　「岩波ブックレット」の仕事

「岩波ブックレット」の創刊は一九八二年四月である。「現在、われわれは多種多様な情報を享受しています。しかし、それにもかかわらず文明の危機的様相は深まり、「活字」が持つ力の原点にたちかえって」「正確な情報とその分析、明確な主張を端的に伝え、解決のための見通しを読者と共に持ち、歴史の正しい方向づけをはかることを基本の目的とします」（『岩波ブックレット』刊行のことば）。刊行の第一冊は『反核　私たちは読み訴える ― 核戦争の危機を訴える文学者の声明』（A５判六四ページ、定価二〇〇円）である。

この「岩波ブックレット」の編集担当者田沼祥子さんから、その編纂の仕事をしないかとの推薦を受けたのは日本原水協を退職した八八年の後半だった。祥子さんの夫は法政大学教授田沼肇さん、日本原水協代表理事の一人でもあった。八七年の春、田沼肇さんもかかわっていたブックレット、大田堯、小岩井増夫著『平和を学ぶゼミナール』（第九四号、一九八七年）の資料収集、自治体の平和事業の実例として埼玉県富士見市の記録をまとめたことなどに目を留めてくれたのかもしれない。同書には、資料提供者として私と安田和也君の名がある。

ブックレットの仕事の報酬は私にとっては厚遇と思えるものだった。最初は、伊東壮著『原爆被爆者の半世紀』（第一一六号）の校正。北野弘久著『消費税 ― 国民生活はどうなるか』（第一一九号）では、日大の研究室に著者校正を届けたことを記憶している。栗原淑江著『被爆者の戦後五〇年』（第三七六号）は一九九五年の仕事だ。月に三回ほど岩波書店の原稿整理室に通い、あるいはゲラを自宅に送ってもらって作業をした。「岩波ブックレット」は月二冊刊、私の外にもう一人外部の編纂・校正者がいた。日本原水協で新聞やパンフレットの編集・校正はしていたが、所詮、にわか校正者、名うての校正に厳格な出版社だ。私は日本エディタースクールの校正講座にも通った。どこまで対応できたか、仕上げは常勤の編集者が当たってくれていた。

当時の社長は安江良介氏。一九六三年、原水爆禁止世界大会「分裂」の八月、『世界』編集者だった安江さんは大江健三郎といっしょに広島を取材に来た。私は日本原水協の報道関係世話係として、大会取材のことなどを説明した。

大江健三郎の一九六三年八月の広島取材は、その去就が注目されていた第九回原水爆禁止世界大会取材を直接の動機としていた。その取材は同年九月の『世界』に「広島への最初の旅」として掲載された。大半は「分裂」にいたる「にがい困難の感覚にみちみちた」第九回原水爆禁止世界大会のルポルタージュである。しかし、と大江は書く。「一週間後、広島を発つとき、われわれ〔大江と安江〕はおたがいに、自分自身が落ち込んでいる憂鬱の穴ぼこから確実に恢復にむかってよじのぼるべき手がかりを、自分の手がしっかりつかんでいることに気がついたのである。そしてそれは、ごく直截に、われわれが、真に広島的な人間たる特質をそなえた人々に出会ったことにのみ由来していたのであった」（『ヒロシマ・ノート』プロローグ）。

以後、くりかえし広島に旅行し『世界』に掲載した一連のエッセイを収録し、『個人的な体験』の発表（一九六四年）をはさんで一九六五年六月に出版されたのが『ヒロシマ・ノート』（岩波新書）である。この書を紹介する場ではないが、著者の広島体験は、その後の大江文学の中心に置かれる。現在九三刷（二〇一七年七月）と版を重ねている『ヒロシマ・ノート』は、被爆体験者と「同志」足り得る人間的基盤を示す著作として私の座右にある。

安江さんが六三年当時のことを記憶していたかどうかは確かではないが、私が日本原水協で働いていたことは承知したうえでのことだった。エレベーターホールなどで出会うと簡単な言葉を交わした。私の「岩波ブックレット」の仕事は、安江さんが急逝（一九九八年）した後も、田沼祥子さんの退社後も、二〇〇七年までつづいた。

補遺3　ドメス出版『高良とみ著作集』と谷敬の死

岩波の仕事をしていることで、校正の仕事など、編集関係のあれこれの仕事が回ってくるようになった。ドメス出版の仕事もそうだった。ドメス出版編集長の鹿島光代さんは清瀬病院で一時期を過ごした療友の一人だった。鹿島光代さんはドメス出版の創設（一九六九年）から編集長。二〇一三年には「女性問題に着眼した書籍出版の努力、女性の地位向上に貢献した」として第一七回赤松良子賞を受賞した。鹿島さんは田沼祥子さんと知り合いだった。栗津潔さんがドメス出版の本の装幀をしている関係もあった。

ドメス出版での仕事の一つが、二〇〇二年に刊行が始まった高良留美子編『高良とみの生と著作』（全八巻）の校正だった。

高良とみ氏は、戦後を代表する婦人運動家である。心理学者として大学の教壇にも立ったが、国際的な行動力をそなえ、戦前からインドのタゴールやガンジー、中国の魯迅、李徳全らと親交があり、戦後は参議院議員になった。一九五二年、パリ経由で戦後政治家として初めてモスクワに入り、帰途中国を回って日中第一次民間貿易協定に貢献。帰国後開かれた歓迎会をきっかけに結成された日本婦人団体連合会（婦団連）の副会長に就任した。会長は平塚らいてうである（『「現代日本」朝日人物事典』を参照）。五四年八月八日の原水爆禁止署名運動全国協議会結成総会では議長を務めている。

「著作集」編者の高良留美子さんはとみさんの次女、全巻を通して「解題」を執筆した。その「解題」を校正していて、谷敬追悼と読める文章に遭遇したのだった。

留美子さんは原稿コピーの裏に注釈などを書くことがあった。そこに谷敬追悼を思わせるものが混じっていたのだ。詩人・高良留美子は私の文章が載った『現代詩』にも作品を発表していた。谷敬から『詩組織』同人として三木卓などと名前は聞いていた。詩の仲間とピンときたのだ。二〇〇一年二月初めだった。恐る恐る谷敬の家に電話をした。電話口に出てくれたのは、しま・ようこさんだった。二〇〇〇年三月一四日に谷敬が亡くなったことが伝えられた。二月四日、二〇〇〇年三月一八日付の谷敬急逝を知らせる挨拶状と、谷敬の詩とエッセイを収録した「遺著」とも言える『光、そして崖』（津軽書房、二〇〇〇年一二月刊）が送られてきた。挿入された「栞」に三木卓など六氏が寄せた追悼文があり、高良留美子さんのものもあった。私が遭遇した「原稿」と符合していた。

「〝偶然の法則〟に驚きながら、おくればせですけれど、このごあいさつをお送りさせて頂きます。二〇世紀のうちにと、同封の『光、そして崖』を作りました。ごらん下されば、谷敬はテレながらどんなにか喜ぶことでしょう」「想像もつかない形での亡くなり方でしたので、トラウマは深くなるばかりです。自分を励まし、〝小宇宙の中の谷敬〟にも励ましてもらいながら、もうしばらくは生きていかねばなりません」。

「挨拶状」と「著書」に添えられた、しま・ようこさんの手紙の一節だ。慰めの言葉は探しようがなかった。『光、そして崖』の読後感も伝えられないままに年余が過ぎた。二〇〇一年七月には、谷敬追悼の特集『詩組織』第二〇号も送られてきた。二〇〇二年三月、私は谷敬が亡くなった「三月一四日」にせかされるように、しま・ようこさんに手紙を書いたのだった。

▽しま・ようこさんへの手紙

「しま・ようこさんにお電話するきっかけをつくってくれた高良留美子さんが編集された『高良とみの生と著作』の刊行が始まりました。細部にまで留美子さんの心遣いの感じられる著作集になりました。ドメス出版にとっても意義深い刊行物の一つではないかと思います。ドメス出版の鹿島光代編集長は、同じ時期を「清瀬」で過した「療友」です。鹿島さんは明るい病人で、谷敬さんともどもお供をおおせつかるなどの散歩の仲間でした。三木卓さんの『わが青春の詩人たち』も刊行されましたね。単行本になった機会に再読しそこで谷君にも会いました。それにしても谷敬（そう呼ばせてもらいます）の亡くなるのは早過ぎました。お互いに肺の一部を切除されては、とても七〇歳を超えて生きるとは思っていなかったのですが、今どきの余命年齢からすると ―― 本当に残念です。お慰めできるわけではありませんが、なにかお伝えしなければとおもいながら、谷敬は死んでしまって、わたしは七〇歳を超えて生きていて ―― 思いは錯綜したままで取り留めがなくなるのです。考えれば、ある期間、いわばそうすることを余儀なくされ、その間、ともに求めるものを探ろうとしていたのでした。長く会わなくともどこかにいればそれでいい。しかし、もうあの谷敬が居ないとなると、おろおろと落ち着かないのです。春早く、草木瓜の花芽が萌え始めたころ、病院の北東を流れる柳瀬川に出かけたこと、村の杜での盆踊りをハシゴして、ひょうひょうと踊る痩身の谷敬の姿を思います。お送りいただいた詩文集を読ませてもらいながら、谷敬の詩をずっと読んでこなかったことに気づいて、いま谷敬の詩を読むこと、谷敬の歩みに少しでも追いつこうとして、もどかしく先を先をと読み急ぐ、なんとも情けない友人です。「谷敬のテレ」には、所詮、追いつきようがありません」。

私はこの手紙で、『光、そして崖』の略年譜にふれて、生まれが一九三二年八月（谷敬）と三月であること、谷敬としま・ようこさんの結婚披露の会で関根弘が「しまった（に）」としゃれてみせたことも書いた。谷君が執筆した『ビキニ水爆被災資料集』の第三編「ビキニ水爆実験に対する内外の反響」の第二章文学・芸術・評論の第二節詩歌の項目の「俳句」と「ビキニと世相」収録のコピーも同封した。

日本原水協の仕事もそうだったが、第五福竜丸保存運動の仕事などで、助っ人の手配が上手くいかなくなったとき、容易に助けてくれたのが谷敬だった。『ビキニ水爆被災資料集』もそうだった。当初は詩の部門を谷君と思っていたのだが、俳句のビキニ関連の作品のアンソロジーの筆者は固まったのだが、広島・長崎を含めてビキニを俯瞰できる「俳句」の筆者で難航していた。急きょ、詩の部門を『死の灰詩集』に限って、谷君も知り合いの浅尾忠男氏に依頼、「俳句」と「世相」を谷敬に担当してもらったのだった。気心の知れた友人を持つことも平和運動では大事なことなのだ。

補遺4　私の家族といま

私の家族のこと、その生活を書く。

私が結婚したのは、一九六一年一月、清瀬病院退院四年後だ。仲人は栗津潔夫妻にたのんだ。

私の連れ合いになった新野《にいの》美恵子は、私と同時期に清瀬病院で療養していた。在院中、「ミス清瀬」と噂のある女性として名前は知っていたが話したことはない。知り合いになるきっかけは清瀬病院の療友Uさんの紹介で彼女が「原水爆禁止世界大会の記録」の取材スタッフとして参加したことだった。第四回世界大会では、大会期間中、前日のテーマごとの会議の記録を印刷した冊子を参加者に配布した。冊子はA５判の一六ページか三二ページのもの。取材・記録の仕事は、会議内容の問題提起・討議・結論（決議）などの記録を、その日の夜七時ごろまでにまとめる作業だった。取材・記録員の多くは日本原水協加盟の民主団体や労働組合機関紙誌の編集者が当たった。集められた各会議の記録は、整理・編集・校正の作業を経て印刷され、翌日の開会前に各会場で配付（有料）する。彼女には、階層別婦人協議会を担当してもらった。デスクには新聞社ＯＢの書き手や整理マンがいるから、会議経過がきちんと記してあればいいものだが、慣れていないと大変な仕事だった。彼女を私に紹介したUさんは、清瀬病院を退院後日本原水協加盟の大手組合の書記をしていた。この仕事をきっかけにして、五八年後半から付き合いが始まった。

目黒区大橋の目黒川沿いの家を訪ねるなかで、彼女の家が下宿人を置いて家計を補うことにしたことを聞いた。居宅裏の貸家は、すでに老朽化し借室は一部屋だけになっていたが、居宅の六畳間が空いていた。その六畳間に下宿人として私が移ることにしたのは一九六〇年の春、山喜紹三さんにもそのことは相談して、私は彼女の家に移ることにしたのだ。

彼女の生家は、渋谷並木橋通りに面した米穀商だったが、東京の空襲がはげしくなり、延焼を防ぐ名目の道路拡張で建物が壊された。一家は玉川通り大橋の目黒川沿いに家を建てて住んだ。戦後に家作貸家を居宅裏に建てたのは、彼女と妹が結核で療養中のこともあり、療養費工面のためでもあった。彼女は府立第三高女（現・都立駒場高校）在学中に発病、広尾病院入院を経て長期療養の清瀬病院に転院したのだった。清瀬病院を退院したのは五七年春。家には父親、母親と二人の妹、高校生の弟がいた。長兄、次兄は外に世帯を持ち、長姉・次姉は戦中・戦後相ついで肺結核で死亡、三女は嫁いでいた。五八年八月には、父親ががんで亡くなった。家中で年長の彼女が一家を支える位置に置かれることになる。そんな時期に下宿人に私が誘われたのだ。

私が金剛寺から離れることと、下宿人として私を迎える「条件」が一致した。彼女は私の周りには、清瀬療養中の女友だちが多いことは知っていたが「この人は私のところに来る」と確信していたと言ったことがあるが、とてもそんなふうには見えない、少し負けん気はあったが、「渋谷の下町娘」だった。

やがて寺に遊びに来るようにもなり、山喜さんと話すようになった。先にもふれたように、私は山喜さんとは意識して政治関係の話は避けていたが、彼女はむしろ積極的に政治の話をしていた。ときに「論争」めいた話になり山喜さんを喜ばせていた。彼女は山喜さんに好かれる存在になっていた。雪江奥さんに対しても遠慮することなく「寺のお母さん」と呼びかけて親しくなった。親しくなった雪江奥さんとの関係は、雪江奥さんが亡くなるまで「母の日」の贈り物を届ける相手でありつづけた。

私が金剛寺を離れて「生活」するにあたっての、山喜紹三さんの心配事、気がかりは私の生活基盤のことだった。私の能天気振りは折り紙付き、空の財布を出しておけば、あくる朝には一〇〇〇円札が舞い込んだ財布が机の上に在る。「打出の小槌」は雪江奥さんだったが、私の経済感覚は何かが抜けていた。しかも「肺病あがり」。そんな山喜さんの気がかりをおもんぱかっていたのは春時だった。前にもふれたことだが、春時は私のこととなると人一倍親身にしゃかりきになる。春時は私の東京への移住を機に山喜さんの意向を受け、私の古い家屋敷を処分し、それを元手に私の住居を建て、合わせて彼女の家の貸家（平屋）を二階建てのアパートに増改築し収入を計ることを計画し取り計らってくれたのだ。アパートの賃貸収入で、彼女一家と私たちの生活を維持しようという算段だ。春時は深川・木場の工務店に建築を依頼してくれた。「住まいは住んでから文句を言ってくれ」と言う頑固な棟梁だった。居宅とアパートは一九六三年にできた。話を聞いた東松照明さんが、「ますます働かなくなる」と私を揶揄したが、家ができてからは「美形のつくる餃子を食べたい」を理由にして泊まっていった。

私が経済的なことに無関心なのは褒められる話ではない。とはいえ、労働に見合った報酬を得て生活するという認識がなかったわけではない。労働に見合った報酬・賃金が正当に労働者に払われていない搾取の仕組みも勉強はしていた。しかし一方、私が選択した仕事（平和運動）をつづけるうえで、春時が心配してくれることに、甘えていることも自覚していた。そんな安日給・月給の私といっしょになった「渋谷の下町娘」は、以後、アパートを管理し実家の母親、妹、弟の面倒を見ながら、私の仕事を支えることになる。一度退院したすぐ下の妹が病を再発し、一時健康保険に加入しピンチをのり切ったりもした。

連れ合いは近所の共働き夫婦の子どもを預かるなどのことはしたが、働きに出たことはない。私の手伝いで、粟津さんや瀬木さんのところに使いに行ってくれたりはした。杉浦さんの奥さん冨美子さんが第三高女の先輩だとわかって親しくしてもらった。ドレメの出身で女性衣装やユニホームのデザインをしていた冨美子さんのすすめで、衣装カッティングの学校に通って免許は取ったが、その仕事をすることはなかった。

会費制で開いた私たちの結婚を祝う会に、真っ赤なバラの大きな花束が届いたときも、彼女は花束を仲人の粟津潔夫人八重子さんにさりげなく渡していた。仕掛け人が谷敬だったという、過ぎたいたずらの後日談はあったものの、祝う会には、『魚紋』の会員や私の女友だち、「ミス清瀬」ファンクラブの男友だちが連れだって出席した。シャンソンを披露した福沢喜裕君はその仲間、「銀巴里」の現役、『魚紋』の同人でもあった。

関根弘、瀬木慎一、重森弘淹、伊藤知己、杉浦康平夫妻などの出席もあった。谷川俊太郎さんは後日、備前焼の酒器セットを贈ってくれた。山喜紹三さんは指名され「さっきからむずむずしっぱなしだった」と、安井郁日本原水協理事長と並んで座っていたことをそう表現した。山喜さんがその日書いてくれた色紙の文字は「利他」だった。粟津潔さんはイラストを配して「ワンセット天を向いて」と書いた。

＊

長女の美央が生まれたのは一九六六年二月。美恵子は三二歳、美恵子の母が健在だった。義母には外孫は何人もいたが、私の家と同じ敷地に住む義母にとって美央はいわば内孫と言っていい。日参して面倒を見てくれた。

金剛寺の山喜紹三さん夫妻の喜びもひとしおだった。宮参りの晴れ着が三越から届いた。その祝い着にくるまれて訪ねた金剛寺の庭で写真を撮った。山喜さんも雪江奥さんも娘を抱いた。「子を持って知る子の恩」の謂いは山喜さんから繰り返し聞いた話だが、雪江奥さんから山喜さんの腕にわたり、雪江奥さんへと、かわるがわるに抱かれる娘の姿を見て、私は世代を超えた「子の恩」を体感する思いがしていた。

子どもが生まれてから、美恵子は以前に比べ元気になったようだった。九人もの子を育てた義母の手助けもあって、娘の美央は運動を苦手にしたが一生懸命にがんばった。遊戯も上手にこなした。小学生になってからピアノの稽古も好んでやるようになった。親バカのおやじは居宅を広げピアノ室をつくった。

第五福竜丸の第一回凧揚げ大会（一九七三年一月）は小学校一年生、隣に住む同級生と参加した。広島にも何回か連れて行った。私が仕事をしている間は、宿で原稿用紙のマス目に小さな花の絵などを書いて遊んでいた。宿の女将に可愛がられ小遣いをもらったりした。仕事のスタッフと瀬戸内の海水浴にも行った。大会が終わるころは関東の海は土用波で海水浴はできない。

目黒区立の小・中学校に通い、都立の高校から私立の大学に学んだ。親も子もそれぞれの体験、生活を重ねてときは過ぎて行く。語ればいろいろのことがあるが、足早に先を追うことにしよう。

長女の美央が埼玉県南浦和に世帯を持ち、女の子が生まれたのは、一九九三年七月一三日だった。夏美と名前が付けられた。「境野夏美」、性はちがうが私の孫だ。里帰りの約二か月余夏美は私の所にいた。日々赤子は育っていく。泣き声で腹が減ったことがわかる。そんな経験ができたのは、日本原水協は退職、月に三、四日ほど岩波のブックレットの仕事をする程度で自宅にいたからだ。山喜さんの論法に則れば、「子の恩」ならぬ「孫の恩」はどこにかえせばいい。

私が目黒に建てた自宅とアパートは築三〇年になろうとしていた。部分的に老朽化が見えていた。一九九四年ごろから、私は居宅とアパートを建て替える算段を始めた。

私の居宅とアパートの敷地、美恵子の妹夫婦が住んでいる新野の家の敷地を合わせて小規模六階建てのマンションを建てることにして、中規模のゼネコンと交渉した。こんなときに、いちばん親身になる春時はいない。日本原水協は辞めていたから時間はあった。六〇歳を超えたばかりだから体力もあった。ゼネコンの事情に通じている弟の助言も得てこの「事業」に取り組んだ。美恵子の実家（新野家）の遺産（借地権）については、義母の面倒を見た美恵子の妹夫妻にマンションの一部屋を、その他の相続人には相応の「遺産」を現金で配分、私たちはマンション一階に住むことにした。

ゼネコンとの話はすすんだが建物を解体するためにはアパートの賃貸人「店子」に明け渡してもらわなければならない。若干の猶予が必要だった。空室になってからマンション完成までには、ほぼ一年の時間がいる。その一年余を、義妹夫妻といっしょに、私の妹の夫（大工棟梁）の家作、川口市青木のアパートに引っ越した。

川口市青木は、娘の美央が住む南浦和に近い。美央は夏美を連れてしょっちゅうくる。私はここでまた孫の夏美との一対一の日常を体験する。アパートの狭い部屋での無聊を癒してくれた「孫の恩」を思う。アパート近くの川口市立グリーンセンターには花畑や子どもの遊具、ミニ鉄道などもある。夏美を連れて、連れられて出かける。夏美は気にいらないことがあると道の真ん中にあおむけに寝そべるのが得意芸。二歳を過ぎたころだ。泣かない夏美は絵を描いて遊んだ。クジラなど動物の絵をよく描いた。ポケモンはピカチュウ。好きだったピングーの大小の縫いぐるみは今も残っている。

小学校に入るころ、母の美央が出戻ってきたこともあって、美央と同じ目黒区立菅刈小学校に通った。六年生ごろ通学を渋るようになった。それとなく理由をたずねてみると、私立中学に受験する友だちは早退できる（塾に行く）のに、自分たちはどうして残って勉強するのか理解できないということのようだった。一〇歳の子どもにしては、もっともな理由だと私は思った。夏美も早退して塾に通うのではなく家で好きな絵を描けばいいと言ってやりたかった。学年教師に一度会った。教師の意見はそれなりに立派なものだったが、しょせんは管理者目線の、子ども個々の疑問を理解しようとする態度とは遠いものに思えた。子どもの言い分を理解しようとする姿勢のない、とんだ「えらい」先生だった。私は「そのうち通学するようになりますよ」とだけ言って帰ってきた。夏美は区立の第一中学校に進んだ。

＊

一九九六年マンションに移った。設計段階で、目黒川沿いの道側に一メートルほどの植栽を設置することを頼んでいた。植栽に植えられたカナメモチとハナミズキは葉の茂りが幼く目隠しには十分でない。私の部屋は一階、五〇センチほどのパネルを付けた。三年もするとカナメモチの葉は目線をふさぎ、葉の茂りには小鳥がくるようになった。

マンションに移ったころから、それまでも継続して治療を受けていた連れ合いの、肺結核の後遺症状ともいえる非定形抗酸菌症の症状が進行した。都内の専門病院、また清瀬の東京病院の呼吸器科に入院したりもした。特効薬のない難病の療養生活のポイントは体力を維持することだとの医師の説明を受けた。しかし彼女は生来胃弱の体質だった。病院の食事は難渋した。私はできるだけ手づくりの煮ものなどをとどけたが、スープが冷めないうちにというわけにはいかない。都内の病院では三階の病室の窓は開けることが禁じられていた。自殺の予防という理由だった。花も生花は花粉が散るからと禁止されていた。季節の風情や花の香りが遠ざかった。できれば自宅で療養したいという希望にそって自宅で治療生活を送ることにした。自宅の部屋からは目黒川の桜や、庭の植栽の山茶花や沈丁花、金木犀も香りを運ぶ。秋が深まり初冬には番《つが》いのメジロが植栽や植え込みに来る。週一回の医師の往診、朝夕の看護師の訪問看護、ヘルパーの介助に見守られての約五年だった。私は食事当番、金剛寺での経験から台所仕事は苦にならない。夕食はいつも彼女のベッドの側でいっしょに食べた。私の盆には晩酌の肴もととのえてある。私は飲みながらその日の話をする。彼女の食事が済むのを見計らって、「さて二次会へ」と称し、私はリビングに移り、好みの肴を加えて晩酌を継続する。

そんな一次会と二次会の生活がつづいた。二〇一〇年四月二〇日朝早く、彼女は望んだように自宅で死を迎えた。桜の名所となった目黒川の桜もすでに散り過ぎていた。症状から朝は溜まっている痰を吐きだすのが大仕事だった。その日の朝も、つかえた痰を除去する吸引器を喉につないだが間に合わなかった。医師からは喉を切開して吸引器を装着することができると言われたが、そうすると会話はできない、話すことができないなんて嫌だ、と彼女は言い私も納得していた。しかし、死はその納得をはかることもないままにくる。

死の前日、彼女は、別棟に住む娘の美央と、孫娘の夏美といっしょに夕食をした。その日は「にぎり寿司」、喉と気管支の刺激を和らげるためにと、鉄火巻のワサビを注意深く抜いている私に「そうしたら美味くない」と文句を言った。と言っても「にぎり寿司」は、少ししか食べることはできなかった。前の日まで、彼女は「渋谷の下町っ子」の風情を体しながら、しっかり会話をして死を迎えた。看取ったのは私一人だったが、納得した「死」だったと思う。七六歳だった。

朝をむかえるのも一人。夕方がくる。私の「二次会」は、「一次」がないままにつづき、植栽には毎年番いのメジロがくる。

彼女が亡くなって一年ほどたって、近くに住んでいた娘と孫が移ってきた。独居になった老人の面倒を見るというのが表立った理由だが、私はまだ自分のことは自分でできるし、勝手仕事も苦にしないが、身内がそばにいるのは、何かと頼りになる。彼女の病室にしていた部屋と私の仕事場の模様替えをした。空いた二部屋に娘と孫が住んでいる。

美恵子は生前、海は冷たいから森林への「散骨」がいいと言っていたが、金剛寺の墓は陽が当たってあたたかいとも言っていた。彼女の一周忌に古い墓を整理し細見の墓石を建てた。墓誌には、父と母、祖母と祖父の戒名に並び、山村美恵子の戒名「慈苑美芳大姉」も刻まれている。私の書棚の隅には分骨した小さな壺がいまもある。機会があったら彼女が疎開した妙義や浅間の見える林にと思ったが、もうそんな機会はきそうもない。小さな壺は私の納骨といっしょに金剛寺の墓に戻すように美央には言ってある。

あとがきにかえて

原水爆禁止運動の高揚の中での「宣伝技術グループ」とその終了

私が「原水爆禁止運動」にかかわっていたと言うと「運動」に関心のある人からは、必ずと言っていいほどに「分裂」という言葉がかえってくる。ここで言う「分裂」とは１９６３年の原水爆禁止運動分裂のことだ。55年も前のことが、いまにしてもまだ高い関心で語られているのは、事の内実への認識は別にしても、広く世論を引き継いできた原水爆禁止運動の生命力の継続ととらえてもいいと思う。

私が日本原水協に出向くようになる１９５８年から59年は、原水爆禁止運動の一つの高揚期であった。高い評価を受けた「宣伝技術グループ」の仕事も、この高揚期のなかで創りだした「運動の結実」だった。諸種の宣伝物は、運動が生み出した作品群だと言っていい。この高揚期に、原水爆禁止運動は激しい試練（介入）を経験する。私はこの文集では原水爆禁止運動の「分裂」にはふれないでおこうと思っていた。しかし、「宣伝技術グループ」の果たした業績を語り継ぐことのなかには、その作品を生み出した経過とともにスタートに見合うほどではなくとも「終了」のことも記録しておくことも必要なことと思い、終章に共同制作の「中止」「終了」には、それなりの理由と判断があったと記した。「それなりの理由」とは、原水爆禁止運動が経験する１９６３年の運動、組織の「分裂」である。「判断」とは、「宣伝技術グループ」の共同制作に無配慮な「介入」がありうる状況では共同制作はできないということだった。

原水爆禁止運動の「分裂」は１９６３年の夏に突如として起こったのではない。１９６０年の安保条約改定反対のたたかいをはさんでの原水爆禁止国民運動の「分裂」は、安保改定以後の日米〈核〉同盟路線、時期を前後してのケネディ・ライシャワー路線の具体化とからみあっていた。運動の「分裂」は、のぞんだもの（勢力）があってもたらされた、というのが今日の私の理解である。組織内の意見の対立は、市民運動が心がけるべき「寛容」の度合いを超えてさまざまな運動体に波及した。運動体への波及のいくつかは、原水爆禁止運動「分裂」の経過を記述した後に書く。

原水爆禁止運動「分裂」の経過

１９６３年の「分裂」の経過には、いまだに忸怩たる思いが抜けない。「分裂」に関する論調などにも積み残してきたものが多いし、解明はすすんでいないと言っていい。戦後、もっとも広範な市民運動・大衆運動である「原水爆禁止運動」を、「通史」としてまとめることに手が付かないのは、63年の「分裂」の認識の表現が難しいからだ。同時に、分裂にいたるまでの初期原水爆禁止運動の評価（認識）がなされてこなかったことにもある、と思う。一つの問題にふれるとそれが波及する範囲は想定を超えて収拾がつかない。その限界をわきまえながら、日本原水協の組織的対応を軸にして「分裂」の経過を記述する。

▽安保条約改定と原水爆禁止運動

第5回原水爆禁止世界大会が準備されるなかの１９５９年3月、安保条約改定阻止国民会議が結成され、日本原水協は幹事団体として参加した。粟津＋杉浦共同制作の大会ポスターに記された言葉が「原水爆禁止＋核武装反対」だったように、日本原水協は安保条約の改定が「日本の核武装化と自衛隊の海外派兵に道を開く」ととらえての参加だった。日本原水協の安保条約改定阻止国民会議への参加は、安保問題での国民世論の動向に大きな影響をもつものだった。日本原水協の加盟団体には労働組合だけでなく、婦人団体、宗教団体など、多くの市民運動が参加している。核問題・原水爆禁止を掲げての日本原水協の参加は安保反対世論の動員に大きな役割を果たすものだった。安保改定を推進する政府・自民党にとって軽視できない。「対策」が必要だった。広島での大会直前の7月9日、広島県議会は、自民党議員が発議した県からの世界大会補助金の支出中止を決議する。追いかけるように自民党本部は各県連に自治体が原水爆禁止運動に補助金を支出しないようにとの幹事長指示を通達した。原水爆禁止運動への直截介入を避けるかたちで自治体への介入がすすむ。地域原水協のなかには首長が会長であり、議会事務局に原水協の事務局が置かれているところがある。広島市長浜井信三は日本原水協代表委員の一人、広島市原水協の事務局は市役所内にあった。自民党の動きにつながるように61年に結成していた民社党と全労会議による「核兵器禁止国民会議」(核禁会議)の日本原水協批判が加速する。

▽アメリカ帝国主義と「平和の敵」

１９６１年ケネディ米政権登場、いわゆるケネディ・ライシャワー路線が、運動体への干渉・介入の度合いを強めていく。60年の第６回原水爆禁止世界大会が「平和の敵を明確にしてたたかう」方針を提起、「新安保条約は、アメリカ帝国主義とこれに協力する日本の軍国主義勢力の軍事的、経済的政策の具体的現れ」と規定したことへの、安保推進派からのあからさまな攻撃でもあった。ここでいう「新安保条約」とは、連日の国会請願デモと世論の波のなかで、強行採択され、改訂された安保条約である。この時期には自民党や民社党関係の干渉に重なるようにして、日本原水協組織内部からの執行部批判の意見が出されてくる。

第７回世界大会では、原水爆禁止運動から基地反対闘争を分離するべきだという主張が前面に出る。大会後には、社会党、総評、地婦連(地域婦人団体連合会)、日青協(日本青年団体協議会)の四団体は、この問題に絡んで日本原水協執行部不信任の声明を発表する。加盟団体・組織内部からの意見の対立が表面化した。大会後の９月１日、ソ連が核実験を再開。第７回世界大会決議が「こんにち、最初に実験を開始する政府は平和の敵、人道の敵として糾弾されるべきである」としていた文言に沿って、ソ連を糾弾、抗議すべきだという要求が出される。「いかなる国の核実験にも反対」の路線が登場。これに対して「ソ連の核実験と侵略的な帝国主義国の核実験とを同一視して無差別にソ連を平和の敵とするのは間違い」とする主張とが対立する。

▽「いかなる国の核実験にも反対」と部分的核実験停止条約

1962年の第8回世界大会は東京で開かれた。大会分散会では、「いかなる国の核実験にも反対」と「賛否の異なる問題を運動の原則にすることに反対」の意見が鋭く対立する。この年もまた、大会期間中の8月5日、ソ連が核実験を再開。抗議行動が運営委員会で取り上げられないことに対し社会党・総評が大会役員を引き上げ、一部代表が閉会総会にソ連核実験抗議の緊急動議を提出、総会は7時間にわたって中断した。少数意見を付記した宣言を採択し大会は閉会したものの、日本原水協の機能は半ば停止状態に置かれたまま63年を迎える。

1963年の「3・1ビキニデー」集会前に開かれた日本原水協常任理事会では、「いかなる国の核実験にも反対」を含む、集会スローガン、宣言案をめぐって対立、事態の収拾がつかず、理事長、常務理事、出席していた担当常任理事が辞職し、「ビキニ被災9周年焼津全国集会」は中止。その後、地方原水協の努力、要請を受けた加盟中央団体会議が開かれるなどの曲折を経て担当常任理事会機能は回復にこぎつけるが、この機能回復は社会党、共産党、総評三者の合意を受けたものであった。日本原水協に政党は加盟していない。地婦連、日青協はこの三者の合意申し合わせ（6月19日）を認めないとの声明を出す（6月26日）。

1963年7月25日、米英ソ三国の部分的核実験停止条約の仮調印がモスクワで行われる。フランスは不参加、中国は条約反対を表明（中国は翌64年10月16日原爆実験を行い5番目の核保有国となる）。8月5日、米英ソ三国は部分的核実験停止条約（大気圏内、宇宙空間および水中における核兵器実験を禁止する条約）に調印。第9回原水爆禁止世界大会国際会議では「部分核停」を巡って中国代表とソ連代表の激しい応酬が繰り広げられる。7月の中ソ共産党会談の決裂を受けるように、中国代表は、ソ連を「修正主義」として糾弾。社会主義国間の対立論争が、公開の原水爆禁止世界大会に登場することになる。

▽社会党、総評、世界大会から脱退　原水爆禁止世界大会の分裂

第9回世界大会は、「部分的核実験停止条約支持、いかなる国の核実験にも反対」の立場と「賛否の別れた問題を運動の原則にすべきではない」という意見対立が解決をみないまま社会党、総評の代表は世界大会から脱退、第9回原水爆禁止世界大会は分裂する。

▽第9回大会の決議

第9回世界大会は、総評、社会党系の代表不参加のまま、大会の国際会議ではげしい論争を展開した中国、ソ連などの海外代表も参加して大会決議を採択し閉会した。大会決議のなかの「当面の統一行動強化に関する決議」は次のような文言をふくんでいる。

「三たび被爆の経験を持つ日本国民の大多数は「原水爆はもうごめんだ」「核戦争はごめんだ」と感じ、すべての核兵器を禁止することを望んでいます。この国民感情は大いに尊重されるべきであると考えます。しかし、それを「いかなる国の核実験、核兵器にも反対する」というかたちで運動の原則とすべきだという主張に関しては意見が鋭く対立しています。〔……〕一致できない問題については困難を避けることなく、辛抱強く話し合いを継続してゆかなければなりません。当面の具体的目標では多くの一致点があります。私たちは、今すぐこの一致しうる緊急課題の解決に取りかからなければなりません」。

長崎大会は中止された。

▽二つのビキニデー集会と二つの世界大会、分裂の固定化

１９６４年に入り、日本原水協は1月16日、原水爆禁止運動全国活動者会議を開き3・1ビキニデー記念行事などを決める。3月1日、日本原水協は「ビキニ被災10周年原水爆禁止全国大会」(静岡)を開く(集会ポスターは粟津さんがデザイン)。日本宗教者平和協議会が、第1回となる「久保山愛吉氏墓前祭」(焼津)を開く(久保山愛吉氏の墓所は焼津・弘徳院にある。宗平協は62年4月に結成していた)。社会党、総評などは「ビキニ被災10周年・核武装阻止・被爆者救援全国集会」を焼津で開く。同じ日に場所を代えて二つの集会が開かれるのである。3月27日、参院本会議、「原爆被爆者援護強化に関する決議」を採択。前年12月の原爆裁判判決を受けてのものだった(4月3日、衆院も同様の決議)。4月7日、原爆被災三県連絡会議(3月27日、広島・長崎・静岡の三県で結成)が独自の世界大会の開催を決める。4月8日、地婦連、日青協、日本原水協からの脱退届を提出。分裂の固定化がすすむ。4月27日、日本原水協全国活動者会議(東京)は第10回原水爆禁止世界大会の実施要綱を決定する。被災三県連主催と日本原水協主催の世界大会が開かれることになる。6月20日、日本原水協は2年ぶりに開いた全国理事会で会則を改正、代表理事(複数)、事務局長制とし、代表委員を新たに推薦した。

運動「分裂」の波紋と波及

「分裂」は国民世論への波及も大きなものだった。原水爆禁止運動はその発足当初から国民世論と合意を土台にしていた。その国民(市民)参加の土台が揺らいだといっていい。世論分断の思想攻撃がまかり通るという状況が生まれた。世論離れを追補するようにマスコミの論調も世論からの乖離を助長した。原水爆禁止運動の報道がうすくなれば広島・長崎関連、被爆者問題の報道も少なくなる。

「原爆記念日は静かに過ごしたい。よそものが来て騒がないでほしい」、そんなキャンペーンが運動に投げつけられることもあった。広島・長崎の真実をひろく知らせるという訴えも、「市民感情」を逆手にとってその

ような運動、行動を排除する動きも顕著さを増した。

▽各分野への波及

原水爆禁止運動の分裂は各分野に連鎖的に分裂の系譜を作り出す。安保条約改定阻止国民会議は機能を停止、やがて二つの組織にくみかえられる。各階層の共闘組織にも分裂が波及する。部分的核実験停止条約（以下「部核」）の賛否は政治分野にも対立をよぶ。中ソの対立も絡む。条約反対の立場の日本共産党の方針に反して同党国会議員が「部核」の国会承認（64年5月）に賛成票を投ずることも起こった。日本共産党では、数年前から綱領を巡る問題（１９６１決定）や、党の指導問題などをめぐって党内文化人からの「意見書」提出という問題が起こっていた。共産党員でない私にはわからないことが多かった。１９６４年の新日本文学会第11回大会は、「部核」賛成を盛り込んだ幹事会報告への対案を提出しようとした幹事を除籍した。除籍された人たちは１９６５年「民主主義文学同盟」を結成する。『現代詩』は新日本文学会に付属していた。１９６２年に発足した詩人会議は１９６３年12月月刊雑誌『詩人会議』を創刊する。「部核」問題が複雑に絡み合う。この間の関連文書は多数にのぼる。日本共産党史にも記述がある。

▽「宣伝技術グループ」の終了とその後

先に挙げた党内文化人の「意見書」には関根弘さんも名を連ねていた。結果、関根さんは共産党を離れることになるのだが、「宣伝技術グループ」の仕事と直接の関係はないとはいえ、関根さんはグループの代表的な位置にいた。関根さんにシンパシーを持っている人もいる。そんな状況のなかで、グループの仕事への性急な介入が行われるようなことがあれば、それはグループの仕事の本意から外れる。質の高い仕事をつづけてきた「グループ」の共同作業にひびが入ってはならなかった。結果、私は「グループ」の仕事をつづけないことにした。日本原水協情宣部に付属した形での「宣伝技術グループ」は、初期原水爆禁止運動の高揚期のなかでそれに見合う評価の高い仕事をのこして「終了」した。

グループの仕事は終了したが、粟津さんは私の立場を察して1964年3・1ビキニデーのポスターを単独でつくってくれた。第10回世界大会のディスプレイも考えてくれた。主会場になった大阪扇町プールを見に行くために、朝日放送の仕事で大阪に滞在中の粟津さんを宿舎に訪ねた。宿舎から駆け出して行った布施明とすれちがった。粟津さんといっしょに扇町プールを見た。粟津さんが考えたディスプレイは第6回大会以後使用している運動のマークでプール面を覆うものだった。業者の技術が不全だったのか、覆いのシートの紐が切れてシートは水面に落ちた。プールに浮き沈むマーク、それはそれで涼しげに会場を彩った。この仕事がこの時期の粟津さんとの仕事の終わりだった。この会場で日本原水協代表理事畑中政春氏は、アメリカ軍機のトンキン湾爆撃を糾弾、ベトナム人民支援の募金を訴えた。財布や小銭入れがまじる募金が集まった。

第10回大会後、事のあらましを理解していた粟津さんは、粟津デザイン研究室・事務所に私の席を作ると言ってくれた。長谷川龍生さんは、自身は大阪読売広告社の東京支社長、のち東急エージェンシーに移るのだが、いっしょに仕事をしてみないかと誘ってくれた。70年万博が視野に入るころであった。好意はありがたかったが、私は被爆者に近い位置から離れられないという思いが強かった。被爆者運動が「分裂」のあおりで逢着している困難の打開にどんなことで協力できるかを考えていた。被爆者が中心に位置づけられる原水爆禁止運動の運動方向のことであった。

▽被爆者運動、日本被団協への波及

原水爆禁止運動の分裂は被爆者運動、日本被団協の活動にも波及した。2009年に刊行された『日本被団協50年史』の記述を見ておきたい。

「日本被団協にも困難は波及し、64年には代表理事会が1年近く機能を停止する。おりから63年の「原爆裁判」を受け、衆参両院で「被爆者援護強化」の決議がなされ大きなチャンスが生まれていたが、停滞におちいった被爆者運動は好機を生かせなかった」、「日本被団協や被爆者運動にとって、「分裂の季節」がもたらした最大の問題は、それが被爆者運動や被爆者援護法制定の上に大きな障害となったことである」と記している。

日本被団協は日本原水協に加盟している。被団協の机は日本原水協の事務所に在る。各県の被爆者組織もそれぞれの県の原水協との関係は深い。事情もまたまちまちに存在していた。いちがいに日本原水協との関係、各県原水協との関係をどうするかは、その問題を提起するだけでそこからまた難しい問題が引き起こされる。広島県には「広島県原爆被害者団体協議会」の名称を持つ被爆者組織が二つできた。65年2月、日本被団協は「当分いかなる原水禁組織にも加盟関係をとらず」を決める。

▽「分裂」がのこしたもの

付け加えれば、双方ともに「分裂」した組織（個人）への攻撃はすさまじいものだった。数日前まで隣にいた人に、「裏切り者」などとの言葉を投げつける。思想・信条を問わずともに活動する民衆運動の規範はどうなったのか。ともに活動する人への敬意は消えていた。何としたことだろう。互いの存在をも認めない。相手の意見を知ろうともしない言辞が前後左右に立ちはだかった。世論の動向などに近づこうとしない。市民が寄りつくところがないままに議論は自家撞着していた。1965年2月には原水爆禁止日本国民会議（原水禁）が発足する。以後、「禁」「協」はすべての行動で同席せずの関係がつづいた。

「分裂」の認識と原水爆禁止運動の評価

1963年の世界大会と原水爆禁止運動の分裂以後、日本原水協加盟組織は、分裂の状況に困惑しつつも、それぞれの組織サイドの運動に参加した。市民組織もそれぞれ原水爆禁止運動を継続した。運動の継続を可能にしたのは、署名運動以来の結集した原水爆禁止運動、説明不足の「分裂」では消えない積み重ねた運動の生命力と言えるものだ。その根源には、広島・長崎、ビキニ被災と死の灰の体験、原爆被爆者の存在がある。「運動の国民的統一」を掲げながらも、それぞれの運動の生命力に敬意を払い、活動を理解して運動を継続する。それでいいのではないか、私はそう思っていた。

私は被爆者運動が「分裂」のあおりで逢着している困難、被爆者運動に対する日本原水協の責任を感じていた。「分裂」の事態を超えることはできなくとも、原水爆禁止運動のなかで被爆者運動が前面に出る活動の組み立てを考えようとした。その一つが「6・9行動」の新たな展開であった。「6・9行動」の提唱は60年11月、「宣伝技術グループ」の発意が具体化したものだった。6の日の広島、9の日の長崎を名称とする行動は、世論喚起と同時に行動に参加した人たちもまた広島・長崎の認識を深めることができるととらえてのことだった。1969年にはじめた大会参加者による被爆者家庭訪問行動もその一つだった。被爆体験は集会などで聞くことが多い。私は被爆者が生活する家庭で被爆から現在に続く生活体験を聞くことが活動家の力量を高めると考えていた。

▽「分裂」後の経過

1964年の第10回原水爆禁止世界大会は京都・大阪を本会議場として開かれた。第11回は本会議は東京。第12回大会は広島だった。ベトナム反戦運動、ベトナム人民支援運動のひろがりのなか、日本原水協は広島に向かう平和行進のスローガンに「ベトナムに広島・長崎をくりかえさせるな」を掲げた。私はベトナム「で」とするよりもベトナム「に」とすることにした。くりかえさせてならないのはベトナムはもちろんだが、核兵器の使用は動作作用の及ぶ全方向を指すととらえてのことだった。第13回世界大会は東京、第14回世界大会も本会議は東京で開かれた。

第五福竜丸が夢の島に放置されるのは1968年。同年の第14回世界大会分科会の一つ「第五福竜丸を見る集い」にはおよそ1000人を夢の島に動員した。大会は「第五福竜丸保存運動を推進させるための決議」を採択した。それから9年後の1977年、「14年ぶりに」統一世界大会が開かれた。大会は開かれたが、大会開催とともに「原水禁」「原水協」代表者よって合意されていた「組織的統一」は実行されないままに置かれた。77年には被爆者運動が熱望していた国連NGO主催の「被爆問題国際シンポジウム」が開かれた。ノーベル賞受賞者など内外の専門家が多く参加し「作業文書」を残した。「ヒバクシャ＝hibakusha」が国際語となり、被爆問題が国際的視野で語られることになる。78年には非同盟諸国が要望しての「国連軍縮特別総会」も開かれた。

▽大江健三郎氏の認識

原水爆禁止運動の分裂に対する「認識」と分裂後の「評価」について、二つの文章を紹介しておきたい。

一つは、1963年の「分裂」を現場で取材した大江健三郎氏が、それから17年後、77年の統一世界大会から3年後の1980年9月に書いた文章。『ヒロシマ・ノート』（1965年）をふくむ被爆問題関連のエッセイを収録した「大江健三郎同時代論集」（全10巻）の第2巻『ヒロシマの光』（岩波書店、1980年）に載る「未来へ向けて回想する」の一節である。

「広島へ、僕は第九回原水爆禁止世界大会のルポルタージュを書くことを目的として出かけたのである。この大会は分裂した。〔……〕この世界大会の分裂を、単純化してとらえるよりほかできなかったという批判もありうるし、僕はいまむしろその批判をすすんで引き受けたいとも思う。しかしあの分裂から十七年たって、運動統一のための様ざまな試みがかさねられつつ、なおそれが成功しないことの、いちいちのいきさつを見てくると、そもそもあの年、分裂にいたった契機として表層に出たものは、やはりもっとも根本的な、動かしがたい条件づけなのであった。〔……〕おなじ課題が二重、三重に複雑になる。しかもいったん分裂し、とくに地方の様ざまな現場で、それまで分裂した両翼でおたがいに批判を投げ合いつつ、しかも永年にわたる日常活動をおこなってきた人びとが、中央からの呼びかけで、再たび統一した運動をおこないうるものか、一朝一夕に。むしろ分裂した運動がそれぞれにあきらかにしている問題点を、そのまま展開し深化させることこそが、核時代の未来を考えるにあたって有効なのではないか。多様なレヴェルで現に原水爆禁止運動の統一を実現させえぬところの条件づけは、あの一九六三年夏の広島で、すでにはっきり表層に出ていたし、かつまた予想しうるものであったのである」。

▽藤原修氏の評価

広島市立大学広島平和研究所編『平和と安全保障を考える事典』（法律文化社、２０１６年）に載る「原水爆禁止運動」の項目は以下のように記述している。

「１９５４年３月、第五福竜丸の水爆被災事件をきっかけに杉並の主婦らが始めた原水爆禁止署名運動が、世界で類例をみない規模と持続性を持つ超党派の国民的平和運動として発展したものが原水爆禁止運動である。

この運動の最も重要な特徴は、運動の出発点となった杉並の署名運動に見られるように、一般民衆の純粋で真剣な平和への思いを幅広く結集した点にある。他方、科学者や文化人など各方面の専門家たちも、この運動を充実したものにするための協力を惜しまなかった。彼らもまた平和への善意をこの運動に捧げた。そして大衆性と専門性を結び付けつつ、原水禁運動を本気で本物の平和運動として持続させたのは、運動のなかで生身の被爆者たちを通して明らかにされていった原爆被災体験だった。

この運動は、60年前後の安保闘争やソ連の核実験など国内外の政治問題をめぐって分裂する。党派争いは運動の純粋性を傷つけるものであったが、逆に分裂によって運動を党派争いから切り離し、各団体において初期原水禁運動の豊かな資産が維持・継承されていったという面もある。原水禁運動は、日本の平和文化に寄与しつつ、息の長い運動として続いている」。

項目の執筆者は藤原修東京経済大学教授である。藤原氏は『原水爆禁止運動の成立 ― 日本平和運動の原像１９５４－１９５５』（明治学院国際平和研究所、１９９１年）の著作をはじめ、日本の平和運動・原水爆禁止運動に注目し多くの論究を重ねているこの分野の数少ない研究者の一人である。２００７年から09年にすすめられた「初期原水爆禁止運動聞き取りプロジェクト」のコーディネーターとして聞き取り「集成」制作にかかわった中心メンバーでもあった。ここでいう「初期」とは１９５４年の原水爆禁止署名運動から１９６０年を経て、１９６３年の分裂にいたるまでの原水爆禁止運動である（分裂問題は言及はあるがテーマとはしていない）。プロジェクトは、当時の活動家・経験者と、戦後日本の社会運動に関心を寄せる相対的に若い研究者や有志の共同作業として行われ、私も参加した。「初期原水爆禁止運動の聞き取りプロジェクト集成」は広島市立大学図書館などの主要図書館で閲覧できる。ピープルズ・プラン研究所でも閲覧、入手が可能である。第五福竜丸展示館資料室にも収蔵されている。

『事典』の項目が指摘する「運動のなかで生身の被爆者たちを通して明らかにされていった原爆被災体験」もプロジェクトで話されたことであった。また「党派争いは運動の純粋性を傷つけるものであったが、逆に分裂によって運動を党派争いから切り離し、各団体において初期原水禁運動の豊かな資産が維持・継承されていった」という記述は、執筆者としての藤原さんの意向を伴うとはいえ、プロジェクトに参加した私の共感するものであった。傷つけた「運動の純粋性」に思いをはせるようにして「原水禁運動の豊かな資産」に学ばなければならない。

▽社会的出来事

この時期の関連する出来事を列記する。

1959年　1月1日、キューバ革命。3月28日、安保改定阻止国民会議結成。日本原水協幹事団体として参加。3月30日、東京地裁、安保条約による米軍駐留は憲法違反（伊達判決）。4月16日、広島平和会館開館（広島被団協入居）。5月7日、米地下核実験再開声明。7月9日、広島県議会、第5回世界大会への県費補助金30万円全額削除。8月1日－7日、第5回原水爆禁止世界大会（広島）開催。8月2日、日本原水協、第5回世界大会記念美術展出品の本郷新《嵐の中の母子》像広島市へ寄贈、のち平和公園に設置。9月26日、伊勢湾台風、死者5041人、被害家屋57万戸。

1960年　1月24日、民主社会党結成大会、委員長西尾末広。2月13日、仏、サハラ砂漠で初の原爆実験、4番目の核保有国。4月28日、沖縄祖国復帰協議会（復帰協）結成。5月19日、衆院安保特別委員会、自民党単独で新安保条約を強行採決。5月20日未明、衆院本会議、自民党単独で強行採決（国会空白）。6月15日、国会デモ13万人、国会南通用門で樺美智子圧死。6月19日、新安保条約自然成立。10月12日、浅沼稲次郎社会党委員長、日比谷公会堂で右翼少年山口二矢に刺殺される。11月8日、民主党ケネディ、米大統領に当選。12月12日、日本原水協全国総会、毎月6日から9日を被爆者救援行動日とすることをきめる（6・9行動の始まり）。12月20日、南ベトナム解放民族戦線結成。

1961年　1月3日、米、キューバと国交断絶。4月12日、ソ連宇宙船ウォストーク1号（ガガーリン搭乗）、地球一周に成功。4月19日、米駐日大使ライシャワー着任。7月13日、民社党、全労会議、核兵器禁止・平和建設国民大会を8月15日に開催すると発表。7月15日、社会党、「核禁会議」は分裂主義の表れと声明。7月25日－30日、日本共産党第8回大会、綱領など決定。7月31日、日本原水協専門委員会『原水爆被害白書――かくされた真実』（日本評論社）刊行。8月13日、東ドイツ、ベルリンの壁を構築。8月14日、日本被団協第6回定期総会、被爆者援護法を「国家補償」の援護法と定式化。社会党・総評・地婦連・日青協の四団体、日本原水協不信任声明。8月30日、ソ連、核実験再開声明。9月1日、第1回非同盟諸国首脳会議（ベオグラード）、25か国参加。9月15日、米、地下核実験。10月30日、ソ連、50メガトンの核爆発実験。11月15日、核兵器禁止平和建設国民会議（核禁会議）結成。

1962年　2月6日、広島―アウシュビッツ平和行進、広島慰霊碑前を出発（―63年1月27日）。2月23日、日本被団協、援護法制定国会請願行動。4月25日、米、クリスマス島で大気圏内核実験。7月9日―14日、全般的軍縮と平和のための世界大会（モスクワ）、日本から統一代表団105人、被爆者代表発言。8月1日―6日、第8回原水爆禁止世界大会。8月5日、ソ連、核実験再開。核禁会議、広島大会を開く。8月6日、第8回世界大会、ソ連核実験に対する抗議行動が取り上げられなかったことに対して社会党・総評などが大会役員を引き上げ、本会議閉会総会に緊急動議を提出、約7時間にわたって総会中断、少数意見を付記した宣言採択。社会党・総評・地婦連・日青協など日本原水協の〈体質改善〉を要求する声明発表。8月7日、日本被団協第7回定期総会（広島）、米ソ核実験抗議、国家補償に基づく援護法および遺族援護法の制定実現を決議。「あらゆる友好団体と協力することから核禁会議へ加盟すべきであり、加盟ができないときは日本原水協から脱退すべきだ」との11府県の共同提案が出される。9月9日。日本被団協代表理事会、「過去、現在、核禁会議に加盟しているところはやむをえないこととし日本被団協としては日本原水協に加盟している現状を維持する」と確認（日本原水協への加盟問題は1963年の原水爆禁止運動「分裂」以後の状況を受けて65年2月の第19回代表理事会（広島）で「日本被団協としては当分いかなる原水禁組織にも加盟関係を取らず」を採択する）。10月22日、ケネディ米大統領、キューバにソ連ミサイル基地建設中と発表、海上封鎖発表（キューバ危機）。10月28日、フルシチョフソ連首相、キューバからの攻撃的武器撤去を命令（危機収束）。12月3日、社会党・総評など「原水爆禁止と平和のための国民大会」開催、「いかなる国の核実験にも反対」決議。

実行委、原水爆禁止連絡会と改称。12月11日、恵庭事件起こる。
1963年　1月4日、平和と軍縮のための国際連合（ＩＣＤＰ）大会（オックスフォード）。1月9日、ライシャワー米大使、原子力潜水艦の日本寄港承認申入れ。2月21日、日本原水協担当常任理事会「原水爆禁止運動の統一と強化について」声明。2月28日、日本原水協常任理事会（静岡）、2・21声明、全国集会スローガン、宣言案で意見対立。3月1日未明、理事長・常務理事・出席担当常任理事全員辞職、全国集会中止。3月2日、原水禁13団体連絡会議、全国代表者会議（静岡）。5月3日、長崎－広島原水爆禁止平和達成行脚、長崎出発（－6月3日、人類愛善会、日本山妙法寺主催、日本被団協、日本宗平協後援）。5月7日、第2回科学者京都会議（広島県竹原市）。6月21日、日本原水協常任理事会、19日の社会党、共産党、総評三者会議の報告を受け機能回復し第9回世界大会開催を決定。6月26日、地婦連、日青協、原水協活動再開に関する三者の申し合わせ認めないと声明。6月30日、日本被団協代表理事会、第9回世界大会参加決める。7月5日、中ソ共産党会議（モスクワ）、20日決裂（対立激化）。7月25日、米英ソ三国部分的核実験停止条約仮調印。7月29日、ドゴール仏大統領、条約不参加表明。7月31日、中国条約反対表明。8月5日、米英ソ三国部分的核実験停止条約調印。8月5日－7日、第9回原水爆禁止世界大会（広島）、社会党、総評代表引きあげ、世界大会分裂、長崎大会中止。8月25日、日本被団協第8回定期総会、世界大会混乱を遺憾とし日本被団協の統一と団結を守り、運動統一を願う声明発表。9月12日、最高裁、松川事件上告審で上告棄却判決（被告全員の無罪確定）。9月8日、日本被団協代表理事会、宗教者と協同して原爆被害者援護法制定をめざす「おりづる行脚」決める（10月8日に青森、9日に長崎、19日に広島をそれぞれ出発）。10月30日、おりづる行脚歓迎・援護法制定中央集会（東京）。11月22日、ケネディ米大統領、テキサス州ダラスで暗殺。12月7日、原爆裁判（55年4月提訴）、東京地裁判決「原爆投下は国際法違反」。

本書作成までの経過

第五福竜丸平和協会の機関誌『福竜丸だより』に連載した「晴れた日に　雨の日に」を本にできないかというのが本書のスタートだった。それだけでは分量が足りない。私の少年・青春時代の出来事を付け加えようということになった。結果、連載を整理、加筆、一部削除したものを第一部とし、それに私の戦時下の少年時代、禅寺の生活から清瀬病院での長期の結核療養に至る生活史に日本原水協での仕事も一部加えた書き下ろしを第二部として編集したものである。

第一部になった「晴れた日に　雨の日に」は、第五福竜丸保存運動にかかわった先人の仕事、エピソードを紹介しながら運動の歩みを綴ったものだ。故人が多いのは、亡き人への想いが強いからだ。関連して、私が参加した原水爆禁止運動、日本原水協での仕事、広島・長崎への想いも書いた。「晴れた日に　雨の日に」の表題は平和協会の安田和也事務局長の発案、連載は２０１０年1月からだった。

「福竜丸みんなの船」、連載第1回で紹介した「新春凧あげ大会」に参加した子どもが持つ紙凧にはこう書かれていた。市民の発意が運動を多様に培っていく。市民の力が船を守り保存運動を支えてきた。そんな市民の寄せる思いを汲み取るものになったかどうか。連載は当初の予定を超えて40回になった。連載中多くの方から励ましをいただいた。連載の最終回に第五福竜丸展示館完成前から船を見守ってくれた木場の元筏師、日常の大工仕事などに力を貸してくれた地元の職人さんたちのことを書いた。平和協会評議員をながく務めたジャーナリストの岩垂弘さんから、山村らしいとメールをもらった。思いが伝わりうれしかった。出版を後押ししてくれるものになった。

第二部は、私の生活史、いま流の「自分史」的なものだ。第一部とどう繋がるかは、説明がむずかしいが、私の戦時下、戦後体験は、私のなかでは「戦争と平和」に繋がっている。寺での生活の記述がやや細かくなったが、山喜紹三さんがいなければ、私は結核をのりきることはできなかった。山喜さんの宗派人としての仕事を記したのは、恩返しの思いもある。療養期間に経験した「恋物語」も、その経験を、平和のための営為・仕事に繋げたいという希みがある。

本書の制作は、企画当初から安田和也平和協会事務局長が進行してくれた。その過程で、安田君は杉浦康平さんに本の装幀を依頼する手紙を出してくれた。杉浦さんから引き受けるとの返事があったと知らされたのは、2018年の春だった。うれしかった。60年代にいっしょに仕事をしてから50年も過ぎている。

私が本を作るとしたら杉浦康平さんに作ってもらいたいという希望は持っていたが、「杉浦装幀」に見合うものが書けるのかという自問と逡巡があった。私は書き始めていた「自分史」を、しっかり書きたいと思った。私がそう思うには50年前の仕事の思いがあった。私は杉浦さんの青山の事務所（自宅）に頻繁に出かけていた。東松照明さんが撮影した長崎が主体となった写真集『hiroshima-nagasaki document 1961』の作業は、杉浦さん宅が編集部という状況で仕上がったものだ。粟津さんは川崎市生田から通い、東松さんも紙焼き原稿を運んで来た。写真原稿は杉浦さんの奥さん冨美子さんがトレーシングペーパーをかけてくれた。冨美子さんは時間がくればみんなの昼食、夕食も心配してくれた（冨美子さんは一九八二年四月、逗留中のブータン王国の首都ティンプーの病院で急逝した）。写真集刊行に先立って、日本原水協専門委員会編『原水爆被害白書 ── かくされた真実』が刊行された。装幀は杉浦さんだった。出版元の編集部の意見か杉浦さんの提言があったのか、東松さんの「長崎」から崎田さん夫妻の写真が12ページ掲載されることになった。私はキャプションを書いた。本は、湯川秀樹の序文を付けて1961年7月に刊行された。

私の家は青山に近い。仕事だけでなく私は杉浦さんの事務所によく出かけた。私の少年時代のこと、禅寺の生活に共感を示してくれたことを忘れない。武満徹さんにも杉浦事務所で行き逢ったことがある。和田誠さんもよく現れていた。

「分裂」の後、「宣伝技術グループ」の共同の仕事は「終了」したことはすでに書いた。しかし、私は日本原水協の宣伝物は作らなければならない。私は自力で宣伝物を作った。そのころ桑沢デザイン研究所を出た亀山秀幸君が、日本原水協の宣伝物に魅かれるようにして訪ねてきた。話を聞いて、私は事務局員としてではなく、宣伝物制作スタッフとして働くようにすすめた。事務局員はいくつもの仕事をしなければならないから専門性から遠くなる。私は日本原水協の宣伝物の仕事を優先することを条件に月額定まった報酬を保証する、日本原水協の仕事をしたあとの時間は、外の仕事をしてもいいしデザインの勉強もするようにとすすめた。杉浦さんに頼んで杉浦事務所で勉強、「修行」する機会を作ってもらったりもした。日時はずれるが、静岡の友人の紹介で、アルバイトをしながら校正者として自立する勉強をつづけたいという女性が訪ねてきた。エディタースクールで校正・編集の勉強をするとのことだった。亀山君と同じように月額定まった報酬で、原水協の宣伝物の制作・校正に携わりながら通学することになった。松風いさ子さんは、エディタースクール本科1年、研究科1年の期間とその修了後も、亀山君とのコンビで日本原水協の宣伝物の仕事をした。松風さんは個人的な伝手もあり、筑摩書房などの社外校正者として自立、それらの仕事をしながら、私の仕事を継続して手伝ってくれた。私が編集委員だった『日本被団協50年史』編集制作には作業委員に加わり校正・校閲を担った。

話題を戻さなければならない。

1964年以後も、私は折に触れて杉浦さんや東松さんとは連絡があった、重森弘淹さんからは時々「お茶しよう」と誘われた。京都弁の「お茶は」の誘いは酒席を醸す。杉浦さんとは渋谷の「とん平」で往き会ったりした。新劇人や関係者が贔屓の酒店だ。瀬木慎一さんも「とん平」派、家は世田谷線の上町、重森さんの家は井の頭線の東松原にあった。

粟津さんは1966年に「原水禁」のシンボルマークを制作していた。私が日本原水協に出かけたころ組織部にいた富田和男（池山重朗）君は、教育大（筑波大）で勝井三雄さん（グラフィックデザイナー）と同窓と聞いていた。勝井さんの筋で粟津さんに話が回ったのだろう。池山君は分裂前に日本原水協を離れていたが、「原水禁」

結成当初の事務局役員だ。

そんな時期を過ごしての数年後、私は杉浦康平さんに仕事をしてもらうことになる。杉浦事務所一番手の中垣信夫さんが多くを手掛けてくれた。パンフレットのデザインに中垣さんの力作が残っている。

1971年の第17回世界大会は広島で開かれた。杉浦さんは大会記念バッジに新しい宣伝素材のメタパールを使用したデザインの「光るバッジ」を作ってくれた。バッジに配した文字は「8／6広島を」、「8／9長崎を」の2種。地色も白、黒、オレンジ、紫、草色と多様だ。バッジは多くの女性の襟元を飾り、スカーフや手提げなどには色のちがうバッジが2個、3個と付けられた。美しいバッジは、「分裂」の「余燼」が残る原水爆禁止運動のイメージを回復の方向へ導く役割を果たすものになった。通称「光るバッジ」は数十万個が販売、普及された。

杉浦康平さんデザインのバッジ。上が71年世界大会記念、下は翌年の関連事業のもの。

1977年、原水爆禁止世界大会が、14年ぶりに統一世界大会として開かれることになる。私は大会実行委員会事務局に出向していなかったが、大会ポスターは私から杉浦康平さんに依頼した。「核兵器の廃絶」「被爆者の援護」の文字、付随して配する文章は私が用意した。杉浦さんデザインのポスターは運動統一の方向をシンプルに示したものと私は説明したが、中央に配された山のかたち、三角のグラデーションは、宇宙と曼荼羅の世界を思わせるようにも私には見えた（26ページの図版参照）。ポスター完成後、この次は、山のてっぺんを左右どちらかに曲げるか、などとの杉浦さんとの会話には、ありようのないことごとを、揶揄に変えてわかりあえる共有の「運動」認識があった。折に往き会い、そんな話をした渋谷の酒場「とん平」がなくなって久しい。

2006年4月から6月にかけ東京・文京区の印刷博物館で「ex・pose '06 粟津潔デザイン曼荼羅」展が開か

れた。粟津さんは病床にいると聞いた。署名をして帰ってきた。展覧会の栞には杉浦さんも短文を載せている。粟津さんが亡くなるのは２００９年4月、２０１１年に息子粟津ケンさんが東京・三軒茶屋につくった芸術展示スペース「ＫＥＮ」で、ケン夫人の恵さんから「義父が署名を見て「山村君が来てくれた」と感慨ありげに話していた」と聞いた。「ＫＥＮ」にはたびたび顔を出し潔さんのことを話す。「サヨナラ粟津潔」追悼の集まりがあったのは２００９年7月、針生一郎さんが元気だった。「粟津は激しい男だった」と針生さんが話した。中原佑介さん、原広司さんも話した。一柳慧さんはピアノを演奏した。粟津潔の業績を勝井三雄さんが話した。２００７年粟津潔全作品の寄託を受け大規模な回顧展「粟津潔 ── 荒野のグラフィズム」を開催した金沢21世紀美術館の不動美里さんもあいさつした。粟津潔夫人八重子さんにもお会いした。集まりの司会・進行は北川フラムさんだった。

粟津潔没後10年の２０１９年5月から9月「粟津潔　デザインに何ができるか」展が金沢21世紀美術館で開かれた。２００７年の回顧展を引き継ぐものだ。7月下旬、粟津ケンさんの案内で金沢を訪ねた。活動初期から原水爆禁止運動を経て晩年まで「現代の絵師」（ケンさん）が問いつづけた「デザイン」の伝播、連鎖、継承の作品 ── 原水爆禁止運動の時期、粟津潔さんといっしょにした作品も多く展示されていた。制作に立ち会ったときはいつもそうだったが、粟津さんは作品のテーマをつぶやく。わたしはそのつぶやきに同調したり、聞こえないふりをしたり、懐かしさがこみあげた。案内のビラにこんな文言があった。「デザインとは、開いてはいけない箱の扉をつぎつぎと開き、あばきだしていくことである」。

２０１１年10月から12月、武蔵野美術大学美術館で「杉浦康平・脈動する本 ── デザインの手法と哲学」展が開かれた。図録扉に記された文言「本は呼吸している！　本は動き出す！　ゆらぎ・うつろう図像、声を放つ文字、めくるめく構成術……自在な発想で新たなブックデザインの語法を生みだす」 ── 展示された作品群は「宇宙空間に匹敵するほどの、脈動する多元的デザイン世界の創出」であった。写真集『hiroshma-nagasaki document 1961』も展示されていた。時を同じくして「杉浦康平・マンダラ発光」（ギンザ・グラフイック・ギャラリー、２０１１年12月1日－24日）が開かれた。マンダラの造本宇宙、絢爛たる豪華本の世界は、格別の光彩を放って圧倒される思いであった。会場で購入した『杉浦康平 ―― デザインの言葉・アジアの音・光・無限』（工作舎）に、「感謝をこめて」と上書きのある杉浦さん署名のしおりがはさまれていた。

おわりに

第五福竜丸展示館には「第五福竜丸は航海中」という標語が下がっている。この言葉は、ビキニ水爆被ばく50周年の記念事業プロジェクト発足時に豊﨑博光氏（第五福竜丸平和協会専門委員）が語った言葉だ。豊﨑氏はビキニ、マーシャル諸島をはじめ、世界各地の被ばくの実相、ヒバクシャの実態を記録し、核開発と核被害、核保有を告発しつづけているフォトジャーナリストだ。もう一枚の垂れ幕は「第五福竜丸は生きている」というものだ。この書は映画『第五福竜丸』の監督新藤兼人氏が書いたものだ。吉永小百合さんの色紙もある。

第五福竜丸展示館は開館から43年、来館者は５４０万人を超えた。被爆者の想いを託す「核兵器禁止条約」が２０１７年に国連で採択された。被爆者の友人もだんだん少なくなるが、みんな老いてなお語り部を辞めない。ヒロシマ・ナガサキは生きている。第五福竜丸は航海中だ。いまに生きる被爆者の呼びかけ、第五福竜丸が曳く航跡は、真直ぐに希望の波頭を立てる。

＊

「本書」の作成に協力していただいた人のお名前を、松井勲さんに教えられたように「順不同の順」で記し感謝の意としたい。

金剛寺住職山喜光明師、曹洞宗宗務庁人事部の関根隆紀師は、第二部第二章を中心に山喜紹三さんの事績、また曹洞宗宗派の組織関係、宗派・禅寺の用語などで助言をしてくれた。

杉浦康平さんへの感謝はくりかえし記しておきたい。杉浦さん装幀の本書は、いくつもの回帰する想いをともなう意匠につつまれた美しい本になった。杉浦装幀は読者への贈り物だ。

文中に記した時期から、永く私の仕事をサポートしつづけてくれている松風いさ子さんありがとう。装幀・杉浦康平さんの本書に、校正者松風さんの名前を加えることができたのはうれしいことだった。

当初から一切を仕切ってくれた安田和也君、第一部連載の編集をすすめてくれた市田真理さん（第五福竜丸展示館学芸員）、また第五福竜丸ボランティアの会のみなさんありがとう。展示館はもう一つの故郷だ。

原稿作成に助言をしてくれた筧美知子さん（第五福竜丸平和協会賛助員）、工藤雅子さん（日本被団協事務局）。おかげで文章が厚みのあるものになった。

金剛寺に出向いて写真を撮ってくれた新井卓君ありがとう。

本を作ってくれた現代企画室、編集を担当してくれた小倉裕介さんには第一部と第二部をつなぐ編纂でご苦労をいただいた。感謝します。

家族、美央と夏美にもゆっくり読んでほしいと思う。

2019年11月

山村茂雄

［著者略歴］

山村茂雄（やまむら・しげお）

1932年、埼玉県に生まれる。幼少期に父母をなくし、安行村（現川口市）の古刹、金剛寺に引き取られて育つ。1950年代より原水爆禁止運動に従事し、詩人、デザイナーらと「宣伝技術グループ」を立ち上げ情報宣伝活動にたずさわる。原水爆禁止日本協議会事務局次長、第五福竜丸平和協会評議員、同理事などを歴任し、現在は第五福竜丸平和協会顧問。原水爆禁止運動、被爆者問題、第五福竜丸保存運動などにかんする著作の編集、執筆を数多く手がける。

晴れた日に　雨の日に　広島・長崎・第五福竜丸とともに

2020年3月1日　初版第一刷発行

定価　2,200円＋税

著者　山村茂雄

装幀　杉浦康平

制作　公益財団法人第五福竜丸平和協会

協力　松風いさ子、安田和也、新井卓

発行者　北川フラム

発行所　株式会社現代企画室

東京都渋谷区猿楽町29-18　ヒルサイドテラスA棟

tel. 03-3461-5082 / fax. 03-3461-5083

http://www.jca.apc.org/gendai

印刷・製本　シナノ印刷株式会社

ISBN978-4-7738-1904-5 C0036 Y2200E